内田隆三 編著
UCHIDA Ryuzo

現代社会と人間への問い

いかにして現在を流動化するのか？

森 政稔 MORI Masatoshi
中西 徹 NAKANISHI Toru
若松大祐 WAKAMATSU Daisuke
宇野邦一 UNO Kuniichi
赤江達也 AKAE Tatsuya
市野川容孝 ICHINOKAWA Yasutaka
金森 修 KANAMORI Osamu
綾部広則 AYABE Hironori
八束はじめ YATSUKA Hajime
塚原 史 TSUKAHARA Fumi
山本理奈 YAMAMOTO Rina
佐藤健二 SATO Kenji
佐藤俊樹 SATO Toshiki
高橋順一 TAKAHASHI Junichi
橋本 努 HASHIMOTO Tsutomu
野上 元 NOGAMI Gen
若林幹夫 WAKABAYASHI Mikio
遠藤知巳 ENDO Tomomi

せりか書房

現代社会と人間への問い

いかにして現在を流動化するのか?◉目次

序文

内田 隆三

終戦の年の夏、芥川比呂志は「調布飛行場にて」とし、「航跡雲寂寥のひと過ぎしより」という句を残している。妻によるノートの抜粋からは「寂寥のひと」が誰かはわからない。彼の見送った誰もがそのようであり、あるいは彼の父であり、彼自身であり、そして誰でもないのかもしれない。芥川は昭和一九年に前橋陸軍予備士官学校（第二中隊第一区隊）を卒業後、立川陸軍航空整備学校を経て少尉に任官する。調布飛行場を基地とする陸軍飛行第二四四戦隊整備中隊に配属され、その後、鹿児島県知覧飛行場に移るも敗色濃厚となり、滋賀県八日市飛行場へ転進して敗戦を迎える。地上から眺めれば、「航跡雲」は空高く浮かび上がり、やがては過ぎ去っていく時間そのものに滲んで消えていくように思える。

佐藤健二氏にも「航跡雲」という言葉をタイトルにした本がある。わたし自身教えられ、感銘を受けた作品である。この作品は「父」という対象の不思議な独自性を引き受けながら、家族という存在のつながりを生きていく個人と、その個人が生きるとともに生み出されもした時代との交わりを淡々と掬すように描いている。芥川比呂志のことを思い出したのは佐藤氏の『航跡雲』を読んだからだが、本書での執筆や編集に向かう過程で、この作品の頁を開きながら、本書に係るわたしの意識を整理することが少なくなかった。

荒井由実の「ひこうき雲」は、死への隣接が際立たせる個人の像への哀しい信憑を媒介にして眺め見られている。しかし、佐藤氏の「航跡雲」はこれと異なり、人がその生の諸相を歩み生きていくこと自体が、やがてそれを眺め見る者への無言の示唆となり、それは作品のかたちをとって現れたといえよう。死への意識は問題をしばしば超越的な次元に転送しがちだが、生の諸相はどんな超越も相対化する何かを含んでいる。このことを踏まえてみると、佐藤氏の作品が心情を何かの方向へ特異化するのではなく、心情がそこからさまざまな方向に刳《く》り貫かれる出来事とその細部に照準していることの意味の深さがわかるだろう。

佐藤氏の作品は時代の起伏とつながった個別の事実を丹念に調査し布置づけることによって成立している。作品を介して浮かび上がる生の軌跡の数々は常人のものであるが、同時に、それらの軌跡には人がひとつの時代を生き抜くことで孕まれる何か畏敬の念を禁じ得ないものが含まれている。また、それらの軌跡は唯一で独自なものであるにもかかわらず、わたしは自身の家族の一世代、二世代、三世代前のことを想像し、あるいは遠い過去に記憶した光景や風景を思い出しもした。佐藤氏の作品は、ある独自性のかたちを通して、普遍性というより、むしろ他者への通底性や喚起性と呼ぶべき何かを備えており、人間とその歴史を具体性の次元に見据える確かなまなざしに支えられている。このまなざしは対象の遠い現前の場に同期していくが、対象との距離を調整することにより、現在の感覚を安易に投射しないよう方法的な抑制を掛けられている。

わたしの家にも古い過去帳が残っていたが、少年の頃、仏壇の前でその過去帳に書かれて薄く滲んだ名前を眺めていると、自分の存在の後ろ側が昭和から江戸時代という漠然とした過去へ連れて行かれるような感覚を覚えたことがある。野生の思考におけるチューリンガのように、過去帳に滲む文字は遠い過去を共時化し、現在をそれに同期させる感覚をわたしの心身に触発したのかもしれない。ひとりで見入っていると奇妙な感覚に浚われていく。不気味なものは何もなく、ただ自分も遠い過去から垂れ下がってそこにいるような感覚である。佐藤氏もその仕事のはじめに過去帳の類を調べたと思うが、それは現在を過去とつなぐ不思議な通路のひとつである。思えば、本書に収められた論稿の多くも、遠い過去に同期しながら、文書の連関を介して過去を共時化し、つまり時間を再流動化することで、現在のありようを照らし出しているのではないだろうか。

正確にいうと『航跡雲』の著者は佐藤氏自身ではなく、「父」の佐藤博氏である。だが、「父」の言葉や文章を蒐集し、選択し、詳細な資料の連関のなかに位置づけ、またそれらの言葉のために補助線を引き、（ひらかれた）作品の次元をつくりだしたのは「子」の健二氏である。かつて江戸川乱歩は、国家の名による統制が強化されていった時代に、隠栖の想いで『貼雑帖《はりまぜちょう》』の作成をはじめたが、それは自分の出自から「現在」にいたる過程を新聞の切り貼りや写真、絵図、資料、そして自身の書き込みも混じえてつくりあげたスクラップブックのような作品である。ここでも、ある個人とその家族の歴史が彼らの生きてきた時代の起伏とともに描かれている。方法上の問題があるとすれば、『航跡雲』の場合と異なり、本人の自己言及であり、自分自身の心情の揺れや無意識の力から距離を取るのがやや難しいことだろう。

自分の現在に止目することは、ときに乱歩のような自伝、日記やノート、あるいは芥川龍之介のように遺稿・遺書やそれに近い形式の作品を書くこととつながっている。ひとつの生にだけ固執し準拠すれば、現在はある意味で過去からの流れに終止符が打たれる場所に見えるのだろう。乱歩の場合、現在は、自身の作家としての気力や才能が衰微していく場所として現前していた。乱歩にとって、現在にいたる過程を見つめなおそうとする所作は、気紛れや気散じのように見えて、じつは現在なるものが身体の内部に暗い不安が生じる場所に変成していたことと表裏をなしている。『貼雑帖』はこの不安に自分を馴致していく場所でもあり、そのように不安をひとりで棲みこなしていくところに乱歩という人物の耐力の大きさが感じられる。

もちろん、『航跡雲』には乱歩のような意味での衰微の要素はまったくない。また、作品の現在は自分自身のそれではなく、他者であり他者とも言えない「子」のそれである。そこでの現在は、個人としての差異性を示すさまざまな横糸と血縁や養育による類似性を示す種々の縦糸が織り込まれていく継承の場所となっている。それは歴史の流れのなかで自分という個人を一方的に特異化してしまう静止点のような場所ではなく、むしろ他者であり他者とも言えない自己の仕事が始まる場所となっている。この仕事は、至近の距離で時の距たりを目の当たりにしつつ、広く深い時間の奥行きに分け入ることになり、相当の耐力を必要とするだろう。

ポール・オースターは、父の人生の軌跡を想起しながら、あるいは父の出自にかかわる事実を拾い集めながら、父のなかに「見えない人間」の肖像を発見していく男の物語を書いている。この人物は父を「見えない人間」のようにさせている孤独のかたちを探偵小説風に発見（創出）することを介して、そんな父の子である自身の孤独を発見（創出）しているようなところがある。父／子を差異化しながらも、メタレヴェルでは父／子の入れ子型反復の構造が仕掛けられており、父を介して自分の生のありようを特異化することが物語行為の起点にあったように思える。父の人生は異貌のそれでありながら、遠い模像でもあるような水準に特異化されているからである。ある人物が自分の孤独を特異化する場合、悩ましい観念が重力のようにはたらき、事実は実際の分散よりも一定の方向に収束したかたちで布置づけられるといえよう。

こうした傾向を抑制し、ひとつの生の軌跡を辿りつつも、そのひとつの生だけに固執も準拠もしないところにはじめて、その生を個人という水準に形象化しうるのではないか。佐藤氏の仕事を小説や評伝ではなく、個人の社会学と呼ぶべき理由のひとつはここにある。その試みは、小説や評伝が個人を「私」として特異化するようには個人の私的な実在を信憑しているわけではないし、また個人を社会的な範疇に一般化するほど社会の実在を強く信じているわけでもない。社会学が個人を「私」という位相で直視するのをためらうとき、それは社会が実在として十分な重みをもって個人を包んでいるという信憑の強さと相関している。『航跡雲』はこの種の社会学的信憑をある程度緩めつつ、同時に、個人を単身の「私」という求心的な位相からも解放するところに焦点を合わせている。二つの視差を慎重に調整する技術がこの作品を仕上げているのである。

社会学の言説は、多くの場合、個人をある抽象の相で焦点化する。Aや、Bや、Cや、……等々の人物がいるとしても、彼らを通分するXという位相で、また三人称の位格で、それらの人物を眺め、特徴づけ、表現し、実定化していく。文部省唱歌のひとつに「兎追いしかの山、小鮒つりしかの川　夢は今もめぐりて　忘れがたき故郷」という歌詞がある。そこで「故郷」を懐かしく思い出しているのはひとりの個人であるが、「かの山、かの川」はXであり、日本の何処の山でも、何処の川でもよい。それぞれの個人が「私」という位相でこの歌を口ずさむときには独特の感慨と記憶のかたちが込められるだろうが、同時に、この歌はそれを歌う個人をその抽象の位相に、つまり社会的な一般性の水準に主体化する幻覚的な作用を伴っている。

権力は個人のなかに「私」の位相を穿ちつつ、個人を社会化する。文学はその媒体を務めるかぎり、「私」の位相で個人を語らせ、脅かし、慰める真似をする。他方、社会学は個人を社会性の水準に結像することを務めとし、そこで個人なるものは、社会という実在に包摂され、社会という実在の構造的な効果のもとで何らかの実定性を帯びて存在するものとなる。「人間とはその現実態において彼らの社会的諸関係の総体である」という規定もその一例である。現実態とはまさに実定性においてという意味であり、社会的諸関係の総体であるというのは、社会という実在の構造的な効果による規定性を逃れることはできないという意味になる。吉本隆明はこの社会的な規定の恐ろしいほどの力を「関係の絶対性」として受け止め、この力との相関で孕まれる沈黙の剰余に個人の詩的な核心を見ていたように思える。

しかしながら、個人の領域が社会の構造的効果に規定され尽くすほど、社会なるものが十分に実在すると考えていいのだろうか。そう考えられるのは、あらかじめ個人を社会的なものにする契約や、あるいは従順な身体にする権力の作用を、個人の存在深くに刻印する手続きを暗黙のうちに容認しているからである。国家や集団の政治的な力はひとりの個人など容易に滅ぼしうるが、この政治的な力の実在を社会という中立的に見える存在に位相転換し、それによって同時に、社会なるものの実在を担保しようとするのは二重の詐術である。社会学の考える社会は政治的な共同体である国民国家を重要な準拠点とし、社会学は社会の概念化を通じてこの国家の共同性という――権力が振り出す手形のような――観念を裏書きしてきた以上、この詐術がそう不自然に見えないとしてもである。

それゆえ、社会学に内装された思考によって個人を単純に「社会」化したり、またひとりの人物のなかに単身の「私」という欲望中心のモデルに拠る個人の像を安易に想定したりすることを根本から問題化する必要があるだろう。また実践的には、これら二つの焦点化の装置の作動を方法的に緩めていき、社会学の神話にすぎない社会の残像を慎重に再流動化する勇気と技術が必要である。人間と呼ばれるものは、十分に社会的ではないし、十分に私的でもなく、むしろその落差の多様性を生きている。しかも重要なことに、構造的な効果を及ぼすとされる社会がそれほど十分に実在するのかどうかは代補的な仮説の域を超えていないのである。

こうした考察を本書の問いの場に差し戻せば、事象を分析し、記述し、理解するうえで、「社会」の存在にかかわる概念的な前提や、「私」の存在にかかわる信憑を解除し、むしろ再流動化する場をひらくことが現代の課題となるだろう。そして本書の論稿の多くが試みているように、たとえ百年の時間を超えてでも、この社会という観念の発生の現場まで立ち戻るべきだろう。現代社会の言説が、時間の経過を堅く堆積した地盤とみなし、「社会」や「私」という概念の有効性になお依存しているのなら、この習い性の依存——言説の経済と言ってもよい——をいま一度考えなおしてみる必要がある。現代性の実態や社会という概念を思考しうるのは、人が前提し、自分が生きている時間や空間への信憑をある程度以上の深さで流動化することを介してであろう。自分が参入している時間や空間の曲率に滲透されながらも、それらの実定性が再流動化する可能性を考察することが問いの場を広げていくように思える。

本書にいたる道筋で、わたしは「現代社会と人間への問い」がもつ多面性や多形性をむしろ積極的なかたちで、またその問いに向き合う数々の考察をそれらの多様性のままに可視化したいと考えていた。また、自分が相当に困難な問いに関わっているとも思っていた。「現代社会と人間への問い」という問いの場は、自明なもののように見えて、実は何事があってもおかしくない、幸せな眠りへの誘いと同時に怖しい深さを孕む場だからである。この問いを問うこと自体、容易に遮断しがたい罠の連鎖に巻き込まれる可能性がある。

ただし、論稿群が出揃いはじめると、わたしはこの問いが本書の標題に相応しいと思うようになった。本書に収められた殆どの論稿が、この問いの場を深く問いなおしながら、この問いの場にかかわる多様な軌道を進んでいるように思えたからである。これらの論稿のなかでは、問いの場は自明視されず、むしろ問題化され、それぞれの仕方で流動化の契機を与えられている。実際、本書の論稿群では、社会も、人間も、文化も、言語も、そして国家も、市場も、政治も、科学も、宗教も、また都市も、モノも、建築も、住居も……、ほとんどすべてが他なる境位のうちへ再流動化される局面を露頭させている。標題に掲げた問いは執筆者が抱える具体的な課題のもとに問い直されている。それゆえ本書における多様な事象の集合と交差には何か不思議な出会いに近いものが感じられる。しかし、事象の差異と隔たりはこの不思議な出会いが簡単に共通の場を生みだすのを許すほど浅いものではなく、むしろ問いの場の流動化により、この出会いでは、場の消失の可能性こそが共有されているのである。

本書の課題の多面性や多形性を考えていたとき、そして少し目を逸らしつつ本書の論稿群が描く興味深い布置連関を眺めていたとき、ひとつの直観が自分の思考を掠めることがあった。フーコーの『言葉と物』の序文にあるいくつかの言葉が思考をよぎり、そこで言及された不思議なテーブルが小さな深海の表面のように視界に浮かんできたのである。この小さな深い海は、金属を呑み込んだ水のように重い手応えのある実体ではなく、取りつく縁もない空虚な流体で充たされている。正視すると、テーブルの表面は堅固で不透明な台のように見えるが、斜めから十分に離れて見なおすと、捉えどころのない空虚の深みを湛えている。

このテーブルの上には鮮やかな色をした毛糸の束がいくつか置かれ、それぞれの束がロクス・ソルス（locus solus）のように美しい奇観をなして散らばっている。奇観とは、それらの束が置かれた地盤がより深いところで流動化しており、その流動化の影響で毛糸の束はその自明性を脱ぎ捨て、他のどれとも十分な整合性を取れない不確かな同一性の相を帯びているからである。だがまた、眼を背けてから見つめなおすと、今度は、テーブルの上に愉快な動物たちが姿を現す。皇帝に属するもの、香の匂いを放つもの、飼いならされたもの、乳呑み豚、人魚、お話しに出てくるもの、放し飼いの犬、この分類自体に含まれるもの、……、遠くから蝿のように見えるもの――これらの動物たちは互いに隣り合い、かつ深い孤絶のうちに棲んでいる。

現代社会と人間の関係は、ある位相で見れば、このテーブルと動物たちの関係に似たところがある。多くの人々はその場所が何であるかを知らないまま隣に居合わせているが、同時に、その場所のなかでしばしば限りなく離れているかのようだからである。愉快な動物たちのほうは問題のテーブルの上で分類されるや否や、分類と区別が意味をなさない混在性のうちを徘徊しはじめる。動物たちは分類と区別の網の目を嗤うように自分たち自身の混在性を露わにしていく。混在性とは分類と区別によって有効に同定されるような場所の消滅のことである。場所のただなかにおける場所の消滅という渦が生じており、動物たちはこの消滅の渦のなかで動物であるという仮象を離れ、いかなるモンスターになるのか、あるいは人間との対比を離れ、いかなる自身の裸形に回帰するのか……そんな問いがよぎる。

この問いは我々にとっても無縁な問いではない。なぜなら我々も、他者との関係が流出し消滅する可能性のただなかを、つまり他者が不分明なままでも自分自身でありうるような空間を生きており、その限りではこれらの動物と似た境位に棲んでいるからである。だが、この不分明な空間には錯綜した道や謎の通路網や予測しがたい隣接関係が縦横に走っている可能性もある。それは空間の消滅のように見えて、ただし夢の大陸としてのシナに思い描かれたのとは別の、ある厳粛な空間のひらけを示唆しているのかもしれない。システム論的な思考は宗教や貨幣の審級を代補的な論理の媒体のように扱い、それらを介してこの厳粛な空間を社会へと抽象するが、これはひとつの不幸というべきだろう。人間と呼ばれるものがその不分明で厳粛な空間を生きているとすればである。また、社会とは決して中立の概念ではなく、過酷な国境や種々の隔離地区や収容施設を正当化してきた力の影に派生する曖昧な観念のことだとすればである。

この本は十九人の執筆者が生みだした言葉の束からなるが、その共通の場――むしろ場の固定性の消失と流動化であるが――に相応しいのは未知の言葉だろう。その意味ではこの本もまたある種の〈失語〉を起点としている。わたしはいま序文を書いているが、それはこの〈失語〉を埋め合わせ、この本についてメタ言語の務めを果たそうとする努力の痕跡ではない。わたしはそうしたメタ言語の試みが半ば虚しいことを承知している。この序文は、この本ができるのと同時に、その余白に書き込まれたものであり、十分にこの本の内部にあるのではない。この余白の言葉が告白しなければならないのは、それが本書のメタ言語としては最低限の務めしか果たさない言葉であることだろう。それはこの本の出発点をなす問いによる波動を伝えたあと、あるいは伝えられなかったあとでのみ生じた、むしろわたし自身の試みについてのメタ言語にすぎない。

耳を澄ませば、わたしが想像する厳粛な空間で、わたしを除けば十八人の人物が何事かを語っている。彼らはひとまずは同時代に属す人たちであり、わたし自身、彼らの言葉から知的な恩恵を受けてきた人たちである。いままた彼らの言葉の束を読み進んでいくと不意に想像力が湧きたち、興味深い展望がひらけてくる。わたしも含めれば二十マイナス一……わたしはこのマイナスの部分を何かで埋めるのではなく、相変わらずそこが読者のための空地となるような序文を書くほかはないだろう。

わたしの思考は十九の考察やそのあいだを通り抜けていく。自分自身との不思議な重なりが現れたかと思うと乖離が生じ、隣接を頭に描くと窓や扉が現れ、球体のなかから出て落下していくと、別の球面がわたしの思考を掬い取り、次の球面につなげていく。この本のなかには思考の外界と内界が同時に不思議な変貌を遂げていく愉快な経験がひらかれている。序文という形式がこの経験のひらけを妨げることのないことを祈りたい。なにしろ、わたしは、まだ序文のない、この本の原初のかたちを読んだ唯ひとりの人間であり、編集の実務者に似た位置に自分を近づけるのが最良の選択だと思えるような経験をしたことを報告しておきたい。この意味では、本書の場合、読者自らひとつの序文を、あるいは空白の序文を書く位置に立つことが望ましいのだろう。わたしはそのような想いでここに出揃った言葉の束を読みなおしては並べなおしていたのである。

そのうえで敢えて焦点を絞るなら、十九の論稿は隔たりを保ちながらも、互いに他を引き合うようないくつかの星座系（constellation）をなすのが見えてくるだろう。そこで相対的に強い輪郭をもつ星座系を数えてみると、第一に「国家と人間のかかわり」を分析的に可視化する考察群があり、第二に「現代性や現代社会の状況」を直截に映し込んだ「反射球体」（reflecting sphere）のようにみえる考察群があり、第三に「社会の概念を流動化する」ことを志向する系譜学的で理論的な考察群があるといえよう。これらの考察群はそれぞれに大きな問題系をなし、またそのような問題系として互いに重なり合う部分を持っている。どの論稿もそれ自身の問題構成のなかにこの三つの考察のうち一つもしくはそれ以上を含んでいる。

第一に、国家と人間のかかわりを考察する論稿群がある。近現代の社会は国民サイズの国家とその統治を準拠点にして表象され、可視化され、言説化されてきたという経緯がある。家族や小集団の同一性を投影した単純で扁平な社会像もあるが、それ固有の事実と拘束力を問題化する重要な事例では、社会は国民国家と同型的な規模と質をもつ単位——宗教や階級などの視点によって相対化されもするが——に近似され、思考されてきた。それゆえいま、社会と呼ばれているものの実相を、またそれとの関連で人間的であることの意味と可能性を考察するには、少なくともこうした近似や統治の技術を相対化する必要があるだろう。現代社会をそこに積み重ねられた経験的事実の地層を介して再流動化する必要があり、第一の論稿群の考察はそうした流動化の可能性と深くつながっている。

第二に、現代社会の諸相に直截に迫りつつ、現代社会の理解の仕方を事実によって相対化し再流動化しようとする論稿群がある。それらは人間の状況への問いを含むことで、種々の方向へ現代性の理解を変形していく可能性の条件を探っている。それらの試みは現代社会という反射球体をその手に持って覗き込んでいる人物の様子とに似ている。エッシャーが描いた「反射球体」にはそれを持つ彼自身の像が映り込んでいる。つまり、その球面には自分の生活の現実が、それを覗きこむ自分と一緒に映っている。だが、そこに映り込んでいるのは何であり、それらはどのように配置されているのか。第二の論稿群において考察者は手に持った反射球体に半ば身を預けながら、この緊迫した事実を問うているように思える。

第三に、現在ならざる場所から現在へいたる道筋を思考する理論的な論稿群がある。これらの論稿群は問題の根の深さに真摯に対峙し、現在とはいかほどの奥行きを持っているのかを醒めたまなざしで見つめなおそうとしている。それらは小さく固定した現在の意識を再流動化し、現代社会が内包する系譜学的な現実の重い質量に直截に触れていく試みとなっている。このような再流動化の文脈こそ、これらの理論的な論稿がもつ切実な現代性であり、それらがいま迂路のように交錯した地形を歩むことは、位相転換して見なおすと、じつは現代性や現在を考察する問いの前に身を以て立つことと等しい意義をもっている。第三の論稿群における考察は社会の概念にかかわる歴史的な探求をなすと同時に、その帰結は現在という場所を別様に開示する可能性と密接につながっている。

こうして十九の論稿を焦点化しなおし、また並べなおしてみたが、それらの結果はみな依然として何かしら重要な剰余を残すように思える。この意味で、本書に相応しいのは同時に多数の位相をもつ空間なのかもしれない。いずれにしても本書をただリニアーな順序によってのみ読むことのないようにと思う。また、各論稿がいくつかの問題系に多重に所属することの重要性を忘れないでおこうと思う。わたしは並べなおしを続けており、「目次」(table des matières) にある並びはその途中の出来事にすぎない。十九の論稿は互いに引き合いながら、同時に、不思議な思考のテーブルを生み出し続けている。それらは読むものの視点の異動を誘いつつ、本書のなかでこの内的な運動をやめることはないだろう。それゆえ、読者はあるとき本書を読む絶妙の位置を占めたとしても、次のときには予想外の愉しい位置を見いだして本書を読むのではないだろうか。

I 国家と人間の他なる回廊へ

社会思想史の空間論のために

森 政稔

1　はじめに：社会思想史と空間論の位置

社会思想史にとって、「空間」はどのような意味で問題になるのだろうか。社会思想史という学問の名に時間（「歴史」）は入っていても、空間（「地理」）は当然には含まれていない。それにもかかわらず、社会思想史にとって空間の意義は今では無視できないどころか、最も根本的な主題のひとつとなりつつあるように思われる。社会思想史的な視点からする空間論の可能性について概観するのが、本稿の目的である。

二〇世紀は悲観的な見方をすれば、二度の世界大戦と全体主義によって特徴付けられた時代であった。この時代には従軍によって、また戦火から逃れるために、さらには政治的迫害や強制移住によって、多くの人々が国境を越えて未曽有の大移動をし、人と空間の関係が大きく変化した時代であった。難民という現象はこのような二〇世紀の空間を特徴付ける問題であったが、それは今もなお繰り返し発生し問われ続けている。

ところで今日的意味での国境とは近代国家の産物である。かつて存在した古典的帝国（中華帝国、ローマ帝国など）には、皇帝の威光が薄れていくあいまいな果て（フロンティア）の観念はあっても、明確に空間を区切り人間の出入りを管理するような国境（ボーダー）の観念は欠けていた。ヨーロッパもかつてはこのような「帝国」のひとつであったローマ帝国の遺産を継承していたが、世界に先駆けて帝国は弱体化と解体の道をたどり、主権国家とそのあいだのシステムがそれに取って代わるようになった。一九世紀前半にあっては、国民的な主権国家はまだヨーロッパ世界に限定されていたが、二〇世紀には二度の世界大戦の帰結として、植民地が独立し、ヨーロッパに倣って国民国家としての体裁を整え、やがて南極などを除く地球のほとんどの陸地が国民国家によって領有されるようになる。

主権を持つ国民国家の実質は、アメリカ、中国、ロシアといった超大国から一都市の規模にすぎない国家に至るまで千差万別だが、それらはいずれも形式的には平等な主権を有することになっており、地球の陸地が等質な主権国家の空間によって政治的に分割されるようになった。こうしてみると、政治空間のあり方として、二〇世紀は国民国家が世界全体を覆う最盛期に昇り詰めた時期であるのだが、まさにそのときに、大量の難民や亡命者を発生させるという意味では国民国家空間の限界が明らかになった時代でもあった。

グローバル化の時代とされる今日、モノや情報などとともに人もまた自由かつ大量に移動することが可能な時代にあって、なお主権国家的な空間の分割はその力を失ってはいない。東アジアを含め世界で頻発する領土紛争は、その例証である。国境を超えて作用するグローバリゼーションと、今なお力を持つ主権的国民国家間のシステムとは、相互に依存しているとも考えられ、こうした二重性が現代世界の社会空間の性格を規定している。

このような空間の二重性の狭間に、難民や不法滞在者（sans papiers）などとされる人々が生み出される。空間の二重性は規範の二重性とも関係する。フランス革命の人権宣言は人として生まれた者すべての普遍的な人権を宣言したが、実際には実効的な人権の保障は国民国家によってなされるしかないから、国民国家に所属のない人々は実質的に無権利者となってしまうことになる。ハンナ・アレントが、人権宣言の効力は動物愛護協会のパンフレット並みだ、と批判したことはよく知られている。権利がもっとも深刻に問題になるのは、逆説的にも「権利なき人たちの権利」が問われる場合である。このような実定的な保障のない権利をどのようにして論じることができるのか。こうした問題に直面して、他国で政治犯に問われた人や亡命者、無国籍状態の人々を守るために、たとえば「アジール（庇護権、避難所）」の観念がしばしば言及されるようになった。

「アジール」については歴史学や社会学、国際法学などで論じられることが多いのに対して、社会思想史やとくに政治思想史においては、意外にもこうした観念が本格的に論じられることは乏しかった。政治思想の代表的な著作家たちについての概説において、このような空間の問題が比較的大きく扱われていることは、二〇世紀のナチスからの思想の大亡命を別とすればあまりないことに気付く。

その理由は比較的簡単に見出されるのかもしれない。政治思想史、政治哲学などの学問ジャンルは、プラトンの『ポリテイア（国家）』以来、理想の国家とはどうあるべきか、理想の国家を作るにはどうすればよいか、という問いを中心に展開してきた。理想の性格や内容はもちろん思想家によって異なるが、そうした問い方の傾向は二〇世紀後半のロールズの正義論に至るまで、それほど変わってはいない。理想の国家を作る企てにあっては、外国人など自国民以外は周辺的な存在に過ぎず、また自国民でありながら自国に住むことを望まない者が存在することはその国家が欠点をもつことの証拠とも言えるために、あまり配慮されては来なかった。また政治哲学の発祥の地アテナイで活躍した思想家・哲学者には、実際にはアリストテレスをはじめとして多くの外国人、居留民が含まれていたし、その後の思想の中心地においてもそうだった（たとえばパリで活動したジュネーヴ人ルソー）のだが、外国人という視点から政治思想を取り上げるという試みはあまりなされては来なかった。こうした政治思想史学の性格には、政治の成り立つ空間が自明視されがちであり、空間そのものが問われて来なかったことが影響している。

政治哲学は古代ギリシアのポリスという、世界史上きわめて特異でマイナーな政治空間から生まれているのに、なぜポリスという空間を前提にしてできた政治哲学がそれを超えて普遍的な意味をもつのかについて、説得的に論じるものは少なかった。ポリス由来の政治哲学が他の空間において意味がないというわけではもちろんない。問題はポリスの空間が、政治思想史の叙述において自明化されてきたことにある。たしかに政治思想史学の伝統では、小さい方から順に「ポリス（都市国家）」「国民国家」「帝国」という三つの政治空間の類型が指摘されてきた。しかし、これらが等しく重視されたとは言い難く、政治思想史の構成において重要とされてきたのは、ポリスないしキウィタスといった都市国家（古代）から国民国家（近代）への、共和制や民主政の理念や制度の反復と継承の関係だった。

そのことによって、政治思想史の構成は、異なる種類の空間を跨ぎながらも、空間そのものへの関心はおおむね消去され、古代理念を継承するとされる国民国家空間の自明性を前提としたうえで、どのように主体的に国家を作るかということに関心の多くは注がれてきた。そのような関心では、世界史の主役であった「帝国」は、国民国家登場の背景や障害にすぎなかった。多民族の共存という視点から、国民国家が問題視され、古典的帝国の空間の意義が見直されるようになったのは、比較的近年のことに過ぎない。

ただ、政治空間のあり方に敏感な反応をした哲学者や思想家がいなかったわけではない。国民国家の空間が成立する直前に思考したモンテスキューやルソーが豊かな空間論的考察を含んでいるのはおそらく偶然ではない。一方フランス革命を経たあと、I・カントは主権的な国民国家の空間を想定しつつ、その空間のあり方を人間の自由の見地から問題にする貴重な思考を残した。カントは著名な論文『永遠平和のために』のなかで、永遠平和を得るための「確定条項」として、「共和制」「国際組織」と並んで、他国の領土への「訪問権」を挙げている。共和制の要請は国内法、国際組織の必要性は国家間の法にそれぞれ対応するのに対して、三つ目の訪問権は、「世界市民法」上の要請とされ、国際社会における個人の権利に対応するとされる。(1) 国家間の法（国際法）とは別に、国際社会において直接に個人の権利義務問題とされるようになったのは、主として第二次世界大戦後のことだということを考えれば、カントの先見性には驚くべきものがある。たとえばベンハビブは、世界人権宣言の採択（一九四八年）に、国家間の社会とは区別されるコスモポリタンな社会の成立を見出している。(2)

「訪問権」とは、人が外国を自由に通行できる権利であるが、特別のもてなしを受けることではなく、敵として扱われないことを意味する程度のものである。これは「共和制」「国際組織」の二つのきわめて重要な案件に比べて、一見いかにも間延びしたような要請である。しかしこの「訪問権」には、地球の空間の有限性を前提としたときに、主権的国民国家で分割される空間の条件に関するカントの洞察が秘められているように思われる。政治的空間の構成は、人間にとっての自由と強制という、死活の問題に直接関係する条件である。カントは訪問権を欠くならば、主権国家で分割される地球の空間は、主権国家を追放された人間の居場所が失われるために、自由の要請を満たさないことを鋭く直観していた。こうした権利は主権的な国民国家の不可欠の補完物であるとも言えるが、同時にその後の展開において国民国家と両立しがたくなっていく考え方でもあった。このような国民国家の矛盾については、本稿の末尾でアレントの議論を引きながら再考してみたいと思う。

現代においてアジールのような考え方が再び注目を集めるようになってきたのは、人間の作る制度や秩序が限界をもっているという認識が強まってきたからだと考えられる。それは、完全な理想社会という意味でのユートピアの終焉の意識ともつながっている。その決定的な経験は、何と言っても二〇世紀における共産主義体制の失敗であった。ナチズムと同様に共産主義を象徴する「収容所」という空間は、いわばアジールとは反対物であるという意味で同じく特異な空間であるが、これは共産主義国家の空間全体の隠喩としても通用することになる。いかなる理想を標榜する政治体制も、おそらくは理想を掲げるゆえにユートピアどころかディストピアになってしまう危険を免れないとすれば、政治権力から逃れることのできる場所を確保することこそ、人間の自由にとって不可欠の条件である、ということになる。

通常では、非自由民主主義諸国の側から逃走した人々を、自由民主主義諸国が亡命者や難民として受け入れるものと理解されている。しかし、われわれの住む自由民主主義体制が政治空間の閉鎖性という問題を克服しているかと問われれば、たとえば二〇〇一年の世界同時多発テロ事件以後のアメリカでの言論や政治活動の封殺、そしてアメリカ憲法のおよばないグアンタナモ米軍基地という特殊な空間における捕虜の拷問などにも見られるように、かならずしも楽観できるものではない。

それではこうした「ユートピアの終焉」は、私たちが内属する現実に支配力を有する空間、すなわちグローバルな資本主義世界経済と主権国家間システムの二重の空間がすべてであり、それ以外の空間を考えるべきではないし、考えることもできない、ということを意味するのだろうか。空間論への関心の高まりのなかで、これまで資本主義の外部空間にたとえば共産主義の理想を考えたのとは対照的な仕方で、「他でもありえる空間」を思考する試みがなされるようになった。それはたとえば、社会学者アンリ・ルフェーヴルの社会空間論や、フーコーの「ヘテロトピア（エテロトピー hétérotopie）」という概念、またフーコーの問題提起を受けたポストモダン地理学者、エドワード・ソジャの「第三空間（Thirdspace）」の理論化などに見出すことができる。

こうした「他でもありえる空間」を考えることが重要になっているのは、私たちが社会について思考する前提として、自分自身をいかなる空間のなかに位置付ければ良いのかについての不確かさが顕著になっていることを物語っている。私たちは、政治や社会について考えるさいに、国民国家を中心に考えるのか、それより小さなローカルで身近な地域の一員として考えるのか、逆にアジアとかヨーロッパとかイスラム圏とかいった国民国家よりも大きな地域を念頭に置くのか、さらには地球社会全体の立場で考えるのか、といったことについての定まりのなさである。こうした空間の設定が異なるならば、議論がすれ違ってしまうだろう。思考すべき社会空間を選択するさいのラディカルな偶然性に私たちはさらされている。現在から振り返ってみれば、共和主義や自由主義といった政治理念、旧くはマルクス主義における階級闘争のような概念も、それらがいかなる空間において実現され展開されるのか、という空間的条件によって意義が大きく変わって来る。そうした思想における空間の基底性ということに、これまで思想史学はあまり敏感とは言えなかった。

最近の言説空間に見られるナショナリズムの活発化は、ひとつにはこうした空間のラディカルな偶然性から生じる不安を直視せず、それを回避しようとする態度に由来すると考えることができる。周知のように、アカデミズムにおけるナショナリズム研究の多くは、ネイションやナショナリズムに実体的な根拠は存在せず、それらは比較的近い時代に言説によって構築されたものにすぎないことを明らかにしてきた。それにもかかわらず、言論の空間ではナショナリズムへの依存が強まっているのだが、その理由のひとつは、国民国家的空間の限定がたとえ恣意的であるとしても、なお空間を限定することなしには民主主義であれ何であれ始まらないと考えられがちだということにある。

国民国家的空間では、人は何らかひとつの国家に属して国籍を有し、自国の人間と外国人とを区別する境界は明らかでなければならないと考えられてきた。国民国家はもともと交流を禁じていたわけではなく、国境を超えた人の移動は当然想定されていた。ただし、外国人は何らかの特定の目的（ビジネス、留学、巡礼、観光など）のために訪れ、その目的が済めば帰国するか、永住するなら帰化するか、いずれかを選択させれば良かった。しかし今ではたとえば国籍の異なる人同士の結婚はごく当たり前となり、二つ以上の祖国のあいだに生きる人々が増加して、日常生活の意識のうえでもそのような条件は大きく変化している。自国人と外国人のはざまに生きることが普通になった時代の社会空間を再考することが求められている。

補論：空間についてのさまざまなアプローチ

社会思想史よりも広い知的視野で見れば、一九六〇－七〇年代の社会変動などを契機として、その後人文・社会系の学問における空間への着目には著しいものがあったと言えよう。それらの先駆となった試みとして、アナール派の歴史学者フェルナン・ブローデルの大作『地中海』（初版一九四九）を挙げることができる。よく知られているように、ブローデルはこの書物で時間の変化の速度によって歴史を三層に区分している。

そのなかで最も変化の緩慢な層について叙述する第一巻において、ブローデルの歴史叙述の特徴が良く表現されている。ここでは政治史のような歴史の周期の短い変化が背景に退くかわりに、長い時間の経過のなかで変化しないわけではないが、変化が遅いために持続的に作用する諸条件が浮かび上がる。たとえば地中海世界を構成する空間の範囲と限界、また山地、平野、海岸などの地理的条件と人々の生活の相違、季節と気候の変化、交通路や都市などが詳細に語られる。変化する事柄を語るのが従来の歴史学の常識であったのに対して、ブローデルは一見歴史的ではないような歴史を書こうとしたとも言える。(3) 彼は歴史学に、地理学や人類学、気象学や生態学、また人口統計学や経済学や社会学などの社会科学を導入した。もっとも、ブローデルは伝統的な意味での歴史学を否定したわけではなく、異なるリズムで動く諸々の層の重なりを明らかにすることに総合的な歴史叙述の可能性を見出そうとしたと言うことができよう。

ブローデルの空間的な歴史学の影響を受けたI・ウォーラーステインの世界システム論が、現在グローバルな視点から歴史を考えるうえで不可欠な参照点を提供していることは言うまでもない。政治的に統合された「帝国」の空間からの、近代の「世界経済」システムへの移行と、近代以降の資本主義世界経済と政治的な国民国家間システムの二重性。「中心」「半周辺」「周辺」の構成とそのあいだの移動。また彼の「ジオポリティーク」および「ジオカルチャー」の概念は、社会変動と空間とを関係付けるものであり、「ジオカルチャー」の変動という把握は、とりわけ一九六〇‐七〇年代の文明の転換を説明するうえで、決定的な重要性を帯びている。(4)

一方、六〇‐七〇年代の社会運動と文化変容を、空間における革命的変化として把握しようとする試みとして、社会学者アンリ・ルフェーヴルの社会空間論を挙げることができる。ルフェーヴルの『空間の生産』（原著一九七四）は、空間の創造性を社会運動の理論のなかに書き込んだ記念碑的な業績であった。また彼の『パリ・コミューン』は、パリ・コミューンを祝祭空間として読み解く歴史社会学的な試みであり、これも一九六八年に象徴される社会運動の知的な結実のひとつと言えるものだった。(5)

ルフェーヴルとはまた異なる視点や哲学的構えから空間をユニークな仕方で問題とし、後に大きな影響を与えた思想家として、ミシェル・フーコーを挙げることができる。フーコーは主要著作において、空間をその表題に掲げるようなことはしなかったが、たとえば『狂気の歴史』の冒頭に置かれた「阿呆船」のエピソードや『監獄の誕生』におけるパノプティコンの監視装置など、フーコーの著作の多くで空間とその変容が印象的に語られている箇所を見出すことができる。分類の知、理性と狂気、権力と主体といった主要なテーマが論じられる中で、空間は重要な役割を果たしており、隠れた主題をなしているということができる。

それに加えてフーコーが空間自体を主題として明示的に語った早い時期のものとして、一九六〇年代に行われた「他なる空間」と題された講演が注目される。(6) このなかでフーコーは「ヘテロトピア（エテロトピー hétérotopie）」という概念を提起している。フーコーによれば、ヘテロトピアはユートピアとは異なって、現実に存在しない空想的な空間ではなく、現実のなかに存在するものであるが、現実が反転したり異議申し立てをされたりする特異な場所であるとされる。たとえばそれは、墓場、庭園、劇場、療養所、監獄、動物園といった空間である。あるいは博物館や図書館もまた、時間が特殊な仕方で積み重なりながら、それ自体は時間の外にあるという意味でヘテロトピア的な空間であるとされる。

「ポストモダン地理学」の提唱者として知られるエドワード・ソジャは、以上のようなルフェーヴルとフーコーの空間概念への貢献を撚り合わせながら、「第三空間（Thirdspace）」という概念を提示する。それは自然科学的な認識の対象となる空間でもなければ、また人間の思考のなかにのみ存在する空間でもなく、人間の実践的な想像力を喚起する空間として捉えられている。他の知的系譜では、たとえばイーフー・トゥアンの「現象学的地理学」の立場からする「トポフィリア」論も注目に値する。人々の生きられた空間という視点から、コスモポリタニズムへの展望が示されている。(8)

このように空間への関心が深まり、空間認識が思想の問題として把握されるようになったのは、先にも触れたように、ひとつには一九六〇－七〇年代の社会運動の思想と実践が作り出した文化変容が関与していると見られる。先のフーコーの空間論では、それまでの人間主体中心的で歴史中心的な見方からする、「空間は固定的で死んだも同然のもの、反弁証法的で反動的」(9)といった空間への憎悪が紹介され、批判されている。今日ではしかし、こうした歴史中心的な思考の方が、理解することが困難なものになっている。そうなった理由として、進歩主義の衰退とともに、共産主義であれテクノロジー的に構想された未来であれ、人類が共通に到達すべき歴史の目標が説得力を失ったことが挙げられよう。それに比して、空間は多元的なものの共存にとって寛容な様式であると言うことが、さしあたりは可能である。もちろん、時間に替えて空間を持ってきただけでは空疎でしかなく、いかなる空間に可能性があるのかが問われる必要があるのだが。

2　網野善彦の日本史学における空間論

つぎに、日本史の領域で空間を主要なテーマに据えることで、歴史の見方に大きな転換をもたらした網野善彦の仕事を、影響力のあった『無縁・公界・楽』（一九七八）を中心に振り返り、社会思想史学の側にとってそこからいかなる意味を見出すことができるかを検討してみることにしたい。網野の関心は、「無縁」のようなこれまで周辺的だとされた特殊な空間を問題とすることにより、そこに権力、所有、公共性といった社会思想史学にとってもきわめて重要な概念を再検討させる契機となったからである。私のように日本史学に関して全く素人である者が取り上げる理由は、ただ網野の社会空間論についての思想的関心による以外のものではないことをお断りしておきたい。そして著者自身が承認するような混乱と言えるものが、むしろ社会空間や政治空間の可能性や問題を考えるうえで示唆するものが大きいと考えるからでもある。

よく知られているように、網野はこの著作の冒頭で、今に伝わる「エンガチョ」という子どもの遊びのなかの「縁切った」という発話に着目することで、印象的に主題を提示している。縁を切られることは差別につながるものではあるが、同時に縁を切られることで何らかの憑依（ケガレ）から免れることになる、という積極面もそこには見出される。[10] 私たちが通常生きる「有縁」の世界に対する「無縁」の空間が持つ両義的性格が、この書物全体を通して追究されるテーマとなっている。

妻が夫に対して離縁を申し入れることは許されていなかった中世社会において、そこに妻が逃げ込めば離縁が認められ夫も権力も介入できなくなる「縁切り寺」などを例に、網野は通常の支配から免れている特別な場所を探し求める。こうしたアジール（避難所）的な性格を持つ空間が存在したことに、網野は中世の「自由」を見出す。私的所有とは異なる無の場所、そして「無縁」に関連する概念として、網野は「公界」および「楽」の概念へと対象を拡大していく。「公界」は通常の権力の支配から自由を承認された自治的空間であり、網野は中世都市のなかに公共の形成への可能性を認める。また「楽」は楽市・楽座のように権力者によって自由な交易を認められた場所であるが、その前提には自治的な意味があったことを網野は強調する。[11]

網野が「無縁」その他の概念で明らかにしようとする事象は空間に関わりつつ、たんに場所を指すだけでなく、宗教的な性格など、より広い意味合いを含むものである。それはまず特異な「場所」であり、たとえばあの世との接点とされる河原であったり、逃げ込むことのできる山林であったり、公道や辻、橋のように私的支配が及ばない場所であったり、島、中洲のような特異性を帯びた空間であったりする。一方、それは特殊な「人」を指すものでもあり、僧侶や芸能者、遍歴する職人や巫女、キリシタンなどがこれに該当する。またそれに関連して、特定の「職業」や「活動」も無縁その他に関連するものとして、芸能や金融などが取り上げられている。[12]

網野はまた、ヨーロッパ中世の研究者、阿部謹也のアジールをめぐる論考を引用して、神の憑依する場所というアジールの宗教的起源、そして通常の政治権力から免れた特別の場所に見出される「神の平和」の観念などに注目する。[13] 阿部の解釈と附合するように、網野はこうした「平和領域」「自由領域」としてのアジール的な空間が、日本でも近世以来の権力の中央集権化によって狭められていくとともに、「無縁」などに関わる人々が近世社会以後は社会の片隅に追いやられ、賤民化されていったと説く。[14]

このような網野の論じ方はしかし、著者自身が承認するように、かならずしも論理的に一貫しているとは言えず、そのことが当時の日本史学にあっても、また現在の研究者によってもしばしば批判されることになった。[15] たとえば「家」は罪人として追われる者が逃げ込むことのできるアジールだと網野は言うが、家の内部は家父長的な支配の場なのであって、これが所有の反対である「無縁」だということが果たして可能なのか。「公界」や「楽」とされる領域は、たしかに自治の要素を持つかもしれないが、その権限はより上位の権力者によって与えられているのが通常であり、自由で自律的な空間とは認めがたいのではないか。網野の想定によれば「無縁」的なものは中世において活力を有していたものが近世になると衰退したとされるが、こうしたアジール的な働きはむしろ近世になってから整えられたのであって、中世にあってはきわめて不十分な保護しか与えることができなかったというべきではないのか。[16] そうだとすれば、アジール的なものは権力の補完物として機能しているのではないか。このような批判に対して、網野は具体的な史料を挙げながら応答しているのだが、実証の問題というよりも、理論的に未決着な問題を残しているように思われる。

さらに、こうした無で特徴付けられる誰にも所属していない空間が、都市自治のような公共性を成り立たせる働きをしたという網野の主張に対しては、主として正統派的マルクス主義の側から批判が集中した。マルクス主義が資本主義的な私的所有を転覆しようとする思想であったことからすれば奇妙なことだが、その発展段階論的な考え方のために、無所有から私的所有への移行は「進歩」と考えられ、無所有は「アジア的生産様式」における奴隷制と結び付けられていたために、網野の公共性についての説は進歩に逆行するものとして非難された。[17] しかし、網野が「無縁」の議論において批判の標的としたのは、まさにこのような「進歩主義的な」考え方であった。網野の「無縁」の空間やアジール概念への接近は、進歩主義との対決という、より重要な主題との関係で理解されるべきものである。そのことは彼が、神の平和やアジールの領域を太古まで遡らせ、歴史学を民俗学・人類学に近づけようとする志向により顕著に表現されている。

こうした試みの雄大さや新鮮さは疑いえない。しかし、進歩主義の囚われから自由になったとして、なお所有をはじめとする有縁の世界から区別される「無」の空間によって「公共性」を定礎しようとする試みは、ヨーロッパの社会思想の常識からすれば、新鮮さと同時にかなりの違和感を持って受け取られるのではないかと思われる。

たしかに、古代ローマ世界の「国家・共和制（res publica）」の観念は、端的に「共通の事柄」に由来し、それ自体は私的に所有されてはならない何かを意味していた。公的領域を私的領域から区別することは、古代ギリシアやローマの伝統を引く共和主義の伝統にとっても、またそれより新しい近代の自由主義の系譜にとっても、政治理論の根幹であり続けた。しかし、そうは言っても、政治史的にも思想史的にも、無所有者が公的領域への参入を認められたケースは多くはなく、ヨーロッパ史における公的領域の多くは、私的所有者であることをその構成員の要件として成り立ってきた。[18] 言うまでもなく、古代アテナイの市民資格は自由人に限られ、自由人の多くは奴隷を私的所有していた。時を経て、近代の自由主義の祖とされるジョン・ロックの政治理論においては、そもそも公的権力を設立する目的が、私的所有（プロパティ）の保全にあったのだから、所有者のみが政治権力を設立する利害を有し、市民資格が所有者（とくに土地所有者）に限られることは当然であった。ユルゲン・ハーバーマスの影響力のある著作『公共性の構造転換』にあっても、一八世紀の公共性、議論する公衆のモデルは、市場に利害関心のある所有者に限定されたということになっている。[19]

もっとも、ヨーロッパの政治思想史にあっても、通常の支配関係や所有関係の外部へと排除された空間から、新たな関係や思想が創発されるという事例がないわけではない。たとえば、アテナイの政治や裁判の言論空間にあって、ソクラテスのもたらした哲学的な対話の空間は異質のものであり、ソクラテスに対する奇妙な告訴と死刑判決、そしてソクラテスによる死刑の受容は、哲学がポリスの空間のなかに決定的な違和感をもたらすことを証明するものだった。

プラトンがその学園アカデメイアにおいてソクラテスの教えを継承し、さらにアリストテレスは「外国人」でありながら人間を「ゾーン・ポリティコン」と定義して、哲学をポリスの空間のなかに取り込んだ。しかし、その後のアテナイで、ソクラテスに何らかの影響を受けて活動した「外国人」の哲学者たちの多くは、シノペのディオゲネスなどのように、市民権を持たず特定のポリスに安定した足場のないことを逆に哲学の根拠として捉え、自らを「コスモポリテース」と称した。[20] この点では以後に大きな哲学的学派となるストア派もまた同様だった。

そうした国家とは異質の空間における実践を代表するのは、何よりもナザレのイエスの活動であっただろう。イエスに付き従った者の多くは、ユダヤ教の救済の外に置かれた貧者や病者、女性たちであった。何らかの排除された領域から新しい関係が生じ、世界を変革してゆくもっとも顕著な例をイエスの教えの普及のなかに見ることができる。イエスの教えは後にキリスト教と呼ばれることとなり、ローマ帝国で迫害の末に逆に国教となって、中世のヨーロッパ世界では教会や修道院が領主として支配層を形成する。それでもなお、無所有の理念は修道院のなかに継承されるが、なかでも重要であるのは中世後期に出たアッシジのフランチェスコによる救いの活動であろう。

ヨーロッパの思想史にあって、今日につながる公共性のなかの重要な要素のいくつかが、このように排除された、網野的に言えば「無縁」であるような空間に起源を有しているとともに、キリスト教会の歴史に明らかのように、無によって開かれた空間が実定的な所有と支配の空間へと変換されることもまた起こったのである。

ここで網野の『無縁・公界・楽』に戻り、先ほど触れた「家」はアジール（無縁）と言えるか、という石井進らの批判に対する網野による検討の箇所に言及しておきたい。批判者によれば、家は外部権力に対しては内部の者や逃亡者を保護する働きをもつとしても、それ自体が家父長制権力であるので、無所有ないし無縁の空間などというわけにはいかず、網野の無縁の概念は混乱していると見られてもおかしくはない。[21] この点について網野を離れて言うならば、アジール的なものは実体的に捉えるよりも関係的に把握されるべきものであると考えることもできよう。たとえばヨーロッパにおける「帝国都市」は、皇帝以外の世俗権力に対しては自律性を有するが、それはさらに上位にある皇帝の権力と保護のもとにあるということを意味している。ある者への従属は、別の者の支配からの自由とは文脈を異にするゆえに矛盾しないばかりか、前者への従属が後者に対する自由の前提になっていることもあるからである。

しかし、網野自身の考察はそのような方向には向かわず、ある意味で驚くべき展開をもたらしている。網野は「私的所有は無所有の原理に支えられて、はじめて成立しえた[22]」のではないか、という謎めいた問いを提示するに至る。所有と無所有、また自由と権威といった反対物が奇妙にも一致することから、網野の空間への問いは、所有とは何か、というような別の大きな社会哲学的な問いを誘っている。

さて、「無縁」的なもののもつ可能性を、網野は都市自治への発展とともに市場の成立などの経済史的な意義においても見出している。無縁から導かれる政治と経済とは、網野自身においてはつながっていると思われるのだが、経済的空間と政治的空間とを区別し、それぞれの固有性において論じることももちろん可能であろう。経済史学においては、市場交易や資本主義経済が、共同体の「あいだ」のいわば無主の空間から生じ、それがずっと後になって共同体の内部へと浸透した、という理解は常識に属する。そういう意味では網野の説は変わっているわけではなく、むしろ通りの良い考え方であろう。ここで問題となるのは、中世において交易を生み出した無縁や公界や楽が、その後どうなったと網野が考えているかという点である。

網野によればその後の歴史の展開は近世や近代を通じて、アジール的なものが次第に失われ、権力に従属するようになったと説かれる。無縁や公界や楽が交易の空間を生み出しながら、なぜかそれは閉ざされてしまったとされるわけだから、資本主義的発展へとそのまま通じているわけではないことになる。政治的空間についても同様のことが指摘できよう。網野はアジール的性格を持った空間が、日本でも共和政や自治の潜在力を持ったとして評価するが、現実に展開することになる日本の近代国家は、それを抑圧する側にあったと考えられるからである。

そうであるとすれば、網野の議論のもつ揺らぎはどのように考えられるべきだろうか。国民国家にせよ資本主義にせよ、伝統的支配関係を打破するような新しい関係の可能性は、伝統的な権力の周辺に、おそらく太古から存在する特異な無所有の場所に胚胎した。ところが、こうした空間は再び権力によって捕獲され、権力のために利用される。「無」の恩恵によって、すなわち外在する権力から免れることによって生まれた関係が、その発展の過程で逆に「無」に対立する実在として、周辺を排除していく。その結果として成立した資本主義や国民国家が網野の言う自由をもはや保証せず、網野の空間論がむしろそれらから自由な空間を求めて提示されているとすれば、そのように解釈するほかはないだろう。

さて現代の日本では、新自由主義の席巻や資本主義の変質によって、競争的関係や消費の自由が称揚される一方で、二度の大震災のような大規模災害を経るなかで共同体的な「絆」の重要性が説かれるようになった。「絆」の重視は「人間の安全保障」的な見地からも理解できるものではあるが、それが何か共同体的な息苦しいものを感じさせることもないわけではない。「絆」と「自由」とは、しばしば対立するものとして捉えられ、「絆」にはナショナリズムの圧迫感もまた時に伴っている。

網野の歴史学が今日魅力を放っているのは、資本主義に親近的な個人主義か、それとも共同体的な絆か、という二元的な対立を超えている点にあると思われる。網野によれば、伝統と自由がかならずしも対立するわけではない。日本の伝統社会がもともとは無縁の空間とともにあり、すでに開かれた性格を有していたとする想定は、このような対立を超えていくものである。

こうして、網野の問題提起を受けながら、われわれは国民国家の空間を問題にすることに導かれる。

3　国民国家の空間分割とアジールの問題

ここではまず、著名な政治思想家であるハンナ・アレントの国民国家論を空間の視点から検討してみたいと考える。ある意味で興味深いのは、アレントの理論的な主著とされる『人間の条件』が、国民国家を主題的に取り上げてはいないことである。この著作では、アレントにとって失われてはならない政治の原像である「活動（action）」、すなわち「仕事（work）」や「労働（labor）」とは峻別される自由な言論の営みが展開される空間は、主に古代ギリシアのポリスを範とする政治空間に求められる一方で、その反転像は国民国家を通り越して「労働する動物」が主役となる大衆社会へと一気に落ち込んでいるからである。その意味で国民国家は、アレントにおける「活動」の衰退の歴史のなかでは、中間的で過渡的な位置を占めるにすぎないことが推測される。

一方、アレントの浩瀚で個性的な歴史叙述である『全体主義の起原』のとくに第二巻「帝国主義」では、「帝国主義」が「国民国家」の崩壊のあとに来る形態として把握され、国民国家が主題的に論じられている。そのなかでアレントの国民国家論の、かならずしも自明とはいえない特徴のひとつは、国民国家と帝国主義とは反対物であって相容れない、という主張である（国民国家には政治的にも経済的にも膨張の傾向があり、帝国主義への変化は国民国家に内在していた、という見方の方がむしろ常識的だとも言える）。アレントによれば、ヨーロッパの国民国家が閉じた領域を有し、その内部で平等な諸権利を国民に保障したのに対して、帝国主義はそれとは全く異なる空間や原理に依拠している。帝国主義の原理は空間の自己目的的な膨張（膨張のための膨張）であり、それは「できるならば星々も併合したい」というセシル・ローズの言葉に巧みに表現されている。こうした空間は資本の膨張と相即するものに過ぎず、そもそも政治的な原理を持たないものとされる。アレントによれば、これこそが「ブルジョワジーの政治的解放」の帰結なのである。[23]

それゆえにアレントによれば、帝国主義は古典的な意味での帝国（empire）とも全く関係のないものである。ローマ帝国の「征服」は、征服者と被征服者とのあいだに新たな政治的関係を築いたのに対して、帝国主義的膨張は征服ではない。それは権力関係を作り出す力を持たず、「権力なき富」という危険物を生み出した。

アレントにとって帝国主義の台頭は国民国家の没落を意味する。国民国家は帝国主義化することで、その内部に決して解決することのできない矛盾や解体要因を抱え込んでしまう。[24]国民に対しては議会制などの法制度を通して民主的・立憲的に統治する一方で、植民地に対しては強権的な統治を行なうという二重性は欺瞞なくしてはありえず、また植民地人を同化しようとする政策は失敗し、大英帝国では早期に放棄された。さらに、植民地を統治するために肥大化する官僚制と暴力機構は、自国民へも向けられ、それまで存在した「法の支配」を崩壊させる（これは「ブーメラン効果」として知られる）。

アレントはこのような帝国主義的膨張によって政治空間が変化し、その結果無国籍者が大量に生み出されるという危機的事態が招来されたことを指摘する。こうした背景には、西欧諸国の海外植民地獲得競争とは別に、東欧などこれまでナショナルな歴史や経験を持たない地域で「汎スラブ主義」「汎ゲルマン主義」といったイデオロギーが急速に拡大したことがあった。アレントによれば、これらは西欧のナショナリズムよりはるかに危険なものであり、ナショナルなものの基盤を欠く東欧で、「民族自決」の原則を適用しようとしたことから生じた。

国民国家が国家であり続けるためには、国家を構成する法秩序が必要であるわけだが、東欧で始まった「汎」ナショナリズムにより、国民国家において国家よりもそれを構成する民族の方が優位となり、西欧でも「ネイションによる国家の征服」[25]が起こる。それは国民国家を構成する少数民族の排斥をもたらすことになる。ナショナリズムは国民国家の歴史的経験に基礎を置くよりも、自然的要素によって規定されるようになり、次第に人種主義的な性格を強めていく。もうひとつはイデオロギーによるものである。ロシア革命後のソヴィエト国家は、大量の亡命者に対して国籍剥奪によって応じた。これをきっかけとして国民国家が受け入れる限度を超えた数の、亡命者とも無国籍者とも区別しがたい人々の群れが出現することになった。

こうした事態は権威主義的な国家のみならず、アメリカのような自由民主主義国家にも影響を与え、好ましからぬ自国民に対しても国籍剥奪や帰化取消(denaturalizeation)によって応じるようになった。[26] 国民国家は民族自決の原理によって成り立っていたが、民族自決が徹底されるならば、かえって国民国家の限界が明らかになってしまう。国民国家の空間分割が、人間を人間的世界の外側に廃棄するという恐るべき帰結に至ってしまった。いずれの国民国家からもその外部に無権利者として追放され、「鳥のように自由(Vogelfrei)」[27] な、法の保護の外にあって事実上の生しか持たない人間の大量出現である。

アレントの描く国民国家は、奇妙な両義性に満ちている。国民国家の主役はブルジョワジーであるように見えてそうではない。ブルジョワジーにとって必要なのは、世界経済の膨張する空間であって国民国家の閉じた空間ではない。国民国家に利害を有し、それを支えたのは、近代革命によって土地を所有することができた自由な農民たちだった。またブルジョワジーは、経済力を握りながら自らは統治しようとせず、それを伝統的な貴族層に委ねた。国民国家という政治的制度が存続できたのは、国民的とはいえない伝統的な要素が残存していたかぎりにおいてだった。

帝国主義の時代の到来が意味するのは、アレントによればこうした伝統的要素が廃棄され、ブルジョワジーの純粋な支配が実現したことである。こうしてあらゆる政治的なものが崩壊して、秩序でさえない膨張の空間がそれに取って替わり、国民国家はもはや国民国家でありえなくなってしまう。このとき、カントが自由のために不可欠と考えていたような「訪問権」の保障やアジールの権利(庇護権)も失われてしまった。ナチスによるユダヤ人政策は、当初は国外追放を企図しており、これがシオニズムのユダヤ人国家建設の理念とも奇妙に合致したために、ユダヤ人による協力もなされることになった。しかし大量のユダヤ人を国外に移送することなどは技術的にも不可能であり、国家内部にありながらいかなる権利からも無縁な「収容所」という「無国籍者に提供し得る唯一の祖国[28]」に閉じ込めるという道しか残されず、「最終解決」という名の大量虐殺へと向かうことになる。

アレントのこのよく知られた叙述で注目されるのは、国民国家による空間分割の規範的な意味での限界である。それは少数民族の虐殺を含む全体主義的な転回を準備するものだった。このようにアレントは国民国家の問題性をきわめて鋭く指摘したのだが、しかしその結論は国民国家の清算にあるのではない。アレントはE・バークの有名なフランス人権宣言批判を引用し、これに大いに賛辞を贈っている。普遍的人権よりも国民国家において擁護される権利（バークの擁護する「英国人の権利」）のほうがよほど良い、というわけである。この議論とこれまで見てきた国民国家批判とは、どのような関係にあるのだろうか。

アレントの挑発的な表現によれば、人間がただ人間としてあるだけで有する抽象的な人権などは「動物愛護協会のパンフレットと大して変わらぬセンティメンタルな人道主義[29]」に過ぎない。具体的な政治社会の裏付けを持つことのない「人間としての人間の権利」などに頼ることは、人間を無権利状態へと追放し、野蛮状態に戻ることを意味するにすぎない、とされる。そしてこれもよく知られているように、アレントは代わりに「諸権利を持つことへの権利[30]」の根源性を説く。人間にとって深刻であるのは、普遍的人権とされるものの何かが侵害されることではなく、政治社会に所属する権利が奪われることである。なぜなら、後者が失われれば、あらゆる人権の保障が剥奪されることになるから。何であれ政治社会への所属を持つことが、人間的な自由を失うことなく生きる条件である。人権宣言が想定する「人間としての人間」なるものは人間を「自然」に解消するものでしかなく、人間の自由を目的になされる行為としての「政治」はこうした自然に対立するものだという点に、アレントの根本的な政治観が反映している。

こうしたアレントの立場は、自ら好意的に引用しているように、フランス革命の普遍的で抽象的な政治原理を嫌悪するエドマンド・バークに回帰するものとしばしば考えられてきた。アレントはナショナリズムになんら固有の価値を見出さないにもかかわらず、現状では国民国家の枠を超えて生きることには否定的であるように思われる。

アレントのこのような考え方は、悲観的にも後ろ向きにも見える。では、グローバル化の時代を迎えたとされるわれわれの時代は、このようなアレントの立場を乗り越えているかといえば、答えは両義的にならざるを得ないだろう。

たしかに今日では、世界人権宣言の理念をより具体化する世界人権規約、国際刑事裁判所の設置、そして国内の人権抑圧を監視するNGOのトランスナショナルな活動などがあり、各国の権力者たちもこうしたガヴァナンスや国際世論を無視し続けることはできなくなっている。そういう意味では亡命者や無国籍者が、現在全くの無権利状態にあるというわけではない。しかしこのように「権利なき人々のための権利」を要求する努力がなされているからといって、国民国家から締め出された人々の不幸が緩和されていると言うことも困難であろう。ベンハビブが「世界市民的」なあり方と呼ぶ時代を迎えたとはいっても、国境を超えて実効的な人権擁護の政治体制が整備されているには程遠い状態なのである。

一方、バーク的だと称されるアレントの人権論が、バークと全く同じことを言っているかと言うと、果たしてそうだろうか。アレントの掲げる「諸権利を持つための権利」を保障するのは誰か、という問題がある。それは一国民国家内部の問題ではありえない。もし国民国家内の問題であるとすれば、すでに国民である者に対してそういう権利は不要であり、国民でないものに対しては適用の可能性がない。そうだとすれば、一見して保守的で後ろ向きにも見えるアレントの、政治社会に所属する権利の要請は、国民国家内部で閉じた、すでに権利を持った者の権利では済まないはずである。アレントは誰もが「諸権利を持つための権利」を持つことが可能であるような、世界的な規範の形成を要請している点で、グローバルな正義論への展開の可能性を含んでいるのである。

最後に網野のアジールをめぐる議論と、アレントの国民国家の限界についての議論とを比較してみることにしよう。両者は対極的であるように見える。アレントの説く自由は、政治社会に所属することによってのみ達成できるものであり、政治社会に属することができなければ、人間は自然の世界で動物的で事実上でしかない生を生きるしかなくなってしまう。一方、網野の説く中世的な自由は、人間が既存の支配権力が及ばない特異な空間のなかで得られるものとされる。所属することの自由と、所属から免れることの自由。文明のもとにある自由と文明に反逆する自由。あるいは共和主義的な自由とアナーキズム的な自由。ここには自由観をめぐる異なる考え方が、空間の把握を背景として、鮮やかな対照をもって示されている。

もっとも、両者が全く相反しているというわけではない。アレントにも政治社会内部で閉じる自由だけではなく、グローバルな規範へ開かれているという面が存在する。また網野の議論にも、「無縁」から共和制的自治が発生することを肯定的に論じている箇所があることを忘れるわけにはいかない。アレントもまたアジールの空間の必要と、それが失われたことによる自由な空間の崩壊を説いた。こうした交錯が生じることの理由のひとつは、「アジール」と「収容所」とは、自由にとって対極的な空間でありながら、特異な場所（ヘテロトピア）としての共通点を有していることにあると思われる。[31] われわれの生きる空間が、世界経済システムに取り込まれることにより、ますます平滑化・等質化しているにもかかわらず、こうした空間に尽きるわけではなく、生と死の、希望と絶望の、深い両義性を持った裂け目を有していることを示唆するものである。

政治哲学の領域においても、最近の関心は国民国家の自足や自律から、それを超えるトランスナショナルな政治空間へと変化している。グローバル社会における人間の権利は、しだいに単に理念というのではなく、国際連合など具体的な制度や機構のなかで考えられるようになって来ている。このようにして、世界市民的権利が、実定的＝肯定的（positive）に承認されることの意義は、たしかに大きなものがあると言えよう。

しかし、このようにグローバルな規範が実定化されると見えなくなる面もあるのではないか。実体的＝肯定的に把握された人類という範疇は、その外部に逃れることのできる空間を残さない。ナチスによるユダヤ人絶滅策のように、「人類に対する罪」が明白に妥当するケースがたしかに存在はするが、何者かを人類の敵として人類の外側に放逐する可能性のある規範を適用するには慎重でなければならないだろう。[32] そうでなければ、カール・シュミットがプルードンから引き出したとされる、「人類を語る者は偽る者である」という批判が該当することになる。そして、グローバルななかにも、何か否定的な（negative）性格をもつ襞をさまざまに含む社会空間を考えることが必要になるだろう。人間の活動がグローバル化（地球化）するこの時代にあって、人間の自由と両立する政治的空間の構成はどのようでなければならないかが問われている。

注

（1）Immanuel Kant, *Zum Ewigen Frieden, Ein philosophisher Entwurf*, 1795, 小倉志祥訳「永遠平和のために」『カント全集13巻』理想社、一九八八年、二三七－二四一頁。

（2）Seyla Benhabib, with commentaries by Jeremy Waldron, Bonnie Honig, Will Kymlicka, *Another Cosmopolitanism*, Oxford, Oxford University Press, 2008, pp. 15-16.

（3）Fernand Braudel, *La Méditerranée et le mode méditerranéen à l'époque de Philippe II*, deuxième édition, 1966, 浜名優美訳『地中海』全5巻、藤原書店、一九九一－一九九五年。

（4）Immanuel Wallerstein, *The End of the World as we know it*, 1999, 山下範久訳『新しい学：21世紀の脱＝社会科学』藤原書店、二〇〇一年、とくに山下範久による「訳語についてのノート」一四－一七頁の優れた解説を参照。

（5）Henri Lefebvre, *La Production de l'espace*, 1974, 斎藤日出治訳『空間の生産』社会学の思想5、青木書店、二〇〇〇年。また、Henri Lefebvre, *La Proclamation de la commune*, 河野健二、柴田朝子訳『パリ・コミューン　上・下』岩波書店、一九六七、一九六八年。

（6）Michel Foucault, *Des espaces autres*, *Dits et écrits*, *1954-1988*, *tome IV*, Paris, Gallimard, 1994, p. 752-762. 工藤晋訳「他者の場所：混在郷について」蓮實重彦、渡辺守章監修『ミシェル・フーコー思考集成　X』筑摩書房、二〇〇二年、二七六－二八八頁。

（7）Edward Soja, *Thirdspace: Journeys to Los Angels and other real-and-imagined places*, Cambridge, Blackwell, 1996, 加藤正洋訳『第三空間：ポストモダンの空間論的転回』青土社、二〇〇五年。

（8）Yi-fu Tuan, *Topophiria: a Study of Environmental perception, attitude, and values*, 1974, 小野有五、阿部一共訳『トポフィリア：人間と環境』せりか書房、一九九二年 などを参照。

（9）Soja, op. cit., p. 15 などでもフーコーのこうした見解に触れられている。

(10)網野善彦「無縁・公界・楽」『網野善彦著作集　第12巻　無縁・公界・楽』岩波書店、二〇〇七年、六－一一頁。
(11)網野、前掲書、七五－八六頁。
(12)網野、前掲書、その章の表題を見れば、「無縁寺と氏寺」「自治都市」「山林」「市と宿」のように場所に関係する章のほか、「女性の無縁性」のように人に関係する章もあり、また「墓所と禅律僧・時衆」「遍歴する職人」「関渡津泊、橋と勧進上人」のように、人や職業、場所が入り混じるものも見られる。
(13)阿部謹也「ドイツ中世後期におけるアジール」『阿部謹也著作集　第8巻　社会史とは何か、歴史と叙述』筑摩書房、二〇〇〇年、四〇八－四四六頁。阿部はヘンスラー（Ortwin Hensslerr）のアジール論にもとづき、アジールの形態変化を考慮に入れたうえで、やはり網野と同じく、近代国家の成立によるアジールの衰退と消滅に説き及んでいる。
(14)網野、前掲書、において、原始・古代から中世まで栄えた「無縁」的なものが、近世以降衰退しながらも、なお形を変えて生き残ってきたことが、各所で指摘されている。重点が衰退にあるのか持続にあるのかは定めがたい面がある。
(15)網野、前掲書に収められた補注では、網野の無縁などの議論に対する当時の日本史研究者たちからの批判と、それに対する網野の応答が掲載されている。このなかでアジール論に対する日本史研究者たちの疑問に対して、網野が実証的に自説を擁護する努力を重ねたことが理解できる。
　最近のアジール論として、夏目琢史『アジールの日本史』同成社、二〇〇九年が、網野のアジール論における混乱と、アジールの全盛期が中世ではなく近世にあったことを批判したうえで、独自のアジールの分類論を展開している。このような批判には納得できる点もあるのだが、私としては、網野の関心がアジール概念の精緻化にあるよりも、進歩主義をはじめとした当時の歴史観を根本的に問題化する点にあったと思われるので、そういう視点から網野の著作の思想的意味を再検討してみたいと考えている。
(16)この点は、夏目、前掲書が詳しく論じている。
(17)マルクス主義からの網野の所有論批判に対する網野の応答については、網野、前掲書の、補注29「無所有論について」および補注30「進歩とはなにか」を参照。今読むと、マルクス主義史学において進歩が当然のごとく前提されていた偏りがよくわかる。同書、二二〇－二二四頁。
(18)たとえば、村上淳一『近代法の形成』岩波書店、一九七九年、参照。ヨーロッパの伝統では、近代の社会契約説に至るまで、自権者である家の家長だけが政治社会の成員であり得たことが論じられている。
(19)Jürgen Habermas, *Strukturwandel der Öffentlichkeit*, 細谷貞雄訳『公共性の構造転換』未来社、一九七三年。ハーバーマスも一八世紀に成立する市民的公共圏において、それに参入する資格が所有者に限定されることで、公的な世論を形成することができたと論じている。

（20）ディオゲネスの思想については、山川偉也『哲学者ディオゲネス：世界市民の原像』講談社学術文庫、二〇〇八年が、きわめて詳細かつ説得的に、この人物の哲学的意義を明らかにしている。また、最近のたとえば、神島裕子「グローバル正義」押村高編『政治概念の歴史的展開　第7巻』晃洋書房、二〇一五年、四六－四七頁で、アリストテレスの「ローカルな」正義論と対比して、ディオゲネスや（ストア派の創始者である）ゼノンのコスモポリタニズムに、現代のグローバル正義論の始祖としての地位を与えるというような評価が出て来ている。

（21）家のアジール性をめぐる問題は、網野および勝俣鎮夫、戸田芳美、石井進、佐藤進一、大山喬平ら当時の代表的な中世史学者らのあいだの重要な論争点であったことが、網野、前掲書、「アジールとしての家」一四九－一五七頁から知られる。

（22）網野、前掲書、一五六頁。なお補注26のなかでは以下のようにも指摘されている。「私的な所有権がまずそこを神の住む場、だれのものでもない「無所有」の場として囲いこむことによってはじめて形成されてくること、そうである故に、私的所有は長年にわたって、その出発点のこうしたあり方に制約されつづけていたこと」を述べたかったのだ、と。網野、前掲書、二二六－二二七頁。

（23）Hannah Arendt, *The Origins of Totalitarianism*, New Edition, Harcourt, Brace & World, Inc., New York, 1951, part2, 大島通義、大島かおり訳『全体主義の起原 2 帝国主義』みすず書房、一九七二年、第1章「ブルジョワジーの政治的解放」を参照。

（24）アレント、前掲訳書八頁。

（25）同書一七五頁。

（26）同書二五二－二五四頁。

（27）同書二九〇頁。

（28）同書二六四頁。

（29）同書二七一頁。

（30）同書二八一頁。

（31）網野は無縁の空間が、場合によってはその内部での規律により、監獄や強制労働施設に近いものになったことがあることを、江戸時代の鎌倉の縁切寺を例に挙げて述べている（網野、前掲書、一五頁）。一方アレントは、「全体主義のテロル支配のもとでは強制収容所が自由な意見交換や議論の存在する場所となったことも稀ではない」ことを紹介しつつ、そうした「自由の島」が愚者の自由の島でしかなかったと付け加えている（アレント、前掲訳書、二八〇頁）。

(32) これは言うまでもなく、湾岸戦争から対イラク戦争に至るなかでの「アメリカの正義」が、その主張する普遍性の名に値するかどうかを問われる問題であった。

追記

私が空間というテーマに関心を持ったきっかけのひとつは、かつて東京大学教養学部相関社会科学にて年一回行われていた「相関シンポジウム」で、ある年度に「社会空間の変容」を主題として、内田隆三先生のもとで企画を担当したことである。この準備の過程で、内田先生から社会空間についての興味深いお話をうかがうことができ、またこの時フーコーの「ヘテロトピア」について初めて内田先生から教わった。この楽しい想い出とともに、内田先生への感謝の意を込めて、私なりに社会思想史の空間について考えてみたのが本稿である。また東京大学総合文化研究科大学院生、安齋耀太氏にも、アジールというテーマについて刺激をいただいたことを感謝したい。

「弱者」の戦略

市場に抗する有機農業

中西 徹

「農業や社会組織の文明化の度合いが高いか低いかを測る物差しが、収奪と従属のしやすさと完全に重なっていることは偶然ではない。」（Scott：2009、訳二〇八頁）

はじめに

農家一三代目のT氏は福島で四〇年以上にわたり有機農法によって土作りをしてきた日本の有機農業の草分けの一人である。その彼が二〇一一年三月、故郷を去ることを決意する。東日本大震災が引き起こした福島第一原発事故によって、慈しんできた二町八反の土地が放射能で汚染されたからだ。早くから福島原発の立地・操業に反対し、その危険性について熟知していたT氏は、事故後、セシウム、ストロンチウム、プルトニウムなどの核種による大地の放射能汚染の深刻さ、そして政府の無為無策をいち早く察し、もはや先祖伝来の土地で有機農業を続けることができなくなったことを悟ったのである。彼は自分の自然な意思に従い、他県への移住を決意した。もちろん、事前の調査で、放射線量を確認し、その地には故郷のそれと類似性が多く、自分の技術が生かせると確信した上での判断だった。移住先のムラでは有機農業はそれほど普及していなかったが、すぐにT氏は有機農業の師として歓迎され、尊敬を集める。四年の月日を経た現在、T氏はムラには欠かすことのできない堂々たる重鎮となっている。

T氏は決して隠れるわけでもなく、前面に出ることもない。避難者でもなければ、技術指導者でもない。政府に救いを求めるのでもなく、要求をつきつけるわけでもない。ただ、別れざるを得なかった仲間たちの無事を祈りながら、これまでと同様に、ひとり静かに「生業」を続けている。
T氏の生き方とは何か。有機農業とは何か。本稿は、それを考えるための私にとってのノートである。しかし、あえてそれをしたためる気持ちになったのは、彼の生き様が、現代の「市場」と「国家」をめぐる開発論の流れの中で、「弱者」の「強者」に対する、静かな、しかし強かな対抗戦略となっていると確信するからに他ならない。

1　いつまで待てばよいのか

「価値中立性」のヴェール

経済学は、伝統的に、「科学」として振る舞うために、分析する側が自らの価値判断をあからさまにすることを禁欲的にまで忌避してきた。経済学が社会現象の全てを説明できるわけではないと考えるのが常識的である以上、このような態度は、節度ある研究者の良心から生まれていることに疑問を差し挟む余地はないように思われる。

しかし、「価値中立性」は、理論モデルという仮想空間に想定されることはあっても、現実社会においては決して存在しない（Chang: 2014）。しかも、やっかいなことには、一度「価値中立性」を宣言しさえすれば、その分析においては、価値前提を顧みる必要はないという免罪符が与えられた。研究者の価値前提は隠されてきたのである。たとえば、理論モデルで用いられる「与件の下では」（under the given conditions）とか「他の事情を一定として」（ceteris paribus）といった用語は、理論分析においては、「価値中立性」を装うことに役立つが、現実社会にあって安易に使えば、たちまち、現状維持を肯定し、既得権益の保護を意味するようになる。そして、じっさい、経済学においては、所得分配の諸問題は、「価値中立性」のヴェールによってしばしば隠されてきたように見受けられる。

「機会平等」とは

「機会平等」という術語を考えてみよう。この一見もっともらしい原則の下での市場制度が有する「効率性規準」は、経済学において、遍く基本的前提として採用されてきた。たしかに、主体が全ての面で同一であれば問題はない。経済学では、少なくとも基本理論においては、「簡単化」という理由によって、全ての主体は「同一」であると仮定されるのが一般的である。この仮定は、経済学が人々を平等に扱っているというイメージをもたらすという副次効果をも有するのであるが、個々の人々についての固有な属性（能力、出自や生活環境など）という初期条件を捨象し、あくまでも制度上の参加についての公平性を重視しているにすぎない。[1] 陸上競技にたとえて言うのであれば、ここでいう「平等性」とは、あらゆる国の、あらゆる階層の人々がスタート台に立ち得るということである。その選手がスパイクを買う金もろくに無く、恒常的に栄養不良に悩む最貧国の最貧層に属する選手であろうが、栄養バランスのとれた食事を毎日摂取し、最先端科学技術の粋を集めた強化訓練を受けてきた先進国の富裕層に属する選手であろうが、「等しく」参加することだけが意味をもつのだ。それだけではない。初期条件によって既得権益の維持という恩恵に与ることになり得る少数の「勝者」に対する再考も、恒常的に「敗者」となるように制度的に運命づけられたとも解釈し得る大多数の人々への配慮もそこには存在しない。「機会平等」の虚構性については、経済学では、ほとんどの場合、何ら疑問視されることはなかった。このような思考様式が許されるのも、畢竟、議論の前提にあるのが資源配分における効率性という誰もが否定することが困難な価値基準であり、他の初期条件への評価が捨象されやすいという理由からであると思われる。[2]

「トリクル・ダウン」(trickle-down) の行方

「自由化」を主張する新古典派経済学の論理に所得分配への配慮が全くなかったわけではない。その代表的な考え方の一つが、「トリクル・ダウン」仮説である。開発援助でも、そして最近は日本でも、しばしば、この術語を目にする機会が増えている。[3] それは、①富裕層が豊かになれば、国民経済が成長する、②国民経済が成長すれば貧困層にもその恩恵が滴り落ちる、したがって、「富裕層が豊かになれば貧困層の生活水準も上昇する」という仮説である。[4]

この議論については、すぐさま、「自由化」によって効率性は向上するだろうが、遍く人々に成長の果実が分配されるとはいえないのではないかという疑問が生じるかもしれない。しかし、市場に任せておけば良いという「ヒックスの楽観」がそれを解決してくれる。政府による補償は必要ないという奇妙な「補償原理」である。「自由化」さえすれば、あとは万事、「塞翁が馬」だ。「自由化」によって保護が逐次撤廃されていけば、同じ人が、あるときは損し、あるときは得をする。経済活動の因果関係は複雑だ。風任せにしておけば「長期的には」押し並べて平等に費用と便益を分かち合うことになる。ランダムな浮き沈みの中で、一時的な被害はやがては市場によって自動的に「補償」されてしまうというのである。転じて、経済成長すれば、いずれは成員すべてがその益に与れることになる。それが「トリクル・ダウン仮説」の原理なのだ。

しかし、ひとたび「勝者」になった者は、風任せで「敗者」になる可能性があるようなシステムを続けたいと思うであろうか。「勝者」になり続けたいという誘惑を誰がどのようにしてコントロールするのであろうか。「勝者」は「強者」となり、「敗者」は「弱者」となる。遅かれ早かれ「強者」はシステムを操作する力、ルールの決定権をなんとかして手中に入れようとするはずだ。こうして、ピケティ（Piketty：2014）があきらかにしたように、「持つ者はますます富み、持たざる者はますます貧する」（マタイ効果：Mathew effects）ようになる。それが「資本主義社会の経験則」であったはずだ。もはや、「強者」は、「国家」を実質的に支配する主体となり、彼らからは競争に勝ち抜く困難も、統治への怯えも消失する。結局、トリクル・ダウンのための政策は、競争の「勝者」に永続的な「強者」となるための機会を与えたに過ぎなかったのではないだろうか。

それにしても、いつまで待てというのであろうか。ケインズ曰く「長期的には我々はみな死んでいる」のだ。開発戦略において実質的に「トリクル・ダウン仮説」が登場するのが一九六〇年代とすれば、五〇年の歳月を経た現在、滴り落ちるのを待てずに、この世を去った人々はどれほどいるのであろうか。

以上の考察からあきらかになったことは、きわめて常識的なことにすぎない。所得再分配は、その人が生きている間に行われるべきであるということだ。しかし、注目すべきは、それが実現できないと考えたときには、国家から、そして市場から「逃避する」という選択を行った人々がいたという歴史的事実である。それは、発展途上国における開発を考える際に、また、現代社会を考える際に、根本的問題を提起しているように思われる。以下では、我々は、国家、そして市場から「逃避する」ということについて、スコットが近著（Scott：2009）で描いた大陸東南アジアの「高地民」の歴史から考えることにしよう。

2　大陸東南アジアにおける「低地国家」と「高地民社会」

大陸東南アジア山岳地帯の少数民族の歴史をあきらかにしたスコット（Scott：2009）のエピグラフには、クラストル著の『国家に抗する社会』（Clastres：1974）の末尾が付されている。

「歴史をもつ人々の歴史は、階級闘争の歴史である、といわれる。少なくともそれと同じ程度の真理として、歴史なき人々の歴史は、彼らの国家に抗する闘いの歴史だ、といえよう。」（Clastres：1974、訳二七二頁）

クラストル（Clastres：1974）は、パラグアイの狩猟採集民グアヤキ族をはじめとする南米先住民を対象として、彼らをその外観から未開と考えるような先進国研究者の自民族中心主義を批判した。形式的なものにすぎない首長制度と厳密な平等主義を政治的に選択し、外的強制による労働と無用な「過剰」を拒絶することによって人々が設計した、国家に抗する社会の優れた社会のメカニズムをあきらかにしている。

スコットはこの種の戦略が、多くの地域において適用可能であることを示した。「強者」である国家の統治戦略と「弱者」である少数民族の脱統治戦略の相克を描き、少数民族の生き方に、国家に抗するための優れた術を発見したのである。そこで、以下では、まず、スコット（Scott：2009）の議論を振り返り、その上で、そこにおける国家と少数民族それぞれの戦略の原理について、再検討したい。

大陸東南アジアにおける統治の生態学的条件：低地定着農村社会における水稲耕作

スコット（Scott：2009）によれば、中国の歴代王朝をはじめとして、大陸東南アジアの統治を試みてきた国家が古くから着目したのは、水稲耕作地帯としての低地定着農村社会という収奪空間である。それは、その生態学的特性が国家統治に極めて高い効率性を有していたからに他ならない。

まず、第一に、国家中枢の近辺に直轄領として配置できる水田は、湛水と落水を繰り返すため連作障害が起こらず、単一栽培による「規模の経済性」の実現が可能である。稲は地上で実を結ぶため容易に収量を把握できる。したがって、国家にとって安定的な高収量が遺漏なく期待し得る。経済性において他の作物を圧倒し、国家に安定的な財源を保証するのである。第二に、稲作では、季節性はあっても、労働集約性が高く、人口の集中が必要になる。土地と水の管理が不可欠であり、ほぼ同時期に農作業が行われる稲作の特徴は、「共同体」の形成を容易にする。国家の中心地域に近接する平地に立地する「共同体」では、監視が容易であり、とくに、統治者に従順な指導者を創設しやすい。稲作は垂直的統治機構の効率的デザインを可能にするのだ。さいごに、稲は脱穀前であれば、比較的長期に保存可能な主要作物である。これは、多くの人口を安定的に養えることを意味するので、長期にわたる支配を可能にした。このようにして、水稲耕作を基盤とする低地定着農村社会は、土地と臣民を拘束することを容易にし、安定的な国家財源をもたらす。統治者にとって極めて「友好的な」モデルとなったのである。

「高地民」の「脱国家」戦略

このような「国家」の統治においてやっかいな存在は、国家への隷属、高率の租税の支払いや厳しい賦役労働から逃れ、険しい山岳地帯、あるいは湿地帯や密林地帯に逃避した人々（以下では「高地民」と呼ぶ）である。彼らは、中国の南部国境とベトナム中央高原からインドの北東部に至る大陸東南アジアの北部国境沿いの広大な地域、すなわちゾミア（Zomia）に居住する多様な少数民族の人々で、人口は一億人に達する。スコット（Scott：2009）は、この「高地民」が、少なくとも第二次大戦まで、中国歴代王朝などの「低地国家」とは独立した固有の社会を如何なる戦略を用いて維持してきたのかについて詳細に検討している。

「高地民」は「低地国家」からの逃避を第一に考え、よほど接近が困難な地域でない限り、定着型社会を避けてきた[5]。したがって、原則、彼らは焼畑移動耕作、狩猟採集あるいは遊牧を組み合わせる複合経営を行う。農作物については、根茎類を「逃避作物」として選択した。地中に実るこれらの作物は、収穫の非同時化を可能にし不可視性も高い。しかも、土地自体が倉庫の役割を果たすので、貯蔵の安全性も保証するからだ。「高地民」にはラフ族、ミャオ族などの名称が与えられてきたが、歴史的には、その帰属も流動的である。異なる民族小集団間の交流が頻繁にあるため、「高地民」はしばしば二言語以上を習得していた。彼らは移民を受け入れたり、「高地民」の小集団間の戦いで捕虜を獲得したり、あるいは奴隷売買を行なったりして、自分たちとは異なる属性の「高地民」を受け入れる。新しく受け入れられた「高地民」は属性を変え、受け入れ先で正規民化し、やがては、その集団の多数派となることさえあった。このように、ゾミアにあっては、多様性を共有する流動的な社会が形成されていたのである。

さらに、「高地民」は、パラグアイの狩猟採集民族が「低地国家」との交渉を徹底的に避けるために行ったように（クラストル：Clastres：1974）、首長のいない平等社会を基本とした。彼らの中には貧富の格差を生む経済システムは存在しなかった。宗教的なカリスマが存在することはあっても、彼らが政治的な力を発揮することはなく、小社会集団の中には政治権力の格差もほとんどなかったのである。

さいごに、「高地民」は、徹底して「低地国家」から距離を置く戦略を選択したが、決して「低地国家」との関係や市場を完全に拒絶した自給自足型の閉鎖経済をとらなかったことは注目されるべきであろう。彼らは、「低地国家」の周縁部において、商人や市（いち）をとおして、高価な植物由来の財（薬草、樹脂や香木）や動物由来の財（臓物、羽毛や象牙）、やがては貴金属や奴隷などの「低地国家」支配者向け、あるいは国際市場向けの奢侈品を「輸出」し、塩、干物、衣類、陶磁器など高地では産出されない必需品を「輸入」していた。「高地民」は「低地国家」との交易によって、「貿易の利益」を享受していたのである。

「低地国家」の対応：分割統治

このような「高地民」の存在は、「低地国家」にとって、好ましからざるものであったことは当然であるが、多くの場合、接近することさえ困難であり、また費用面でも統治することは不可能であった。さらに、「貿易の利益」という観点からも、「高地民」との関係を絶つこともまた望ましいことではない。最適な戦略は「高地民」を討伐することではない。「貿易の利益」を享受しつつも、周縁部の臣民が「高地民」との接触によって国家から逃避するような状況を避けることであった。

そのための戦略が分割統治にほかならない。たとえば、中国の漢民族王朝であれば、支配領域内では、漢民族に同化すればするほど、社会経済的に有利になるようなシステムを構築しつつ、同時に、漢民族の慣習、宗教、社会に馴染もうとしない人々を低い階層に押し込める。その最下層に位置するのが、中国語を話せず、文化も異なり、しかも焼き畑移動耕作という「原始的な」生産様式に頼っている「非文明社会の野蛮人」としての「高地民」であった。[6]「低地国家」は、「高地民」がきわめて智慧に富む人々であることを隠蔽するためにも、この種の言説を臣民に広く流布して「高地民」を貶める。彼らを最下層とし、多層からなる階層社会を作り上げ堅持することによって、被統治者である「低地民」同士、そして「低地民」と「高地民」が相互に結託することを阻んだのである。他方、この政策は、「低地社会」から適切な距離をとりたい「高地民」にとっても、ある面では利用価値のあるものであったと考えられる。それは、お互いの相互不可侵を保証するものだったからである。

以上が、スコットが論じた、大陸東南アジア山岳地帯、ゾミアにおける「高地民」と「低地国家」との関係の概要である。たしかに、この議論は既に過去のものである。逃避する者にとって、もはや地球上に安住の地は存在しない。戦後、政府主導の開発が主張されていた時期、ほとんどの発展途上国の政府は、インフラを整え、あらゆる地域へのアクセスを可能にし、地域開発と環境保全を名目に、文字通りの「山狩り」を行って地方開発を進めてきた。「高地民」の人々が国家を飛び出し、逃げ込んだ接近不可能な山奥さえも、いまや丸裸にされ禿げ山となっているのだ。

しかし、それにもかかわらず、「高地民」の戦略は、現代社会における農業や発展途上国の開発を考える際のプロトタイプとしての意義を有すると思われる。「政府主導の開発」にあっても、「自由化による開発」にあっても、人々が「国家」や「市場」から逃避する条件が存在すると考えられるからである。

3 「冷戦」と「開発」

「低地国家」と「高地民」の関係が、現代における先進国と発展途上国の経済関係をみるうえで有する意義を検討するための出発点は、第二次大戦後の発展途上国の「開発」に関わる言説の展開である。本節では、第二次大戦後の開発戦略の歴史を「冷戦」との関係からあとづけてみよう。

冷戦期の開発援助政策：「安易な搾取」政策（Exploiting the Poor）

戦後、発展途上国は、政治的な独立を果たしたが、それは同時に、東西冷戦に組み込まれることを意味していた。「発展する」（develop）という自動詞が、「低開発国」を「発展させる」という他動詞として用いられ、先進国の政策目標となった端緒は、一九四九年のトルーマンの大統領一般教書演説、すなわち「第四番目の指針の計画」（Point Four Program）であった（Escobar：1995）。以後、東西援助競争が展開されたのである。

これを受けて、多くの発展途上国は、ポスト・ケインジアンの強い影響から、政府主導の第一次輸入代替（Import Substitution）による工業化に着手した。しかし、一九六〇年代末までに、狭隘な国内市場という限界が露呈し、長期の特定産業保護によって生まれた既得権益集団の存在が「政府の失敗」として批判されるに及び、次々にこの開発援助政策は頓挫していく。「新古典派」そして「新自由主義」(Neo-Liberalism) が主流となった経緯である。

一九七〇年代は、この「失敗」を受け、市場自由化が開発戦略の基調となり、「新古典派復興」(Neo Classical Resurgence) と称されるに至った。それは、ＩＭＦの短期安定化融資における政策融資条件 (conditionality) に反映され、金融の自由化 (金利引上げ)、貿易の自由化 (為替切下げ) に加え、財政支出削減による「小さな政府」の実現が意図されたのである。この条件を受け入れることは、発展途上国における競争システムの急激な導入 (shock therapy) を意味するが、それはいち早く事前に情報を得たものが有利になるシステムである。[7] 発展途上国の財閥が打撃を蒙ることはあっても、政府主導であろうが、市場重視であろうが、情報アクセシビリティで圧倒的に優位にたつ「強者」、すなわち先進諸国の企業にとっては、制度変更が意味をもたないことは容易に想像できる。じじつ、この時期、多くの発展途上国では、多国籍企業による天然資源の「支配」が問題となり、一九七四年の国連資源特別総会において天然資源恒久主権を主張する発展途上国によって「新国際経済秩序」(New International Economic Order) の樹立が宣言されたのであるが、その実効性が評価されることはほとんどない。

この間、二度にわたる石油危機もあり、発展途上国は深刻なインフレと失業に見舞われる。それは短期の安定化融資では扱えないものであったが、中長期の供給側の政策を加えた一九八〇年以降の「構造調整」(Structural Adjustment) 政策にも引き継がれた。修正されつつも、「政策融資条件」を軸とする自由化政策は、発展途上国への対援助指針として、現在も影響を保持している (Chang：2004)。

冷戦期の開発戦略における重要な論点は、「貧困」は自然に解決される問題だとして直接的な対処が全く考えられていなかったことである。「トリクル・ダウン仮説」が前提となり、その国の全体の国民生産を増加させること、すなわち経済成長の実現によって、その果実は広く底辺まで滴り落ちるという仮説が信じられていた。「輸入代替」が失敗したのも、市場による「トリクル・ダウン」を阻害した政府に責があると解釈されたのである。

発展途上国が経済成長政策を採るというような宣言をしさえすれば、西側諸国は、その政府が独裁政権であったとしても、多額の援助をその国に行ってきた。東西援助競争とは、どちらの陣営がより多くの発展途上国を獲得できるかという数の競争に他ならなかったのである。多くの発展途上国の独裁政権は、獲得した援助の一部で軍事力を強化し、その力に依存して政策を進めた。工業化には多国籍企業による投資が不可欠であったが、治安の安定が直接投資を呼び込む前提条件となっていたからである。「我々は、諸外国と協力して、開発を必要とする地域における投資を促進せねばならない」と述べたトルーマンの大統領教書通りに、多くの多国籍企業が廉価な天然資源と労働を豊富に有するこれらの国々に進出していったが、当然のことながら、貧困層の諸権利が配慮されることはなかった。(8) 東西冷戦構造は富裕層による貧困層の「搾取」を可能にしたと考えられるのである。一九六〇年代以降、「従属論」(dependency theory) が台頭し、一方で、多くの発展途上国で反多国籍企業の社会運動が活発になっていったのは、そのような背景からであろう。(9)

さいごに、この期間に前提条件である政治の安定を可能にしたのは、基本的には「自国民に銃口を向ける軍事化」の推進であった。それは、分割統治との関係が深い。第二次大戦や内戦によって弱体化した発展途上国における既存のコミュニティは平和が回復するにつれて再生し、内部における結束力が強化される一方で、勃興していた国内の共産主義勢力と連携し、富裕層対貧困層という二項対立の図式が顕在化していた。この状態が進めば、貧困層間のいっそうの結束が進み、彼らが蜂起する危険が高くなることが予想される。こうして、富裕層側には、貧困層の連携を阻害するインセンティブが生まれた。それは、市場原理の導入と密接な関係を有し、後述するチリの事例が典型的であるが、少なくとも当初は暴力をともなって噴出した。

冷戦後の開発政策:「弱者」を順化する (Taming the Poor)

このような冷戦期の開発政策と比較し、冷戦後のそれは、一見すると大きな変化を遂げた。それを象徴するのが、初めて「貧困」という言葉がテーマに出現した世界銀行の『世界開発報告』(World Development Report, 1990) と国連開発計画が初めて発刊した『人間開発報告』(Human Development Report, 1990) である。何故、冷戦構造の瓦解を起点として、「貧困」や「人間」というテーマが「開発」の国際舞台で議論されるようになったのだろうか。筆者の仮説は、「貧困層」が「市場」として注目されるに至ったからにほかならないというものである。

東側共産主義ブロックの瓦解によって、もはや西側諸国の「富裕層」という「強者」にとって、世界市場戦略の阻害要因はなくなった。目の前に現れたのは発展途上国における「貧困層」という「弱者」たちの巨大な「市場」である。したがって、「強者」にとって「弱者」は決して自分たちを脅かす存在になってはならず、「弱者」のままでなければならない。しかし、同時に、従来のように購買力のない「貧困層」であってもならない。他方、多くの旧左派勢力は、NGOに流れ、人権や環境の問題に関わりながら、存在力を維持しようとした。「企業の社会的責任」の議論が高まったことは一定の影響をもたらしたが、それは決して、等しくwin-winとなる戦略とはなりえなかった。「弱者」への「援助」は、企業にとっては「評判」を上げ、中長期的な利益に資することがあきらかになったからである。

このようにして、冷戦後は「百姓は生かさず、殺さず」を地で行く「貧困緩和政策」が注目されるようになった(taming the poor)。「極貧層」を貧困ラインまで引き上げるような直接、間接の所得再分配政策はあっても、彼らのケイパビリティを「富裕層」と伍していけるだけの水準に高め、「強者」をキャッチアップすることができるような制度変革が含まれることはなかったのである(Chang：2003)。逆に、一定程度の水準に達すると、上位への階梯を登ることを困難にするような急激な「改革」が見受けられるのは、この証左であるように思われる。[10]

4　「新自由主義」:「強者」の戦略

一九七〇年代を席巻した「新自由主義」は、冷戦後も、姿かたちを変え、現代における発展途上国への援助に大きな影響を有している(Chang：2007, 2010；Easterly：2002, 2006, 2013)。以下では、大陸東南アジアにおける「低地国家」の戦略が、「新自由主義」における富裕層、つまり「強者」の戦略を考える際に、重要なヒントを与えていることをあきらかにしたい。

基本原理Ⅰ：「分割統治戦略」（divide et impera strategy）としての「市場経済」

大陸東南アジアでは、「低地国家」は「高地民」に「非文明的な野蛮人」という烙印を押し、「低地国家」化の度合いに応じて「臣民」を差別的に待遇することによって、分割統治を行った。ここでの主張の第一は、市場制度がこの種の分割統治をもたらす制度設計になっているということである。「高地民」は「低地国家」の市場に関与することはあっても、決してそれに飲み込まれることはなかった。彼らは、競争が格差を誘発し、分割統治を容易にしてしまうという市場制度の本質を理解していたからではないだろうか。

市場制度は、必然的に、より多くの便益を稼得する「勝者」と、より多くの損失を蒙る「敗者」を生む。このグループは、究極的には、成員全員を個人レベルで完全に序列化することを可能にする。その際に各主体が各々の序列の近傍との間に確執をもつ可能性が高くなることに注意しよう。それは、同種間のさらに熾烈な競争を誘発し、少なくとも「敗者」が結束しシステムやそのルールを変更しようとする誘因よりも、互いに他を蹴落とす戦略をとろうとする誘因を促進することになるはずだ。市場は、統治者が様々なレベルでの分割統治を容易に行える制度であるといえよう。

ここで、いったん勝者となった個人が競争制度を選好するのは決して幸福な経験の記憶などの主観的な理由からではない。勝者、それもごく少数の高い順位の勝者グループは、しばしば競争のルールを自分たちの属性に有利であるように作りかえることができる。さらに、場合によっては結託することによって、敗者間の団結を阻止する条件さえ整え得るのだ。このようにして、競争は、みかけの「機会平等」にもかかわらず、いったん勝者が決定すると、持続的に彼らが「勝者」となり続けるメカニズム、つまり「強者」を創出する性質も制度的に有しやすい。

冷戦のさなか、西側諸国は、政府開発援助によって発展途上国の独裁政権を間接的にサポートするが、その過程で、援助が近代的市場制度の急速な発展に寄与したことには注意を要する。それは資本市場にまでも及び、「輸出加工区」（export processing zone）のような、多国籍企業による直接投資を誘導するシステムを構築し、資本の自由化を促進した。こうした援助は、貧困層に対する搾取（exploiting the poor）が容易に行われる条件であったという理解も成立し得る。[11]「弱者」に競争への参加を促し、彼らの間の社会ネットワークを壊す分割統治と考えることができるからである。

しかし、社会主義という対立軸が消えた冷戦後は、貧困層の市場を独占するために、「強者」は彼らを直接ターゲットとした援助に政策を転換する。それは、「悪しきサマリア人」（Bad Samaritans）による「梯子外し」（kicking away the ladder）となっていると批判されることがある（Chang：2003, 2007）。その特徴は、貧困層を単一集団にまとめあげ、新たに垂直的命令システムを作り上げる点にある。それは、一見すると、分割統治とは逆方向の政策であるが、つぎにみるように分割統治という条件があったからこそ可能になった政策であると考えられる。

基本原理Ⅱ：「画一化」（simplification）戦略としての「市場経済」

一九七〇年代の「新古典派復興期」において、「新自由主義」の影響を強く受けた開発経済学が、発展途上国の市場は伝統的慣習などの様々な理由から「分断」されているという共通認識から出発していたことには注意を要する。「市場の分断」（market segmentation）は、情報の不完全性を生み、市場の発展を阻害する。発展途上国における市場は効率性基準からの劣位性が強調されていたのである。

しかし、この「分断された市場」こそが、前節にみたゾミアの「高地人」が作り上げた社会と著しい共通性を有する。小規模の地域政治体を含む「局所的市場圏」において、顔の見える関係の下での社会関係（顕名性）に基づく相対取引や贈与、贈答、物々交換などの非市場的交換が行われている社会関係を土台とした社会である。特筆すべきは、贈与や贈答、あるいは物々交換では、同時に国家からの逃亡（escape）の象徴となり得る「租税回避」が行われている点である（informality）。それは、意図せざるものであったとしても、結果的に政府の支配からの明確な逸脱を意味し、地域が有する独立への志向を示唆するものであり、決して後進性を示すものではない。

さて、この「市場の分断」（market segmentation）という状況の下で、開発経済学が下した処方箋は「自由化」による資源の「動員」(mobilization) であった。スコット (Scott：1998) のいう「画一化」(simplification) といってもよい。「市場経済」における競争システムは、一方において、既存の社会集団や個人を分割統治し、社会関係を弱体化させ、他方において、新たな結束力の弱い「実体」を統治の対象として創設するのだ。「強者」による収奪が効率的に実施されるように、すなわち匿名性の高い大規模な市場の下で、価格機構を通じた需給調整メカニズムが効果的に働くように社会をデザインし直すことにほかならない。[12]

「新自由主義」的考え方は、冷戦後に「政府の役割」が再評価されるようになってからも、その影響力は衰えなかった。「強者」が冷戦期に主導権を得たとすれば、もはや「市場か政府か」という問題には全く意味はない。ウィルキンソン＝ピケット (Wilkinson and Pikett：2009) らの研究があきらかにしているように、自由競争の結果生じる格差は、ストレスをあらゆる階層にもたらし、それが人々の健康を蝕み、社会病理を生む原因になる。しかし、社会病理は、むしろ「強者」によって「統治」されているはずの「政府」の必要性について人々を雄弁に説得し始める。暴力の増加やテロは「夜警国家」のための、健康被害は「福祉国家」のための、それぞれ「政府の役割」を人々に認識させるに十分である。政府がこのような需要に対して、少なくともそれなりの役割を果たしていると人々が評価しさえすれば、「富裕層」という「強者」が相当程度にまで権力を行使できるようになった「政府」の統治は維持されることになる。自由競争市場のシステムが「政府」に「強者」の統治維持を保証させるに至る。

こうして、「強者」が戦略を変える条件が整う。「画一化」政策が、状況が一変した冷戦後に全面的に展開されるのである。分割統治によって弱体化したとはいえ、交渉主体が多数になることは、為政者にとっての政策履行費用を増加させる。そこで、分断された多くの集団を統括するより大きな集団を新たに創設する必要が生じる。この新しい集団の脆弱性はあきらかである。従前の集団と比べて歴史が浅く、内部の結束力は弱体化している。重要なのは、その集団を成長させることではなく、適当な「リーダー」を創り出し、この集団との間に有利な契約を容易に結ぶことである。しかも、この有力者の抱き込みは、新しくできた集団内における分割統治をさらに強化し、「弱者」間の結束を阻害する役割をも果たす。[13]「強者」の利害にもとづき、「政府」は権力を行使することによって、いったん分断された集団の再統合を、「規模の経済性」を活用して誘導し、「交渉主体の一本化」という「画一化」によって「統治」の効率化を企てる。他方で、個別には分割統治を継続させ、団結を阻害し続ける二重政策が可能になるのだ。

ここでの議論は、冷戦終結後の「貧困認識の高まり」と軌を一にしているように思われる。「コミュニティ」を活用した「開発」が強調され、貧困層への直接の援助が積極的に実施されるようになったが、それは多くの場合、失敗を繰り返してきた。トリクル・ダウン仮説にもとづく政策、とくに外資導入も促進されてきた。しかし、その効果は決して高く評価されることはなかった。むしろ、それは「弱者を順化する政策」となっている疑いを拭い去ることはできないのである。

「経済成長」なき「強者」の繁栄

そこで、問題は結果である。以上のように設計された資本主義はどのような帰結をもたらしたのだろうか。ピケティ（Piketty：2014）は、冷戦終結前頃から上位〇・一％以下の高所得層の資産と所得が急激に上昇し、その後は、ほぼ一貫して資産と所得の分配が悪化してきたことを示した。

冷戦終結後、多くの先進工業諸国では、建前として「成長至上主義」を掲げながら、高い成長率を挙げることは端から想定されていなかったように思われる。高い成長率が具体的に数値目標として盛り込まれる場合がほとんどなく、たとえ成長率が十分に低くとも、それによって社会的に責任をとらされる政策担当者や経済学者は存在しない。

しかし、それは至極当然のことであろう。「強者」にとっての問題は成長率ではなく、資本収益率だからである。ピケティ（Piketty：2014）の論理に従えば、何らかの理由によって成長率が資本収益率を凌駕すれば、労働と資本の関係における所得分配は改善し、その状況は資本家層すなわち富裕層にとって不利になる。したがって、富裕層が支配する社会では、成長率が資本収益率を超えてはならないのである。

富裕層にとって重要な要件は、遺産相続を除けば、「技術革新」を誘発する「投資」の規模だ。この「投資」というフロー、すなわち資産ストックの増大こそが、富裕層にとって富の増加そのものであり、高額所得の源泉だからである。そして、マネー・ゲーム化した現代にあっては、それは実物面に配慮することさえも必要なくなった。

こうして、現代資本主義社会では、これらのごく少数の富裕層による巧妙な戦略によって、その決して高いとはいえない「経済成長」の果実のほとんどが、労働以外の生産要素、すなわちピケティのいう「資本」に向かうように制度設計されている。彼らの著しく高い報酬は、けっして限界生産性説にしたがうものではない。競争市場の下での効率的な資源配分の結果であるとはいえないのだ。

しかも、やっかいなことにこの制度は、あたかもロールズの『正義論』(Rawls : 1972) における「格差原理」が援用できるように設計されている。貧困層への再分配による所得向上に寄与するような装いがほどこされたトリクル・ダウン仮説によって不平等な分配が正当化されるのだ。この強力な理論武装によって、現代社会における極端な不平等を指摘することは、効率性を否定するばかりでなく、貧困層への再分配による公正性をも否定すると批判されることになる。[14]

5 「有機農業」:「弱者」の戦略

「農は、理解ある消費者と正直に生産に取り組む人達の、人格的な信頼関係によってのみ継続し進歩するものだと思います。食物に対する相互理解こそが、とてもとても大切であります。」(日本有機農業研究会 : 2004、五頁)

冒頭で触れたT氏の話に戻ろう。一九七一年以降、T氏は地域の仲間とともに、福島においても、また新天地においても、有機農業を実践してきた。多くの優れた有機農業者がそうであるように、極力、畜糞以外の有機肥料を重視し、自家採種と種子交換をしながら土地に適した固定品種を育成している。それは、必然的に多様性を中心に据えた農業となる。流通面では、可能な限り消費者との関係を重視してきた。仲間の有機農業者たちと組合を作り、生活協同組合との間で契約栽培を行ないつつ、独自のニュース・レターとともに生産物を消費者に直接届ける「提携」(*tei-kei*)の発展に精力を傾注している。彼の哲学では、有機農業は原則、生産・流通・消費のすべての面において、不特定多数の匿名の人々からなる「市場」に適応できないのである。

このような条件の下、東日本大震災という「惨事」において、T氏が熟慮にもとづき出した答えは、これまで築いてきた全てを失う可能性があるにもかかわらず、政府からの何ら財政的支援を期待できないまま、故郷を去り、全く新しい土地において、「有機農業」を続けるという決断であった。

本節では、第2節において論じたゾミアの図式になぞらえて、現代社会にあって、「低地国家」を「市場」、「低地民」をそこに存在する「弱者」とするとき、「高地民」の存在は、どのような形で存在し得るのかを示すことにしたい。

政治的選択としての有機農業

ここで私が論じたいのは、有機農業(より条件の厳しい自然農業を含む)が、Scott (2008)のいう「熟慮に基づく政治的選択」(deliberate political choice)としての「逃避型農業」(escape agriculture)であり、自由を希求する農民にとっては、現代社会においては最も現実的な選択肢だということである。さらに、それは、うえにみた「新自由主義」によって統治される社会を代替する社会構築への橋頭堡となり得るというのが以下の議論である。

かつて全ての農業は焼畑移動耕作を含む自然農業であった。それは定住型農業、灌漑耕作農業、科学的農業へと「発展」する。第二次大戦後に慣行農業が導入され、画一化にもとづく効率化によって、少なくとも短期的ないしは中期的には、農業生産性は上昇した。

しかし、それは農業が「国家」だけでなく、「市場」に編入される過程であったとも解釈し得る。この場合、近代農業が直面している資本主義社会とは、「統治者」という「強者」が、その近視眼的な時間軸の中で、「機会平等」

の下での競争のルールを策定し、小農という「弱者」から生産物を合法的に収奪するシステムである。それは、スコット（Scott：2009）が描いた大陸東南アジアの国家観のアナロジーに他ならない。

筆者の理解によれば、一九七〇年代以降、世界において同時期に発展してきた自然農法や有機農業は、程度の差こそあれ、このような農業の「市場化」への抵抗、あるいはグローバリゼーションへの対抗戦略という側面を有してきた（中西：2014b）。最も極端な事例は、国際的に有名な福岡正信の「自然農法」である。福岡（1983）は、「国民皆農」と「無為」を主張し、生存農業による自給自足の中に人間と自然との間の真に望ましい関係を見出そうとした。他方、有機農業者の多くは、「提携」（*tei-kei*）関係の下、顔の見える社会ネットワークの範囲で信頼にもとづく相対取引を実現し、結果的に各々が適正規模の市場を規定してきた（一楽：1979）。自給自足か否かという点で大きく考え方は異なるものの、ゾミアの人々が巧みに国家を躱してきたように、匿名性を前提とした通常の市場との間に距離を置こうとしている点で、これらの非慣行農業の基本的な立場は共通している。

「第三者有機認証制度」：「国家」と「市場」による統治

たしかに国内広域市場や国際市場などの匿名性の高い市場における大規模な取引を志向する有機農業も存在する。そのような大規模な有機農産物市場にあっては、信頼に足る有機認証がなければ、生産者が市場に参入することは不可能である。生産者と消費者が直接的な信頼関係を結ぶのが困難である以上、認証がなければ不確実な情報と価格によってしか調整ができず、第三者による有機認証制度が不可欠となる。

一般に、広域市場では、匿名性を前提としているため、需給両面で経済主体には裏切り行為が行われる誘因は常に存在する。各主体が守るべきルールを定め、それを遵守する動機づけと破った際の罰則を組み込んだメカニズムを構築し、効率的な統治をデザインしなければならない。「画一化」（simplification）による「市場友好的な」（market-friendly）介入が選好される理由である。このようなシステムは、有機農業よりも、むしろ慣行農業、より一般的には、「国家」や企業の論理との親和性が高い。じっさい、先進国、発展途上国を問わず、第三者有機認証制度は、高額の費用を要することがあきらかになっている[15]。この事実は、不特定多数の消費者の信頼を担保することを目的としているようにみえる「第三者有機認証制度」が、じつは「国家」にとって、多様で把握が困難な有機農業者を収奪し統治する効率的な手段となり得ることを示唆する。この制度が有機農業との間の親和性に自己矛盾を孕むことはあきらかであろう。そもそも、自給自足を目的とした自然農法では、認証制度はもとよりモニタリングさえも全く意味を持たない。限定的な市場圏を対象とした有機農業の場合も「提携」(*tei-kei*)という少数の生産者と消費者の顔の見える関係によって支えられているシステムであれば、この種の認証は不要になる。じっさい、日本では、政府認証制度である有機ＪＡＳ規格の認証をとっていない、あるいは有機ＪＡＳ認証を有している事実を公表しない「有機農業者」は決して少なくない。

代替的な有機認証制度：参加型有機認証制度(Participant Guarantee Systems)

市場では、開放度が低いほど、顕名度が高くなる。この場合には裏切り行為は「コミュニティ規制」の下で未然に防がれるであろう。地域の固有性に裏打ちされた小集団における「信頼」がその鍵である。個人間の信頼に基づく「顔の見える」(face-to-face)関係での取引は「認証」を必要としない。そもそも、有機農業の評価はその地域固有の尺度によるものになる。一元化することはできず、他の地域には適用できない多様なものにならざるを得なくなるのだ。この場合には、地域固有の条件を無視したヨソ者による単一尺度による評価(第三者有機認証制度)の方が信頼度はむしろ低くなるだろう。

こうして、顔の見える関係の連鎖で成立するような「局地的市場」における経済活動では、標準化による「画一化」とは無縁な多様性の享受が可能になる。「局地的市場」においては、価格というシグナル自体が埋没し、農産物を取り巻く種々の属性がそれに取って代わることによって、分断された市場内外の多様性が維持されることになるからである。有機農家間で行われる種子交換をはじめ、匿名性が前提となる広域市場では存在しない慣行がそれを支えている。もし、有機農業が広域市場と接触すれば、次々に生産・流通過程が国家や企業の制度によって代替されるようになり、やがてはこのような「局地的市場圏」、つまり農民たちの「生活圏」は消滅してしまうであろう。ゾミアにおける「高地民」が中央集権国家を常にかわし、逃れ続けてきた理由も同様であるように思われる。

しかしながら、昨今の有機農業を巡る動向と今後の遺伝子組換え（Genetically Modified）作物の台頭の可能性を鑑みるとき、今後の有機農業には、匿名ではないにせよ顕名度のより低い市場、つまりより広域の市場への対応を積極的に捉え直し、新たな対抗戦略を提示する必要があろう。有機農業の一定程度の「市場化」は避けられないように思われる。では、その際の対抗戦略は何であろうか。私は、その鍵が、有機農家による地方分権化への積極的なコミットメントと「参加型有機認証制度」（PGS：Participant Guarantee System）にあると考えている。

ＰＧＳは国際ＮＧＯである「国際有機農業運動連盟」（International Federation of Organic Agriculture Movement：IFOAM）によって以下のように定義される。(16)

"Participatory Guarantee Systems are locally focused quality assurance systems. They certify producers based on active participation of stakeholders and are built on a foundation of trust, social networks and knowledge exchange."

「参加型有機認証制度（ＰＧＳ）は、地域に焦点を当てた有機農産物等の品質保証システムである。それは、信頼、社会的なネットワーク、知識の交換・生消交流の基盤の上に、消費者の積極的な参加活動に基づいて、生産者を認定する。」

すなわち、生産者と消費者が研修を受け、顔の見える関係の下で共同して行う有機認定制度である。日本では、現在、日本有機農業研究会が導入の検討を行っており（日本有機農業研究会：2014）、今後の導入と発展が期待される。

「市場」に抗する戦略としての有機農業

現在、有機農業が耕地面積に占める比率は、欧米有機農業先進地域においても一〇％程度、日本に至っては一％

にも満たないが、二〇〇〇年以降、欧米においては、有機農産物市場では供給不足が恒常化している。日本においても、大手サプライチェーンにおける産直有機農産物や飲食店での消費は増加傾向にある。[17] ただし、有機農業が市場志向になるとき、持続的発展は保証されない。安定的な大量需要のために生産の画一化が行われれば、有機農業のシステムは崩壊する。複合経営における少量多品種がもたらす多様性が失われ、持続的有機農業に必要な産地の生態系循環メカニズムは崩れてしまうからである。現代の有機農業に求められるのは、大規模かつ画一的な統合された市場ではないのだ。しかし、それにもかかわらず自給自足を前提とした閉鎖経済では、今後は対応することができなくなるという危機感は相応の重みを持っている。有機農業が元来有している循環システムと適合する新たな「市場」をデザインし、慣行農業に対する対抗戦略を策定することが、いま求められているように思われる。

筆者が代替的なシステムとしてここに提示する戦略枠組み（中西：2014b）は、分断された市場が統合された市場に進化していく過程の一部分のみを利用したものである。慣行農業浸透以前の農業や近代的市場制度が確立する以前は、基本的には、分断された閉じた小規模の市場で生産・分配・消費がなされていた。それは現代の有機農業にあっても同様である。消費市場の範囲も、加工品や貯蔵可能品でない限り、限定的である。小規模な有機農産物市場が、分断された形で散在しているのだ。それは、「顔の見える」生産者と消費者からなるグループであり、一楽照雄（1979）のいう「提携10ヵ条」を満たすことのできる社会条件を備えている。筆者の仮説は、この初期の状況を凌駕するために必要なものは、異なる「局地的市場圏」の周縁部間社会ネットワークの活性化だということである。[18]

「貧困者を順化させる」（taming the poor）政策への対抗手段は、基本的には、「逃避」である。しかし、ゾミアの「高地民」のように文字通りに「逃避」する戦略は現実的ではない。むしろ、我々は、彼らが自給自足の閉鎖経済に甘んじていたわけでは決してなく、「貿易の利益」を享受していたことに注目すべきであろう。

そこで、「局地的市場圏」の周縁部に着目しよう（Nakanishi：2014、中西：2014b）。「局地的市場圏」の周縁部は、市場圏内のネットワークにおいても辺境に位置するものの、地産地消の範囲内であり、「高地民」が「低地民」と交易を行った境界地域と同様な特性を有している。その地域は、隣接もしくは近接する異なる「局地的市場圏」の有機農産物市場の情報収集が可能な立地条件にあるため、周縁部近傍の経済主体が異なる有機農業市場間の、労働、投入財、種子、技術、情報のフローを伝達するネットワークにおける橋渡しになることさえできれば、分断していた異なる有機農業市場の連携が可能になり、画一的かつ効率的な統合された慣行農産物市場に対抗するための橋頭堡の確立を可能にするはずである。この状況が一般化し、個々の人間関係の連鎖によって累積的に波及すれば、「局地的市場圏」間の連繋が実現し、相応の経済主体としての市場における力を行使し得る段階に到達するであろう。こうして、最終的には、統合された大規模市場という有機農業にとっては行き過ぎた状況を回避しつつ、地方政府に対する政治的諸力を獲得することができるはずである

結語

スコット（Scott：2009）がいうように、統治者にとっては、「文明化の度合い」は「収奪と従属のしやすさ」に他ならない。「社会的ダーウィニズム」あるいは「文明論」（civilizational narratives）である。その下では、慣行農業から有機農業への移行は、進化への逆行となる。しかし、「ダーウィニズム」という言葉自体、歴史の中で、「強者」にとって都合の良い解釈がなされてきたのではないかというのがスコットの問いであった。

その意味で、地域通貨（local currency）や互酬的交換（reciprocal exchange）などは、小規模な局地的市場圏においては、流通費用を下げる試みとして（あるいは合法的な租税回避の一手段としても）、注目されるべきであろう。有機農業は、こうした試みとの間に適合性が高く、「提携」（*tei-kei*）の精神にもつながる。したがって、上にみたような精巧な収奪メカニズムを有する現代社会にあって、「有機農業」と「地域市場」（local market）は、「弱者」にとって、熟慮された極めて適切な「政治的選択」として解釈され得るように思われる。

しかし、問題は、この分権的システムは、「市場」に対抗するための「地域市場」間の連携を深めるが、外部主体から折衝を目的とした「代表」を作るよう強制されたり、あるいは「代表」を自ら出す誘因が強いということ

である。「低地国家」は「特定の政治構造をつくらせ、それを通して自らの影響力を行使しようとする」が、この戦略への「高地民」の対応が、「実体のない擬似的な首長的権威をつくり、従うふりをすることである」(スコット、Scott：2009)。「平等性」戦略こそ、多様な少数民族からなる「高地民」の巧妙な対応である。この点について再度確認することは、今後の有機農業の戦略を考えるときに重要な意味を有しているように思われる。

注

(1) たしかに、この種の属性も、分析の対象となることはある。しかし、それは特定の分野における部分的な導入にとどまり、一般的に議論されることはない。

(2) 人々が劣悪な労働条件を甘受しなければならない場合も同様であることはいうまでもない。経済学では、費用便益の観点から、しばしば、その苦痛を上回るだけの報酬があるため、人々は過酷な条件の下でも働くと議論されている。しかし、これは、与えられた雇用機会という選択肢が人々に「同等」に与えられているという仮定においてのみ成立し得る言明である。現実には、このような労働に従事している人々には、先天的に発生した不利な条件によって、その労働を選択せざるを得ない状況におかれているのかもしれない。

この点で、福島第一原発事故の「復興作業」において、放射性物質除去の作業に従事している人々の労働条件については、注意が必要である。事故前にあっても、原発労働者は、その作業によって、極めて高い線量の放射線を大量に被曝し、少なくとも「確率的には」、確実に寿命を縮めるものとなっている。この事実は多くの日本人が共有するところとなっているが、それに対する彼らへの報酬は、到底、十分なものとは言えない水準であるように思われる。

問題は、このような労働者は、けっして費用便益の観点から作業に従事してきたのではないということである。その中には、福島出身の原子力発電所の職員であったという責任感から現場作業を続けている人々もいれば、事故後に他の雇用機会に恵まれず、仕方なく作業を行っている人々もいる。しかし、多くの労働者の被曝量は、既に生涯レベルの限界値を超えている。現在では、これらの労働者を国内で確保することは難しくなっているように思われる(樋口：2011)。

ところが、たとえば、この報酬が一日一万円程度であったとしても、多くの発展途上国の労働者には、まさに自らの生命の危険性を賭してまでも、働きたいと考える人々も多い。作業現場では、早い時期から外国人労働者の参入が観察されているという報告が存在するが、その雇用量は近い将来、著しく増加する可能性がある。

低線量被曝を含め、被曝量と致死性の高い疾病（癌や脳卒中、心臓病など）との因果関係が必ずしも明白ではないとされていることは、原発事故の当事国以外の貧困層を雇用するに有利なものとなっている（島薗：2013）。より具体的にいえば、被曝について十分な情報を有する外国人労働者は少ないだけでなく、被曝による死亡者は相応の確率で発生するものの、死亡時においても外国人労働者の補償額は著しく低いものになるであろう。

（3）二〇一三年一一月二六日には、ローマ教皇フランシスコは、使徒的勧告「エヴァンジェリ・ガウディウム」において、「トリクル・ダウン」仮説について、批判的に言及している。

（4）いま一つには「クズネッツの逆U字仮説」が考えられるかもしれない。しかし、それはピケティ（Pikkety：2014）の研究によって、先進国における所得分配の動態の説明には、ほぼ妥当性を失ったといっても過言ではない。

（5）例外として棚田が考えられるが、棚田の中腹もしくは頂上に集落を立地させれば、外敵への監視が容易になる。いわば、棚田自体が要塞としての役割を果たしていたとも考えられる。中国雲南省の棚田は有名であるが、他にも日本を含む多くのアジア諸国の山岳地帯で棚田は観察される。

（6）スコットは「低地民」に対応する戦略の中で文字さえも意図的に喪失したのではないかという仮説さえ提示している。

（7）一九七三年のチリのクーデタは、「新自由主義」の最初の実験であるが（Klein：2007）、その後は、より温和なショック療法（限られた者のみが事前に知ることができるような「改革」や制度変更）によって、内部情報を有するもののみが巧妙に利益を得る手法が頻繁に採られている可能性もある。

（8）例外的に、たとえば国際労働機関の「人間の基本的必要」（Basic Human Needs）などの反主流派の議論がある。

（9）たとえば、この問題について、国際労働機関は対応を迫られ、一九七七年の第二〇七回理事会において、「多国籍企業及び社会政策に関する原則の三者宣言」が採択され、その後、多国籍企業の「社会的責任」（Social Responsibility）が深化する契機となった（ILO：2006）。

（10）たとえば、フィリピンでは、近年、初等、中等教育の就学率および修了率が上昇し、貧困層であっても高等教育、しかもトップレベルの大学への進学も可能な状況になりつつあった。ところが、それまで四年制であった中等教育を国際水準に合わせるとして、突然二〇一二年六年制に改変したのである（K－12）。いまだに教室が足りず、午前と午後の二部制をとり、野外で授業を行うこともある公立校の初等・中等教育における質の改善を行わないまま、この制度変革は実施された。それは、貧困層にとっての中等教育における経済負担を著しく強めることになり、とくに国立大学をはじめとするトップレベルの大学への進学を阻害するのではないかと懸念されている。

（11）その事例は枚挙に暇がないが、たとえば、フィリピンのマルコス政権の戒厳令下では、反対勢力の監視や逮捕に市民による通報制度が用いられたし、チリのピノチェト政権においても、同様な抑圧システムが働いていた（中王子：2005）。

（12）したがって、「新自由主義」の政策は、通常、分権的システムという側面が強調され、政府主導のケインズ的開発へのアンチテーゼとしての性質を有すると捉えがちであるが、それを「強者」の戦略として捉えてみると、「分割統治」とは正反対の特性、「画一化」による統治強化という意図を発見し得る。「新自由主義」がはじめて実験されたチリにおいて、それがピノチェトのような軍事独裁政権に親和的であったのは当然の帰結である。

（13）中国の歴代王朝や豊臣秀吉以降の日本の統治者が推進した低地定着農耕社会における稲作は収量測定を容易にする方策として考えることができる。経済のあらゆる部門について、「画一化」によって見通しをよくする（making legible）ことは、「統治者」である先進国（あるいはその企業）にとって、きわめて重要な要件である。そして、「隣百姓」という言葉に示されるように、あるいは米作自体の生産過程が可能な限り複雑になるような工夫を行い、分割統治の誘導や結束した抵抗運動の勃発の防止を行ってきた（河北新報社編集局：1975）。

（14）それは、あたかも、遺伝子組み換え種の危険性を指摘すると、貧困撲滅の世界水準の努力を誹謗する非人道的行為であると非難されるが如き状況であるが、それは遺伝子組み換え技術の開発におけるメカニズムが上に論じたそれそのものだからと解釈できるであろう。

（15）政府認証の場合、フィリピンでは、一農家一件あたり一二、〇〇〇ペソ（日本円換算で二八、〇〇〇円、二〇一四年四月為替レート換算）を必要とする（中西：2014b）。日本の場合は、認定業者 OCIA によれば、二〇一五年三月現在の有機ＪＡＳ認証の費用は、一件あたり初年度で一〇万円、二年目以降は九万円である。

（16）International Federation of Organic Agriculture Movement, *Participatory Guarantee System*, 公開資料、IFOAM（和訳は IFOAM Japan による）。フィリピンでは、既に、ケソン州、ヌエバ・ビスカヤ州、ヌエバ・エシーハ州において導入されている（中西：2014b）。日本では、久保田（2012）の先駆的論文がある。

（17）IFOAM Japan によれば、二〇一一年の日本の有機農産物市場規模は、一三〇〇億円を超える。

（18）本章における「局地的市場圏」という術語は、大塚久雄が論じたそれとは歴史的コンテクストが異なっており、基本的には別概念ではある。強引に解釈しようとすれば、市場の発展過程とは逆方向のベクトルを一定規模で志向する戦略ということになる。

文献

Chang, Ha-Joon (2003) *Kicking away the Ladder*, Anthem Press.

Chang, Ha-Joon (2007) *Bad Samaritans*, Business Books.

Chang, Ha-Joon (2010) *23things They Don't Tell You about Capitalism*, Bloomsbury Press.

Chang, Ha-Joon (2014) *Economics: The User's Guide: A Pelican Introduction*, Penguin Books.

Clastres, Pierre (1974) *La Societe contre l'Etat. Racherches d'anthropologie politique*, Paris, ed de Minuit.（渡辺公三訳『国家に抗する社会』水声社、一九八七年）。

Easterly, W. (2002) *The Elusive Quest for Growth*, MIT Press.

Easterly, W. (2006) *The White Man's Burden*, Penguin Books.

Easterly, W. (2013) *The Tyranny of Experts*, Basic Books.

Escobar, Arturo (1995) *Encountering Development*, Princeton University Press

福岡正信（1983）『自然農法：わら一本の革命』春秋社。

樋口健二（2011）『闇に消される原発被曝者』八月書館。

一楽照雄（1979）「生産者と消費者の提携の方法について」『土と健康』（有機農業研究会）一九七九年二月号（二〇〇七年四・五月合併号に再掲）。

International Labor Office (2006) *Tripartite Declaration of Principles concerning Multinational Enterprises and Social Policy*, 4th ed. Geneva, International Labor Office.

河北新報社編集局（1975）『むらの日本人：70年代・東北農民の生き方』勁草書房。

Klein, Naomi (2007) *The Shock Doctrine*, Metropolitan Books.（幾島幸子・村上由見子訳『ショック・ドクトリン』岩波書店）。

久保田裕子（2012）「グローバル経済下の有機農業『提携』運動」『社会科学論集』第一三六号、二〇一二年六月、四七〜六〇頁。

McKinnon, R. I. (1973) *Money and Capital in Economic Development*, Brookings Institution.

Nakanishi, Toru (2014) "A New Counter-Strategy for Organic Farming using Local Market Areas: The Philippines and Japan," in *Book of Proceedings: Redefining Approaches in Agribusiness Management and Entrepreneurship for ASEAN 2015*, Global

Agribusiness Management and Entrepreneurship Conference, pp. 90-108.

中西徹（2014a）「世界の食料と農業：フィリピンの有機農業に学ぶ」『農村と都市をむすぶ』七四八号、二〇一四年二月。

中西徹（2014b）「有機農業と環境保全：フィリピンにおける局地的市場圏の連繫と地方自治体」『国際社会科学』（第63輯）二〇一四年三月、三五〜四九頁。

中王子聖（2005）『チリの闇：行方不明者を持った家族の証言』彩流社。

日本有機農業研究会（2004）「自給で輝く農と暮らし」『土と健康』（三六七号）二〇〇四年一一月。

日本有機農業研究会・有機農業推進委員会（2013）「有機農業と参加型保証システム」『土と健康』（四四六号）二〇一三年一一月。

Piketty, T. (2014) *Capital in the Twenty-First Century* (translated by Arthur Goldhammer), Harvard University Press（『21世紀の資本』山形浩生ほか訳、みすず書房、二〇一四年）。

Rawls, John (1999) *A Theory of Justice: Revised Edition*, Belknap.

Scott, James C. (1998) *Seeing Like a State*, Yale University Press.

Scott, James C. (2009) *The Art of Not Being Governed*, Yale University Press.（佐藤仁監訳『ゾミア：脱国家の世界史』みすず書房、二〇一三年）。

Shaw, E. S. (1973) *Financial Deepening in Economic Development*, N.Y., Oxford University Press.

島薗進（2014）『つくられた放射線「安全」論』河出書房新社。

鈴木宣弘（2013）『食の戦争』文藝春秋。

蔦谷栄一（2013）『共生と提携のコミュニティ農業へ』創森社。

Wilkinson, Richard and Kate Pickett (2010) *The Spirit Level: Why Greater Equality Makes Societies Stronger*, Bloomsbury Press.（『平等社会』酒井泰介訳、東洋経済新報社、二〇一〇年）。

アジアの孤児と異域の孤軍

現代台湾社会の多元性を見直すために

若松 大祐

はじめに

本稿は、現代台湾において泰緬孤軍と呼ばれた人々の担った複数のイメージを歴史的に位置づける試みである。このイメージの変遷をたどることによって、今や現代台湾社会を理解する上で不可欠となった社会文化的な「多元性」が、時として必ずしも「本土性」（＝台湾性）[1]を前提にしないということを最後に指摘したい。

中華民国（略称は華）は一九四九年に台湾へ移転する際、一部の軍隊を中国雲南省（略称は滇）とビルマ（ミャンマー、略称は緬）の国境地帯に残す。これは、中緬国境と台湾から挟撃して中国大陸を奪還しようという発想に基づいていた（図1を参照）。これこそが、いわゆる泰緬孤軍なる存在が後の現代台湾史において想起され、登場する原因である。つまり、泰緬孤軍という概念は、現代台湾が自らの政治的な環境を投影して創り上げたイメージなのだといえる。確かに二〇一〇年代現在も、タイ国（略称は泰）の北部には多めに見積もって総人口七万人余り、一〇〇を超える華人村があり[2]、こうした華人村の成立と展開には泰緬孤軍が切り離せない。しかし、かつての泰緬孤軍は半世紀にわたり周辺の諸民族との通婚や交渉を繰り返し、特にタイ国への帰化を経た結果、実に多様な社会的背景を持つに至り、もはや泰緬孤軍なる一つの完結した集団として存在していない。にもかかわらず、台湾では、歴史的に続くひとまとまりの存在として、今なお泰緬孤軍をとらえているのである。

『異域』日本語訳版より転載(5)。同書によると、地図上の第一次中緬大戦とは、1950年6月から8月までの戦争であり、第二次中緬大戦とは、1953年3月から4月までの戦争である。両大戦はそれぞれ『異域』の第三章と第五章の章題になっている。また、雲南反攻とは、1951年5月から7月までに中華民国軍が米軍の支援を得て行った作戦である(6)。なお、メーサロンとタムゴップの位置は引用者の加筆に拠る。

図1　1950年代の「異域」の地図

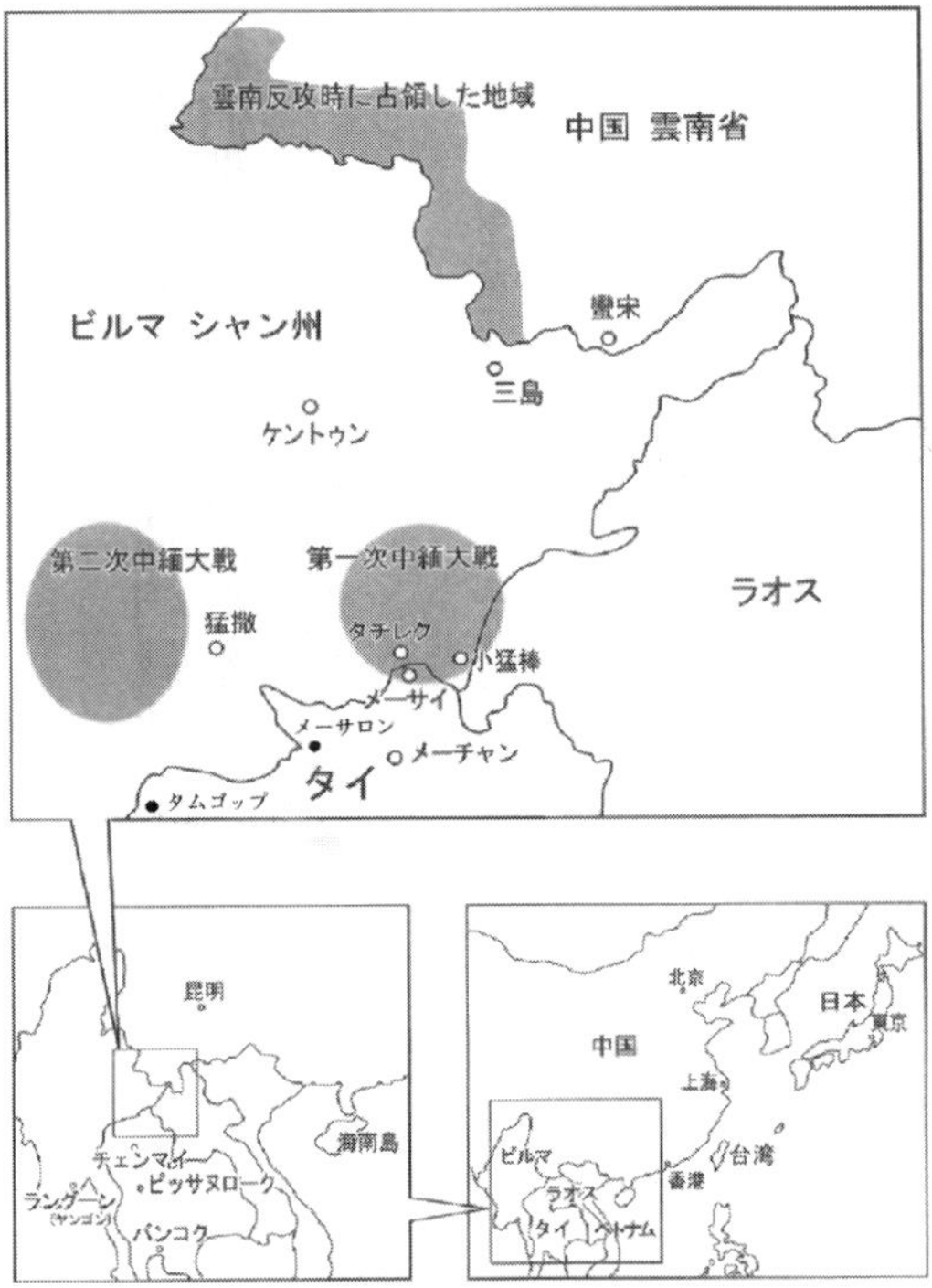

図2　1950年代の国軍の変遷

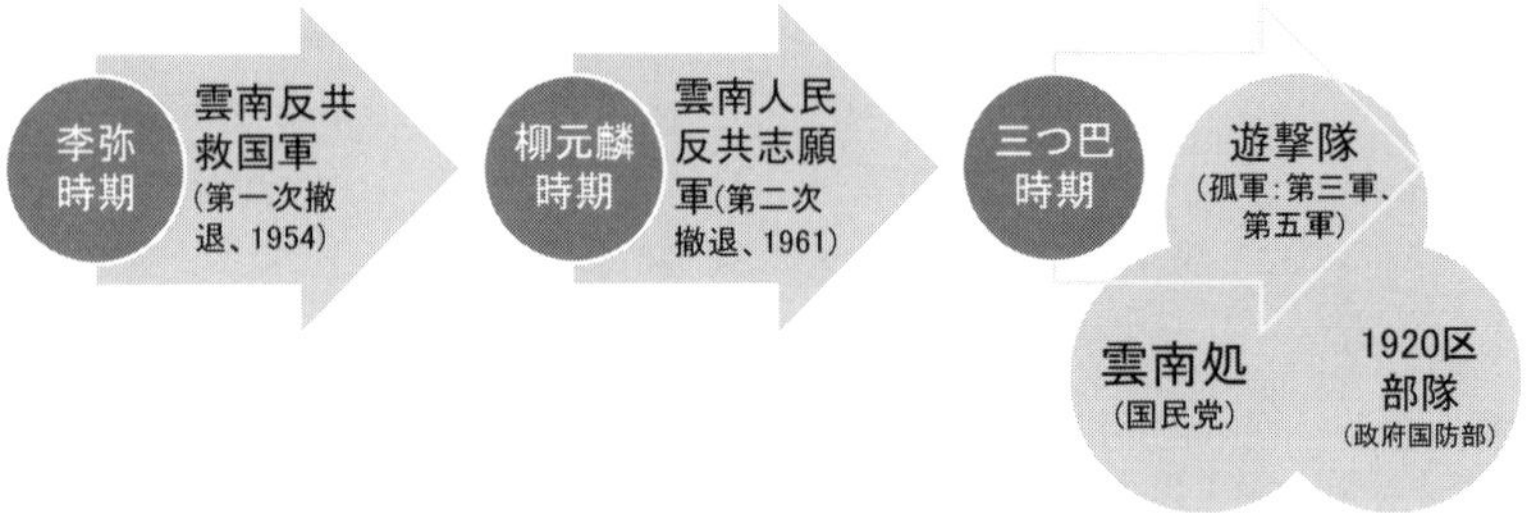

中緬国境での待機から半世紀以上の時が流れ、孤軍は北タイの山地へ移って潜み続け、その間に台湾では朝野挙げて三回ほど泰緬孤軍に大きく注目し、そのたびに異なるイメージでとらえてきた。特に一九九〇年代後半から始まった三回目の注目は、孤軍後裔の国籍取得問題に際してのものであり、後裔たちの中に中華民国国籍を持っていない人の存在することを、二一世紀の台湾社会に改めて知らしめた。かつての国民だったはずの人々が、場合によっては次世代になると国民だとみなされなくなったのである。

こうした変化を説明するために、本稿は四つに時期を区分し、現代台湾がどのように泰緬孤軍をイメージしてきたのかをたどる。つまり、本稿の対象は泰緬孤軍なる存在そのものではない。現代台湾で広く展開されているイメージの内容へ接近するために、原則的に文献資料を根拠とした。その際、研究書や記念誌や回想録といった二次資料を相互参照している。[3] また、臨地調査で得られた知見も本稿の考察に大きく役立っている。

一　東西冷戦下の泰緬国境地帯における国軍——一九五〇年代の軍事活動

現代台湾で泰緬孤軍と呼ばれるようになった人々の担ったイメージを時系列的に探るためには、まず、一九五〇年代の泰緬国境に残留した中国国民党軍（以下、国軍）の存在から語らなければならない。[4] 後の一九六〇年代になって台湾で泰緬孤軍と呼ばれる人々は、四九年一〇月の共産中国の成立に大きな関係があった。四九年末、中国での国共内戦に敗北した国民党は、中華民国の中央政府や軍隊を率いて台湾へ撤退する。この時、雲南省にあった軍隊の一部（約一五〇〇人。兵士の家族を含む）が共産党への投降を拒み、越境してビルマへ移る。この軍隊こそが、泰緬地域の土着の人々や新たに中緬国境を越えてくる中国難民との間で離合集散を数十年にわたって繰り返し、後に台湾側から泰緬孤軍とイメージされる集団になっていくのである。

一九五〇年五月、在緬の国軍は復興部隊として再編され、李国輝が総指揮をとる。六月、朝鮮戦争（一九五〇～五三）が勃発すると、米国は地政学的観点から、人民解放軍（中国共産党軍）を中朝国境に集中させないためにも、台湾海峡では台湾を支持し、こうして米華両国が中緬国境にある復興部隊を援助し始めた。
ここからは覃怡輝『金三角国軍血涙史 一九五〇〜一九八一』の議論に基づき、三つの時期に分けて、復興部隊が泰緬孤軍になる様子を概略しよう（図2を参照）。第一は李弥時期である。一九五一年一月五日、中華民国総統の蒋介石が台湾から滇緬国境の国軍へ電文を送り、[7]戦闘の継続を激励する。四月一一日、国軍は雲南反共救国軍として成立した。総指揮部はMong Hsat（猛撒／孟薩）に置かれ、総指揮は李弥が担当する。一〇月五日、反共抗ソ大学（反共抗俄大学、軍事訓練機関）がMong Hsatに成立し、李弥が学長になった。兵力が三万人を超える。救国軍はサルウィン川流域に待機し、台湾の国軍本隊が台湾海峡を越えて中国大陸へ攻め戻ろうとするのを待ち続けた。
一九五三年三月、ビルマは自国領に他国の軍隊が駐屯するのを嫌い、ソ連と中華人民共和国の力を借り、中華民国の行為をビルマ領に対する侵略として国連で訴えた。五月、バンコクで米華泰緬の四国会議が開催され、国軍の撤退が決まる。一一月から翌五四年三月にかけて、タイのLam Pang（南邦／南梆）空港から七〇〇〇名（軍人＋家族）が台湾へ撤退する（第一次撤退）。五四年五月末、李弥が雲南反共救国軍の編成番号を取り消して解散を宣言し、李弥は台湾へ戻される。これにより、国際社会の理解では国軍がビルマ領にもはや存在しないはずであった。
しかし一九五四年一〇月、中華民国政府は柳元麟を派遣し、軍事的支援を続ける。柳は部隊を雲南人民反共志願軍（全五軍）に再編する。柳元麟が総指揮をとり、後の泰緬孤軍を率いることになる李文煥が第三軍を、段希文が第五軍をそれぞれ指揮した。第二の柳元麟時期が始まったのであり、六一年の第二次撤退まで続く。
一九五四年一一月、滇緬国境の部隊の関係者が連名で蒋介石へ上書して自軍の惨状を説き、救助を訴える。[8]蒋介石ら政府要人たちはともすれば軍隊をすでに撤退したという建前を守るためなのか、中国大陸災胞救済総会（一九五〇年成立。理事長谷正綱。中華救助総会の前身。斉しく「救総」と略す）に命じて救援を始める。[9]
一九五五年、総指揮部がビルマ領内でもタイとラオスの国境に近い江拉（Keng Lap / Kent Lai）へ撤退し、部隊を再編する。江拉時期、中華民国は台湾から特戦教導総隊を派遣し、訓練を指導していた。[10]
一九五七年にチベット動乱があり、五八年には中華人民共和国で大躍進運動が起こると、雲南西部ではそれへの反発があった。八月二三日には、アモイ沖の金門島で国民党が共産党の対台湾侵攻を止めていた（第二次台湾海峡危機）。こうした一連の動向に乗じ、雲南人民反共志願軍が五八年三月から七月の準備を経て八月にビルマ領内を移動して、九月初めに極めて短期間ながら雲南へ反攻する（安西計画戦役）。

一九六〇年一一月、中国人民解放軍とビルマ軍が合作して国軍を攻撃したため、国軍は江拉を離れた。一二月二〇～二四日、蒋介石は督戦のため秘密裏に蒋経国を猛不了（Mong Pa Liao）へ派遣している。六一年、ビルマは再び国連で中華民国の領土侵略を訴える。米国の強い要請があり、米国から台湾への軍事的かつ経済的な援助（いわゆる米援）の継続と引き換えに、蒋介石はやむなくビルマからの軍隊撤退を命じた。これは「国雷演習」と呼ばれ、同年三～五月、約五〇〇〇名（軍人＋家族）がチェンマイ空港から台湾へ撤退する（第二次撤退）[11]。

ただし、国軍がビルマに存在しないのは表向きの話であり、実は兵力一五〇〇名程度が残留して北タイへ移っていた。ここから第三の三つ巴時期が始まる。第三軍李文煥部隊はチェンマイ県タムゴップ（Tham Ngob、唐窩）地区へ、第五軍段希文部隊はチェンライ県メーサロン（Mae Salong、美斯楽）地区へと至る。両軍はすでに編成番号を持たず、政府からの補給や支援も得られないにもかかわらず、秘密裏に蒋介石の命を受けていたという[12]。蒋介石は将来の中国大陸奪還のために、第二次撤退の際に精鋭兵を選りすぐり、軍隊を引き続き泰緬国境地帯に残すよう望んだからであった。この両軍の将兵（およびその家族）こそが滇緬辺区遊撃隊であり、一九六〇年代以降の台湾で泰緬孤軍と呼ばれる人々の始まりである。

なお、滇緬辺区遊撃隊（後の泰緬孤軍）の他にも軍や特務による秘密裏の諜報活動が続いていく。中華民国政府の国防部情報局の一九二〇区部隊と、国民党の中央党部第二組の雲南省特派員弁公処（雲南処）が、北タイを拠点にして滇緬泰をまたぎ、来るべき大陸反攻に備えての情報収集を展開していた[13]。まさに三つ巴の状態であった。

以上を整理すると、一九四九年から六一年までの泰緬両国に残留した国軍の性格について、次の二点を指摘できよう。第一に、泰緬孤軍という概念もイメージも当時はまだ無かった。この軍隊を、台湾側ではあくまでも中華民国の正規の軍隊として認識していた。その証拠に、六一年までは政府から編成番号と一応の補給とを受けている。

中国大陸の中国共産党（＝中華人民共和国）を敵だとすれば、台湾（＝中華民国）における国軍と泰緬国境における国軍の両軍は、共に国民革命の最先鋒に位置付けられており、前者が敵の正面にあるとすれば、後者は敵の後方にあったのである。しかし第二に言えることは、そもそも台湾において、滇緬国境での国軍の存在は広く知られていなかった。というのも十余年にわたる活動は軍事活動であり機密も多く、特に五四年以降、国際的には国軍が滇緬国境に存在しない設定になっていたからである。

二　国共内戦下の義の同胞――一九六〇年代〜七〇年代のイメージ

一九六一年、鄧克保（著）『異域』という一冊の書籍が台湾で出版される。[14] この書籍は、滇緬泰の国境地帯でなお戦闘状態にある国軍を孤軍として表現し、台湾に孤軍の名を広め、孤軍の事跡を台湾に伝えた。これから考察するように、『異域』はいわば現代台湾における孤軍イメージの原点であり、六〇年代当時のみならず現在にあっても、同書に触れずして泰緬孤軍を語ることができないほどである。

鄧克保という人物は李弥の副官という設定であるものの、実は架空の人物で、柏楊（当時の本名は郭衣洞、一九二〇〜二〇〇八）のペンネーム（つまりペンネームのペンネーム）である。確かに鄧克保が架空の人物である以上、『異域』はフィクションであり、真偽が絡み合った内容となっている。しかし、鄧克保という作者は謎に包まれつつも、柏楊の優れた筆致のために一九八〇年代初めまでは長らく実在の人物だと考えられていた。そこで、むしろ同書が爆発的なヒットを遂げ、さらに息の長いベストセラーになったことを考えると、[15] 台湾では広く鄧克保の語る孤軍がリアルなものとして受け止められ定着したと言えよう。

『異域』は、鄧克保が近年の戦闘活動を振り返って語るという設定で始まる。台湾の三倍の面積を持つ中緬国境地帯では、一九五〇年から六一年当時まで中国の国共内戦がなおも続いていた。彼は戦地から任務を帯びてやってきて、一時的にバンコクで潜伏しているところだった。彼は、四九年に省主席盧漢が共産党へ投降し、雲南が陥落する場面から話し出す。そして、彼は李国輝や自身たち下級将兵が中緬国境地帯のジャングルの過酷な環境下で奮闘する様子を物語る。同時に話題は、李弥ら上官が下級将兵の犠牲を背景に、バンコクや台北で優雅に過ごす生活にも及ぶ。しかし、最高指揮官である蒋介石への批判はなく、言及自体一切なされていない。覃怡輝に言わせれば、この強烈な善悪対比が台湾で国民の同情や義憤を呼び起こし、大きな売れ行きをもたらしたのだという。[16]

『異域』は鄧克保や李国輝を「義の人」として描く。『異域』の終盤、鄧克保は一旦は戦地を離れ台湾へ向かおうとするも、搭乗した飛行機が離陸するや否や不時着し、一命を取り留めた直後、操縦士との会話から「どんな仕事にも、道義というものがある」ということを思い知る（『異域』第六章「勝利が我らに撤退をもたらす」の五）。

飛行機が最も危ない時に、操縦士は彼自身と何の縁もない我々を見捨てることもなかった。ならば、私だって我々を救世主のように扱って頼り、撤退しようとしない遊撃隊の仲間たちや、そして我々を親のように感じてくれているこちらの人々や華僑たちを、やはり見捨てたくはない。（『異域』第六章の六）

飛行機が事故を起こし、私はここに残ることが運命づけられた。一人の軍人にとって、戦死は正常な結末だ。ああ。（『異域』第六章の四）

鄧克保は「生存を賭け、自由を求め、苦労を共にした」戦友への「千秋道義」（永遠の道義）のために、泰緬地域に残る（『異域』第六章の七）。彼が自ら誓ったのは、先に逝った戦友と同じように任務の貫徹に生き、そして死ぬことだった。

『異域』が扱っている内容のほとんどは、一九五〇年代の前半における軍事活動であるものの、『異域』が読まれ出すのは同書出版の六一年以降である。これに前後して、五三〜五四年および六一年の二度にわたり、滇緬国境地帯という外国から撤退し、中華民国という祖国へ帰還するという意味で来台した国軍の兵士（およびその家族）たちは、台湾で「義胞」（義の同胞）と呼ばれ、台湾各地に根付いていく。配置先のほとんどは栄民眷村（退役軍人およびその家族の住むコミュニティー）や農場である。第一次撤退の六七五〇人の内、九五七人が桃園県中壢龍岡に、第二次撤退の四四〇六人の内、約三〇〇戸が桃園県龍潭の干城五村、二〇六人が南投県清境農場、六七四人が高雄県高雄農場吉洋分場、二四八人が屏東県大同合作農場に配置された。[17] 彼らのコミュニティーはさらに基隆、台北（現在の新北市中和区の南勢角一帯）、台東、花蓮、宜蘭にも及ぶ。[18] そのために当時の台湾住民の感覚として、義胞の存在は全く見ず知らずのものではなかった。学校の同級生や仕事の同僚に義胞の子女や関係者がわずかにいた、と今なお回想する台湾人も少なくないのである。

ただし、よく考えてみれば、『異域』の説く義は、故地の奪還を目標に掲げ、たとえ自らを犠牲にしてでも、自らが担った任務を途中で放棄せずに貫徹することであり、したがって任務を貫徹せず滇緬泰から台湾へ撤退した人々に義があるとは言えない、とも解釈できる。しかるに台湾各地に配置された義胞の義は、中華民国という国家への忠義であり、簡単に言えば、北京の中国を選ばず、毅然として台北の中国に忠誠を尽くしたという意味であった。つまり、中華民国という国家は、『異域』が泰緬孤軍に与えた義の内容を、中華民国への忠義という意味で強引にかつ都合良く読み替えることにより、帰還者たちを称讃し宣揚しえたのである。このあたりに恐らくは、『異域』が国軍の上層部を批判しているにもかかわらず、発禁処分を免れたという理由があるのだろう。

以上を整理すると、一九六〇年代から七〇年代までの泰緬孤軍のイメージについて、次の二点を指摘できよう。第一に、泰緬両国に残留した国軍が、六一年から台湾において泰緬孤軍と呼ばれ始める。これは同年出版の『異域』の影響が大きい。泰緬国境からの台湾への撤退も、泰緬孤軍の存在を台湾に広く知らしめる一因になった。第二に、『異域』のおかげで、泰緬孤軍は義胞（義に生きる同胞）というイメージを帯びる。そもそも『異域』において、義とは犠牲をいとわず自らの任務を貫徹することだった。しかし、当時の中華民国は国民革命の理想として義を重視しており、中華民国へ忠義をつくした人々という意味で義胞を都合良く理解し、その存在を称讃したのである。

三　共産主義の被害者としての難民同胞——一九八〇年代のイメージ

泰緬孤軍は一九八〇年代になると、台湾において難民として理解される。またもや柏楊が大きなきっかけとなった。八二年、柏楊はかつて自著『異域』で取り上げた地域を実際に訪ねる。彼の取材は、『中国時報』に連載されて台湾へ伝わり、連載終了後すぐにルポルタージュ『ゴールデン・トライアングル、辺境、荒城』[19]にまとまった。

それによれば一九六一年の第二次撤退以来、北タイに拠っていた第三軍李文煥部隊と第五軍段希文部隊は、中華民国からの支援が得られない過酷な状況下で、時に商品作物としてのアヘン栽培に手を染めてでも、その後の二〇年間をなんとか生き抜いてきた。途中七〇年秋には、内戦に悩まされていたタイ政府から、タイにおける難民として合法的に居住することを認める代償として、連合剿共作戦への参加を持ちかけられる。両軍とその家族は他に選択肢もなく、これを受け入れ、タイ国軍最高司令部直属の〇四指揮部の監督下に入った。まさに彼らは血汗を流すことにより、北タイでの居住権さらにはタイ国籍を獲得し始める。

また、このルポルタージュによると、孤軍はかつて『異域』が描いた国軍（およびその家族）のみでなかった。今や例えば孤軍が戦闘に際して徴募した泰緬地域の中国系住民（ムスリムの隊商）、文化大革命の中国から逃れて越境した中国人（女流作家曽焔など）[20]、ビルマ共産党からの転向者、そして泰緬地域の山地民などをも加え、様々な背景を持つ人で再構成されていた。もしタイ山地民という視点に立ったならば、泰緬孤軍は換骨奪胎されて、北タイ山地における既存の民族集団のカテゴリーのいずれかに組み込まれるようになったというふうに、説明されるべきだろう。[21]しかしながらここで柏楊は、泰緬孤軍が所与の自律した一集団としてまず存在し、それが補充されたというふうに説明している。北タイ山地の非中国語空間には泰緬孤軍に相当する概念がそもそも存在しないように、泰緬孤軍という概念は現代台湾の視点が投影されて創られているのだった。

柏楊のルポルタージュがきっかけになって、今や難民となったかつての『異域』の孤軍の惨状が台湾に住む人々へ伝わると、「送炭到泰北」（北タイへ温もりを送ろう）と呼びかける支援活動が台湾で始まり、多くの人が参加する。[22]ちなみに「送炭」とは、「雪中送炭」や「雪裡送炭」という成語に由来し、困難に陥っている他者に対し適切な救助の手を差し伸べるという意味である。

実は台湾社会一般には知られていなかったものの、柏楊のルポルタージュに先んじ、中華民国政府は独自に北タイ支援を模索していた。行政院退役軍人輔導委員会主任の趙聚鈺はタイ王室プロジェクト[23]の招きでたびたびタイを訪れた際に、北タイで孤軍の段希文と接触することがあり、一九八〇年春に台北で蒋経国に北タイ支援を上申する。これに対して蒋経国は、タイとの関係をはじめとする国際争議の発生を避けながら支援を展開するために、「泰北孤軍」（北タイの孤軍）を軍人とみなさず、中国大陸からの難民とみなすべきであると述べ、それ故に政府機関の行政院退役軍人輔導委員会ではなく、中国大陸災胞救済総会（救総）に孤軍を救援するよう指示した。

当時、中華民国は二つの脈絡を以って、難民を共産主義の創り出した被害者とみなして支援していた。つまり、唯一合法の中国であることを内外に向けて自任するために、一つは国共内戦という中国政治の対立を背景にして、中国大陸からの人々や東南アジア華僑を難民として受け入れ、いま一つは東西冷戦という国際政治を背景にして、[24]特にタイで中泰支援難民服務団を組織してインドシナ難民を支援していた。[25]このようにして中華民国は難民の原因を共産主義の暴政に求め、泰北孤軍を難民とみなして支援し始めたのである。

救総は政府の指示を受け、一九八〇年一一月に「改善泰北難民村難胞生活、発展難民子弟教育計画」（北タイ難民村の難民同胞の生活を改善し、難民子弟の教育を発展させる計画）を立ち上げた。こういう背景の下で、期せずして登場した柏楊のルポルタージュ（一九八二年）が直接的な契機にもなって、「送炭到泰北」と呼びかける支援活動が八〇年代の台湾で広まるのである。「送炭到泰北」を主導した救総は、泰北難民村工作団（工作団、一九八二〜二〇〇四）を組織して北タイへ派遣し支援活動を行った。主な支援活動は、医療支援、教育支援、インフラ建設、農業支援、戦傷救助、技術支援、食糧支援、衣料支援、住宅支援、来台支援などであり、台湾側では外交部、国防部、僑務委員会、教育部、行政院退役軍人輔導委員会と、タイ側ではタイ王室プロジェクトと連携して展開されていた。[26]

救総の他にも、慈善団体、宗教団体（カトリックの台湾明愛会〔Caritas Taiwan〕など）が「送炭到泰北」を呼び掛けている。台湾ではチャリティー・イベントが多数開催され、特に一九八二年と八四年は（台湾規模の）全国を席捲するほどだった。また、莒光文化服務中心（一九七七年頃に成立）のように香港から支援する組織もあった。

しかし、「送炭到泰北」が台湾で一大ブームになると、タイ政府は困惑した。自国領に蟠踞する他国の軍隊へ、その母国が支援を行うからである。そして一九八四年、タイ政府は北タイの華人難民村に対して本格的なタイ化政策を開始するに至った。(27) 孤軍の難民村は武装解除され、八六年には行政権限がタイ国の軍最高司令部から内務省へ移譲された。(28) そのため台湾側は「送炭到泰北」の熱気を鎮静化せざるを得ず、救総はその後、八六年から九四年までに、「泰北難民村就地救済工作五年計画」（北タイ難民村現地救済活動五年計画）および「後続支援三年計画」を地道に展開することになる。(29)

一九八七年に台湾で戒厳令が解除され、九〇年には『異域』が映画化された。朱延平監督『異域』（英題：A Home Too Far）である。この映画は台湾で九〇年の興行成績が全タイトル一〇四本中の一四位だった。(30) この映画の主題歌が「亜細亜《あじあ》的《の》孤児《こじ》」（作詞、作曲、編曲：羅大佑、一九八三年）だったために、「アジアの孤児」というと、台湾では現在に至るまで、たいていの人々が孤軍や『異域』を想起する。呉濁流『アジアの孤児』（一九四六年）を想起するのはごく少数の知識人だけであろう。

近年判明したように、この歌には、映画『異域』の上映当時（一九九〇年代初め）の視聴者が知るはずもなかった興味深い本来の含意があった。実は八〇年代初め、羅大佑は内に戒厳令下で弾圧が横行し、外に米華断交で国際的に孤立した台湾の姿を思い、呉濁流『アジアの孤児』から題名を借りて、「アジアの孤児が風にさらされて泣いている」と歌おうとする。そこには国民党政府の検閲に引っかかる恐れがあった。そこで羅大佑が「赤い悪夢、インドシナ半島の難民への」という副題を付けてしのいだところ、検閲を通過できたのだという。(31)

以上を整理すると、次のように指摘できるだろう。一九八〇年代の台湾では、泰緬孤軍を難民というイメージで新たに認識するようになる。そもそも柏楊のルポルタージュが伝え、「送炭到泰北」の参加者が想起したところの難民というイメージは、必ずしも共産主義の創り出した被害者のみならず、タイ内戦やひいては中華民国政府の創り出した被害者という意味でも孤軍を表現していた。しかし、中華民国政府は当時の国是である反共政策に基づき、共産主義の創り出した被害者という意味にのみ着目していた。また泰北孤軍とも表現されたように、支援すべき空間が北タイに限られていた。

四　タイにおいて支援すべき難民華僑――一九九〇年代〜現在のイメージ

一九九〇年代に入ると、台湾では泰緬孤軍を「難僑」(難民華僑)というイメージで認識するようになる。「僑」の字は外国に住む人を意味する。つまり、中華民国は孤軍をタイにおける華僑だと考えた結果、支援すべき内容は将来的な帰還を見据えたものでなく、タイへの定着を見据えたものとなる。

一九九〇年代から二〇〇〇年代にかけて、救総は三つの支援活動を展開する。第一は、九〇年の「戦士授田」をめぐる問題の解決である。つまり、議題は「戦士授田憑拠」(戦士が田畑を授かるための証書)の所持者への補償金支払いの期限を、旧泰緬孤軍の人々のために延長できるかどうかだった。かつて五〇年代に中華民国政府は、中国大陸奪還後の土地分与の約束を掲げ、国軍兵士の士気向上を図った。その際の証書が「戦士授田憑拠」である。しかし、九〇年の時点で大陸奪還は近い将来の実現可能性が極めて低く、何よりかつての国軍兵士はもう高齢になっていた。そのため、中華民国政府は代替案として補償金の支払いを決める。

けれども二年間という支払いの期限は短く、恐らく海外の元兵士、特に北タイのような交通や連絡が不便な場所に住む元兵士へは通達があまねく届かず、支払い手続きが完了しない。この制度不備に対し、台湾の国会議員(葛雨琴など)が陳情を重ねた結果、支払い期限が二〇〇〇年まで延びた。北タイでは救総の泰北難民村工作団が動き回り、旧泰緬孤軍のうち証書を保持する二八一八人の人々がこの補償金を受け取ることができた。(32)この問題解決は、旧泰緬孤軍が当事者であるから、一九八〇年代の難民支援の延長線上に位置付けられていたと言える。

中華民国が一九九〇年代に本土化を強く推し進めると、これまでのように反共を掲げて中国大陸の奪還を目指すことに、もはや積極的ではなくなった。代わって台湾らしさを重視し始める。元兵士への補償金の支払いは、中華民国政府が自らの過去を清算し、北タイ支援を見直すことをも意味していた。政府は北タイ支援活動を大幅に縮小し、九七年には北タイ支援の予算を外す。北タイ支援は民間に委ねられることになった。

これを受けて、救総は三七〇〇万台湾ドル強を自弁して新たに「泰北難民村三年輔導計画」を展開した。[33] 工作団が一九九七～一九九九年に「泰北茅屋改建磚瓦房」（北タイの茅葺をレンガ造りに建て替える）という事業を起こし、三千戸をレンガ造りに建て替えた。その後、メーサロンに泰北義民文史館（二〇〇一年着工、〇四年竣工）[34]を建設して、工作団はその任務を終える。こうした一連の事業が救総の支援活動の第二のものであり、これは旧泰緬孤軍の関係者がタイに土着（定着）するための支援という性格を持っていた。

この背景には北タイ華人のタイ化がある。タイ政府による内戦の終結宣言（一九八四年）で孤軍が武装解除され、中華民国政府による国共内戦の終結宣言（一九九一年）で反共よりも台湾化が重要になった結果、旧孤軍はタイ国内の剿共のためでなく、中華民国の大陸奪還のためでもなく、自らのために北タイに土着して生きなければならなくなった。[35] メーサロンに建設された泰北義民文史館の名称が示すように、旧孤軍は自らを義民と名乗り、自らの住む土地への貢献をアピールしている。

救総が展開した支援活動の第三は、旧泰緬孤軍の関係者がタイ華僑としてタイで活躍するための支援であった。救総は二〇〇二年から数年間にわたり、構造改革や大規模なリストラを進め、台湾を代表するＮＰＯへの衣替えを図り、[36] 北タイ支援は二〇〇〇年代中頃から新たな段階へ入った。支援は小規模なものになり、かつての面影はない。救総は従来からの道路、水道、電気、学校の設置や建設というハード面の支援を終了し、代わって学生貸与奨学金や無償の教育奨励金といった教育支援、そして商品作物（烏龍茶、野菜、果物）に関する農業技術支援というソフト面の支援に重点を置くようになる。

具体的には、救総は民間からの支持を募り、二〇〇一年に「泰北同胞子女奨助学金」、〇九年に「泰北地区就読大学華裔青年助学貸款」(北タイ地区でタイ国内の大学へ進学する華人青年のための貸与奨学金)、一〇年に「泰北地区華文学校専任華文教師教学津貼補助」(北タイ地区中国語学校の中国語専任教師の給与への補助)という業務をそれぞれ始める。(37) こうした業務の名称からもわかるように、救総は、孤軍後裔を同胞であり、華僑であるとみなしている。孤軍後裔と呼ばれる次世代の登場が台湾の人々に旧泰緬孤軍の関係者を難民としてではなく、新たに華僑として理解させるきっかけとなった。

以上を整理すると、次のように指摘することができる。一九九〇年代から現在に至るまでの台湾において、旧泰緬孤軍は難民華僑というイメージを帯び、引き続き中華民国がタイにおいて支援すべき人々となっている。しかも、難民華僑イメージは時の流れとともに、難民から華僑へ重点が移っている。これは台湾からの支援の対象が、鬼籍に入り始めた旧泰緬孤軍の元兵士から孤軍後裔と呼ばれる次世代へ移ったからである。つまり、台湾では、孤軍後裔を北タイの華僑であるとみなし、北タイに根付いて生活し活躍すべき人々だと考えるようになった。

しかしながら次節で考察する通り、北タイから台湾を目指す人の流れは尚も存在し、台湾において社会問題となって今に至っている。台湾の対孤軍支援の内容は、二重に「本土化」(土着化、現地化)していた。一つは本節で述べたように、旧泰緬孤軍の関係者がタイ化するための支援である。いま一つは支援活動の舞台の台湾化であり、こちらは次節で述べよう。

五　台湾において支援すべき華僑難民――一九九〇年代~現在のイメージ

一九九〇年代に入ると、旧泰緬孤軍は中華民国が北タイにおいてのみならず、台湾においても支援すべき人々になる。その際、彼らはタイやビルマからの「華裔難民」(華僑の難民)というイメージで認識された。また、ビルマが再び話題に上ってくる。こうしたイメージは、「泰緬地区華裔難民」の国籍をめぐる問題の出現で、台湾の人々に定着することになった。台湾在住の泰緬孤軍の子孫たちは無国籍であるとみなされ、不法滞在を理由に逮捕、拘束されてしまい、同時に無国籍の故に国外強制退去もできず、これが現代台湾の社会問題になって一九九五年中頃から最近まで続いていた(38)。

さて、長らく北タイの華人村では、子女を中華民国の公費で台湾の高校や大学へ進学させることが大きな理想になり、公費獲得のために学生は成績を競ってきたのだという。なぜなら、子女が台湾にて中華民国国籍を取得することで家族を台湾へ呼び寄せる。そして、一家はタイでタイ国籍や在泰外国人資格を取得できずに難民として過ごす不自由な生活から脱却できる。このような成功譚を想定したからだった(39)。

従来、学生は中華民国教育部の発行する入学許可証と駐泰国遠東商務処(中華民国駐タイ大使館に相当)の発行する入国ビザ(入台簽証)を持ち、タイを出国し台湾へ入国すれば、入国後一週間以内に戸籍を作り、国民身分証を受領し、つまり中華民国国籍を取得できた。ただし多くの学生は北タイに生まれ育ったものの、タイ国籍を持たず、タイ国内での移動およびタイからの出国が不可能である(40)。そこで、タイと中華民国の両国は法の網の目をくぐる方法を用意した。つまり、この学生たちはタイの身分証を持たず不法滞在であるから、タイから強制退去させられるべきだということになり、台湾行きの航空券を持たせられてタイの関係部署へ突き出された。こうして学生は台湾へ向えたのである。

しかし、一九八五年に事態が変容する。タイでは、タイ国籍保有者および在タイ居留証を保有する外国人のみが、出入国の対象者となった(41)。中華民国ではこれに対応し、僑務委員会がタイ国籍保有者のみを華僑学生として認定し、台湾の大学への入学対象者とする。その結果、北タイの学生は台湾へ渡るために、偽造パスポートを用意した。こうした学生は台湾へ入国後、中華民国内政部「国民の入国に際しての短期停留、長期居留および戸籍登記に関する作業の要点」(一九九一年実施、九九年停止)第七条第四項に抵触してしまい、不法滞在を理由に、台湾で逮捕、拘束される。同時にタイの国内法では、タイ国籍未保有者の偽造パスポートによるタイ出国が理由となり、彼らはタイへの再入国さえも不可能になる(42)。

こうした状況に対して、劉小華(女性、元は軍に勤務)という台湾の一市民が疑念を抱く。彼女は一九九四年に「泰北孤軍後裔権益促進会籌備処」（後に「泰緬地区華裔難民権益促進会」へ改称）を立ち上げ、孤軍後裔の歴史的背景を踏まえた上で、人道に則り、中華民国憲法が保障する基本的人権を在台の孤軍後裔にも適用するよう、中華民国政府へ訴えた。

それでも、中華民国政府が孤軍後裔の国籍取得を拒否する理由は、国籍申請者が本当に孤軍後裔であるのか否かを判別できないからだった。かつて一九六一年の第二次撤退の後、タイに残留した第三軍と第五軍は、「中華民国軍が泰緬両国にもはや存在しない」という国際政治の設定に合わせるため、台北からの命令に従い、自らが国軍であることを示す物品のほとんどを処分した。そのため、両軍の子女である孤軍後裔の多くは、記憶に頼るほかには、両親および自らの身分を証示する方途が無かった。これに伴い、タイやビルマからの不法滞在者の中に、孤軍後裔を騙って中華民国国籍を取得しようとするものが出てきたのである。

劉小華等の活動は、一九九四年から現在までに三回の大きな成果があった。第一の成果として、九五年一〇月一日に僑務委員会が「中華民国七十四年至八十年間回国升学之泰北僑生身分処理要点」（一九八五年から九一年までに帰国し進学した北タイ華僑身分に関する処理の要点）を交付する。[43] こうして国籍申請をした一四八人のうち一一六人が、国籍を取得できた。

ただし、一九九一年より後に来台した学生三二人は国籍を取得できず、そのために劉小華は引き続き訴える。二〇〇一年二月一日に一四八人全員が国籍を取得できた。これが第二の成果である。

しかしながら台湾で生活する泰緬僑生（タイやビルマからの華僑学生）の全員が中華民国の国籍を取得できたわけでない。二〇〇八年七月三日、ビルマ華僑の学生が抗議デモを台北市内で実施した。彼らが「亜細亜的孤児《あじあのこじ》」（一九九〇年映画『異域』の主題歌）を歌って国籍取得を訴える姿は、テレビで大きく報道された。二〇〇九年六月八日、移民署（正式名称は「内政部入出国および移民署」）は、「滞台泰国緬甸地区国軍後裔申請居留或定居許可弁法」を正式に発布し、目下のところ学生の身分で台湾に滞在する泰緬孤軍の子孫が、無戸籍国民の身分で合法的に台湾での居留あるいは定住することを許可した。[44] 劉小華等「泰緬地区華裔難民権益促進会」の活動の第三の成果である。ここで、「泰緬地区華裔難民」や「泰国緬甸地区国軍後裔」という単語から判明するように、支援対象はタイのみならずビルマからの華僑難民に広がっていた。

こうした状況を踏まえ、中華民国政府は自らの社会が多元的に構成されている様子を宣示する際、孤軍後裔に着目する。二〇一一年、中華民国建国百年の元旦、台北市中心部にある総統府の前で開催された国旗掲揚式典に、泰緬孤軍の子孫なる人が登場した。それを予告するネット記事の見出しは、「我々はみんな一つの家族である！　泰緬孤軍後裔、チベット人、新住民、顔面損傷者が、元旦に国歌を高らかに歌う」であった。[45] ところが、これとほぼ同じ時期に、別の孤軍後裔は不法滞在が発覚し拘留されていたという。[46] 最近の台湾では、国籍取得問題もほぼ落ち着いたこともあり、孤軍後裔の在台生活や泰緬地域への帰郷後の生活を支援しているようである。

以上を整理すると、一九九〇年代から現在までの台湾における泰緬孤軍のイメージについて、次の二点を指摘できよう。第一に、泰緬孤軍の関係者は、タイやビルマから台湾へ来た華僑や難民であり、中華民国が台湾において支援すべき同胞であると理解される。第二に、中華民国の台湾化は、泰緬孤軍に関係する支援活動をも台湾化していた。孤軍後裔が現代台湾の社会問題となって大きく登場したため、支援活動の内容は「台湾における泰緬孤軍」へ集中するようになったのである。

六　本土性なき多元性

これまでの検討から、泰緬孤軍が担う幾つかのイメージは、現代台湾において以下のように出現し変容したと整理できよう。一九五〇年代の滇緬国境地帯の国軍は、一九六〇年代初頭に泰緬孤軍と呼ばれ始めて義胞イメージを帯び、一九八〇年代には共産主義の被害者としての難胞イメージをまとった。タイと台湾で内戦が過去のものになり、とりわけ一九九〇年代以降、台湾では多くの人々が朝野挙げて中国規模の国家統一を棚上げし、本土化（土着化、台湾化）を目指すようになると、台湾から孤軍への支援が二重に本土化した。すなわち、台湾の人々の多くは孤軍

図3　アジアの孤児と異域の孤軍

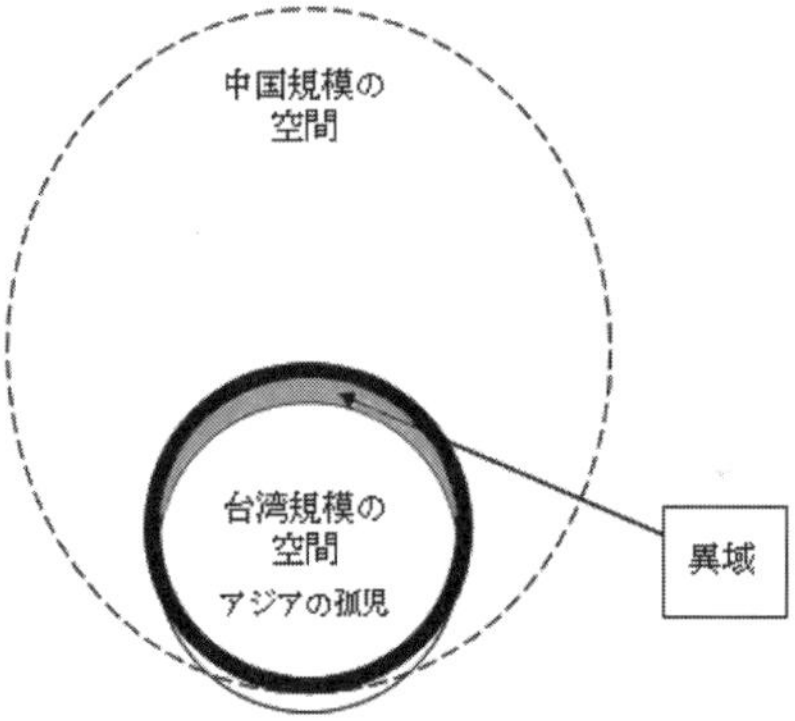

・破線はかつての中華民国の空間であり、中国全土に広がっていた。
・太い実線は、縮小した現在の中華民国の空間。
・細い実線は、台湾規模の空間であり、「アジアの孤児」の空間である。
・太い実線と細い実線が重ならない網かけの部分が1990年代以来の「異域」である。

の子孫を華僑難民だとイメージすることにより、一方で彼らがタイに土着して生きていけるように、いま一方で彼らが台湾で不当な扱いを受けないように、それぞれ支援すべきだと考えるようになったのである。

　その結果、特に二一世紀になると、台湾では広く泰緬孤軍に注目しつつも一つの疑問を抱くにいたる。すなわち、現代台湾に生きる「我々」という国民国家の構成員にとって、泰緬孤軍やその後裔はなおも「我々」の一員なのか、あるいはもはや「彼ら／彼女ら」という他者になってしまったのか、と。

　こうした孤軍イメージの変容を、変容の背景であった現代台湾政治史から改めて眺めるなら、次のように説明できる（図3を参照）。中華民国は一九四九年末に台湾へ撤退するも、主権が中国全土に及ぶことを主張し続ける。その根拠が六〇年代後半には中国性の保持であり、そのために仁や義という理念が台湾にのみ根付いていると宣示していた。

　一九七九年元旦の米華断交により、中華民国の主権が中国全土に及ぶという主張は国際社会で成り立たなくなった。そこで中華民国は八〇年代以降、次のからくりを使い、表面的には主張をあえて変えずに、実のところ主目的を中国規模の主権の確保から台湾規模の統治権の確保へ移す。すなわち中華民国は、従来通り中国を自任し、台湾を唯一合法の中国に残された最後の砦だと位置付けて、引き続き砦の中で中国大陸奪還を叫んだ。時には砦の外で、それも遠く離れた「異域」で助けを求める同胞に救いの手を差し伸べた。このようにふるまっている限り、あくまでも「台湾は中国の一部である」のだから、中華民国は台湾に拠り続けることが可能になる。中華民国が「台湾だけを統治し続けるための論理」はこうして成り立っていたのであり、この論理は若干の調整を経て現在も続いている。

ところが、一九八〇年代には台湾主権の帰属先を中華民国以外に求める声が内外から出現する。帰属先は決まらず、まるで「アジアの孤児」のようだった。そこで九〇年代になると、中華民国は台湾を正当に統治していることを示すべく、憲法を修正し、政治の枠組みを自らの統治が現実に及ぶ規模、すなわち台湾規模に大きく再編する。これは中華民国が台湾になる動向であり、本土化と呼ばれた。台湾という砦をしっかり運営していくことで、砦の外に必要以上にかまわなくても、砦自体を確保できるのだと決断したのであった。これまで台湾の外に配置していた同胞に対しては、最低限の支援を引き続き行うものの、「異域」から来た彼らを、台湾の住民は台湾を共に運営する主体の一員として受け入れるかどうか、留保するようになったのである。

そもそも、出自の異なる人々がともに暮らすのは、台湾の古くからの特徴である。台湾の現代史は、政治の重心を中国から台湾へ移行していく過程である。この移行が一九九〇年代以降に顕著になって本土化と呼ばれるようになると、人々が国民国家の構成員として生きようとする際の枠組みは、かつての中国規模のものから台湾規模のものへ変容した。様々な出自を持つ人々を一つにまとめていた炎黄子孫や中華民族という概念は強権とともに消え去り、代わって新台湾人や台湾の子という概念が新たな法とともに登場したのである。しかし、台湾社会は多元的であるというものの、実のところ構成員になるためには、

> 我々は台湾のこれまでの大いなる発展に対して、斉しく貢献をしてきた。台湾の未来や前途に対しても、共同責任を負っている。（李登輝「台湾光復節電視談話」一九九八年一〇月二四日。新台湾人という概念の初出）

> 全ての恩恵は、台湾という我々の永遠の母親に帰りつくはずだ。（陳水扁「中華民国第十任総統就職演説」、二〇〇〇年五月二〇日。台湾の子という概念の初出）

という大前提があった。特に新台湾人という概念で掲げる多元的な台湾社会像は、「台湾への貢献」という一点を必須の前提にしているという意味で、実は排他的であり一元的なのだと考える批判が、後に李登輝が新台湾人を公示する以前から密かに芽生えていた。(47)

一九九〇年代に李登輝が「中華民国在台湾」という概念を国号のように表現して以来、今に至るまで、台湾の人々が想起する国民国家は、中華民国と台湾という重なりそうで実は重ならない二つの規模の枠組みを持つことになった。中華民国はかつて中国全土に広がった空間を、台湾規模に縮小しきったわけではない。そのため、国民国家の構成員の内容を台湾規模で想定した場合の多元性と、中華民国規模で想定した場合の多元性とには差が生じる。二パターンの多元的な内容を持つ構成員像は、台湾か中華民国かという帰属先をそれぞれ前提にしており、たとえば前者は新台湾人や台湾の子という概念の中に、後者は次の中華民国憲法増修条文の中にそれぞれの一端を示す。

国家は多元文化を肯定し、原住民族の言語や文化の発展を積極的に守る。(…中略…)澎湖、金門および馬祖の人民に対しても同じである。国家は国外に住む国民の政治参与を保障する。(中華民国憲法増修条文の第一〇条(基本国策))

孤軍後裔は中華民国規模での国民国家の構成員の多元性を担えても、台湾規模でのそれを担えない。つまり、現代台湾における国民国家の構成員の多元性は時に必ずしも本土性を伴うとは限らない。このため、孤軍後裔が現代台湾で「アジアの孤児」(国民国家の構成員)になり切れず、今なお異域から来た人々だとみなされるのだろう。

(付記)本稿は、拙稿「現代台湾史における泰緬孤軍イメージ：本土化の不徹底を示す一事例」、『社会システム研究』二九号(草津市：立命館大学社会システム研究所、二〇一四年九月)が基礎になっている。とりわけ、多元性が時に必ずしも本土性を伴うとは限らないという現代台湾の姿を示すことに、議論の焦点を置いて稿を大きく改めた。

注

（1）「本」という漢字が「わたくし本人」、「本書」、「本校」という単語を作るように、現代台湾史における本土という概念は、「台湾それ自体」あるいは「台湾自身のもの」を意味する。本土化とは「台湾になる」という意味であって、「中国本土に近づく」という意味ではない。また、先行研究を借りるならば本土化は台湾化のみならず、土着化、現地化、民主化にも換言できる。John Makeham, A-chin Hsiau (ed.), *Cultural, Ethnic, and Political Nationalism in Contemporary Taiwan: Bentuhua*, (New York: Palgrave Macmillan, 2005).

（2）石炳銘『異域行泰北情：泰北工作実録』（台北：中華救助総会、二〇〇八年）、一二頁。

（3）泰緬孤軍と呼ばれた人々の実態に迫る実証的な研究が、これまでに多く展開されてきた。個別具体的な出来事や、中華民国（台湾）、タイ、ビルマなどの政策決定を知る上で有用であり、本稿でも大いに参照している。しかし、現代台湾史上、泰緬孤軍がまとったイメージで変化しているにもかかわらず、そもそもイメージに関する研究がなく、またイメージの変化が現代台湾史上で持つ意味は議論されていない。

（4）ここで列挙する歴史的経緯については、主に以下の論著を参照して主軸にしている。

覃怡輝『金三角国軍血涙史 一九五〇～一九八一』（台北：中央研究院、聯経出版、二〇〇九年）。同書に収録できなかった写真や年表が中央研究院の Website（http://www.sinica.edu.tw/info/publish/980904-9.htm）で公開されている。

『泰北義民文史館誌』（Mae Salong：同館）。出版年は同館竣工の二〇〇四年か。

柏楊（企画）、汪詠黛（執筆）『重返異域』（台北：時報出版、二〇〇七年）、一六～二九、三五～三六頁。

沈克勤『使泰二十年』（台北：台湾学生書局、二〇〇二年）、三〇七～三六八頁。

（5）柏楊（著）、出口一幸（訳）『異域：中国共産党に挑んだ男たちの物語』（東京：第三書館、二〇一二年）、四頁。

（6）覃怡輝『金三角国軍血涙史』七九～九〇頁。

（7）覃怡輝『金三角国軍血涙史』一四九頁にこの電文の写真が掲載されており、撒光漢『異域故事集』（桃園県中壢市：撒光漢、二〇一一年）二五～二六頁では印字化されている。

（8）雷雨田「従戦乱到昇平看泰北蛻変」、中華救助総会（編）『救総五十年金慶特刊』（台北：中華救助総会、二〇〇〇年？）、二六〇頁。

（9）救総について、本稿は主に以下のような同会刊行物を参照している。

『関愛與服務:泰北茅屋改建磚瓦房三千戸落成專輯』民国八十八年九月号（台北:中国災胞救助総会、一九九九年九月）。

中華救助総会（編）『救総五十年金慶特刊』。

中華救助総会（編）『耕耘：救総五十四載工作紀実』（台北：中華救助総会、二〇〇四年）。

葛雨琴「全心全意関懐社会的人民団体：中華救助総会」、『社区発展季刊』一〇九期（台北：内政部社会司、二〇〇五年三月）、二七二～二七九頁。

中華救助総会（編）『救総六十：中華救助総会成立60周年専輯』（台北：中華救助総会、二〇一〇年）。

（10）特戦教導総隊とは指導員の部隊であり、この中に張蘇泉（書全）という人物がいた。彼は黄埔軍官学校出身で、後に麻薬王の異名をとるクンサー（張奇夫）の参謀になる。

（11）二度の撤退で台湾へ来た人々は、一九九二年に台湾桃園市で「国雷聯誼会」という会員組織をつくり現在に至る。撤光漢『異域故事集』一〇九～一二五頁。なお、二度目の撤退には若き日の覃怡輝も含まれていた。

（12）撤光漢『異域故事集』三九～五一、五三～五五頁。

（13）どちらも一九五〇年代に成立し、一九二〇区部隊は一九七五年の中華人民共和国とタイの国交樹立に伴い、タイが台湾に撤去を要求したため、消滅する。雲南処は一九八七年の台湾からの大陸訪問の再開に伴い、直接的な情報収集が可能になり、一九九一年にその使命を終えた。覃怡輝『金三角国軍血涙史』二七三、三二七～三八三、三九二頁に詳しい。ただし別の資料によると、一九二〇区部隊は一九七五年以降も存在していたようである。柏楊（企画）、汪詠黛（執筆）『重返異域』九一頁。

（14）『異域』には、主に以下の版本がある。

鄧克保『血戦異域十一年』（台北：自立晩報出版社、一九六一年）。

鄧克保『異域』（台北：平原出版社、一九六一年。台北：星光出版社、再版一九七七年）。

柏楊『異域』〔柏楊書報導文学一〕（台北：躍昇文化、一九八八年）。

Bo Yang (auth.), Yu Janice J. (trans.), *The Alien Realm*, (London: Janus Publishing, 1996).

柏楊『異域』〔柏楊精選集二六〕（台北：遠流、二〇〇〇年）。

柏楊（著）、出口一幸（訳）『異域：中国共産党に挑んだ男たちの物語』。

『異域』は元々、夕刊紙『自立晩報』が一九六一年から始めた連載であり、鄧克保名義での「血戦異域十一年」と題する一連の文章であった。原題での単行本はすぐに発禁処分に遭うも、まもなく、『異域』として出版され、広く流通した。『異域』の出版事情について、本稿は後に遠流版（一八九～一九一頁）に収録された、「鄧克保『異域』重印校稿後記」、『中国時報』(台北：一九七七年一一月三日)を参照している。

(15)遠流版の裏表紙によると、『異域』はまさにベストセラーであり、売り上げの累計が一九七七年の段階で六〇万冊に達する。一九九九年には香港の『亜洲週刊』で「二〇世紀中国語小説ベスト一〇〇」が企画され、投票の結果は三五位だったという。また、柏楊(企画)、汪詠黛(執筆)『重返異域』(一〇頁)によると、台湾の大学センター試験には「作文」(日本での小論文に相当か)という科目があり、かつて「私に大きな影響を与えた本」という課題で一番多く取り上げられたこともあった。そして、二〇〇七年の段階で売り上げ累計は二〇〇万冊を超えたという。

(16)覃怡輝『金三角国軍血涙史』一頁。

(17)尹光保(等著)、葉瑞其(編)『従異域到新故郷：清境社区五十年歴史専輯』(南投県仁愛郷：南投県境社区発展協会、二〇一一年)、四〇～四一頁。

(18)仁愛郷清境社区発展協会『雲霧清境・文化手札』(南投県：編者、二〇〇五年)、四四頁。

(19)柏楊『金三角、辺区、荒城』(台北：時報文化、一九八二年)。後に、柏楊『金三角、荒城』〔柏楊書報導文学二〕(台北：躍昇文化、一九八八年)。

(20)曽焔については、新谷秀明「曽焔について：ある華人作家とその越境」、山田敬三(編)『境外の文化』(東京：汲古書院、二〇〇四年)、二〇七～二二三頁に詳しい。

(21)タイ山地民の視点は、例えば片岡樹『タイ山地一神教徒の民族誌：キリスト教徒ラフの国家・民族・文化』(東京：風響社、二〇〇六年)、六八～八一、二九七～三一〇頁などで確認できる。

(22)汪詠黛「揭開異域孤軍的神秘面紗」、柏楊(企画)、汪詠黛(執筆)『重返異域』一〇頁。

(23)王室プロジェクト(Royal Project、一九六九年開始)については、中華民国駐タイ代表(大使)である沈克勤が、特に台湾との関係に即して自らの回想録『使泰二十年』で言及している。同書第一章「泰王山地計画」(一～四三頁)がそれであり、元はタイの華字紙『世界日報』が二〇〇〇年六月一二日から一九日までに連載したものだった。『世界日報』については、黄根和、林信雄、孫国楠(総企画)『泰華之光：泰国世界日報創刊50週年特輯』(バンコク：世界日報、二〇〇五年)が参考になる。

(24)冷戦期の西側諸国の難民支援には、そもそも東西イデオロギー対立という政治的要因が背後にあった。加藤節、宮島喬(編)『難民』(東京：東京大学出版会、一九九四年)、四八頁。

(25)中泰支援難民服務団(略称は中泰団、Thai-Chinese Refugee Service, TCRS)は、一九八〇年に台湾にある一九の官民組織が合同で作った組織である。陳鴻瑜「中華民国対泰境難民的援助：兼論泰境難民的国際背景」、『問題與研究』

二六巻三期（台北：国立政治大学国際関係研究中心、一九八六年一二月）、一～二〇頁。中泰団はその後の改組を経て、現在は中華人権協会傘下の台北海外和平服務団（Taipei Overseas Peace Service, TOPS）に継承されている。
（26）工作団の活動については、龔承業『異域三千里：泰北廿載救助情』（台北：中華救助総会、二〇〇七年）、および石炳銘『異域行泰北情：泰北工作実録』に詳しい。二著の著者はともに工作団で中心的役割を担った人物である。
（27）以上の中華民国政府や救総による北タイ支援については、沈克勤『使泰二十年』三三八～三四三頁に基づく。
（28）片岡樹『タイ山地一神教徒の民族誌』七八頁。
（29）葛雨琴「全心全意関懐社会的人民団体：中華救助総会」二七五頁。
（30）「（台湾票房一九九〇）＜台湾電影資料庫」（http://cinema.nccu.edu.tw/BOX/3A/3A90.HTM）〔二〇一二年二月二三日確認〕。
（31）「歌的故事／羅大佑『亜細亜的孤児』原来是指台湾人民?!（２００９年3月14日）＜NOWnews 今日新聞網」（http://www.nownews.com/2009/03/14/340-2421878.htm）〔二〇一二年二月一五日確認〕。
（32）中華救助総会（編）『救総六十：中華救助総会成立60周年専輯』九八～九九頁。
（33）葛雨琴「全心全意関懐社会的人民団体：中華救助総会」二七五頁。
（34）泰北義民文史館は表向きは資料館であるものの、実は忠烈祠（中華民国の国立戦没者追悼施設）の意味合いが強い。
（35）北タイ華人のタイ化は単に華僑華人自らの課題であったり、台湾の政策が背景にあったりするのみならず、タイの難民政策や移民政策とも密接な関係にある。本稿は主に台湾における泰緬孤軍イメージを議論するため、タイの政策については議論を避けた。
（36）頼威志「老店創新象?：中華救助総会転型之導因與現況分析」（台北：世新大学行政管理学研究所修士論文、二〇〇九年）。
（37）中華救助総会（編）『救総六十：中華救助総会成立60周年専輯』一〇三～一〇九頁。
（38）なお「泰緬地区華裔難民」の国籍をめぐる問題については、特に断らない限り以下の論著を参照した。「人球、棄児、身分証」、柏楊（企画）、汪詠黛（執筆）『重返異域』一七六～一九九頁。および、「劉小華的人生日記：生活版」（http://thebesthouse.pixnet.net/blog）の関係記事（特に「一路走来：在台泰緬難民争取国籍歴程」〔全三六編〕と題する文章）〔二〇一二年二月二二日確認〕。
　ただし、「泰緬地区華裔難民」の国籍問題は事実関係が不明な部分もあり、法律が複雑すぎることから、関係者でも十分な把握ができているとは言い難い。本稿でもつじつまの合わない個所があるものの、まずは概要の把握に努め、関係文献を相互参照してできる限り整合性を追求した。

（39）「泰北清莱地区難民聯絡弁事処簡報」（一九九四年六月一四日）の「一、村の概況」。このパンフレットは、泰北孤軍後裔『孤軍後裔的吶喊：我們為什麼不能有身份証』（台北：星光、一九九五年）、一三七～一四八頁に所収。

（40）タイ山地民の法的身分については、片岡樹「先住民か不法入国労働者か？：タイ山地民をめぐる議論が映し出す新たなタイ社会像」、『東南アジア研究』五〇巻二号（京都：京都大学東南アジア研究所、二〇一三年一月）、二四四頁に詳しい。また、柏楊（企画）、汪詠黛（執筆）『重返異域』一九五、一九七頁では、旧泰北孤軍の関係者に付与された身分証が、大きく四種類あると紹介されている。

（41）これに関するタイ国の法律を本稿は特定できておらず、引き続き調査が必要である。

（42）台湾で拘束された人々が国外強制退去できない場合、その後はどう扱われたのか。本稿は詳らかでない。

（43）柏楊（企画）、汪詠黛（執筆）『重返異域』一八九頁。

（44）「6月10日起 泰緬国軍後裔可合法在台居留」〔中央社（中央通訊社）記者陳俊諺台北8日電、2009/06/08〕（http://tw.myblog.yahoo.com/glic5311-yahoo/article?mid=15901&next=15549&l=f&fid=67）〔二〇一二年二月二二日確認〕

（45）財団法人中華民国建国一百年基金会の二〇一〇年一二月二九日付の公告（http://www.taiwanroc100.org.tw/event_content.php?am_id=3&ag_id=57&ac_id=208）〔二〇一二年二月一六日確認〕

（46）「孤軍後裔遭拘留移民署：逾期居留需遣返」〔中国広播公司、２０１１年2月1日下午３：43〕（http://tw.news.yahoo.com/ 孤軍後裔遭拘留 - 移民署 - 逾期居留需遣返 -20110131-234317-130.html）〔二〇一二年六月六日確認〕。

（47）現代台湾には珍しい左翼から、「ニセ台湾人」という批判が展開されていた。例えば、『島嶼辺縁』〔仮台湾人専輯〕八期（台北：島嶼辺縁雑誌社、一九九三年七月）。および『島嶼辺縁』〔仮台湾人続編〕一三期（台北：島嶼辺縁雑誌社、一九九五年三月）に所収の論文。

国家あるいは「曲率」

宇野邦一

1 「国土」の曲率

内田隆三にとって集大成的な書物であるにちがいない『国土論』（筑摩書房、二〇〇二年）を読むと、いたるところで「曲率」という言葉に出会う。「重要なのは、日本という国のなかでは「愚者」としてしか現象しえない人間の存在の曲率である」（『国土論』三四頁、以下同書からの引用は数字のみ示す）。「記憶の政治的な文脈を相対化するだけでなく、その記憶を支える知覚の形態やまなざしの構造や思考の曲率を相対化することが大切ではないだろうか」（五四）「戦争の曲率は坂口安吾にある本質的な視線を開示する」（一〇一）。そしてまさにはじめの章では「国土の曲率」が、最後の章では「堕落なき生の曲率」が問題にされている。

そもそも「国土」という語それ自体に、さまざまに曲折する意味が含まれて、その曲率を変えていく。「国土論」として内田が論じたのは、多少とも社会学的視野をフレームにして見えてきた明治以来の近現代日本史そのものにほかならないが、それは大逆事件に始まって最後には一九九七年のＯＬ殺人事件にいたる。まったく性質の異なる二つの「事件」の間にも著しい「曲率」がある。

そもそもなぜ「国土」を問題にしなければならなかったのか。まずは大逆事件を通じて、明治の国家権力に対する知識人の批判的まなざしをとりあげることから内田は始めている。「国家という抽象的な力の作用を、ひとりの人間がその匿名の存在を生きる水準でとらえなければならない」（三四）。確かに、ひとりひとりの内面にも外面にも押しよせた「国家」とナショナリズムが問題にちがいなかったが、内田はそれ以上に「不可視の国土」や「日本近代の国土」を問題にするというのである。「国土」とは端的に国（家）に属する領土のことだろう。国（家）という政治システムあるいは政治学的対象ではなく、はるかに広い意味で一国のイメージ（表象）を問題にするためにこの語は選ばれたのだろうか。やがて高度成長期の「土地神話」や諫早湾の干拓が問題になるときは、もっと端的に「国土」が問題になることもある。そのとき国土は、ときに日本の〈自然〉であり、あるいは〈風景〉のことでもある。

こうして「国土」という言葉自体に含まれる「曲率」を問うていくことも、『国土論』の課題であったのだろう。そしてその「曲率」に敏感に反応することからこの本の一連の論考も登場したのだろう。それは通常の社会学や歴史書にはない複雑な表情をもつこの豊かな本の独創性でもあり〈渋とさ〉でもある。しかし最後まで、何か吹っ切れないあいまいな印象も残す。「国土」の内容はいつのまにか変化している。国家や、ナショナリズムや、国民的な〈共同幻想〉や、戦後の市民社会、破壊される自然環境、超国家的な消費社会等々。まさにそのように推移していく分析対象の変化それ自体が、この本の主題なのでもあろう。しかし「国土」とは一体どんな対象なのかも、その「曲率」が何を意味するのかも、実はあいまいなまま解き明かされることはない、という印象が残るのだ。

明治から戦後の時代まで、理論的考察のため参照されるのは、主に柳田國男から坂口安吾にいたる日本の知識人の表現である。しかし高度成長期からグローバルな消費社会にいたる時期の分析では、内田が社会学者としてはいちはやく導入したミシェル・フーコーやジャン・ボードリヤールの概念の影が散見される。そして確かに内田の考察は、「国土」といっても、まったく性質のちがう対象に出会っているのだ。いわば近代日本を覆っていた剝き出しの国家権力と資本主義に対して、かろうじて抵抗の意識を表現しえた知識人的主体は、三島由紀夫の倒錯的な〈蹶起〉そして昭和天皇の死のあとの時代には影をひそめてしまったかのようだ。そのあとの〈事件〉とは、「酒鬼薔薇聖斗」と名乗った少年の殺人事件や、いわゆる「東電ＯＬ殺人事件」という、それ自体が加速された新しい資本主義下の都市環境によって生み出された〈病理〉であるかのような出来事である。そこに垣間見えるのは、出口のない新しいシステムの圧力が生み出す内出血のような暴力である。それは大日本帝国下の顔の見える国家権力からくる暴力ではなく、ほとんど不可視の圧力や管理のシステムからやってくる隠微な暴力なのだ。

大逆事件への反応については、「考えてみるべきは、その人の抱いた主義や思想に接続している、そしてその人の主体性に勾配を与えている存在の構図である。国家という力が生み出し、〔佐藤〕春夫が感じ取っている断層は、この存在の文脈を走っているからである」（三三）と、まだ力強く内田は書くことができた。

しかし一九八〇年代の新しい資本主義（バブル経済）が席巻する時代を考察した「資本の波形」という章の最後で、『国土論』は新たな次元に入った日本社会と対面している。「逸脱する人間の個性や人格にはもはや還元不可能な、言説や技術の本質的に過剰な形態がたわむれているのである」（三五一）。「肉体や記憶や現実の感覚が、共同体と主体の軸線からずり落ちて、テクノロジーと言説という二つのベクトルの中で新しく合成され、それら自身を語りはじめている。準拠すべき意識の軸線が見えない、この合成されたディスクールの密度や分布のなかに資本の領土が、その無国籍な力の帝国が広がっているといえないだろうか」（三五三）。これ以降、日本の国土に「逸脱する人間の個性や人格」は影をひそめ、「言説」と「技術」にがんじがらめに包囲され、しかも細かく分断された個人におしよせる歪みが、しばしば病理や犯罪として表現されるばかりであるかのようだ。

2 「内閉性」について

ここでも内田がかなりこだわって考察しているのは、反時代的立場を表現した何人かの文学者であり、その最後に現れるのが中上健次である。中上は死の床にある昭和天皇に対して、ある屈折した感想をもつことになった。「物語の言葉を統べてきた、そして歌というかたちで言葉を発してきた源泉としての天皇が重篤な病に陥っている」（二九一）。天皇が言葉を統べる国にあって、「闇の国」熊野を根強いモチーフにして書き続けてきた作家が、天皇の死の病を、深刻に文学の危機と受け取っている。物語と言葉を統べる存在としての天皇の死は、日本文学にとって根本的な脅威だと中上はいうのである。中上は、雨の降る伊勢の地で体験したことのある重苦しい気分について書き記している。

激しい雨に濡れる草に思いを託しながら、中上はこんな発見をした。「草は草である。そう思い、草の本質は、物ではなく、草という名づけられた言葉ではないか、と思う。言葉がここに在る。言葉が雨という言葉を受けて濡れ、私の眼に緑のエロスとしか言いようのない暗い輝きを分泌していると見える。言葉を統治するとは「天皇」という、神人の働きであるなら、草を草と名づけるまま呼び書き記すことは、「天皇」による統括《シンタクス》、統治の下にある事でもある。では「天皇」のシンタクスを離れて、草とは何なのだろう」（一九六に引用あり、中上健次全集14巻、六〇九頁）。

内田の読解にしたがって、中上の天皇への思いを反芻してみるなら、中上は伊勢で、「言葉が物の世界に融けあって存在する場所」に立ち会ったのである。内田の言い換えるところでは、それは「生々しい物の存在と直結し、非分離の状態にあり、物の重力をそのまま受けているような言葉の場所＝トポス」なのだが、このようなトポスは、天皇によって統括される「物語・法・制度」の空間によって領有されている。中上はそのような統括、統治に対しては、熊野にオリジンをもつものとしていつも苛立ち抵抗してきたが、いま死なんとしている天皇が、まさにそのようなトポスとして日本的「自然」を統率してきた〈言葉としての天皇〉である以上、天皇の危機は、そのような言葉の制度の根源を揺るがす出来事である。

天皇は「自然」を制度化してきた統治者だが、「言葉が物の世界に融けあって存在する」あの「非分離」の根源にじかに触れている存在でもある。つまり根源を内部化してきた外部の存在である。あるいは根源との接触を保って境界に立つ内部の存在である。中上は制度としての天皇を批判しながらも、天皇のうちに起源のトポスを見て天皇に回帰しようとする。そのような「奇妙な逆説」を中上は表現していたことになる。もはや伊勢と熊野も、対立するのではなく補完的で、「伊勢の果てに熊野があり、熊野の果てに伊勢がある」（三〇一）。

「天皇による統治の言葉から抜け出すことが可能だとしても、その試みが天皇の言葉を異貌の次元でだが模擬し、どこかでそれに似てくるのだとすれば、この恐るべき内閉性はどのように考えたらいいのだろうか」と内田はこの考察を結んでいる。中上は昭和天皇の死後四年たたないうちに病に斃れることになった。そこでこの「内閉性」という問いも封印されてしまったかのようだ。『国土論』の見方では、この「内閉性」は、やがて新しい消費社会あるいはグローバル資本主義によってさらに変形され、しかも強化されるかのようである。

天皇の歴史、戦後の（象徴）天皇制、伊勢神宮（神道）、そして神話等々を、一気にひとつの統一的な体制であるかのようにとらえた中上の発想は、それ自体まったく幻想的、神話的、そして文学的な（言葉の）レベルに凝縮したものである。戦後の日本でもまだ天皇に象徴されている権力のかたちに抵抗することを、何かしら彼の文学の強いモチーフにしてきた中上は、天皇の統べる根源的なものを、言葉さえも統べる権能として再発見し、まったく両義的な反応を示した。おそらく中上の文学が、そのように神話的な動機をかかえていた分だけ、彼の天皇の死との対面も、真摯に〈神話的に〉実践された。

ここにきて「国土」とは、伊勢も熊野も包括する〈自然〉であると同時に、その〈自然〉と〈言葉〉との深い歴史的紐帯のようなものであり、〈言葉〉としての「国土」でもあり、その統一、統治、制度化には天皇制が（内田はむしろそれを天皇の「存在」と言い換えているが）深くかかわっている。明治の天皇制（大逆事件）、そして三島由紀夫にとっての天皇を論じたあとで、内田は、さらに根源的な問題として中上の天皇論をとりあげた。天皇の統べる自然と言葉としての「国土」という問題は、実は『国土論』の隠れた焦点であったかもしれない。しかしそれは、情報と金融によって牽引されるグローバルな資本主義の「冷たい不確実のたわむれ」（三五二）や「無国籍な力の帝国」（三五三）に巻き込まれ、やがて見えがたいものになっていく。天皇の「国土」は、その後は、諫早湾の干拓による自然破壊に対する抵抗運動のなかで、もはや力なくもちだされるだけである。新しい資本主義の「帝国」下で、それでも天皇の「国土」という観念と制度が、どのように作動し続けているかということに『国土論』は触れていない。大規模な「干拓」は自然を破壊するだけでなく、言葉そして記号にも及ぶ、と書いてあるだけだ。「記号の干拓」が進行すると著者はいうのだ。「消費社会では物は記号の土の底深くに沈み、分解し、摸像と化している」。「記号による国土の干拓は首都の内部ですでに一種の完成の域に到達している」(四四一)。

それにしても『国土論』の思考を下支えするかのような文学の言葉は、戦後の坂口安吾、三島由紀夫、そして中上健次で尽きてしまったかのように見える。

大逆事件に始まり、戦後(原爆)、そして三島と天皇、昭和天皇の死、そして諫早湾埋め立て、神戸の少年の殺傷事件、東電OLの事件まで、批判や抵抗、暴力や欲望がどういう社会システムのなかにあったかをていねいに考察しながら、もはや社会学的研究の次元を超えて、内田は、あるメタフィジックな次元につねにこだわっているようだ。内田には、事象そのものが解釈から逃れて空虚のなかに退いていく〈浮動点〉のようなもののまわりを実直に旋回していく思考がある。しかしここから得られるのは理論的眺望であるよりも、それぞれの時代の社会的軋轢や葛藤の意識を、それに近くで寄り添うようにして稠密に記述することで得られる映像のようなものだった。

「国土」を支持する思想的主体も、それに抵抗する文学者的主体も、やがてあらゆる主体が、資本によって統御されるシステムに呑み込まれる。そういうプロセスについてはシステム論的に語るしかなくなった。いまも作動し続けている象徴天皇制とグローバル資本主義という二重のシステムにおいて二つは背反しあうように見えるが、むしろ補完的に作動することもありうる。そういうシステムの中での殺人事件について、内田は「やるせない生の形式」(五二〇)と記している。明治の大逆事件に関しては「恣意性にさらされて生き死にしている存在の地層」と彼は書いた。こうして「やるせない」のは同じでも、「恣意性」の性格はすっかり変わったのだ。

昭和天皇の死、バブル経済の崩壊を節目にして『国土論』は、日本の国土にも、社会にもある深い変質が訪れたことを、さまざまに言葉を変えて指摘している。そのあとも世界経済は、繰り返し暴落や恐慌を迎え、先進国では低成長が構造的なものとして定着したかに見える。資本制の勢力も危機も、反復されながら、確かに未知の性質を帯びている。内田の本は、二〇世紀の日本を考察の対象としていたが、フランス現代思想の消費社会論や言説・権力をめぐる分析を取り入れながら社会システムを論じることによって、同時に普遍的な問いをたてることになっている。もはや抵抗も〈蹶起〉も、あるいは堕落も逸脱もない世界は、いわば「他者を奪われた」状態であり、あからさまな「疎外」よりも無残である。内田は、ボードリヤールを参照しながらそのような「他者」の剥奪、あるいは喪失（それは「零の修辞学」などとも呼ばれている）によって、新しいタイプの犯罪が発生し、ある種の「カタストロフィ」状態が恒常的に生み出されていると指摘する。といっても、新しい「カタストロフィ」は、「カタストロフィの不在」とも言い換えられるような逸脱であり、きわめて流動的で、境界のない世界の現象なのだ。

3　ポストモダンという奇妙な言葉

このような「変化」、「変質」については、すでに数多くの識者によって、さまざまな分析、概念、キーワードが与えられてきた。そしてそれはある程度まで広く流通して、二〇世紀にしばしば顕在していた荒々しいエネルギッシュな「他者」のイメージを、すでに希薄にしている。内田が『国土論』で問うたことは、もちろん日本を越えて普遍的な問題を含んでいるにちがいないが、しかし天皇の〈国土〉をめぐる歴史を問題にしているかぎりでは、ほとんど日本国内での推移にだけ眼を向けている。

その「変化」、「変質」は、ある時期から、高度資本主義、消費社会、情報社会、ポストモダン、グローバル化などと呼ばれて、時代の自己意識としても定着してきたかもしれない。たとえばフーコーが詳細な分析とともに提案した「規律社会」は、現代思想の成果にちがいないが、むしろそれは西洋近代のモデルであり、二〇世紀の重工業資本主義においては、まだ継続されていたと考えられる。現在も世界はそれを廃棄してしまったわけではない。しかし消費・情報・グローバル化を特徴とする新しい資本主義は、刻々、個人の内面にまで精密におよぶ管理システムをつくりあげている。ジル・ドゥルーズは端的にこれを「規律社会」と区別して「管理社会」と呼んだことがある（『記号と事件』宮林寛訳、河出書房新社、三五六頁）。

この「変化」、「変質」は、まだまだ考察すべき課題で、ただ世紀的な単位で、粗略なキーワードで定義しうるようなものではありえない。すでに様々な定義が現れ、知られているが、実は何がどう変化しているかについての認識は、刺激的な標語が与えられれば与えられるほど、現実から脱落していく可能性がある。それによって表象された歴史が歴史を裏切り、そういう表象を受け入れた私たちもまた歴史から裏切られるようなことも起きる。しかじかの事象はもう終わった、という意識が流通する一方で、まさにその意識が、終わったことのさらなる反復をひきおこすかもしれない。ここでも意識の「曲率」が、様々な表象を生み出している。

フーコーは、「規律社会」や「生権力」の出現をほぼ一八世紀に位置づけていたが、彼はそのような社会や権力の〈終わり〉をはっきり定義して、それ以後の現代の体制について語ったことはなかった。「ポストモダン」というような用語にも警戒的だったのは、彼にとって「近代」は実に長く続く複雑な時代で、まだ十分に認識されていないものだったからだ。啓蒙的な理性の崩壊とか、あるいは近代的な価値観を支える「大きな物語」の解体といった、一部ではスローガンのように流布したアイディアについても、フーコーはまるで門外漢であるかのように対応した。そもそも「近代性」が何を意味しているかわからないし、自分の問題は「理性」ではなく、さまざまな領域に確立されてきた「合理性」の形態であって、それらは様々に変容しているが、決して消滅したりしてはいないというのである（一九八三年のインタビュー「構造主義とポスト構造主義」、『フーコー思考集成9』筑摩書房）。

そしてややこしいことには、「ポスト何々主義」といったジャーナリズム的次元では広く通用した言葉には、むしろ慎重に距離をとった思想家たちも、たとえばドゥルーズ＝ガタリなら「分裂分析」、「ミクロポリティック」、「リゾーム」のような概念によって、フーコーならばとりわけ『言葉と物』の、「人間」という概念の出現とその行末について指摘した名高いページで、ある決定的な変化や出現について語ったのである。それは決して黙示録的終末論でも予言的マニフェストでもなかったが、彼ら自身の意図からずれるようにして、そういう指摘はある「曲率」をもち、何かセンセーショナルな出現や終焉の表象を勢いづけることにもなったのである。

「時代」意識をめぐるフーコーの慎重さと両義性は、たとえば次のように表現された。「まさに《啓蒙とは何か》というカントの問い以来、哲学的思考の大きな役割のひとつは、次のように規定されるものではないでしょうか。哲学の課題とは、現在とは何か、《現在の私たち》とは何かを言うことである、というふうに。ただし私たちが生きているこの瞬間は、暗闇の底にあって最も深刻な破滅のときであるとか、あるいは夜が明けて太陽が勝ち誇るときであるなどと断定するような、やや悲壮で芝居がかった安直な表現をすることを私たちは自分自身に許してはならないのです。そうではなく現在はどんな時代とも似たようなものです、あるいはむしろ現在は、ほかの時代と決してまったく同じではないのです。」(Foucault, Dits et écrits, IV, Gallimard, 1994, p.448)

そして現在における変化は確実に起きているにちがいないが、変化を的確にとらえることはやさしくない。知覚され意識された変化は、すでに変化する現実自体から隔たりをもち屈折している。そして現実とは、少なからず私たちの意識や知覚(そして欲望)によっても構成されている。ただしそこにもまた屈折(曲率)があり、現実は決して意識にしたがって構成されるのではない。「見えざる手」と言われてきた経済的要因、システムについて言えることは、政治についてまであてはまる。意識的選択の表現であり、意識の領域であるはずの政治が、実はしばしば無意識の情動や欲望によって左右されている。この世界で、計算され、調査され、管理され、〈合理的に〉作動している部分は、技術革新によっても圧倒的に拡大しているはずなのに、逆に予測することも信じることも操作することもできない部分が、まるでそれに比例するかのように膨張しているのだ。

二〇〇二年に刊行された『国土論』が後半で与えている二〇世紀末の日本社会の〈表象〉は、同時代の変化の象徴的な〈事例〉とともに与えられている。「都市の流動性」や「消費社会」といった言葉が確かに分析の中心になっている。何をどう改めるべきなのか、といった批判や処方箋を出すことは抑制して、社会(学)的システムの考察に著者は徹している。本の冒頭の大逆事件についての考察では、そのような社会システムの考察はなかった。その時代には客体として考察しうるような一様なシステムがなかったということだろうか。社会学的分析は、現代のシステムにむかうときのほうがはるかに本領を発揮できるということだろうか。記号や情報やイメージの過剰が、心と身体に、あるいは関係にどういう効果を及ぼすか、ということが分析の中心になる。最後まで「曲率」という言葉を手放すことなく、消費社会の都市生活の「やるせなさ」をＯＬ殺人事件に読み込んで、『国土論』は終わる。読むものにも、「やるせなさ」の印象が残る。『国土論』は日本の国土にしみわたった「やるせなさ」を分析しながら、それを追体験するように、それに身をよせるようにして書かれている。「曲率」は、「やるせなさ」でもある。消費社会の恒常的で強迫的な勢力も、それに掻き立てられる欲望から脱落すること自体も、この社会の曲率をなしており、その曲率は死の欲動と共振することがありうる。確かに「曲率」が問題であり、これを問題にすべきだった。しかし『国土論』は「曲率」それ自体を解明するところまで進まない。この社会のシステムの淀みや屈折としての「曲率」に、いわば理論的読解によって同伴しようとしたが、そこに光は差し込まれない、という印象が残るのだ。

4　普遍と特殊

じつは「曲率」は、「国土」を特殊的に考察することと、「国土」の外で国家と社会について普遍的に考えることの間にもある。大逆事件から、三島の〈蹶起〉、そして天皇のXデーに対する中上健次の動揺にいたるまで、『国土論』はおおむね日本社会を特異なケースとして、とりわけ天皇制とのかかわりに重心をおきながら考察を進めてきたのである。ほんとうの中心の課題は、市民社会でも、消費社会でもなく、それをすっぽり包んできたかもしれない「天皇」であったかのように。それは日本の社会と「国土」を問題にするとき、その内部に住む日本人として考察するときには、決して、単に普遍的に考察することはできないということを意味するのだろうか。消費社会であり、情報社会であり、グローバルな市場に組み込まれた現代日本の「国土」を、ある空虚として、内閉的なシステムとして内田は捉えている。そのような日本の虚無を、遮二無二に充実させようとした幻想的試みとして、三島の〈蹶起〉を、そして中上健次の天皇論を引き合いに出したが、この選択には確かにあるバイアスがかかっていた。あたかも国家を憂え、国土を憂えるかのような文学的態度を内田は選んだようなのだ。

たとえばかつて天皇制とナショナリズムとは何かを考え続け、『共同幻想論』の考察を試みた吉本隆明のようなケースを私は思い出すのだ。西洋近現代の文学の影響を受けていた日本の文学者たちが、無残なほどに政治的批判意識を欠いて、戦争と皇国を鼓舞する作品を書くことができた。そのことをただ批判するのではなく、社会的歴史的な構造のなかで解明しようとして、吉本はしだいに思想の射程を広げていくことになった。知識人も詩人も民衆も、共通に憑依するような集団的心的構造は「共同幻想」と呼ばれ、その祖形は日本の民俗譚（『遠野物語』）や神話（『古事記』）に求められた。吉本の標的は、大日本帝国の支配を可能にした無意識のメカニズムであり、それを政治体制としてではなく、「幻想」の心的システムとしてみようとしたのは彼の独創だった。こうして吉本は、日本的な特異な権力システムと見えたものを、王政やファシズムや立憲君主制の一ケースとしてではなく、むしろ人類学や精神分析が対象とするような原型的システムとして〈普遍化〉していたのである。

　早くからマルクスのなかに自然哲学と歴史哲学の交点としてとらえられた世界像を見るような原理的思考をしていた吉本は、ある種の普遍主義的な姿勢をもっていた。転向の問題を考えながら、福音書（マタイ伝）を独自に読み込むような発想もできた。しかし彼が直面した問題は、やはり日本と日本語のなかにあり、彼はこの日本における思想の「曲率」にずっと対面しながら考え続けるしかなかった（吉本はただし「曲率」ではなく「逆立」や「倒立」のような語を頻繁に用いた。とりわけ個人的意識と共同幻想とのあいだに「逆立」が起きるというように）。吉本は、ただ外向的で普遍主義的にふるまう外来思想の「密輸業者」にはいつも手厳しかったが、国内の知的習俗のなかに内閉したままの思考にも距離を保った。そういう葛藤的立場に立つしかないのは、日本の歴史的地理的条件からして必然的だった。私たちは、その点で吉本隆明のような知性の生きた葛藤や、そこでかろうじて見出された均衡から、いまも少なからず学ぶことがある。

　こういう問題が、たとえばフランスの、あるいはアメリカの著者に関して、突きつけられることがあるだろうか。当然ながら、それぞれの地理と歴史と言語に固有の視点や問題やスタイルが、どんな思想にも内在するにちがいない。しかし欧米の知識人は、すでに共有され前提されているかのような普遍的次元に立って考え書き始めることができる。実はフランスの一哲学者も、フランス語の哲学の伝統や教育だけでなく、フランスの「国土」、そしてヨーロッパの大地という歴史的地理的条件のなかで思索するのだから、まったく特殊的に思索するにちがいないが、この特殊性は、同時にほとんど普遍性でもあることが、無意識に前提とされている。普遍性の意識それ自体は、歴史的に、歴史的な力関係のなかで形成されたものである。ヨーロッパの普遍性もまた歴史的であり、そして歴史そのものに普遍性などあるわけがなく、ただ普遍性を獲得する過程の歴史があり、また普遍性が崩落していく歴史もそこに内在している。そのことに批判的であるほどの知識人ならば、彼は自分の地域の、あらかじめ普遍性を前提とすることができない葛藤的状況に注意をむけずにはいられないだろう。こんなことを考えるとき、私の脳裏にはかつて竹内好が、とりわけ中国を意識しながら書いたことが響いている。

ヨーロッパがヨーロッパであるために、かれは東洋へ侵入しなければならなかった。それはヨーロッパの自己解放に伴う必然の運命であった。異質なものにぶつかることで逆に自己が確められた。ヨーロッパの東洋へのあこがれは古くからあったが（むしろヨーロッパそのものが本来的に一種の混淆である）、侵入という形の運動は近代以後である。〔…〕

このヨーロッパの自己実現の運動のなかから、十九世紀の後半になって、質的な変化がおこった。恐らくそれは東洋の抵抗と関係があるかもしれない。なぜなら、ヨーロッパの東洋への侵入がほぼ完成したときにそれはおこったから。ヨーロッパを自己拡張に向わせた内部矛盾そのものが意識されるようになった。〔…〕

ヨーロッパがどう受け取ったにせよ、東洋における抵抗は持続していた。抵抗を通じて、東洋は自己を近代化した。抵抗の歴史は近代化の歴史であり、抵抗をへない近代化の道はなかった。ヨーロッパは、東洋の抵抗を通じて、東洋を世界史に包括する過程において、自己の勝利を認めた。それは文化、あるいは民族、あるいは生産力の優位と観念された。東洋はおなじ過程において、自己の敗北を認めた。敗北は抵抗の結果である。抵抗によらない敗北はない。したがって、抵抗の持続は敗北感の持続である。（竹内好「中国の近代と日本の近代」、『日本とアジア』）

この文の中の「ヨーロッパ」を「普遍性」に、「アジア」を「特殊性」に入れ替え、次には二つを反転させ、「ヨーロッパ」を「特殊性」として、「アジア」を「普遍性」として、読み返してみることができる。

5　改めて問う

私は『国土論』を読解しながら、なぜこんなところに問いを広げ、あるいは迂回させてしまったのだろう。ここまで書いてきて、改めてこの本の「あとがき」を読むと、この本の前半の主題は、「天皇」という「制度」ではなく、「存在としての天皇」であり、「この国土に象徴的な重心と深い曲率を与えていた」という天皇についての考察であった、と内田はまとめている。そして後半の主題はこの「国土」を侵食した「資本主義」と、これと一体の「テクノロジー」であったという。戦後の「国土」は侵食され解体されながらも、「象徴」となった天皇によってある均衡を保ってきたが、その危うい均衡さえもやがて資本の力に圧倒される。内田の社会史は、前半では特殊的な主題を扱い、後半では普遍的な主題を扱っているかに見える。近代にあって精神的な領土を構築し、再構築（再領土化）してきたイデオロギーや宗教が、世界のいたるところで、越境する資本の力によって解体されてきた。やがて解体の果てで、逆にすさまじい原理主義的な反動が生まれるという世界的現象の一歩手前で、『国土論』の歴史は終わっている。

結局この本は、戦後も〈天皇〉に統括されてきた精神的〈国土〉が、高度なグローバル資本主義のテクノロジーによって、また記号、情報、消費によって、ぼろぼろに劣化するまでの日本社会史を書いたものということになるのだろうか。同じ世代の学究によって繊細な文章で書き込まれたこの社会史の試みと歴史への洞察に、私は感銘も共感も覚えたのだが、同時になんとも言えないマレーズ（malaise、フランス語で気づまり、違和感、不安、危機感等々を意味する）が残るのだ。そこで長々と書評とも感想ともつかない考察を続けてきた。私のマレーズを大まかに整理すれば次のようになる。

はたして「国土」という言葉に問題が集約されるのかどうか。「国家」でもなく「自然」でもなく「国土」という言葉を用いることで、いくつかの問題の次元が複合し癒着したまま解明されず、むしろ曖昧さを強めることになっているのではないか。

「天皇」について（もちろん特殊性をふまえて）普遍的に考察すべきところを、特殊的に語っているのではないか。日本の資本主義の展開について（もちろん普遍性をふまえて）特殊的に考察すべきところを、（あるシステムとして）普遍的に語って終わっているのではないか。つまり特殊的なものを特殊的に、普遍的なものを普遍的に語ることで、記述も分析も、まったく静的になっているのではないか。

戦前、戦後を通じて、天皇と国家に包摂されてきたかのように記述される社会史にも、あるいは世紀末に展開する高度資本主義システムの展開にも、それぞれ外部性や逃走線のようなものがあったのではないか。それぞれの現象のうちに、内部性の線分もあれば、外部性の線分も含まれていて、現象はしばしば両価的ではないのか。社会学というフレームが要請するところかもしれないが、結局、内田は天皇の包括性も、二〇世紀末の高度資本主義も、あるシステムとしてみる見方を捨てようとしないので、「やるせない形式」やシニカルな欲望が分析の焦点になった。三島や中上の立場さえも、そういうシステム的観点から理解されることによって、ある種のシニシズムとして浮上することになっていないか。

もちろん『国土論』に対する、こういった問いはまったく的外れで、それはもはや内田の問いではなく、私自身の問いでしかない、ということでもかまわない。そして私が『国土論』に対してむけている問いは、『国土論』を超えて、現代日本に対する様々な考察が共通に孕んでいる問題点にもむかうのだ。内田の大著はこれに気づかせてくれたのだ。

6　国家論の転換

そこでもう一度問う。ほんとうの問題は〈国土〉ではなく、〈国家〉だったのではないか。しかし〈国家論〉ではなく〈国土論〉でなければならなかったことには、いくつか理由があったはずだ。もちろん社会学者としては、政治学的に国家を考察するのではなく、社会的次元における国家を考える必要があったかもしれない。そして〈国家〉を問うなら、政治制度としての国家という問題を避けて通ることはできないとしても、国家は確かに政治制度以上のものである。ここでは、ごく手短に、その「以上」が何かと問うてみよう。

たとえば、最近の著作『政治の起源』(会田弘継訳、講談社)の中でフランシス・フクヤマは、政治の三つの基本要件として、国家、法、そして民主主義的な説明責任(accoutability)をあげている。歴史上最も早く「国家」を成立させたのは古代中国であったとすれば、古代インドには強固なカースト制度と宗教的権威が合体して「法」の支配がうちたてられた。フクヤマの図式では、古代の中国には国家があっても、法はよく機能せず、インドには法の支配はあっても、整備された官僚制をともなう国家のようなものはなかった。「民主主義的な説明責任」となると、それはむしろ近世ヨーロッパで、国王と議会、国王と市民と封建領主の抗争を通じて発達してきたもので、むしろヨーロッパでは「国家」の成立がアジアに比べて遅かったことが、逆に政治的自由を促進することになった。「その遅れこそが西欧人がのちに享受することになる政治的自由の源となったのである」(『政治の起源』下、一〇七頁)とフクヤマは書いている。

ところで現代アメリカの政治の「劣化」にどう対処するかという目標を強く意識して、こういう図式を考えているフクヤマにとって、「国家」はもちろん必要不可欠であり、テロや内戦に揺れている中東やアフリカ諸国の問題とは、国家が脆弱であり、徴税のシステムすら確立していないことである、とことあるごとに強調している。

こういう思考にとっては、とにかく国家という「制度」が問題であって、もちろんこの制度は、「法」の支配と、民主主義的説明責任なしでは、〈よい政治〉を構成することができない。そしてヨーロッパで形成されてきたその〈よい政治〉のモデルが、とりわけ膨張し加速する現代の資本主義によって脅かされ、「劣化」しようとしている。この状況とこの図式は、とりわけフクヤマの独創というわけではなく、いま政治を再考しようとすれば誰も免れることのできないものと思える。

もはや国家とはなんら神秘化すべき対象ではなく、あくまで制度、力関係のシステムとして、その合理性や非合理性を精密に検討し、批判し、修正すべき点を提案すべきであってそれ以上でも以下でもない。もちろん、こういう観点で徹底した議論や研究や提案が行われるべきだし、実際に、ある程度は行われている。

　しかし国家の問題は、一方ではそのような制度論的枠組みから外れる次元をもち、制度に対してある〈曲率〉を孕んでいる。たとえ制度であるに過ぎないといっても、それは精神的制度という側面をもっている。たとえばそれは「想像の共同体」（ベネディクト・アンダーソン）と言われるようなものである。「絶対精神」（ヘーゲル）として定義された国家とは、その極限のケースといえる。ある時期には現代アメリカのデモクラシーを、ヘーゲル的な歴史哲学の完成であるかのように肯定して見せ、「悪しきヘーゲル主義者」として批判されたこともあるフクヤマは、『政治の起源』ではむしろ国家を単に制度または権力システムとして見ることにおいて徹底している。ただし彼の歴史観は、イギリスからアメリカへと発展してきた三要素（国家、法、民主主義）の均衡を得た結合を、たとえ「劣化」してはいても、どうやら最良のモデルとして、まだ前提しているようだ。少なくとも『政治の起源』では、国家とは、あくまで政治がよく機能するための一要素にすぎないというところまで、すっかり還元されている。私にはそのことが印象的だった。

　ところが私たちの周囲では、いまだ国家とは、単なる政治制度以上のもの、何かしら精神的統一性のようなもので、歴史的時間の結晶であり、通常の文化以上の文化であるということが、あたかも暗黙の了解であるかのようにして、国家＝精神＝歴史＝文化という〈等号〉が、ほとんど批判的思考を通過しないまま流通しているのだ。それは〈国家〉とさえ呼ばれない。ジャーナリズムのコードに照らしても、「国家」という語の響きは少々重たすぎ権威的すぎるからだ。しかしこの等号（そして統合作用）は決して失われていない。この等号は、それを〈等しい〉と考えなさい、という出所不明な至上命令のようなもので、ただ思考停止をせまっているかのようだ。

7　二つの理論的提案

〈国家〉に対する思考として、私にとってこれまでかなり決定的な示唆と思えた例を二つだけふりかえってみよう。二つの例のなかに、すでにいくつか多元的に分岐する問いが含まれているので、問いは錯綜することになる。ひとつは先にも触れた吉本隆明の『共同幻想論』である。吉本のモチーフは、はっきり表明されていた。国家をいわゆる支配階級の「暴力装置」とみなすようなマルクス主義的観点では、戦前に国民を戦争にむけて鼓舞したような国家の精神的作用を解くことができない……。吉本は、精神としての国家を、つまり国家＝精神の〈等号〉をまず認め、その等号の意味を考えようとしたのである。精神としての国家は、まさに「共同幻想」と言い換えられた。吉本が分析の支えにしたのは、主に『遠野物語』（柳田國男）に採集された民話であり、『古事記』の神話であった。それはまず小規模な共同体の中で共有される様々な憑依や幻覚の体験であり、そのような心的体験は、単に個人の精神的病理ではなく、集団的に伝播し継承されて共同の幻想となり、共同性の表象そのものとして個人を支配するようになる。それは単に〈異常〉ではなく、治癒し慰撫する作用さえもって定着し恒常的な心理構造にまでなっている。こうして「共同幻想」はすでに国家という幻想の胚珠であり、人はこの幻想なしには、そしてついには国家という幻想なしには生きられないかのようである。

さらに『古事記』の神話を取り上げながら吉本が考えたのは、古代の日本に天皇制として定着する以前の宗教的儀礼と王権の形式であり、それは実証的な有史の次元から少し飛躍して、国家の発生的な形態を思考しようとする試みだった。人類学や精神分析を手がかりにして、権力の黎明の形態に想像をはせる思考は、むしろ哲学的な詩人のものだった（もちろんこれは批判ではない。哲学的詩的に語るしかない本質的問題があるにちがいないからだ）。『共同幻想論』はあたかも画期的な国家論のように受け取られたが、現実の政治的制度としての国家と幻想との関係をまったく考察していないという点では、国家論の体をなしていなかった。しかし国家に対する思考の転換を促すという意味では、画期的な発想を示していたのだ。

天皇制国家の本体が幻想であるとしても、とにかく幻想としてよく機能しうることを示したという点で、『共同幻想論』は、少しも国家＝精神（＝幻想）という等号の〈批判〉などではなかった。しかし少なくともその等号の内容が何であるかを考えようとして、新しい批判的観点を提出していた。精神分析や人類学に照らすことによって、国家がよく解明されるかどうか確かではないとしても、少なくとも国家とは、精神分析したり、人類学的に思考したりすることが可能な対象である。国家を階級的な暴力装置であるとする観点に、こうして新たな観点が加えられたことの意味は小さくなかった。

決して吉本ひとりがそのような観点を提出しえたわけではなく、また国家論としては簡潔な素描に終わっているにすぎないとしても、確かに観点の移動がおこり、国家論は多元化されたのである。しかし晩年の吉本の関心は、別のところに、むしろ新しい資本主義のもたらす幻想や知覚の包摂的な作用のほうに移っていった（『ハイ・イメージ論』）。それなら国家の批判的考察は、あれからどう展開したのか。国家論もまた、グローバルな資本の強力な作用に浸透されて、「劣化」したのであろうか。国家は、もはや神話的な超越性など解消してしまったかのように見える現在もまだ、いくらか精神であり神話であるとして、どのような精神、神話であり、どのような共同体、共同性たりうるのか。

もうひとつ私にとって忘れがたい提案はドゥルーズとガタリの『千のプラトー』に現れた「国家装置」（appareil d'Etat）の概念である。これもまたマルクス主義（史的唯物論）の進化論的な国家の見方を批判することが大きなモチーフになっていた。批判されたのは、生産力の増大、そしてストックの発生が、やがてストックを所有する支配階級を生み、国家を成立させるという見方のことである。ドゥルーズ＝ガタリは、これに対してむしろニーチェの発想を真剣に評価した。「彼らは、運命のように、原因も根拠も考慮も口実もなしに到来する。彼らは、稲妻のすばやさをもってそこに存在する。あまりにも恐ろしく、あまりにも唐突、あまりにも説得的、あまりにも異様なので、憎悪の対象とさえならないほどである」（ニーチェ『道徳の系譜』木場深定訳、岩波文庫、一〇一頁）。国家装置は、そのように到来する「捕獲」captureの装置であり、単に暴力装置ではない、というのだ。その暴力ははるかに不可視であり、しかも神出鬼没である、ということだ。

彼ら（国家の人）は「生きた主権的機構」、「うまれつきの組織者」であるといわれている。ニーチェは国家の出現をそのように定義した。それは『アンチ・オイディプス』では「野蛮な専制君主機械」と呼ばれたものでもあり、ここではまだ国家の出現は、アフリカ的な大地の機械よりも新しく、資本制よりは古い一定の歴史的段階に対応しているかのようである。しかし『千のプラトー』では、「原因も根拠も考慮も口実もなしに到来する」国家は、時空を越えて、いたるところにいつでも出現しうるものと考えられている。もし出現しないとすれば、その出現を阻み、抑制するようなメカニズムが作動しているからにちがいない。ドゥルーズ＝ガタリも、やはり神話学や人類学の文献を援用した。とりわけ重要だったのは、人類学者のピエール・クラストルが、ブラジルの先住民の共同体を調査しながら書いた『国家に抗する社会』の発想である。まだ「国家」を知らないように見える〈未開〉の小規模な共同体は、弱小な生産力しかもたないために国家をもたないのではない。クラストルは、そこに国家の成立を阻む組織を作動させている「社会」を見ていたのである。そして国家をもつ社会のなかにもそのような〈国家に抗する社会〉は、いたるところに存在し作動しうる。たとえば戦士の集団は、たとえ国家に従属する軍隊であっても、原理的に国家に抗する線分や運動を内包してきた。ドゥルーズ＝ガタリは、そのような線分や運動からなる組織を「戦争機械」と名づけたのである。

『共同幻想論』の国家批判が、共同体をすきまなく包摂するかのような原型的な「幻想」を考察して、あくまで静的であったとすれば、「国家装置」の概念は、この「装置」に抗する動きとともにあって、葛藤や抗争を根本的条件として動的である。国家は精神的なものであれ、あるいは単に即物的な力の組織・体制であれ、人間を捕獲する超越的「装置」であるが、それなら、これにあらがう「機械」もやはり神出鬼没に出現し、対抗的に、あるいは補完的に機能し、国家に対抗する〈外部〉（性）を保持しうるということである。問題は、このような静的考察と動的考察のどちらが真実かということではなく、国家論は少なくとも、これだけの振幅や射程をもちうるし、もたなければならないということである。

国家は、単なる権力ではなく、ある超越性をもっている。古代中国の国家が、そのように超越的で例外的な体制になるには、整備された官僚制と、家産的、世襲的な利益誘導を排除する「科挙」のように平等な競争システムが決定的だった。しかしいっぽう国家が超越的であるには、〈神に等しい〉宗教的な司祭として精神的な権力をもち、共同幻想を包摂するということが要件となる。要するに国家は宗教でもあった。ニーチェはもちろん神なき世界にあって、最後の遺物としての国家という宗教も、ナショナリズムという最後の偶像も批判し笑い飛ばしたのである。しかしそのニーチェも、神話的精神的国家、あるいは理性的国家（ヘーゲル）さえ辛辣に批判したにしても、ディオニュソス的ツァラトゥストラ的な生の賛歌としての共同体のイメージまで斥けたはずはない。

幻想としての国家が批判されても、文化、精神としての国家という問題は消滅するわけではない。しかしいまもあいかわらず宗教的幻想的作用によって社会も共同体も包摂しようとする国家を斥けようとするなら、もはや〈国家〉ではなく、あくまで〈政治〉というべきで、こんどは国家という中心や重心の外にある〈政治〉を、〈公共性〉を、〈共同的な精神〉を問題にする、とはっきり転換を方向づけ明示する必要がある。

8　アレントのほうへ

ハンナ・アレントにとって「公共性」とは、権力の集中を注意深く避け、政治的なものをたえず活性状態におくことによって成立するものだった。政治的なものと社会的なものは、彼女にとってほとんど対立概念であった。社会は私的個人の欲望がぶつかり、それが調整される場所でもあるが、政治とは、単に調整の機能ではなく、私性が衝突する場所でもない。政治とはそれ以上のものであるが、「以上」とは精神でも超越でもない。むしろ政治とはたえまない活動 action であり、活動とはつねに多元的な意見を戦わせて、一元化するかわりに多元性を保持することである。そこに「共同幻想」のようなものが浸透しうる余地はあるはずがなかった。アレントにとって、ただ生きのびることだけに終始するような社会も、国家という幻想に包摂された社会も、ただ私的な空間を調停する機能にすぎない社会も、すでに政治の消滅した社会にほかならなかったからである。もちろん必要最小限の幸福と生命を保証する権力としての国家を否定したりはしなかった。彼女の公共性の思想は決してアナキズムではない。しかし公共性＝政治は、必然的に国家に対抗する活動であり、国家のせまる幻想や暴力を斥けることが本質的課題になるはずだった。

それなら、この国における〈公共性＝政治〉と国家との関係に介入する「曲率」を再検討することは、まだ何度でも試みるべき課題であり続ける。三島由紀夫の〈蹶起〉は、二・二六のパロディーを身をもって演じたかのようだった。そして二・二六を含む明治維新からの、様々な抵抗や蜂起の動きは、制度化し神話化していく国家に収拾されようとする〈公共性＝政治〉を奪還しようとする試みを含んでいた。それを天皇の親政にむけて幻想的に純化して収束させようとした二・二六の〈蹶起〉があった。これに少なからず関与した北一輝は、やはり公共性＝政治を奪還することを目指しながら、天皇と国民の連帯をむしろドライに革命の手段と考えていたふしがある。天皇制に導かれる有機的な国家を、北は必要とみなした。公共性の本体は、いわばわきに置かれたのである。そして大杉栄のアナキズムのように、ただただ公共性の政治のみを目標とするようにして、帝国の権力からも国家の神話からも遠くに、〈公共性＝政治〉の空間の可能性を見ていた例もある。しかし、どの場合も公共性は、いますぐ実現されるべき状態として、さまざまな次元や場所で、それ自体が目標として試みられるのではなく、まったく観念的に生きられるにとどまった。しばしば報われない処刑や殉死に終わった彼らの〈異議申し立て〉は、長く記憶され再検討されるべきだ。しかしそれらも〈公共性＝政治〉を感性的、日常的な次元に基礎付けることには失敗してきた。国家の「曲率」は、おそらくこのことに関しても問われねばならない。

そしてもちろんグローバルな資本主義の猛烈な包摂の力は、国家の政治・制度さえも、まだ機能している〈精神〉も〈神話〉もぼろぼろに侵蝕していく。資本は、たえず国境を越えて増殖し、有利な場所へと避難し拡散し、危機や不況や不平等や失業や汚染や精神的空洞さえも拡散していくのだ。そこで精神や神話もたえず修復され復活して精神的空洞をみたし、場合によってはいっそう強化されることになる。それが自殺的な「戦争機械」と合体することもありうる。資本による包摂と、精神的国家による包摂が二重に機能し分節されることになる。国家、法、民主主義からなるといわれる〈政治〉を外部から侵蝕し劣化状態に導く最大の脅威は、現代の資本制であるにちがいない。それなら私たちの〈政治〉は、〈資本制〉という外部に包囲され、象徴天皇制という未だ濃厚に宗教的祭祀的な性格をもつ〈内在化した超越性〉という、もうひとつの外部に包囲されている。そして未だ死刑を廃止することができず、凶悪犯を人権の彼方に〈例外〉として閉め出す法的体制がこの国には継続されている。象徴天皇という、固有名をもたない例外的な存在（聖なる人）の対極には、死刑囚というもうひとつの例外者たちがシンメトリックに Homo sacer として存在する（例外性は超越性である）。そのように資本と国家という外部に二重に包摂された私たちにとっても、政治の「劣化」が感じられているとすれば、その意味はフクヤマが問題にする政治の著しい「劣化」とは、かなり異なっている。『国土論』で内田隆三が記した「恐るべき内閉性」という言葉が、いままた耳に響くのである。

内村鑑三の〈ためらい〉
学校・国家・宗教をめぐって

赤江 達也

1 はじめに——起源としての内村鑑三不敬事件

一八九一（明治二四）年、第一高等中学校（後の第一高等学校）で起こった内村鑑三不敬事件は、日本近代の学校教育の初期における最大のスキャンダルである。それは、天皇制国家の儀礼が学校へと浸透しつつ形成されていく過程のごく初期に、キリスト教徒の教師・内村鑑三（一八六一～一九三〇）がその儀礼を信仰ゆえに拒否した出来事として知られている。(1)

だが、この事件には、なにか不透明なところがある。その不透明さは、内村のふるまいの分かりにくさにある。事件後の内村は、自らのふるまいを「拒否」ではなく、「ためらい」という言葉で捉えることに固執している。しかも内村は、後日、お辞儀を「やりなおす」ことにはっきりと同意している。本稿では、内村の「ためらい」と「やりなおし」に注目しつつ、この事件について考察してみたい。

なお、このような考察を行うのは、内村鑑三不敬事件には、いまだ十分に考えられていない側面があると考えるからである。「天皇制国家の儀礼を拒否したキリスト教徒」という評価はきわめて分かりやすいものではあるが、それゆえにかえってこの事件がもつ意義を見えにくくしている可能性がある。ここでは、そのような結論に辿りつく手前で、もう少し内村の言動に寄り添って考えることで、この事件の新たな意義を引き出すことを試みてみたい。

2　事件の語られ方――〈信仰による拒否〉という通説

まず、内村鑑三不敬事件が、戦後日本においてどのように語られてきたのかを概観しておこう。

内村鑑三に対する評価がもっとも高まったのは、おそらく第二次世界大戦における敗戦後の時期である。たとえば、無教会派信徒で旧約聖書学者の関根正雄は、一九四九（昭和二四）年、その著書『無教会キリスト教』のなかで、事件について次のように書いている。

先生は当時第一高等中学校の講師であられたが、明治天皇の御署名入りの教育勅語の拝戴式に於て、命ぜられた勅語への礼拝を身を以て拒否せられたのである。キリスト教に於ては唯一の真《まこと》の神以外を礼拝することを許さず、先生は自らの死を賭してもこの一線を守りぬこうとされたのである。我々は衆人環視の中に一人毅然として屹立し礼拝を拒否せられた瞬間の先生の巨姿を思い浮べ、今尚戦慄を禁じ得ない。（関根　一九四九：六一七）

ここでは、「衆人環視の中に一人毅然として屹立し礼拝を拒否せられた」内村という、きわめて鮮明なイメージが提示されている。このような評価の背景には、戦時期におけるキリスト教への弾圧・抑圧という苦難の経験と、その歴史のなかに「抵抗者・批判者」の系譜を見出そうとする視線の存在が挙げられる。そうした視線には、内村は、日本近代における国家批判や戦争批判（非戦論）の源泉のひとつとして映る。しかも、日本のキリスト教界の大勢が戦時体制に組み込まれていくなかで、内村が創始した無教会派の人びとは、翼賛体制へと組織的に組み込まれることはなかった。内村がとりわけ高く評価された背景には、そのような状況があったと考えられる。

だが、内村鑑三不敬事件をめぐるイメージは、その後の着実な研究によって、より正確なものへと修正されてきた。この事件に関するもっとも詳細な研究書である小沢三郎『内村鑑三不敬事件』では、事件の様子とその意義は、次のように要約されている。

> 内村は謹厳な態度で宸署（教育勅語）の前に進み出たが、信仰にもとづく良心が彼を内側から束縛し、ためらいながら、瞬間的に決断して、宸署（教育勅語）に礼拝的低頭（最敬礼）をせず、チョット頭をさげたのである。決して勇気凛々として一千余人の面前で断行したのではない。ためらいながら、礼拝（礼拝的低頭）を拒否し、チョット頭をさげたのである。しかしこの内村の行動は、天皇神格化あるいは国家至上主義等を否定したことになる。（小沢［一九六一］一九八〇：六七）

ここでは、内村は、傲然として拒否したわけではなく、「ためらい」「チョット頭をさげた」とされている。後で確認するように、内村のふるまいがこのようなものであったということは、内村の回想などからも確かである。ただ、そのような内村のふるまいをどのように解釈するのかという点については、検討の余地が残されている。

右の引用では、内村の「ためらい」の原因としてキリスト教の「信仰」が挙げられている。「信仰にもとづく良心が彼を内側から束縛し」た、というのである。そして、内村が「ためらい」「チョット頭をさげた」という事実を指摘しつつ、「しかしこの内村の行動は、天皇神格化あるいは国家至上主義等を否定したことになる」と結論づける。すなわち、内村のふるまいは曖昧なものに見えるが、しかし実はキリスト教「信仰」にもとづいて天皇制国家を「否定」している、というのである。ここでは、内村がはっきりと拒否したわけではないことが明らかになった後も、そのふるまいに「天皇神格化あるいは国家至上主義等を否定した」という意義が読み込まれている。こうした解釈を〈信仰による拒否〉の仮説と呼んでおこう。先に述べたように、このような解釈は、きわめて一般的なものであり、通説といってよい。

こうした解釈が生じる背景には、戦後日本のキリスト教史をめぐる議論に存在してきたふたつの前提がある。ひとつは、天皇制国家とキリスト教は、原理的（究極的・最終的）には相容れないはずである（対立するはずである）、という前提である。そして、そこから、内村のような真のキリスト教徒であれば、天皇制国家の儀礼を拒否するはずである、というもうひとつの前提が導き出される。

（1）天皇制国家とキリスト教は、原理的には相容れないはずである、という前提［「天皇制国家 vs. キリスト教」という対立の構図］

（2）それゆえ、真にキリスト教信仰をもつ者であるならば、天皇制国家の儀礼を拒否するはずである／べきである、という前提［〈信仰による拒否〉という仮説］

こうした前提は、戦後のキリスト教史・思想史をめぐる議論に広く見られるものである。とりわけ戦時下における苦難の経験をふまえながら、天皇制国家に対する「抵抗と批判」の系譜を探ろうとする問題意識にとっては、これらの前提は自明のものであった。そこでは、戦前期日本における「天皇制国家 vs. キリスト教」という対立の構図をあらかじめ設定したうえで、天皇制国家への「キリスト教信仰にもとづく批判者・抵抗者」の原像を内村鑑三に見出すことがなされてきた。そのような構図のなかで、内村は〈キリスト教信仰によって天皇制国家の儀礼を拒否した〉人物であるはずだ、と考えられてきたのである。

だが、「天皇制国家 vs. キリスト教」という構図における「抵抗者・批判者」という理想化されたイメージを内村に投影することによって、見えにくくなっていることがある。不敬事件における内村のふるまいは、内村自身が認めているように、「断固たる拒否」とはほど遠いものである。また、事件後の内村は、条件つきではあれ、お辞儀をやりなおすことをはっきりと認めている。そもそも、内村は、その生涯を通じて天皇・皇室を否定するような発言を公にしたことがないだけではなく、事件前には天皇・皇室への支持をはっきりと表明している。

ここでとくに確認しておきたいのは、不敬事件前の内村が熱烈な愛国者であり、天皇・皇室の支持者であったという事実である。一八八八（明治二一）年五月、アメリカ留学から帰国した内村は、不敬事件の一年ほど前の一八八九（明治二二）年二月四日に東洋英和学校の天長節・立太子式祝会で講演をしている。その講演を聞いて感動したという山路愛山は、後に、内村を「最も熱心なる愛国者」と呼びつつ、次のように回想している。

明治廿二年の天長節に於て余は麻布の東洋英和学校に於て内村氏の演説を聞きたり。当時彼は其演壇を飾れる菊花を指して曰ひき、此菊花は自然が特に日本を恵みたるものゝ一なり。菊は実に日本に特有する名花なりと。彼れは更に声を揚げて曰く、諸生よ、窓を排して西天に聳ゆる富嶽を見よ。是れ亦天の特に我国に与へたる絶佳の風景なり。されど諸生よ記せよ、日本に於て世界に卓絶したる最も大なる不思議は実に我皇室なり。天壌と共に窮りなき我皇室は実に日本人民が唯一の誇とすべきものなりと。其粛々たる態度と、其誠実を表はして余ある容貌とは深く聴者の心を動かしたりき。（山路［一九〇六］一九六六：一〇〇―一〇一）

その講演において、内村は「日本に於て世界に卓絶したる最も大なる不思議は実に我皇室なり」「天壌と共に窮りなき我皇室は実に日本人民が唯一の誇とすべきものなり」と語ったという。この引用に続けて、山路は、内村のことを「科学者」であり、「泰西の文学」に通じているけれども、「愛国者」にして「勤王の精に焚《も》ゆる」日本人であり、「保守党」である、と評している。

もちろん内村による天皇・皇室への支持は、天皇制国家への支持を意味するわけではない。ただ、この講演から分かるように、少なくとも事件前の内村においては、キリスト教信仰と天皇・皇室への熱烈な支持とが「両立」していたのである。

内村がキリスト教信仰ゆえに天皇制国家を否定したという理解は、昭和前期に「天皇神格化」とキリスト教の弾圧・抑圧を経験した後の人びとが、戦後の地点から内村の行為に読み込んだ解釈として、強い説得力をもってきた。ただ、そこでは、内村においては〈信仰〉とともに〈愛国心〉が重要な意味をもっていた、という事実が見落とされている。

事件前の内村がキリスト教徒であると同時に、愛国者・勤王家・保守党であったということを踏まえるならば、不敬事件は違った様相を帯びて見えてくるはずである。以下では、内村の〈愛国心〉を補助線としながら、事件を見直してみることにしよう。

3　事件とその広がり——教育勅語の発布から「教育と宗教の衝突」論争まで

内村鑑三不敬事件の舞台となる第一高等中学校は、近代国家建設に必要な人材を養成することを目的として、一八八六（明治一九）年に創設されたエリート校である。内村は、アメリカ留学や新潟の北越学館等を経て、一八九〇（明治二三）年九月に第一高等中学校の嘱託教員となっている。その翌年一月には不敬事件が起こっているのであり、着任からわずか四ヶ月後のことである。

内村が着任した時期は、ちょうど天皇制国家の儀礼が形成され、学校へと浸透していく過程にあたっていた。まず、内村が着任する少し前、一八九〇（明治二三）年七月には、第一高等中学校に御真影が下付されている。さらに、同年一〇月三〇日に教育勅語が発布されると、一一月三日の天長節祝賀式において御真影を拝し、「君が代」を三度斉唱し、教育勅語（の謄本）を奉読する儀式が挙行された。このとき、内村が出席していたかどうかは不明である。[2] さらに、同年一二月二五日には、天皇が署名をした（＝御宸署の）教育勅語が第一高等中学校に下付されている。

第一高等中学校に着任した内村は、そこでもすぐに愛国的なキリスト教徒として知られるようになっている。内村の担当は英語と地文だったのだが、英語の教科書として通常用いられる英米の哲学書ではなく、伊藤博文の英文日本憲法義解を使用している。また、国家主義的な傾向をもつ生徒たちと親しく交わり、寄宿寮の担当となるだけでなく、近くの自宅も寄宿生たちに開放していた。その一方で、キリスト教徒の内村が酒を飲まず、謹厳な態度を崩さなかったため、そのキリスト教的な態度に反感を抱く一部の教員や生徒とのあいだに緊張が生じていた。

そうした状況のなか、翌一八九一（明治二四）年一月九日の始業式において内村鑑三不敬事件が起こる。その始業式で「御宸署の勅語」の奉拝式なる儀式が行われることはあらかじめ分かっていた。しかも、そこで何らかの「面倒」が生じることが予想されていたため、内村以外のキリスト教徒の教員二人（中島力造、木村駿吉）は欠席している。ところが、内村はあえて出席するのである。[3] その理由のひとつは、内村に「頼つていた」十数名のキリスト教徒の生徒たちがいたからであった。

当日は「面倒になりそうだ」と分かっていたというのだから、天皇制国家の儀礼とキリスト教のあいだに何らかの葛藤が生じる可能性があることが予期されていたことを示している。教育勅語発布の頃から、天皇制国家の儀礼とキリスト教が「対立」する可能性について、キリスト教徒のあいだでもぼんやりとした不安が存在していたようである。ただ、内村の事件以前には、そうした対立や葛藤はいまだ顕在化しておらず、はっきりと言語化されていたわけではなかった。そうした不安のなかで、内村は、教師のように欠席することができないキリスト教徒の生徒たちのことを考え、彼らの模範となるべく、あえて出席したのだと考えられる。

ところで、先行研究では、内村があらかじめ儀礼を「拒否」することを「意図」していたかのように語られることがある。[4] 確かに内村は、何かが起きることを予期していた。[5] だが、内村がどのような意図をもっていたのかは、はっきりとは分からない。ただ、内村が出席したことから、少なくとも周囲の人びとは、内村が儀礼を行うだろうと考えていたことが推察される。

事件当日の第一高等中学校の倫理講堂に戻ろう。

始業式の出席者は教員六〇人、生徒一二〇〇人であった。儀式では、まず校長代理を務める教頭による勅語の奉読があり、その後五人ずつ勅語にお辞儀（奉拝）をするという儀礼が行われた。最初に進み出た教員たちが、「御宸署の勅語」に深々と最敬礼を行った。内村の順番は、三番目であった。内村は、前の人びとと同じように壇上にあがり、卓上の教育勅語に向かって立つ。そこで内村は、彼自身の表現によれば、「ずいぶんためらった」あげく、「チョット頭を下げた」。

内村は、後に次のように回想している。

いよいよ僕の番が来た時、ずいぶんためらつた。余程オジギしようかと思つた。しかし当時すでに僕に頼つていた学生が十数名居て、ジット僕を見ているのだ。それを思つた時、ドーしてもオジギは出来なかつた。僕はチョット頭を下げた。（内村　一九四九：六一）

その瞬間、まず一部の生徒が非難の声をあげる。それに同調した教師が、すぐさまお辞儀をやりなおすよう要求する。だが、その要求に対して、内村は「お辞儀は何度もする必要はない」と述べて、やりなおしを拒否するのである。

第一高等中学校での騒ぎは、新聞や雑誌での報道によって広く知られるようになる。その過程で、議論はキリスト教徒への非難という性格を帯びていく。天皇制国家とキリスト教は相容れないという非難が語られるのである。他方、そうした非難に対して、キリスト教徒たちもまた果敢に反論を展開していった。

騒ぎが長引くなかで、内村は後日、校長ら周囲の人びとの説得に応じて、お辞儀をやりなおすことを認める。ところが、内村が病気（重度の肺炎）で寝込んでしまったために、キリスト教徒の同僚（木村駿吉）が内村のかわりに拝礼をやりなおす。しかし、それでも騒動はおさまらず、結局、内村とその同僚は教師の職を追われる。さらに、事件の三ヶ月後には、内村を看病していた妻が、同じ肺炎で亡くなる。この事件のなかで、三〇歳の内村は、仕事を失い、妻を亡くし、「不敬漢」の汚名を着せられる。

この不敬事件をめぐっては、二年後にも「教育と宗教の衝突」論争と呼ばれる議論が再燃している。一八九二（明治二五）年一一月、帝国大学教授の井上哲次郎による不敬事件に関する談話が注目を集める。井上は、翌年の一月から二月にかけて『教育時論』誌上に論文を発表し、それをまとめた著書『教育ト宗教ノ衝突』を刊行する。そのなかで、井上は事件について次のように論評している。

……内村氏の所為、決して内村氏の過失にあらず、彼れは堅く耶蘇の教旨を守るものにて我邦の忠臣ならざるべくも、耶蘇の忠臣なるを疑なきなり、内村氏の如くならざる耶蘇教徒は多少其教旨を枉げて我邦の風俗に同化せんとするものなり、（井上　［一八九三］一九八二：九）

これは、内村のような真のキリスト教徒であれば、「不敬」な行為を行うはずであり、そうでないキリスト教徒はその「教旨」を曲げて日本の「風俗」に同化しているに違いない、という嫌味なキリスト教批判であった。それに対して、一八九三（明治二六）年三月、内村は「文学博士井上哲次郎君に呈する公開状」を『教育時論』に発表する。そのなかで、内村は、自分が「敬礼せざりしとは全く虚説に過ぎず」として、校長の説得に応じて「喜んで」お辞儀を「やりなおした」ことを確認し（実際には木村が代拝したのだが）、さらに次のように論じている。

足下の基督教徒が我国に対し不忠にして勅語に対し不敬なるを証明せんとするや、該教徒が儀式上足下の注文に従はざるを以てせられたり、然れども茲に儀式に勝る敬礼の存するあり、即ち勅語の実行是なり、勅語に向て低頭せざると勅語を実行せざると不敬何れか大なる、我聖明なる　天皇陛下は儀式上の拝戴に勝りて実行上の拝戴を嘉し賜ふは余が万々信じて疑はざる所なり。（内村全集二：一二八）

内村は、井上の嫌味な批判に対して、勅語の「敬礼」よりも、勅語の「実行」こそが重要である、と反論する。その立場は、天皇制国家とキリスト教を「対立」的に捉えようとする非難に対して、両者が「両立」しうることを示そうとするものとして理解することができる。

事件後の内村は、各地の教会や学校の職を転々としながら、次第に文筆家として身を立てるようになっていく。一八九三（明治二六）年の『基督信徒の慰』以降、多くの著作を立て続けに刊行し、さらに新聞『萬朝報』の英文欄主筆として広く知られるようになる。そして一九〇〇（明治三三）年には、自らの雑誌『聖書之研究』を創刊し、無教会主義なる立場を唱えはじめる。この『聖書之研究』は、一九三〇（昭和五）年に内村が没するまで刊行され続けることになる。

4　なぜ内村は「ためらった」のか――〈信仰と愛国心によるためらい〉という仮説

この事件での内村は、ひどく揺れ動いている。そもそも欠席することもできたのに、あえて出席している。壇上にあがりながら、「ずいぶんためらった」あげく、「チョット頭を下げ」る。お辞儀のやりなおしを要求されると、それを拒否する。後日、校長からの説得に応じて、お辞儀をやりなおすことを認めるのだが、病気のため同僚が代行する。――ここからみえてくる内村の姿は、〈信仰による拒否〉という一般的なイメージとはかなり違っている。

それでは、内村自身は自らが引き起こした事件について、どのように考えていたのか。

事件から二ヶ月後、内村は、アメリカ人の友人に宛てた手紙のなかで、次のように書いている。[6]

お辞儀は礼拝を意味せず、との見解は私自身多年自ら許し来つたところであり、かたや日本ではしばしば、アメリカでいう、帽子をぬぐ、という程の意味で用いられており、あの瞬間私にお辞儀をいなませたのは拒否ではなく実はためらいと良心のとがめだったのですから、今校長がそれを、礼拝にあらず、と保障する以上、私のためらいは消え、そんな儀式はばかばかしいものとは知りながらも、学校のため、また校長のため、また私の生徒らのため、お辞儀をすることに同意しました。（内村全集三六：三三三、内村　一九四九：五七）

内村は、自分はお辞儀（bow）を「拒否（refusal）」したわけではなく、「ためらい（hesitation）」と「良心のとがめ（conscientious scruples）」ゆえに、結果としてお辞儀ができなかったのだという。内村自身は教育勅語へのお辞儀は必ずしも「礼拝」を意味しないと考えており、しかも後日、校長が「礼拝」ではないと保障すると、お辞儀をやりなおすことに同意している（実際には、同僚の木村駿吉が代わりに拝礼を行う）。

ところが、こうした内村の立場は、世間の人びとからも、キリスト教徒たちからも誤解されてしまう。内村は同じ手紙のなかで次のように不満を漏らしている。

> 世間の人びとは、私が結局お辞儀することに同意した事実は確かめもせずに、たゞ私の当初のためらいを目して断固たる拒否と見なします。一方長老教会の人びとは、自分ではお辞儀をするも差支えなしとしながら、私が政府の権威に屈服した——と憐れむべき彼ら狭量の聖徒らは考えます——事に向つて軽侮の言葉をあびせかけて来ます。（内村全集三六：三三四、内村　一九四九：五八）

内村によれば、世間の人びとは、自分の「ためらい（hesitation）」を「断固たる拒否（determined refusal）」だと見なしている。その一方で、長老教会のキリスト教徒たちは、内村がお辞儀の「やりなおし」を認めたことを指して「政府の権威に屈服した」と嘲笑する。だが、内村は、そのどちらもが誤解だと考えている。いずれも、内村が直面した困難を理解していないからである。

なぜ内村はお辞儀ができなかったのか。それは、奉拝式の冒頭で、教頭が「教育勅語に向て礼拝的低頭を為せよ」と命じたからである（内村全集一六：五〇九）。始業式の当日、校長は欠席しており、教頭が校長代理を務めていた。その教頭が、儀礼の直前に「礼拝的低頭」を命じたことで、内村は、お辞儀をすることができなくなってしまう。

> この奇妙な儀式は校長〔代理の教頭〕の新案になるもので、従つて私はこれに処すべき心構えを全く欠いていました。しかも私は第三番目に壇上に昇つて拝礼せねばならなかつたため、ほとんど考慮をめぐらす暇もなく、内心ためらいながらも、自分のキリスト教的良心のために無難な途をとり、列席の六十人の教授（凡て未信者、

私以外の二人のクリスチャンの教授は欠席）及び一千人以上の生徒の注視をあびつゝ、自分の立場に立つてお辞儀をしませんでした！（内村全集三六：三三一―三三二、内村　一九四九：五五）

ここで内村が「心構えを全く欠いて」いた、あるいは「ほとんど考慮をめぐらす暇も」なかった、というのは、「教育勅語に向て礼拝的低頭を為せよ」という教頭の発言のことを指している。内村と教頭はそれ以前から折り合いが悪かったようであり、そのことを考慮するならば、教頭による発言は、明らかにキリスト教徒の教師・内村に対する「嫌がらせ」であった。少なくとも、教頭は、「礼拝的低頭」をするように要求すれば、キリスト教徒の内村がそれを行うことが難しくなることを理解した上で、そのように命じたと考えられる。

しかも、内村は、キリスト教徒の生徒たちに模範を示す必要があった。内村に「頼つていた」十数名のキリスト教徒の生徒たちが「ジット」内村を見ていたからである。

内村は、愛国者・勤皇家・保守党としてはお辞儀をしないわけにはいかない。しかし、キリスト教徒としては、「礼拝的低頭」を行うわけにはいかない。これが、愛国的キリスト教徒としての内村が直面した困難であった。それゆえ、不敬事件における内村のふるまいを〈信仰による拒否〉と捉えるのは、正確なものとは言い難い。それは、いわば〈信仰と愛国心によるためらい〉だったのである。

重要なのは、お辞儀（拝礼）の意味づけが、教頭の発言に依存しているということである。換言すれば、内村は自らの判断によって、お辞儀の意味を決めることはできなかった。つまり、内村が直面していたのは、内面的な信仰だけの問題ではなく、「御宸署の勅語」へのお辞儀に対する社会的な意味づけの問題だったのである。

とりわけ、内村の場合に重要なのは、それが、キリスト教徒による不敬事件のなかでも最初の出来事であったということである。内村は、その儀式の場でどのようなことが要求されるのか、はっきりとは分かっていなかった。また、何をすればどのような問題だと見なされるのか、何が「不敬」であるのかといったことは、いまだ不明確であった。(7) そして実際には、儀式の現場において、教頭の発言によって、突如「礼拝的低頭」をしなければならない、というルールが提示されたのである。その発言によって、その場ではたんにお辞儀をする（「敬礼」する）だけでは不十分であり、「礼拝的低頭」をしなければならないということになる。そのことが、内村をためらわせたのである。

先に述べたように、内村が儀式の前にどうするつもりだったのかを知ることは難しい。内村は「御宸署の勅語」へのお辞儀をするつもりだったのか、拒否するつもりだったのか。このような内村の「意図」をめぐる問いに、はっきりと答えることはできない。内村は、第一高等中学校において、熱烈なキリスト教徒であると同時に過激な愛国主義者として知られていたのであり、あえてお辞儀をするつもりであった可能性も否定できない。とはいえ、事件での「ためらい」やその後の発言をみる限り、内村自身もどうするつもりなのか分かっていなかったという可能性がもっともありそうにも思われる。

確かなことは、内村は、壇上にあがってもなお、自分がお辞儀をすべきなのか、するべきではないのかを決断できなかった、ということである。内村は、「最敬礼」（「礼拝的低頭」）をすることもできず、それを「拒否」することもできなかったのである。

それゆえ、先行研究の多くが〈信仰による拒否〉という解釈に立ち、内村の「決断」を強調していることには、やはり問題がある。たとえば、小沢三郎は「信仰にもとづく良心が彼を内側から束縛し、ためらいながら、瞬間的に決断して、宸署（教育勅語）に礼拝的低頭（最敬礼）をせず、チョット頭をさげた」とする（小沢［一九六一］一九八〇：六七）。また、大河原礼三は、「内村が敢えて最敬礼をしない決断をした」という（大河原編 一九九一：一三）。そして、鈴木範久は、内村が「教育勅語に記された天皇の親署を、神として絶対視することになるとみて拒絶した」という（鈴木 一九九三a：一〇二）。

これらの解釈では、内村が「瞬間的に決断」し、「拒絶」したことが強調される。だが、内村は、お辞儀をするかしないかを決断できなかったがゆえに、「ためらい」「チョット頭を下げた」のである。内村が「拒否」ではなく「ためらい」という表現にこだわったのは、愛国的キリスト教徒である自分がお辞儀をするべきか、するべきではないのかが分からなかったからなのである。

内村は、事件の後も、自分が「ためらった」ことの意味を考え続けている。その「ためらい」は、内村だけのものではない。その後、五〇年以上にわたって日本中の学校で同様の儀式が行われていく。そのなかには、キリスト教徒かどうかにかかわらず、「ためらい」を感じる人びとが、少なからず含まれていたはずである。内村の「ためらい」は、そのような無名の人びとの、ありふれた苦難の経験の、最初のひとつなのである。

不敬事件における内村のふるまいは、これまで〈信仰による拒否〉として理解されてきた。だが、そのような解釈は、事態を正確に捉えているとは言い難い。そこで起こったのは、〈信仰による拒否〉ではなく、〈信仰と愛国心によるためらい〉であった。そして、その〈ためらい〉こそが、その後五〇年間続いていく苦難の歴史を正確に捉えているのである。

5　お辞儀の「やりなおし」をめぐって——学校の儀式とキリスト教徒たち

内村の「ためらい」と並んでもうひとつ重要なのは、内村は後日、お辞儀（bow）が「崇拝・礼拝（worship）」ではないことを校長に確認した上で、やりなおすことに同意している、ということである（内村全集二：一二七―一二八、内村全集三六：三三三、内村　一九四九：五七）。

内村が「ためらった」のは、教頭による「教育勅語に向て礼拝的低頭を為せよ」という発言のためであった。それゆえ、校長によってそれが「崇拝・礼拝」ではないと保証されるのであれば、お辞儀をすること（やりなおすこと）には問題はないということになる。

先行研究では、儀式におけるお辞儀の深さが問題とされてきた（鈴木　一九九三a：一〇三）。そうした場合には決まって、内村は「敬礼」は認めたとしても、「最敬礼」については「拒否」したと解釈されてきた。だが、内村が後日「やりなおし」を認めたのは、「最敬礼」のことであると考えざるを得ない。実際には、同僚の木村駿吉が内村に代わって拝礼をやりなおすことになるわけだが、そのお辞儀は、内村が当初行うことができなかった「最敬礼」でなければならなかっただろう。

内村は、この「やりなおし」への同意だけではなく、その後も天皇制国家においてキリスト教徒が「不敬」として排除されることがないように努力している。その立場は、先に触れたように、井上哲次郎への反論において、勅語の「敬礼」ではなく、勅語の「実行」こそが重要である、と述べていたことにも見て取ることができる。事件後の内村は、天皇制国家とキリスト教を「両立」させることの困難に直面しており、その上でなお、両者が「両立」しうるようなかたちで論陣を張っている。

その当時のキリスト教徒たちは、新たに形成されつつあった天皇制国家の儀礼に対して果敢に批判している。だが、そうした批判者たちにとっても、そうした儀礼をまったく「拒否」するということは、きわめて困難であった。たとえば、当時のキリスト教指導者たち、押川方義、植村正久、三並良、丸山通一、巖本善治による共同声明「敢て世の識者に告白す」では、次のようにいわれる。

皇上は神なり。之に向つて宗教的礼拝を為すへしと云はゞ是れ人の良心を束縛し、奉教の自由を奪はんとするものなり。帝国憲法を蹂躙するものなり〔。〕吾輩死を以て、之に抗せざるを得す。然れども影像を敬し、宸筆に礼するは、必らすしも如上の意味合にては非るべし。蓋し政治上人君に対するの礼儀として之を為すことなるべし。果して然らば是れ宗教上の問題に非ず。教育社交政治上得失利弊の一問題なるのみ。（『郵便報知新聞』一八九一（明治二四）年二月二一日）

ここで「宗教的礼拝」であれば「死を以て、之に抗せざるを得」ないと述べられているように、この共同声明では、天皇制国家の儀礼から「宗教的の臭味」を除去することが強く要求される。しかし同時に、引用の後半では、そうした儀礼は「礼儀」の問題にすぎないのだから、お辞儀をすることには問題はない、という現実的な解決策が提示されている。

こうしたキリスト教徒たちの主張を見るとき、一八九〇年代初頭において、彼らが受けていた社会的圧力がどれほど強いものであったのかということを考えざるをえない。天皇・皇室に纏わる儀式の場において、お辞儀をしないという選択をすることは、キリスト教会の公式の立場としては、ほとんどありえないものであった。

その一方で、キリスト教徒であれば、御真影や教育勅語への拝礼を行うことができないはずだ、という言説が語られるようになっていく。このような議論は、たとえば、教頭の発言や井上哲次郎の批判がそうであったように、キリスト教徒を非難する側（国体論者や仏教徒ら）によって、いわば「嫌がらせ」や「言いがかり」として語られたものであった。(8) そうしたキリスト教への非難は、「教育と宗教の衝突」論争の時期までには、すでにひとつの定型となっていた。

だが、それと同時に、天皇制国家の儀礼は「宗教的礼拝」ではなく、「道徳教育」であるという解釈が一般化していく。一八九〇年代には、神社祭祀もまた「宗教ではない」ものとする「神社非宗教論」が形成されていった（山口 一九九九）。それゆえ、キリスト教徒が天皇制国家の儀礼を行うことについても、少なくとも表面上は問題がないことになる。天皇制国家の儀礼が他の宗教信仰と抵触する可能性がなくなったわけではない。にもかかわらず、それは「宗教」ではなく「道徳」なのだから、キリスト教徒もまたお辞儀をすることはできるはずだ、ということになるのである。

もちろんキリスト教徒による不敬事件がなかったわけではない。明治期の不敬事件を広範囲にわたって調査した小股憲明によれば、一八八九（明治二二）年の帝国憲法発布から一八九五（明治二八）年の日清戦争終了時までの時期に生じた不敬事件は五三件であり、そのうちキリスト教徒が関わった事件は一九件であった。だが、そのほとんどは虚報や悪意に満ちた中傷だったのであり、つまりはキリスト教批判の言説によって生み出されたものであった（小股 二〇一〇：二七八、二八〇）。

逆にいえば、内村の事件以降、学校に関わるほとんどすべてのキリスト教徒が、儀式に出席し、拝礼を行っていったのである。小股は、高等学校には、外国人および日本人のキリスト教徒の教師が少なからず存在していたにもかかわらず、彼らによる不敬事件がその後起こっていないという事実を指摘しつつ、次のように論じている。

> ……明治期の高等中学校・高等学校には多数の外国人教師がおり、そのほとんどがキリスト教徒であったが、式日のたびに不敬事件の山が積み重ねられていったという事実はない。……もし外国人教師は出席しなかったのだとしても、高等学校の日本人教師にも多数のキリスト教徒がいたのであり、彼らには当然式日の出席義務がある。にもかかわらず、内村鑑三の例を除いて、彼らが式日に不敬事件を起こしたという例を知らない。／これは、内村鑑三が宸署の教育勅語への拝礼を、宗教的礼拝でなく、社会儀礼上の行為と解して、後日拝礼を行った（ただし本人病気のため、木村駿吉による代拝）時点で、その考え方が、当時のキリスト教徒に広く受容された結果であったといえよう。（小股　二〇一〇：七八）

小股は、内村鑑三不敬事件以後、高等学校において教師による不敬事件が起こらなかったのは、お辞儀を行う（やりなおす）という内村の判断が広く受容された結果である、という。内村が後日「やりなおし」に同意した際にとった解釈、すなわち拝礼は「宗教的礼拝」ではなく「社会儀礼上の行為」であるという解釈が一般化したというのである。

とすれば、内村によるお辞儀の「やりなおし」への同意は、キリスト教徒がそうした儀式の場においてお辞儀をしていくことになる、その端緒であるということになる。内村鑑三不敬事件は、天皇制国家の儀礼における〈ためらい〉の起源であると同時に、キリスト教徒が天皇制国家の儀礼を行っていくことの起源なのである。

内村が後日お辞儀の〈やりなおし〉を認めたことは、〈信仰による拒否〉という解釈からは逸脱する要素である。だが、この〈やりなおし〉への同意が事件を収束させていったのであり、同時に、その後のキリスト教徒たちにとってのモデルとなるものであった。それゆえ、この〈やりなおし〉への同意を無視しては、この事件の意義を理解することはできないのである。

6　おわりに――〈ためらい〉と〈やりなおし〉が意味すること

内村鑑三は、キリスト教信仰にもとづいて天皇制国家の儀礼を拒否した人物として語られてきた。だが、内村のふるまいには、〈信仰による拒否〉という要約には収まりきらない要素が含まれている。すなわち、檀上での〈ためらい〉であり、その後の〈やりなおし〉への同意である。これらふたつの点から、内村鑑三不敬事件の意義を捉えなおすことができる。

まず、〈ためらい〉について。キリスト教徒としての内村は、教頭による「礼拝的低頭を為せよ」という発言によって、お辞儀をすることができなくなってしまう。だが、それにもかかわらず、内村は「チョット頭を下げ」る。つまり、内村は、檀上においてお辞儀をするべきかどうかを決断することができなかったのである。内村が、自分のふるまいを「拒否」ではなく「ためらい」という言葉で捉えることにこだわったのは、お辞儀をするべきかどうか分からなかったからなのである。

だが、その分からなさは、内村だけのものではない。たとえ天皇制国家の儀礼が「道徳教育」と意味づけられ、その宗教性が表面的には否認されたとしても、そこには絶えず疑念や不安が付きまとい続ける。[9] 戦前期の日本には、キリスト教徒であるかどうかにかかわらず、そのような疑念や不安にさらされ、〈ためらい〉ながら、儀礼を行う人びとがいたはずである。内村の〈ためらい〉は、天皇制国家の儀礼をめぐるそうした疑念や不安を顕在化した最初の出来事であった。これが、〈信仰による拒否〉という要約によっては見落とされてしまう意義のひとつである。

次に、〈やりなおし〉について。内村は、後日、校長が「御宸署の勅語」への拝礼は「崇拝・礼拝」ではないと保証すると、お辞儀の〈やりなおし〉に同意している（実際には同僚の木村が代拝する）。その儀礼を「崇拝・礼拝」ではなく「社会儀礼上の行為」と見なすことによって、お辞儀をすることを認めるのである。

事件前の内村にとっては、天皇・皇室への支持とキリスト教信仰とは「両立」しうるものであった。にもかかわらず、内村は儀式の場において〈ためらった〉ことで、天皇制国家とキリスト教のあいだの潜在的かつ原理的な「対立」を露呈させてしまう。それゆえに、内村はお辞儀の〈やりなおし〉を認めることで、天皇制国家とキリスト教をなんとか調停し、「両立」させようとしたと考えられる。

内村の事件以降、天皇制国家の儀礼は「宗教」ではなく「社会儀礼」であると見なされ、キリスト教徒も儀礼を行っていく。その意味において、内村の〈やりなおし〉は、キリスト教徒が天皇制国家の儀式を行っていくことの起源であった。これが、〈信仰による拒否〉という要約によっては捉えられない、もうひとつの意義である。

本稿では、内村鑑三不敬事件をめぐって、〈信仰による拒否〉という通説とは異なる解釈を提示することを試みた。とはいえ、このような理解を提示することで、内村が「抵抗者・批判者」ではなく、「順応者」にすぎないと言いたいわけではない。そうではなく、内村の前には、その時代と状況に固有の困難が存在していたのであり、そこで内村がどのような選択をしたのか、それがどのような意義をもっていたのかを理解したいのである。そうした考察を抜きにして、一挙に〈信仰による拒否〉という結論へと到達してしまうならば、そこで起こっていた葛藤や困難が見えなくなってしまう。

内村鑑三を理想化するのではなく、彼が直面していた困難を理解し、その行為の意味を理解すること。それは、私たちが置かれている現在の状況を考えることとも繋がっているはずである。

注

(1) 内村鑑三不敬事件に関する研究はきわめて多いが、ここではとくに小沢三郎（[一九六一] 一九八〇）、大河原礼三編（一九九一）、鈴木範久（一九九三a、一九九三b）を挙げておく。また、明治期の不敬事件一般に関する研究として、小股憲明（二〇一〇）を参照。なお私自身の解釈については、拙稿（二〇一三：第一章第一節、二〇一四）を参照。本稿では、それらの議論を踏まえつつ、より積極的な解釈を提示することを試みている。

(2) このとき内村が欠席したという記録はない。また、何らかの問題が生じたという記録もない。したがって、もし内村が出席していたとすれば、拝礼等の儀礼を行った可能性が高い。

（3）「面倒になりそうだという事は前から分つていたので、クリスチャンの同僚（中島力造、木村駿吉）は当日ワザと休んでしまつた。僕も休もうかと思つたが、出来なかつた」（内村　一九四九：六一）。これは、不敬事件から二〇年以上後に内村が語った言葉を、山本泰次郎が再現・再構成したものである。

（4）鈴木範久は、「内村が、当日、決然と「礼拝的低頭」をしないつもりで臨んだのか、手紙で記しているようにとっさの行動であったのかは明らかでない」と述べる一方で、「内村は「良心」にしたがって「神祇」に対する「奉拝」とみられることを拒むつもりであった」と述べている（鈴木　一九九三a：九五、一〇六）。

（5）内村は、事件の前日付けで友人の宮部金吾に英文の手紙を書き、札幌独立教会から脱退することを告げている（内村全集三六：三二九－三三一）。その手紙からは、内村が何らかの困難を予期しており、同教会を巻き込むことを避けようとしたことが窺える。ただ、脱退の理由は記されていないため、その困難の理由が、お辞儀を拒否することによるものなのか、お辞儀をあえて行うことによるものなのかは、この手紙からは明らかではない。

（6）内村鑑三によるベル宛の英文書簡（一八九一年三月六日、一四日付）（内村全集三六：三三一－三三六）。ここでは、山本泰次郎の翻訳（内村　一九四九：五四－六二）をもとに一部改訳した。

（7）不敬事件の多くは刑法上の「不敬罪」ではなく、それを「不敬」であるとする非難・攻撃によって生じたものであった。そのため、不敬の基準は曖昧かつ恣意的であった。「ある行為を誰かが不敬と認めて攻撃を始めると、それだけで十分に不敬事件となりうる。御真影に拝礼するさいの体の曲げ方が他者と比べて十分でなかった、御真影の取り扱いが粗略に見えた、あるいは従来は不敬とされなかったことでもそれを不敬視するものが現れた、といったことで不敬事件となるのである」（小股　二〇一〇：七六）。

（8）皮肉なことに、こうした言説は、その論理において、戦後のキリスト教史における前提と共通している。すなわち、「天皇制国家vs.キリスト教」という対立の構図を前提する立場は、結果的に、一八九〇年代に内村やキリスト教徒を非難した側とよく似たものとなっている。この点について、小股憲明は次のように指摘している。「……キリスト教徒であればすべて御真影への拝礼を行いえなかったはずだと即断するのは、ちょうど、明治二五～二六年の宗教と教育の衝突論争の時期に、仏教勢力などがキリスト教徒はおしなべて不敬漢であるかのごとくいいなしたのと同じように、誤った見方であるといわねばならない」（小股　二〇一〇：七八）。

（9）そうした疑念や不安については、すでにキリスト教徒指導者たちの共同声明「敢て世の識者に告白す」において次のような「疑惑」が記されている。「基督教徒に在りて、往々此の事に就き疑惑を抱けるものありて、時に物議を生したることなきにあらず。是れまた其の故なきにしもあらざるなり」、「従来基督教徒間には是等の疑惑あり。故に皇上の影像に礼するが如き事あるに臨み、神官の配布する神符の如き心地し、何となく宗教の臭味あるが如く覚えて、これに躊躇したるも、また全く其故なきには非るなり」(『郵便報知新聞』一八九一(明治二四)年二月二一日)。

参考文献

赤江達也　二〇一三『「紙上の教会」と日本近代――無教会キリスト教の歴史社会学』岩波書店。
赤江達也　二〇一四「内村鑑三のためらい」『三田文學』一一六号。
井上哲次郎　[一八九三]一九八二『教育ト宗教ノ衝突』敬業社(鈴木範久編『宗教教育衝突論史料(全四冊)』飯塚書房)。
大河原礼三編　一九九一『内村鑑三と不敬事件史』木鐸社。
小股憲明　二〇一〇『明治期における不敬事件の研究』思文閣出版。
小沢三郎　[一九六一]一九八〇『内村鑑三不敬事件』(日本キリスト教史双書)新教出版社。
関根正雄　一九四九『無教会キリスト教』(アテネ文庫)弘文堂。
鈴木範久　一九九三a、一九九三b『内村鑑三日録 1888 ~ 1891 一高不敬事件(上・下)』教文館。
鈴木範久編　一九八二『宗教教育衝突論史料(全四冊)』飯塚書房。
内村鑑三　山本泰次郎訳　一九四九『内村鑑三ベルにおくつた自叙傳的書翰』新教出版社。
内村鑑三　一九八〇―一九八四『内村鑑三全集(全四〇巻)』岩波書店。
山口輝臣　一九九九『明治国家と宗教』東京大学出版会。
山路愛山　[一九〇六]一九六六『基督教評論・日本人民史』(岩波文庫)岩波書店。

日本が文化に目覚めるとき

文化概念の知識社会学

市野川 容孝

1　文化概念の知識社会学

東京大学教養学部の後期課程（三・四年生）で、一九九九年から担当してきた「文化の社会科学」という講義を、私は毎年、出席者一人一人に「文化と聞いて、すぐに何を思い浮かべますか」と尋ねることから始めている。出てくる答えは、芸術、建築、暮らし、風習、伝統、言語、宗教、ファッション、食、地方、国民、教養、等と、当然ながら、実にさまざまなのだが、そこでまず確認させられるのは、答えとしてあげられるこれらのもののうち、私が「それは文化ではない」とか「文化とは関係ない」と断言できるものは、何一つない、ということである。もし、「すべてが文化である（あるいは、文化と関係している）」と認めるところから出発せざるをえないとするなら、人は文化について何をどのように考えればよいのか。

一つの道は、たとえば佐藤健二・吉見俊哉編『文化の社会学』（有斐閣、二〇〇七年）がそうしているように、すべては文化だと言って終わるのではなく、住居（同書、第三章）、ファッション（第四章）、音楽（第五章）、テレビＣＭ（第六章）、マンガ同人誌（第七章）、ネット文化（第八章）、風景（第九章）などを、文化として一つ一つ具体的に例示しながら、それらを考察するというものである。

もう一つの道は、同じく佐藤と吉見が文化の社会学の一つの指針として提示している、対象が何であれ、それを

「文化と意味づける、われわれの実践それ自体を問題にすること」（同書、一〇頁）、私なりに言いかえるなら、文化という概念とそれが可能にしたり、あるいは逆に遠ざけたりする実践や志向を知識社会学的に問うことである。

文化概念の知識社会学の試みとしては、たとえばニクラス・ルーマンの考察「歴史的概念としての文化」がある。(1)ルーマンもまた、文化とそうでないものの弁別不可能性の確認から始める。「文化を、ある特定の、弁別可能な一群の対象物として、あるいは他の対象物や領域と区別しうる世界の一存在領域として定義しようとするなら、「文化という」概念の範囲は曖昧に広がり、学術的概念に求められる簡潔明瞭さは逆に遠のいてゆく」(2)。対象物の次元で、文化とそうでないものを区別しようとしても無駄である。すべての対象物が文化となりうる。

しかし、それは、文化という概念が、何の差異化もなしえず、それゆえ定義も不能ということではない。ルーマンは、問題を一階の観察から二階の観察に移行させながら、文化を定義する。つまり、何を文化として観察するかではなく、文化という概念によって、どのような観察が可能になるか、と問うのである。ルーマンによれば、文化という概念によって人は、対象を必然的なものとしてではなく、偶有的なもの（他でもありうるもの）として認識する。「文化という概念」は「そう名指されるものすべて、そして自分自身をも偶有的《コンティンゲント》なものとして観察する。……およそ他の形式、他の可能性に目が向けられるときは、常に文化が生まれる。そうであるがゆえに、文化は生まれながらにして、偶有性という欠陥に悩まされるのである」(3)。

そして、もう一点、ルーマンは文化を歴史的概念として、つまり近代社会に固有の概念として理解する。「文化というゼマンティクは、コミュニケーションの対象となりうるものすべてに、偶有性という覆いをかぶせる。それは、必然性を帯びた意味の一切から対象を解放する。文化が近代社会において初めて可能になる理由もそこにある。近代社会は、自らを構造的に偶有的なものとして反省する最初の社会、また、そのようにしか反省できない社会である」(4)。

本稿もまた、文化の例示ではなく、文化という言葉それ自体にそなわる認識枠組を問う形で考察を進めてゆきたい。フッサールの言葉を借用するなら、ノエマとしての文化（文化として認識される対象）ではなく、ノエシスとしての文化（文化という言葉で可能になる認識様式）を問うということだが、留意すべきは、第一に、このノエシスとしての文化それ自身の偶有性である。ルーマンが言うように、文化という概念は、そう名指される対象のみならず、それ自身を他でもありうるものたらしめる。つまり、文化という言葉の意味がさまざまに変わりうるのであり、そういう変化は日本語でもはっきり確認できる。

第二に、そのような言葉の変化が、いかなる社会状況と相関しているかを問う必要がある。その社会状況の中で人びとは、文化という言葉とともにさまざまな実践を志向したり、あるいは逆に遠ざけたりする。言語にはそれ独自の厚みがあり、それをかつての一部のマルクス主義者のように、乱暴に下部構造等に還元することはできない。だが、言語は真空中に存在するものでもない。言語には、その言語を用いて生きる人間が付着し、その人間にはさらに、その人間たちによって生きられる社会が付着する。言語と人間と社会のそのような重層的連なりを見失うべきではないだろう。

2　二つの文化概念

まずは、文化の概念史的考察から始めたい。[5]

一九四〇年に東京高等商船学校でおこなった講演「海上文化」を、柳田國男は次のように始めている。

> 久しい間日本では東洋の英国といったような外国を標準にした言葉をよく使い、そうして恰も文化というものは一つの線の上を稍々遅れ先だって追い掛けて行くような、一つしか進んで行く道筋が無いように考え勝ちであったが、近来では東洋の英国といったような言葉を使うことを許さないのみか、何か別に行かなければならぬ道を求めるという傾向を生じている。……もしも我々が想像しているように、文化の展開ぶりには幾筋も道があって、現に今日まで取って来た道筋が違っているごとく、将来発展して行く行き方もまだ幾通りもあるのだということが証明しうるならば、人生はもう少し朗らかに、明かになり得るのであった。そういう心持を

根に持って、今日は諸君とともに日本の文化には特徴があるか、もしあるならば、どういう所にあるかということを御話してみたい。(『定本　柳田國男集』筑摩書房、第一巻、五一五頁、傍点引用者)

柳田はこの講演でも「今日の大和民族はもと南の方から来た」「その南から来た仲間を少しずつ、途中の島に残しながらこっちへ上がって来た」という持論を展開し(同書、五二三頁)、それにそって「日本の文化」を論じているのだが、私が注目したいのは、そこではない。柳田が提示している二つの異なる文化概念が、ここでは重要である。すなわち、文化を「一つの線の上を稍々遅れ先だって追い掛けて行くような」ものと考える文化概念と、他方、「文化の展開ぶりには幾筋も道がある」と考える文化概念である。

柳田とその民俗学が後者の文化概念に立脚していることは明らかだが、この文化概念は、柳田がゼロから創造したものではない。柳田自身の知的歩みに即せば、ほぼ間違いなく、前者の文化概念はE・B・タイラー(一八三二―一九一七)に由来し、後者は文化相対主義で知られるF・ボアズ(一八五八―一九四二)に由来すると言うことができる。

前者のタイラーが『原始文化』(一八七一年)で提示した文化概念、すなわち「広義の民族学的概念としての文化《カルチュア》ないし文明《シヴィリゼイション》とは、当該社会の構成員として人間が身につける、知識、信念、芸術、道徳、法、習慣、その他すべての能力ならびに慣習を包含する複合的全体である」という定義は、[6]これに該当しないものを見つける方がよっぽど難しい非常に広漠としたものだが、タイラーの文化概念は、この定義に続けて彼が述べていることをふまえないかぎり、正確には理解できない。

タイラーは続けて言う。「それに沿って、文明《シヴィリゼイション》の進歩や退歩の度合いを測ることのできる明確な線のようなものを考えてみるならば、われわれはそれを、現存する、あるいは過去に存在した諸種族や諸国民の分類のうちに最も良く見出すことができるかもしれない。……実際、ヨーロッパやアメリカといった教養の高い《エジュケイテッド》世界の人びとは、自分たちの国を諸社会の系列の一方に置き、野蛮《サヴィッジ》な諸種族をその対極に置き、そして、その他の人類を、それが野蛮に近いか、それとも文化的《カルチュアド》生活に近いかに応じて、これらの両極のあいだのどこかに配置しながら、ある基準を設けている。……オーストラリア人（先住民）、タヒチ人、アズテク人、中国人、イタリア人——これらの諸人種は、文化《カルチュア》の秩序からすれば、この順番で正しく並べられているということに異議を唱える人は、まずいないだろう。……世界の物理諸法則に関する知識と、その知識がもたらす自然を人間自身の諸目的に適合させる力は、野蛮人《サヴィッジズ》においては最も低く、半開人《バーバリアンズ》では中ぐらいで、近代的な教養の高い《エジュケイテッド》諸国民では最も高い」(7)。

野蛮（savagery）、半開（barbarism）、文明（civilization）という一九世紀の欧米で繰り返され、日本でも福沢諭吉が『文明論之概略』（一八七五年）で用いる発展段階区分がここにも見られるわけだが、タイラーの文化概念の特徴は、第一に、それが文明と全く区別されていない点である。

しかし、それ以上に興味深いのは、第二に、タイラーの文化概念が論理階梯の取り違えの上に成立している点である。どういうことか。『原始文化』の冒頭の、「当該社会の構成員として人間が身につける、知識、信念、芸術、道徳、法、習慣、その他すべての能力ならびに慣習を包含する複合的全体」という定義からすれば、タイラーの言う文化（文明）は野蛮や半開にも存在することになる。しかし、タイラーは同時に、文化（文明）を野蛮や半開から区別すべきものとも考えているのである。それは、白、黒、赤に共通する一段高い「色」という概念を、たとえば「赤」と間違えて呼んでいるのに等しい。

だが、野蛮、半開、文明が、柳田國男が評したように「一つの線」の上に乗っており、野蛮や半開は文明を「追い掛けて」いると考えるならば、また「一つしか進んで行く道筋が無い」と考えるならば、この取り違えも奇妙ではなくなる。今はまだ野蛮や半開であるものも、やがて必ず文化（文明）になるのだから、野蛮や半開をいわば前もって文化（文明）と呼んで差し支えない（ただし、その逆はありえない）というわけだ。

『青年と学問』（一九二八年）に収録された講演「Ethnology とは何か」（一九二六年）で、柳田はタイラーの人類学について、その核心は「人の生存方法とこれを導くところの心意性情には、彼と我と共通の点ばかりで、ただたんに千何百年ほど前に今の文明国人がしていたことを、いわゆる未開人は今遣っているという差あるのみ」とし、人類は「同じ一つの大道の上を、おくれ先だって歩んでいるのかも知れない」と考えたところにあるとしつつ、だが、そうすると「白人は永久の先輩ということ」になってしまうと述べている（『定本　柳田國男集』筑摩書房、第二十五巻、二三七頁）。

柳田がふれている、もう一つの文化概念に移ろう。それは、柳田も面識のあったF・ボアズのものだが、ボアズがドイツ・ロマン主義の影響の下、文化相対主義を提唱するようになったことは、よく知られている。中でもJ・G・ヘルダー（一七四四－一八〇三）の文化概念は、ボアズの文化相対主義のまさに原型と言ってよい。ヘルダーは未完の『人類歴史哲学考』（一七八四－九一年）で次のように述べているが、それは柳田の右の言葉とも大きく重なり合う。

> 歩行において、われわれは右に行こうが、左に行こうが、その一歩によって確実に前に進む。それと同じように、人類ならびに諸民族全体の文化《クルトウア》も進歩するのである。(8)

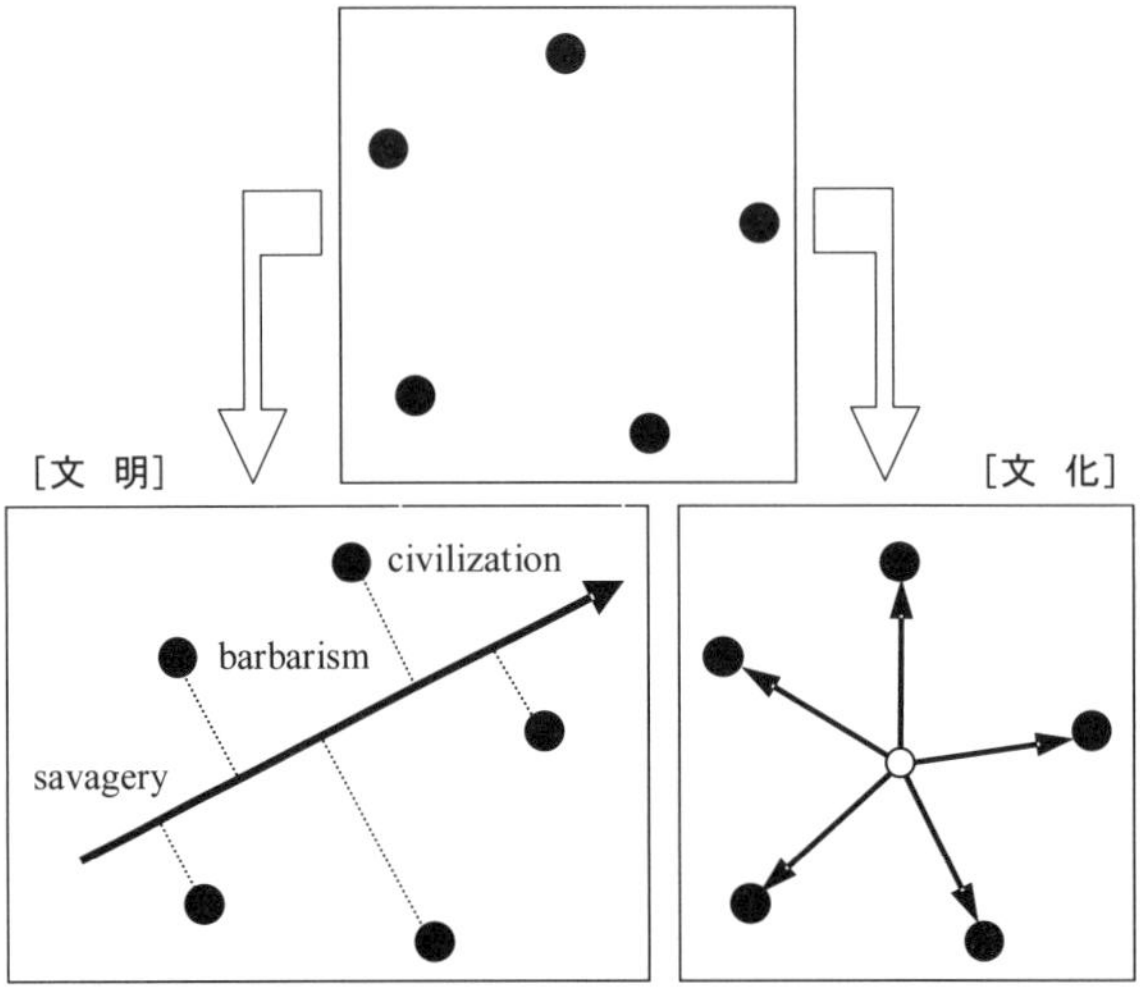

【図１】

ヘルダーにとって文化は、常にすでに多元的なものなので、たとえば「多文化主義」という現代の言葉も、彼にとっては「白い白鳥」のような冗語に聞こえただろう。

二つの文化概念は、どう違うのか。まず、ここでは、タイラーの文化概念を彼が文化と同一視した「文明」と、他方、ヘルダーとボアズの文化概念を狭義の「文化」とそれぞれ呼び分けよう。その上で、あくまで比喩の域を出ないが、【図1】を用いて両者の違いを説明する。

いくつかの点が散在しているとする（図中の黒点は、各社会の人びとの生活様式等、つまり文化だと思っていただきたい）。まず、「文明」の図式は、これらの諸点に対して、ただ一つのベクトルを設定し、各点の位置をこのベクトルにそって測定する。同時に、このベクトルにはそれが向から先から順番に、文明、半開、野蛮という尺度が設定されており、各点の位置はそのどれに近いかで評定される。この文明の図式も、偶有化の一つの方法である。なぜなら、この図式によって、文明はかつて半開や野蛮でありえたものに、また半開はかつて野蛮でありえ、やがて文明になりうるものに、そして野蛮はやがて半開に、さらに文明になりうるものに、それぞれなるからである。

他方、「文化」の図式は、諸点の全く同一の散在状態を、しかし、全く別様に理解する。それは、たとえて言えば、各点からちょうど等距離にある点を見出し、そこから各点に向けて、複数の異なるベクトルを引くのである。これもまた偶有化の一つの方法だが、文明の図式と異なるのは、まず、設定されるベクトルが一つではなく、複数である。だが、それだけではない。偶有化、すなわち何かを他でもありうるものと認識することは、単に差異を見出すだけでは可能にならない。正確には、差異を発見するためにも、それぞれに異なるものを、ある同一の相に置くことが必要になる。偶有化は、少なくとも文化の概念において、比較（Vergleich）としておこなわれるのであり、それは同じ（gleich）ものを必要とする。文明の図式の場合、その同一性はベクトルがただ一つに限定されること、柳田の言葉を借りるなら「一つしか進んで行く道筋が無いように考える」ことで与えられる。他方、文化の図式の場合は、各点から等距離にある点——各文化を平等に位置づけることのできる点——が見出されて初めて、ヘルダー流の「右であれ、左であれ、同じ一歩」という文化理解が可能になる。

ヘルダーが民族や文化の多様性と常にセットで語った「人間性《フマニテート》」は、それぞれに異なる文化や民族を、しかし、ゆるやかにつなぎ、調和させる鎖（図１で言えば、諸点を結ぶ円）のようなものとしてイメージされているのだが、それは、文化の図式が求めるこの等距離点の言いかえなのかもしれない（実際、等距離点＝中心なしには円は描けない）。柳田が一時期、その普及に熱心に取り組んだエスペラントも、すべての文化を平等に位置づけうるこのような等距離点に相当するはずのものだったと言えよう。

だが、このような等距離点がもし設定されえないなら、文化の図式の中に、文明の図式が嵌入する。つまり、文明と野蛮、中心と周縁という序列化が、文化の図式においても生じる。E・W・サイードが、ヘルダーを「ヨーロッパ中心主義」の列に置いて問題にしたのも、まさにその点だろう。サイードは言う。「ヴィーコとかヘルダーとかルソーとかシュレーゲル兄弟といった哲学者たち」が「人類や文化を言祝ぐとき、彼らはもっぱら、自分たち自身の国民文化に帰属するもの、あるいはオリエントやアフリカ、さらにはアメリカにではなく、ヨーロッパに帰属するところの思想なり価値観なりを言祝いでいる」にすぎない（大橋洋一訳『文化と帝国主義 1』みすず書房、一九九八年、一〇〇頁）。

やや抽象的な説明に終始したので、具体的な問題を一つ提示する。

木村晴美と市田泰弘がその「ろう文化宣言」（一九九六年）で述べたように（『現代思想』一九九六年四月臨時増刊号、特集「ろう文化」所収）、ろうの子どもにも音声言語を教える（音声言語に従わせる）ことが一番と考える「口話主義」の下で、手話は弾圧され続けた。「教育の場からは徹底的に追放されていた手話は、しかし、休憩時間や放課後、クラブ活動、寄宿舎生活など、教育の目の届きにくい場所で、ずっと使われ続けたのである」。

木村と市田は、口話主義下のろう学校を「植民地」にたとえた上で、多くの植民地政策が「文明化」「近代化」という言葉で正当化されたのと同様、ろう教育における口話主義も「発展」という言葉で正当化されてきたと言う。日本手話を音声言語よりも劣ったものと見なす口話主義は、手話をまさに文明の図式によって認識した。それに対して、木村と市田が試みたのは、文化の図式を導入しながら、人びとに事態を別様に認識させ、日本手話を音声言語と同じ一つの完全な言語として認めさせることだった。ろう文化を「文化」と呼ばねばならない強い理由が、ここにある。

3　文明から文化へ

柳田の講演「海上文化」（一九四〇年）に戻ろう。そこでふれられた二つの文化概念は、すでに述べたように、タイラーとボアズに由来すると言ってよいが、注意すべきは、それでも柳田が「日本では」と語っている点である。つまり、柳田はタイラー流の文化概念からボアズ流の文化概念への移行に相当するものが、日本（語）でも生じたと述べているのである。これらの文化概念が互いにどう違うかは、ある程度、明らかになった。次に問うべきは、柳田が伝えている文化概念の転換が日本（語）でいつ生じたか、である。

一九二一年八月、社会学者の米田庄太郎（一八七三－一九四五）は京都帝国大学で「現代文化人の心理」と題する連続講演をおこなっている（佐藤健二・吉見俊哉編、前掲『文化の社会学』三九頁）。米田のこの講演は、直後の同年一〇月に同名のタイトルで改造社から公刊されたが、一九二四年に『現代文化概論』と改題の上、弘文堂書房から再刊された。

「文化という言葉は、今日我が国で盛んに用いられている」「流行語」としつつ、米田は、しかし「その意味ははなはだ漠然たるものであり、また人によりて色々違った意味に解されている」と述べる（『現代文化概論』弘文堂書房、一九二四年、五頁）。米田によれば、「文化」という言葉は「我が国伝来の言葉」ではなく、「ドイツ語のクールツア（Kultur）の訳語」である。「少なくとも私自身は十数年前から、シヴィリゼーションを文明と訳するに対して、クールツアを文化と訳し」ている（同書、七頁）。

続けて米田が言うには、「ドイツの人びとは近来殊にクールツア（文化）という言葉を重要視し、かつこれに対してシヴィリゼーション（文明）を稍々軽視する傾向さえ見える」（九頁）。ドイツ語のKulturの訳語である「文化」が日本でも流行るということは、ドイツ人のそういう身振りを日本人も模倣し始めたということだが、なぜそうなったのか。なぜ「文明」ではなく、新たに「文化」と言わなければならないのか。

　そもそも日本民族は西洋文明に接して以来、全くこれに心酔して己を忘れ、ただ西洋文明の輸入にのみ力を尽くしていた。……然るに日清戦争後、殊に日露戦争後、日本民族は段々自覚してきた、すなわち自分が独特な或る物を本来所有することを意識してきた。……近来日本民族は自分自身に貴重なる或る物を所有すること、すなわちそれ自身固有の民族的文化を本来所有することを覚ってきたのである。……要するに私は今日我が国で文化という言葉の盛んに用いられるのは、それは単に流行だけに止まるのではなく、日本民族の自覚の一段高まり来れる事を示し、さらに日本民族の民族的文化想像力の大いに発達する徴候であると信ずる。少なくとも私はそう信じたい。（同書、三三－四頁、傍点引用者）

米田がこのように述べた一九二一年前後の日本の状況については、本稿末尾でもう少し詳しく述べるが（5）、米田のこの言葉からも、日本が文化に目覚めるとき、そこにはその目覚めと相関した固有の社会状況やその変化があることがうかがえる。

米田がこう述べる以前の明治期の日本語の状況を概観しておこう。[9] 惣郷正明と飛田良文の『明治のことば辞典』（東京堂出版、一九八六年）に依拠して、明治から大正初期にかけて、もろもろの辞典が「文化」「文明」「開化」という三つの言葉をそれぞれどのように定義していたかを整理すると、【表】のようになる。

まず、「文化」について。米田は、文化という言葉は「我が国伝来の言葉」ではないと述べたが、それは正確ではない。たとえば、一九〇七年の『熟語新辞典』は、文化の語義の一つとして「威力又は刑罰を用ゐずして他をさとして導く事」をあげている。これは漢語の伝統に由来するもので、そこで「文」は「武」（物理的暴力の行使）との対立で理解されてきた。この流れは明治以降も続き、たとえば三一独立運動弾圧後の日本の朝鮮植民地政策は、支配と抑圧の継続にもかかわらず、当時、「武断主義」から「文化政治」への転換と表現された（矢内原忠雄『植民政策の新基調』弘文堂書房、一九二七年、三二七頁以下）。

とはいえ、「文化」は、他の多くの漢語と同様、明治に入って、西洋語の訳語として機能しながら、その意味を少しずつ変えていく。特に重要なのは、文化が新たに「文明開化」の同義語ないし略語として用いられるようになったことである。文化に相当する英語も、今日と異なり culture のみならず civilization や enlightenment があげられている。

【文化】

［万国史略便覧・1874（明治 7）年］ヒラケル。ブンメイニカハル。

［小学課程書字引・1877（明治 10）年］ガクモンヒラケル。

［哲学字彙（再版）・1884（明治 17）年］**enlightenment.**

［漢英対照いろは辞典・1888（明治 21）年］文明開化を謂ふ。**civilization**。

［熟語新辞典・1907（明治 40）年］威力又は刑罰を用ゐずして他をさとして導く事。又、学問の進歩すること。世のひらくること。

［模範英和辞典・1911（明治 44）年］**culture. enlightenment.**

［新式辞典・1912（大正 1）年］①威力や刑罰を用ゐずに他をさとし導くこと。②世の中のひらけすすむこと。文明開化。

【文明】

［新令字解・1868（明治 1）年］ミゴトナルコト。

［布告律令字引・1876（明治 9）年］ガクモンユキトドク。

［学校用英和字典・1885（明治 18）年］**civilization.**

［和英五林集成（第 3 版）・1886（明治 19）年］**enlightenment, civilization, refinement.**

［言海・1891（明治 24）年］文学、智識、教化、善ク開ケテ、政治甚ダ正シク、風俗最モ善キコト。

［和英大辞典・1896（明治 29）年］**civilization, refinement, social progress, enlightenment.**

［中等百科辞典・1906（明治 39）年］**civilization.** ①人類ガ比較的高尚ニ、自然及外囲ノ状態ヲ支配スル様（哲学）。②在国家ノ自国人ニ適当ナリトスル政治的、法律的制度ガ通常、其国内ニ居留スル外人ヲ保護スルノニ十分ナリトシテ認ムベキコト（国際法）。

［哲学字彙（三版）・1912（明治 45）年］**Kultur.**

【開化】

［仏和辞典・1871（明治 4）年］**civilisation, amélioration.**

［和英語林集成（再版）・1872（明治 5）年］**to open and change, to be reformed, to become civilized.**

［和独対訳字林・1877（明治 10）年］**die Verfeinerung der Sitten, Sittenverbesserung, Ausbildung, Civilization, Cultur.**

［新訳和英辞典・1909（明治 42）年］**civilisation, enlightenment.**

［模範英和辞典・1911（明治 44）年］**civilization, culture.**

【表】

次に「文明」だが、これに相当する英語として、多くの辞典がcivilizationをあげている一方、今日では「啓蒙」と訳し分けるのが常識のenlightenmentも併記されている。と同時に、一九一二年の『哲学字彙（三版）』は、今日では文化と訳すはずのKulturに文明という訳語をあて続けている。米田は、自分はその頃からcivilizationを文明と、他方Kulturを文化と訳し分けてきたと言うが、そのような訳し分けは当時まだ、哲学者の間でも常識ではなかった。

さらに、一九〇六年の『中等百科辞典』が国際法上の用法として、文明を、治外法権が撤廃された状態として説明していることに注意したい。日清戦争をはじめ、日本が西洋諸国の身ぶりに同化しながら、アジア近隣諸国の植民地化に本格的に着手し

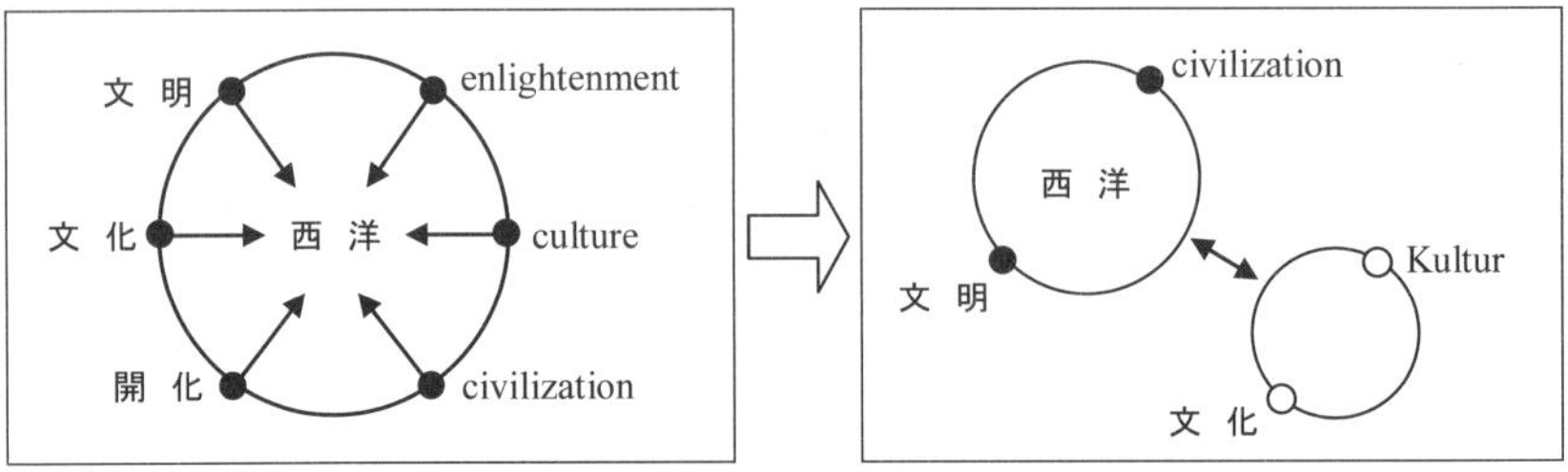

【図2】

ていくのと並行して、日米和親条約（一八五四年）その他の不平等条約が改正され、日本国内での治外法権が撤廃されたのは一八九九年のことである。

最後に「開化」という言葉で確認できるのは、今日ではそれぞれ文化、文明と訳し分けられる culture と civilization が、開化という日本語のもとで、互いに同義のものと理解されていたということである。

以上をまとめれば、【図2】のようになろう。日本語の「文化」「文明」「開化」、また西洋語の「culture（Kultur）」「civilization」「enlightenment」はすべて循環している。つまり、そのいずれもが他のどれとも置換可能なものとして、ある同一の円環上に配置されており、そして、この円環の中心には、西洋が措定されている。文化、文明、開化は、いずれもこの西洋という中心に向かう運動として理解されている。『文明論之概略』（一八七五年）における福沢諭吉の次の言葉は、明治期のこのような言葉の布置連関を簡潔に要約している。「今の欧羅巴の文明は、即ち今の世界の人智を以て僅かに達し得たる頂上の地位というべきのみ。されば今世界中の諸国に於て、たといその有様は野蛮なるも、あるいは半開なるも、いやしくも一国文明の進歩を謀るものは、欧羅巴の文明を目的として議論の本位を定め、この本位に拠て事物の利害得失を談ぜざるべからず」（岩波文庫、二九頁）。

西洋に向かう運動としての文化（＝文明＝開化）は、裏返して言えば、日本（人）を、空間的にはアジアから、また時間的にはその過去から、それぞれ抜け出させることを意味した。前者からは、脱亜論、また柳田國男が言及したような「東洋の英国」たる日本という理想像が導かれる。後者の過去について言えば、今日の用語法では「伝統的文化」あるいは「文化的伝統」という表現は何ら不思議ではなく、むしろ主流だが、特に明治期においてそのような表現は、皆無ではないにしても、語義的には矛盾をはらんだものだった。

明治期から大正初期まで、文化という日本語はタイラーの文化概念と同様、文明と区別されていなかった。大正時代の一九二〇年前後になって、文化は文明から、たとえば米田らによってドイツ語の Kultur を媒介に意識的に切り離されてゆくのだが、言葉の次元での文化のこの独立は、日本および日本人の西洋文明からの独立という政治的意識の強まりとも相関していた。

文明の概念から独立することで、文化の概念はどう変わったのか。第一に、文化は、一元的な尺度を前提とした文明に抗して、何よりも多元性を開くための言葉となった。タイラーの文化（＝文明）概念とは異なる、ヘルダーやボアズの文化概念を「文化」という日本語で呼び分ける道筋がつくられたのである。

第二に、この多元性と連動しつつだが、文化は、ナショナルなものに結びつけられるようになる。[10] 米田庄太郎は、「民族的差別を問わず、総ての人びとをして同一の市民的生活を営ませる」「シヴィリゼーションの概念」に、文化を対置しながら、「日本民族の自覚」を期待した（前掲『現代文化概論』二七頁）。また、柳田國男とその民俗学をナショナリズムという枠に閉じ込めて理解（ないし批判）することが間違いだとしても、柳田が「一つしか進んで行く道筋が無いよう」なタイラー流の文明の図式から遠ざかりつつ、「Ethnology と呼ばるる方面だけは、ゆくゆく次第に National 国民的になるべき」と主張し、「民俗学の国民化」を説いたことは事実である（「Ethnology とは何か」『青年と学問』所収）。

第三に、文明開化の同義語ないし略語だった文化が、日本（人）を空間的にはアジアから、時間的にはその過去から引き離すものであったのに対して、文明と明確に区別された文化の概念は、その逆に、日本をアジアや過去につなぎとめ、連れ戻す傾向を強めてゆく。

後者の過去について言えば、一九二六年（大正一五）四月に日本社会学会でおこなった講演「民俗学の現状」（「日本の民俗学」として『青年と学問』に収録）で、柳田國男は自分の学生時代の愛読書だったH・ハイネの『諸神流竄記（流刑の神々）』にふれつつ、次のように述べている。「要するに耶蘇の宗教が一世を席巻した欧羅巴大陸にも、なお百千年を隔てて豊富なる上代が活き残っていた。それが容易に平民の日常生活の中から掬取られるばかりでなく、新しい社会の動きさえも、暗々裡にこれによって左右せられる場合が多かった」（前掲『定本　柳田國男集』第二十五巻、二五三頁）。

柳田にとって文化とは、ヨーロッパのそれであれ、日本のそれであれ、現在の中に残存しつつ、現在を支えている過去、ただし、注意深いまなざしをもってしないとそうとは分からない過去、あるいは「棄てて置けば忘れるかも知れないもの、また現にもう忘れかかって居るもの」（同、第三〇巻、一六頁）である。

4　さらにもう一つの文化

文化という言葉が、大正時代に生まれたのではなく、すでに明治期からあり、その意味が大正時代になって変わったのだとするなら、この言葉を従来の意味で用いる人びとと、米田らのように新しい意味で用い始める人びとのあいだで、当然、対立が生じたと考えられる。事実、そうなのだが、そうした対立の例をここでは一つだけ取り上げよう。

一九二一年六月、森本厚吉、吉野作造、有島武郎が中心となって、『文化生活』という雑誌が創刊された。森本厚吉（一八七七ー一九五〇）は、一九〇一年に札幌農学校を卒業後、アメリカのジョンズ・ホプキンス大学で経済学と歴史学を学び、一九〇六年に帰国後は、東北帝国大学等で教鞭をとり、一九一八年に北海道帝国大学農科教授となった。森本らは、さらに一九二二年に財団法人文化普及会を立ち上げ、同会は一九二五年に東京のお茶の水に日本初の洋式共同住宅である文化アパートメントを設立する。森本は女子高等教育の発展にも尽力した。雑誌『文化生活』の寄稿者には、森本、吉野、有島らの他、武者小路実篤、柳宗悦の名前が見られるが、優生学者として知られる永井潜も連載をもち、断種法の必要性や喫煙の害について書いている。

森本もまた文明と文化を区別した上で「文化生活（cultured life）」と言う。しかし、その区別を森本は、ドイツ語の Kultur を引き合いに出す米田庄太郎らとは全く異なる仕方でおこなっている。

スザアランド［Alexander Sutherland（1852-1902）を指すと思われる（引用者）］は人類時代を四つに分って、第一、野蛮人（savages）、第二、半開人（barbarians）、第三、文明人（civilized）、第四、文化人（cultured）としている。そして最も進んだ時代、すなわち現代は第四の文化人の時代であるから、現代生活は文化生活であらねばならぬ。……自由競争が盛んになり、富国強兵が唯一の理想となり、少数の資本家が栄えて生産業を盛んにするために、極度に労働者が搾取されたとて止むを得ない運動とあきらめるようになる。けれども、かかる文明時代が或る程度まで進むとその弊害が著しくなり、ついには虐げられた労働者も自分のうちに「自己」を発見し、自分も尊い人格の所有者である事を知って、ここに初めて文化時代が出現する。（森本厚吉「文化生活ということ」『文化生活』一九二四年一一月号、傍点引用者）

森本らの主張は、こうだ。明治維新以降、確かに日本でも文明開化が押し進められ、国際的にも日本はそれなりの地位を占めるようになったが、その文明の果実（たとえば選挙権）を享受しているのは一握りの人間にすぎない。そうではなく、文明の果実を万人が手にできるようにすべきである。森本が、有島武郎や吉野作造らとともに注視したのは、他ならぬ文明の中で拡大している格差や不平等という問題だった。目の前にある資本主義社会とその先の来るべき社会という折り目を、「文化」という言葉とともに導入しながら、森本は文明をそれまでとは異なる仕方で観察する。[11]

森本らのこのような文化概念に真っ向から異を唱えたのが、哲学者の土田杏村（一八九一－一九三四）だった。[12] 土田は日本文化学院なる組織を立ち上げて、森本らの『文化生活』より一年早い一九二〇年に雑誌『文化』を創刊している。米田庄太郎と同様、土田もドイツ語の Kultur に依拠して、文化と文明を分ける。文明から区別された文化概念の特徴として、（一）多元性、（二）ナショナルなものとの結びつき、（三）アジアや過去への志向、の三つを右であげたが、土田は新カント派の自然と文化の弁別に従いながら、(四)文化を自然に対置される超越的《メタフイジカル》なもの、物質的なものに対する精神的なもの、と定義する。

「文化生活(ないし文化主義)」を「自然生活(ないし自然主義)」に対置する土田の批判の骨子は、森本らの説く文化生活が後者の自然生活の域を全く出ていない、というものである。土田曰く、「自然生活」とは「人間の生活の自然的要素を直ちに生活の指導原理にしようとする生活様式」であり、これを経済面から見れば「我々の生活的心理的なる欲望を唯一の生活指導原理となし、欲望の適当なる充足が、あるいは欲望の余剰充足がすなわち価値ある生活である」と主張することになるが、「私は文化主義的立場からして、この経済的自然的生活を強く排斥したいと思う」(土田杏村『文化主義原論』内外出版、一九二一年、一〇九頁)。土田もまた現下の資本主義社会を批判するが、彼はそれを唯物論的にではなく、理念主義的に乗り越えようとする。

土田のこうした批判に対して、森本厚吉は次のように反論する。土田杏村は「文化とはドイツ語のクルツールであって、英語のシビリゼーション(文明)ではないと言い、文化生活と文明生活とは全く異なった意味を有していると明白に断定されておられるが、私は文化生活を論ずる時にそんな問題を詮議立つる哲学的取扱を避けて、文化生活でも文明生活でも差し支えないから、現代に適応した進歩的の生活を実現せしめたいという処に重きをおくのである。……私の文化生活はごく簡単なもので(…)現代の進歩した科学の立場から見て、合理的および経済的と認むべき生活を文化生活と言うのである」(「物的文化生活論――私の文化生活観疑義に答う」『文化生活』一九二一年一二月号)。

雑誌『文化生活』の同人だった河津暹が、森本のこの反論にさらに次のように続く。「文化生活とは平たく言えば、人間らしい生活ということである。……文明国民として恥ずかしからぬ生活こそ文化生活である」(「文化生活問答」『文化生活』一九二二年三月号)。

文化を文明と区別しながら、資本主義の問題点を見すえる森本の「文化(生活)」ではあるが、それが明治以来の文明開化の略語としての文化の系列に属することは明らかだろう。その意味で森本の文化概念は、土田杏村らのそれに比して古い。しかし、他方で、森本らの文化概念は、未来を先取りしたものでもあった。日本国憲法第二十五条第一項の「すべて国民は、健康で文化的な最低限度の生活を営む権利を有する」という言葉は、よく知られているように、一九四六年二月一三日のＧＨＱ草案にはなく、同草案をもとに作成された帝国憲法改正案（同年六月二〇日）が衆議院で審議される過程で挿入された。

同院の帝国憲法改正案委員小委員会ではまず、社会党（委員は鈴木義男、森戸辰男、西尾末廣）が、第二十三条の第一項として「すべて国民は健康にして文化的水準に適する最小限度の生活を営む権利を有する」という一文の挿入を提案し（衆議院事務局『第九十回帝国議会　衆議院　帝国憲法改正案委員小委員会速記録「付録」』大蔵省印刷局、一九九七年、一四頁）、審議の結果、帝国憲法改正案委員会で可決された諸党共同の修正案では最終的に、第二十五条の第一項として「すべて国民は、健康で文化的な最低限度の生活を営む権利を有する」となった（同書、二九頁）。これが衆議院および貴族院の本会議でも承認され、一九四六年一一月三日の憲法公布に至る。

森本らの雑誌『文化生活』は、一九二七年に『経済生活』と改称し、戦争まで続いた後、一九四六年に再び『文化生活』という名で復刊された（一九四八年まで刊行）。その復刊第一号（一九四六年三月号）で、森本は次のように述べている。

この度、日本は完全に崩壊して民主的新日本の建設となったのであるから、日本にも初めて真の文化生活を楽しみうる根本条件が備わったわけである。……武力その他の権力を奪われても真理に導かれる文化国であるならば、それは権威ある強国である。……真理の命令にのみ絶対服従して、世界平和と人類幸福のために最善の努力を惜しまない文化生活を楽しまんとするならば、日本はかえって恵まれた文化国として役立ちうる途が開かれたのではあるまいか。……然らばその文化生活とは一体、何であるか。……今ここに私どもが二十余年前に『文化生活』創刊によって主張した言葉をそのまま次に再録し、文化生活の主張を明らかにし、復刊のことばとする。(13)

自分たちが二十余年前に説いた「文化生活」が、敗戦後の民主的新日本とその平和主義の下で、やっと実現される時が来た、というのが、当時の森本の思いだっただろう。

日本国憲法第二十五条の「健康で文化的な最低限度の生活」という言葉の直近の源は、高野岩三郎、馬場恒吾、杉森孝次郎、森戸辰男、岩淵辰雄、室伏高信、鈴木安蔵の七名からなる「憲法研究会」が一九四五年一二月二六日に独自に発表した「憲法草案要綱」にある。そこでは「国民権利義務」の一つとして「国民ハ健康ニシテ文化的水準ノ生活ヲ営ム権利ヲ有ス」と記されていた。キーパーソンは森戸辰男で、彼が憲法研究会の草案要綱にあったこの文言の挿入を、右の帝国憲法改正案委員小委員会で委員として提案したと考えられる。だが、憲法研究会は、文化的という言葉をどこから持ってきたのか。森本厚吉と森戸辰男は少なくとも新渡戸稲造を共通の師とした点で結ばれているのだが、資本主義の問題点を認識し、その先を目指した森本の「文化生活」概念は、森戸辰男をはじめ社会党の人びとにも十分、共有可能なものだったと思われる。

第二十五条の文言は現在もそのままで、そこに記された「文化的な生活」という概念によって、今の日本の私たちの生活も形づくられているが、この概念がどこから来たかについては、多くの人がもう忘れかかっている。一九二〇年代に森本らが説いた「文化生活」は今や、同時期に柳田國男が説いた意味での文化になりつつあるとも言えるだろう。

もう一つ、述べておかねばならない。森本らの「文化生活」は、永井潜の優生学を内包するものでもあった(前述)。全く同じことは、日本国憲法第二十五条の「文化的な生活」にも言える。憲法施行直後の一九四七年一〇月に、社会党所属の衆議院議員、福田昌子、加藤シヅエ、太田典礼の三名によって国会に提出された優生保護法案の第一条は、「この法律は、母体の生命健康を保護し、且つ、不良な子孫の出生を防ぎ、以て文化国家建設に寄与することを目的とする」とうたい、その第九条は「優生委員会」が「その者の生殖を不能にすることを適当と認めたときは、その者に対して、断種手術又は放射線照射を強制し、医師に依頼してこれを行わしめることができる」としていた

（国会会議録、衆議院、厚生委員会、一九四七年一二月一日、傍点引用者）。「文化生活」「文化的な生活」は、間違いなく、生権力（M・フーコー）の一つの具体的な形でもあったのである。

5　文化と社会――一九二〇年代の日本

（一）文明と同義の文化、（二）ドイツ語の Kultur を媒介に文明と区別された文化、（三）資本主義という文明の問題点を見すえるものとしての文化、という三つの日本語の文化概念を見てきた。文化概念のこのような可変性・多様性は、文化概念それ自身の偶有性（他でありうること）というルーマンの主張を裏づけている。

しかし、それを言うだけでは不十分である。ルーマンの理論に照らしても、文化概念については、その偶有性と同時に、それがおこなう複雑性の縮減にも留意する必要がある。すなわち、文化の概念は可能性を開くだけでなく、同時に、いくつかの可能性を「ありそうにない」ものとして遠ざける。言いかえるなら、文化の概念は否定の機能をもつ。文明開化の略語としての文化は、「西洋の文明を目的とする事」（福沢諭吉）という志向の下、それまでの日本を文化から遠ざけた。英語の civilization ではなく、ドイツ語の Kultur の訳語としての文化は、その逆に西洋の文明の方を文化から遠ざけた。森本厚吉の説く文化は、格差や不平等を拡大させる文明を文化から遠ざけた。これら三つの文化概念は、互いに他を批判しながら、相互に遠ざけあってもいるのである。

そして、もう一点、それぞれの文化概念は、それに固有の社会状況と相関している。それぞれに固有の社会状況の中で、人びとはそれぞれの文化概念に目覚めるのであり、また逆に、それぞれの文化概念によって社会状況を独自の仕方で観察する。本稿では最後に、右の（二）の文化概念に焦点をあてて、それが日本社会のいかなる状況と相関していたのかを概観しておきたい。

竹内好は、アジア主義を「アジア諸国の連帯（侵略を手段とすると否とを問わず）の指向を内包している」考え方と定義し（『日本とアジア』ちくま学芸文庫、二九四頁）、その系譜を一八八〇年代から説きおこしているが（同書、三〇八頁以下）、重要なのは、アジア主義が日本では、かなり長い間、異端と位置づけられてきたという点である。
黄禍論は、西洋の側でのアジア主義の言いかえである。[14] たとえば、一九〇五年、日露戦争終結直前に、元アメリカ陸軍少将のジェイムズ・H・ウィルソンは、次のように述べている。「私はこれまで、黄禍《イエロー・ペリル》というのは無視してよい作り話だと思ってきたし、それはそれで理性的な判断だったと思う。しかし、それは、黄人種がばらばらで、指導者を欠いていた限りにおいての話である。一八九五年の日本の勝利によって、そういうことは終わったのであり、ロシアに対する勝利はこの終焉をより確実、より強固なものとするだろう。日本は覇者、アジアの諸人種を治める民となり、自分に向けられるあらゆる不満の要素を、教化と指導へとうまく変換していくだろう」[15]。それまで西洋諸国によって切り刻まれてきたアジア諸国が、たとえば日本を中心に一つにまとまり、西洋諸国に対抗するようになること。それが西洋人にとっての黄禍であり、それを日本側で表現すればアジア主義となる。

ところが、日露戦争当時、明治政府はこうしたアジア主義＝黄禍論の懸念を徹底的に封じ込めようとした。その任にアメリカであたったのが金子堅太郎だが、金子は右のウィルソンの論考が掲載されたのと同じ雑誌の同じ号、しかもウィルソンの論考のすぐ後に「極東における日本の位置」と題する論考を発表して、次のように反論した。「ロシアが、自分はキリスト教国の一つとして日本という異教徒の国と闘うのだと宣言して、偏見を煽るためにあらゆることをするであろうことは、すでにわれわれは承知していた。ロシアが全キリスト教徒のあいだに『黄禍』というあの馬鹿げたスローガンを広めることも、われわれには分かっていた。こうした偏見がわれわれに突きつけられるに至って、われわれはこの戦争をヒューマニティの原理に従って闘う決意をした。……この戦争において、日本は、自国民の生存のためばかりでなく、国際的な正義と普遍的なヒューマニティのために闘っているのであり、中国における「門戸解放政策」を維持するために、また中国の不当な分割を阻止するために、そしてアングロ・サクソンの文明を極東に移入するために闘っているのである」[16]。

日露戦争が、西洋諸国に対する日本の戦いという構図で理解され、戦われるなら、日本は、かろうじて日英同盟があったとはいえ、一溜まりもないことは明らかだった。日露戦争に勝利するためにも、金子と明治政府が必死に堅持しようとしたのは、西洋文明に連なる日本という像である。そして、「文化」という日本語は、このような状況下で「文明」と明確に区別されることはなかった。

状況が変化し始めるのは、一九一〇年代の終わり、第一次大戦終結時あたりからである。

京都帝国大学卒業後、内務省で見習修行を始めていた当時二七歳の近衛文麿は、一九一九年一月に始まるパリ講和会議に赴く直前に、「英米本位の平和主義を排す」と題する論考を雑誌『日本及日本人』(一九一八年一二月一五日号)に発表している。近衛はそこでこう述べている。「ここに吾人の遺憾に思うは、我国民がとかく英米人の言説に呑まるる傾ありて、彼らの言う民主主義、人道主義の如きをも、そのまま割引もせず吟味もせず信仰謳歌する事是なり。……日本人の正当なる生存権を確認し、この権利に対し不当不正なる圧迫をなすもののある場合には、飽く迄もこれと争うの覚悟なかるべからず。……ひとりドイツとのみ言わず、すべての後進国は獲得すべき土地なく、膨張発展すべき余地を見出す能わざる状態にありしなり。かくの如き状態は、実に人類機会平等の原則に悖り、各国民の平等生存権を脅かすものにして、正義人道に背反するの甚だしきものなり。……来るべき講和会議に於て、国際平和連盟に加入するに当り、少なくとも日本として主張せざるべからざる先決問題は、経済的帝国主義の排斥と黄白人の無差別的待遇是なり」。

中国に対する二十一カ条要求(一九一五年一月)、また、パリ講話会議に並行して一九一九年におこった朝鮮の三一独立運動、中国の五四運動のことを考えれば、近衛が訴える「経済的帝国主義の排斥」は自己欺瞞以外の何物でもないが、最後の「黄白人の無差別的待遇」について言えば、国際連盟規約に人種差別禁止条項を設けるという日本の提案がパリ講話会議で完全に挫折したことは、「英米本位の平和主義を排す」という気運を、ひとり近衛のみならず、多くの日本人に植えつけることになった。ドイツ語の **Kultur** を媒介に文化を文明から切り離す、前述の米田庄太郎の講演(一九二一年八月)は、このような状況の中でなされたのである。

さらに、一九二四年五月末に制定されたアメリカの新移民法は、日本人の多くが、西洋文明に連なる日本という自己像から決別する一つの大きな契機となった。この法律によって、日本人のアメリカへの移民が以後、全面的に禁止された。

新移民法制定直後の一九二四年（大正一三）六月六日付の東京日日新聞の夕刊には、「対米国民大会に三万人、米国の反省を促す」という見出しの下、次のような記事が載った。「両国国技館の対米国民大会は五日の午後一時から開会された。憂国の青年達も開会三時間も前の午前十時ごろから、パンや弁当を携帯して続々と会場へ繰り込む熱心さ。……主催者側では午前八時ごろ、頭山満翁、大竹貫一、内田良平、小泉又次郎、田中善立の諸氏等、一騎当千の荒武者が会場に駆けつけ（…）定刻には来会者三万、満場破れるがごとき拍手に迎えられて帝大教授上杉慎吉博士は、ついに対米国民大会を開かねばならなくなったその趣旨を述べ、次いで押川方義氏を座長に押して宣言及び決議に移り、満場一致、「米国の排日行動はますます横暴を極め、人類的反目の禍端を挑発したるのみならず、実に国際の道義を無視し、帝国の面目を蹂躪するのははなはだしきものにして、日本国民の断じて寛仮するあたわざる所なり。吾人は正義、公道に立脚して飽くまで米国の反省を促し、帝国の威信を保持せんことを期す」との宣言及び米国の「排日法に対し絶対これに反対する事」の決議を可決し、それを栗原彦三郎氏が朗読し、天皇陛下の万歳を三唱して、いよいよ演説会に移った」。

この対米国民大会は国粋主義的右翼中心の集会と見てよいが、新移民法に対する強い怒りと反発そのものは、右翼のみならず、当時の日本に広汎に確認できる。たとえば、東京朝日新聞社をはじめとした計一九の新聞社が、一九二四年六月五日付で次のような共同宣言を出している。「米国における排日移民法の成立は内容において人道に背き、正義に反するのみでなく、又国際関係上、太平洋を挟んで相隣接する日米両国の伝統的親宜を無視した暴挙である、わが国民は隠忍自重するも、決してこの様な差別的待遇に甘んずるものではない、吾人は世論の代表者として、ここにわが民族の堅固なる決意を表示し、併せて米国官民の反省を求むる旨を宣言する」。

この共同宣言の中の「世論の代表者として」という表現は、決して誇張ではなかった。右の集会に出席した上杉慎吉とは、天皇の憲法上の位置づけと国体をめぐって真っ向から対立し、一九三五年にはその天皇機関説が攻撃され、貴族院議員の辞任に追い込まれる美濃部達吉も、当時、次のように述べた。「アメリカの排日運動は、日本国民に対する侮蔑の感情が其の根底を為して居ることは、更に疑を容れぬ。……情けないかな、日本は国力において、少なくとも経済力において、絶対のアメリカの敵ではない。……国家百年の大策としては、所詮は亜細亜民族の協力一致を図るの外は無い。それは単に政府や外交官に任して置くべき事柄ではなく、最も大切なるは、一般の国民の感情をして其れに向かはしめねばならぬ」（「対米雑感」『改造』一九二四年五月号、傍点引用者）。

日露戦争当時は異端として封じ込められたアジア主義が、一九二〇年代には政治の正統教義へと上昇してゆき、そうした社会状況と相関しながら、文化という日本語が文明から切り離されていく。

アメリカの新移民法は制定から一月余りの一九二四年七月一日に施行された。日本人の反発はさらに高まるが、その直後の同年一一月二八日、孫文は神戸で「大アジア主義」と題する講演をおこなう。そこで孫文は日本人に向かって、次のように警告した。

> 我々は今「アジア主義」を論じ、ここまで検討してきましたが、結局、どのような問題なのでしょう。簡単に言えば、文化の問題であり、東方文化と西方文化の比較と衝突の問題なのです。東方の文化は王道で、西方の文化は覇道であり、王道を唱えるのは仁義・道徳を主張することで、覇道を唱えるのは功利・強権を主張することであります。……あなたがた日本民族は、欧米の覇道文化を取り入れた上に、アジアの王道文化の本質をも持っていますが、今後は世界文化の前途に対して、結局のところ、西方覇道の手先となるのか、それとも東方王道の防壁となるのか、それはあなたがた日本民族の、詳細な検討と慎重な選択に懸かっているのです。
> （深町英夫編訳『孫文革命文集』岩波文庫、四四〇－四四六頁）

西洋文明から文化を切り離しつつも、日本人がその後、実際に選んだ文化は、孫文の言う「欧米の覇道文化」だったと言わざるをえない。

注

（1）Niklas Luhmann, "Kultur als historischer Begriff" in: ders. *Gesellschaftsstruktur und Semantik.* Bd.4. Suhrkamp, 1995. S.31-54.

（2）a.a.O. S.31-2.

（3）a.a.O. S.48.

（4）a.a.O. S.51.

（5）西洋諸語における文化の概念史については A. L. Kroeber & C. Kluckhohn, *Culture: A Critical Review of Concepts and Definitions.* Cambrigde, 1952. および J. Fisch, "Zivilisation, Kultur" in: O.Brunner u.a. (Hg.), *Geschichtliche Grundbegriffe.* Bd. 7. Stuttgart, 1992. S.679-774.

（6）E. B. Tylor, *The Origins of Culture: Part 1 of Primitive Culture.* New York, 1958. p.1.

（7）ibid. p.26-7.

（8）J. G. Herder, *Ideen zur Philosophie der Geschichte der Menschen.* Deutscher Klassiker Verlag, 1989. S.655.

（9）拙稿「文化をめぐる三つの布置連関」『大航海』第三八号、二〇〇一年、一九六－二〇五頁。

（10）ただし、文化と文明の分離は、ナショナルなものの意識化の必要条件というわけではない。西川長夫は、文化という日本語を「国民主義」と意識的に結びつけた最初の例として、陸羯南の一八八二年（明治二一）六月の論説「日本文明進歩の帰路」をあげているが（『増補　国境の超え方』平凡社、二〇〇一年、二五二頁以下）、西川も指摘するように、陸はここで文化と文明を区別していない。

（11）しかし、森本の考えが階級闘争を軸とするマルクス主義とは全く異質の階級協調論であることについては、小森陽一「マルクシズムとナショナリズム」（『岩波講座　近代日本の文化史　5　編成されるナショナリズム』岩波書店、二〇〇二年、一－五〇頁、特に三〇頁以下）参照。

（12）土田杏村については、清水真木『忘れられた哲学者――土田杏村と文化への問い』（中公新書、二〇一三年）参照。清水は、江戸時代の当時でも無名に近かった安藤昌益を「知られざる」思想家と評しつつ、これとは対照的に、同時代的には読者も多く、著作も膨大にある土田杏村には「忘れられた」という表現がふさわしいと述べている（同書、五頁）。

（13）森本厚吉「文化生活に生きる」（森本厚吉伝刊行会編『森本厚吉』河出書房、一九五六年、三四九－三五六頁）。

（14）以下で述べる一連の諸事実は、拙稿「黄禍論と優生学――第一次大戦前後のバイオポリティクス」（『岩波講座　近代日本の文化史　5　編成されるナショナリズム』岩波書店、二〇〇二年、一一九－一六五頁）でもふれた。

（15）J. H. Wilson, "The Settlement of Political Affairs in the Far East" in: *Annals of the American Academy of Political and Social Science*, 26 (1905): 61-74, p.71.

（16）K. Kaneko, "Japan's Position in the Far East" in: *Annals of the American Academy of Political and Social Science*, 26(1905): 77-82.

乱歩と正史

敗戦の前後

内田隆三

1　不吉な兆候

一九三七年七月、盧溝橋事件が勃発した頃、横溝正史は長野県の上諏訪にいた。横溝は肺結核による療養生活のため、諏訪市大手町二丁目の借家に住んで執筆を続けていたが、ある日、この事件を群集の噂に聞き、その印象を次のように書いている。

問題の七月七日の午後、私は上諏訪郊外の競馬場にいた。私は馬券を買うでもなく、ただぼんやりと草競馬を見物していたのだが、そのうちに見物の男の声高に話す話をきいて、盧溝橋事件をしり、急に胸が悪くなった。なにかしら不吉な思いで嘔吐を催しそうだった。(1)

ここで横溝が記した日時は記憶違いと思われる。『讀賣新聞』の七月八日付け「號外」によれば、盧溝橋事件は七月七日午後一〇時頃の発砲を端緒とし、八日午前四時半に再びの発砲のあと「日支両軍」が戦闘状態に入ったとされる。(2)「七月七日の午後」は、北平(北京)南西の盧溝橋付近ではまだ事件は起こっていなかった。

その後の致命的な展開を読み込んで投影するからか、それまでの出来事とのあいだに何か断層があることが感じられるからか、事件は不吉な記号となっていく。たとえば雑誌『新青年』はモダニズムを標榜し、探偵小説の温床と見られていたが、日華事変以降、明らかに編集方針が変わっている。その年初から戦争の話題は掲載されていたが、五〜七月号で戦争に関する記事の小特集が組まれ、八月号では科学者による「未来戦争座談会」、九月号では軍関係者による「支那軍を抉る座談会」が特集され、十月号は「特輯 戦争と日本」「従軍記者報告会」などで殆ど戦争色に染まり、続く増刊号は「輝く皇軍」一色となった。そしてこの間に、探偵小説は誌面から徐々に駆逐されていった。

盧溝橋事件から近衛新体制へいたる時代、[3] 探偵小説の作家たちは軍や情報局による圧迫を受け、休筆、あるいは科学物・冒険物・時代物への転向など、苦しい対応を余儀なくされていった。大下宇陀児によれば、時局柄、探偵小説は取材の範囲を制限され、かつ探偵小説に色濃い「或る種のデカダン性が排撃された」のだという。[4] このため大下は探偵小説に「魅力ある転換」を求めるのだが、彼の言葉には、怪奇趣味に傾斜した江戸川乱歩への批判の文脈が重ねられた感もある。

しかしながら、大下の理解を超えて、検閲による削除と修正、出版・再版の禁止や自粛、印刷紙割当のコントロールなどを通じて、読み物の統一化を図る「統制」が強化されていった。この点、横溝正史の時局理解のほうがより本質的な部分を衝いていたといえよう。横溝によれば、情報局は探偵小説を圧殺していったが、探偵小説の猟奇趣味が孕むエログロなどの末梢的要素だけを問題視したのではなかった。当局はむしろ探偵小説の性格そのものを否定的に見ていた。国家への献身的な協力が求められる時代に「個人の利害」を基調に置く探偵小説そのものが排撃されたのではなかったか？——横溝はそう問うのである。

第二次近衛内閣は一九四〇年七月に成立する。近衛らの主導する高度国防国家や東亜新秩序の建設をめざす新体制下での文筆の状況について、江戸川乱歩は次のように書いている。

文学はひたすら忠君愛国、正義人道の宣伝機関たるべく、遊戯の分子は全く排除せらるるに至り、世の読み物すべて新体制一色、ほとんど面白味を失うに至る。探偵小説は犯罪を取扱う遊戯小説なるため、最も旧体制なれば、防諜のためのスパイ小説のほかは諸雑誌よりその影をひそめ、探偵作家はそれぞれ得意とするところに従い、別の小説分野、例えば科学小説、戦争小説、スパイ小説、冒険小説などに転ずるものが大部分であった。(5)

乱歩は猟奇的な探偵小説を書く道筋を閉ざされるが、その前に内的な不調を経験しており、一九三六年に「怪人二十面相」、三七年に「少年探偵団」などの少年物を手掛けるようになっていた。当時の少年雑誌等では、帝国の少年たちに対して、南島や南洋あるいは軍隊で冒険し活躍する主人公が〈説話的なモデル〉の役割を演じていた。だが、怪人二十面相は帝都・東京の街を謎めいた空間に変える「魔法使い」のような存在であり、少年たちの想像力はこの都市の時空に不思議な闇の深みを発見する。二十面相はこの時期の乱歩自身に似て〈アイデンティティの喪失状態〉を仮面・変装の多数多様性で表現しており、いわば〈擬態〉を本態としていた。「怪人二十面相」の〈はしがき〉には次のような紹介がある。

では、その賊のほんとうの年はいくつで、どんな顔をしているのかというと、それは、だれ一人見たことがありません。二十種もの顔を持っているけれど、そのうちの、どれがほんとうの顔なのだか、だれも知らない。イヤ賊自身でも、ほんとうの顔をわすれてしまっているのかもしれません。それほど、たえずちがった顔、ちがったすがたで、人の前にあらわれるのです。(6)

高度国防国家の確立のために「犯罪のない社会」が擬装されるなか、二十面相も怪「盗」ではなく、怪「人」になったというが、物語中では賊、凶賊、怪盗という言葉も使われている。二十面相は変装が得意であり、現金（貨幣＝社会的な交換価値）よりも美術品に強い執着を示すなどの点で、「黄金仮面」（一九三〇）に登場させた黄金仮面――実はアルセーヌ・ルパンで恋人は大鳥不二子――を少年物の水準で踏襲したともいえる。だが、二十面相はルブランのルパンほど出自がはっきりせず、その社会的な位置価はむしろ「異人」（天狗・鬼・妖怪・山人の系列）に近いイメージがある。しかも、二十面相は血を見るのが嫌いで人を殺さないという設定は、「誰が殺したのか?」という問いを物語の焦点とする本格的な探偵小説から距離を取る形式のひとつともなっていた。

横溝正史の場合は、『新青年』一九三五年二月号に掲載した「鬼火」の一部が検閲により削除を命じられ、(7)「私の怒り、痛恨もさることながら」、編集長の「水谷準にたいする申し訳なさに身を焼かれる思いであった」という。(8)そのあと乾信一郎の誘いにより、『講談雑誌』一九三七年四月号から横溝は〈不知火甚左〉を主人公とする「不知火捕物双紙」の執筆をはじめた。岡本綺堂の『半七捕物帳』、佐々木味津三の『右門捕物帳』、野村胡堂の『銭形平次捕物控』などを参考にしつつ、町奉行と昵懇の「お旗本」を主人公としたが、横溝はこの設定と初めての挑戦に苦しみ、時代物からの撤退を考えたという。

横溝の難渋を見て、『新青年』の編集部に移った乾は本格探偵小説の意気で書くようにと忠告し、また乾の後任となった吉沢四郎は「岡っ引き」を主人公とするよう忠告した。結局、『講談雑誌』の翌三八年一月号から、横溝は下町の「岡っ引き」(佐七)を主人公とする新シリーズに着手し、本格探偵小説の要素を取り入れながら、一九世紀前半の江戸の町を舞台に短編形式の物語を書きはじめた。

捕物帳への転換は、たとえば幕末の頃、河竹黙阿弥の「小袖曾我薊色縫」のような歌舞伎が幕府の禁令を踏まえ、物語の舞台を江戸から鎌倉に移し変えていたのと幾分か似た趣もある。黙阿弥のこの劇は幕府の御金蔵破りの事件という現実を投影させたところがあり、興業中に咎めを受け、問題の場面を削除されたという。(9)また、柳亭種彦の「修紫田舎源氏」では源氏物語の内容にひそみつつ、時代も室町期に見立てたが、天保の改革との絡みで絶版の処分を受けている。(10)他方、昭和の探偵小説に対する検閲は風紀の統制や軍の威信のためだけでなく、探偵小説の基調や遊戯性といった形式的な観点から発動されている面もあった。それゆえ、舞台を江戸時代の書割りに移したとしても安全とは言えず、「人形佐七」物も執筆停止に至っている。また、短編形式で複雑な伏線を敷くことは難しく、これを本格的な探偵小説とするには技術的な困難が伴う。人形佐七捕物帳シリーズの第一作となる「羽子板娘」は松竹の下加茂撮影所で映画化もされたが、乾の忠告通り、アガサ・クリスティーの『ABC殺人事件』から同種のト

リックを「借用」した苦心の作品であった。(11)

2　隠栖の場所

探偵小説の作家で、当局による文化統制の影響を最も直截に受けたのは江戸川乱歩だった。乱歩は内務省や警視庁の検閲課にマークされ、一九三九年に、反戦小説とも見られた『芋虫』の絶版を、また他の作品についても一部削除を命じられるなどした。さらに乱歩は、当局の検閲方針に従い、「さし当たり最も反時局的と考えられる」文庫本――『陰獣』、『虫』、『盲獣』、『赤い部屋』(短編集)、『人間椅子』(短編集)――を自ら進んで絶版にしたが、これらはみな盛んに版を重ねつつあったものだという。乱歩は当時の差し迫った状況を次のように書いている。

そういう状態だから、従来の探偵小説、怪奇小説は書けもせず、又、書く気にもならず、全く製作慾を失って、一五年度は「少年倶楽部」に少年冒険小説「新宝島」を連載したのみであった。(12)

翌年の一月、乱歩・平井太郎は、諏訪にいた横溝正史への手紙で、新体制下における自分の著作や執筆の可能性について次のように説明している。

いつか御邪魔せし時お話しの春陽堂文庫整理の事は当時の小生の楽観とはことなり、やはりお話しの如く小生のものはいけないといふ意味での整理をされるわけで、先日春陽堂来り五六種に減少する打合せをしました。はじめ十七種の内一昨年小生自主的に絶版を命じたるもの(陰獣その他五六種)、今又その残りの分が半分以下に減少されるわけで大痛手です。しかし理論的に当然のこととは考へてゐます。それに引きかへ貴捕物帳は大いに盛んに羨ましく思ひます。小倶も今月執筆にて終り、もう仕事は一つもなくなりました。(13)

乱歩は書く意欲を失い、鬱屈した思いに沈んでいた。横溝の「人形佐七捕物帳」の執筆振りを眺めつつ、自分はいま「過去三十年のメモや日記帳の整理」を楽しんでいると書いている。この整理の結果が『貼雑年譜』（貼雑帖《はりまぜちょう》）である。それは自分自身とその出自にかかわる過去の資料の断片や切り抜きを集め、そこに自由な書き込みを加えたスクラップ・ブックである。彼の人生の半ば自伝的な叙述に見えるが、書き込みの部分は蒐集された断片に対して醒めた距離を取るものが少なくない。乱歩の手法はワルター・ベンヤミンが『パサージュ論』で見せた文章の断片の蒐集や断章風の書き込みの作業と少しく通底する部分をもつが、ベンヤミンはすでに死んだ時代の言説の断片を蒐集し、その時代の集団の夢をアレゴリカルに記述していた。他方、乱歩は自分の夢の死を意識しつつ、その夢に絡まった事実や誤解の断片を蒐集していた。彼が選んだ〈隠栖〉の場所は、現在の虚無を通して自分の出自と過去をひとりで眺め直すような場だった。

横溝正史も「鬼火」が一部削除の対象とされたが、削除を命じられた部分には身体的な歓楽の表現があった(14)。ただしこの歓楽の要素は恣意的なものとはいえず、登場人物の偏執的で享楽的な性癖と深く関連している。作者からすれば、この歓楽のありようは私秘的なものだが、〈人性〉の重要な部分として見つめ直すべき何かであり、また、行われる犯罪や悲劇の異様さと均衡をなすという意味では小説の構成的な部分と考えられたのだろう。ただし検閲の論理からすれば、その部分は物語の構成とは別に削除の対象になると評価された可能性が高い。横溝孝子によれば、「鬼火」の検閲は病みあがりの横溝に相当な悩み、苦しみをもたらしたというが、その二年後、横溝は捕物帳への転換を果たす。だが、これもすべて順風というわけではなかった。戦争の重さがいよいよ増していくなか、横溝は自分が置かれた状況を次のように述べている。

いずれにしても探偵小説をとりあげられてしまったわたしは、いきおい捕物で生活をしていくよりほか手がなくなった。ところがその捕物も、主人公の佐七がちょくちょく浮気をするのがいけないとあって禁止の憂目にあってしまった。もっともその反面、前線からの注文とあって、ちょくちょく軍から佐七の紙型をもっている出版社に紙をくれて、いちどにどかっと印刷してくれたので、それでわたしは助かっていたのだが……。[15]

横溝は難局に責められつつ僅かに凌いでいたが、探偵小説も駄目、捕物帳も駄目となって「途方に暮れる」ようになる。だが、表現を希薄化する力が強まるなかで、江戸時代への郷愁が「俄然わたしの心を占領しはじめた」とも述べている。横溝は元々江戸の絵双紙の世界を好み、初期の短編にもその趣が見られる。捕物帳が媒介となったが、彼の心を占めた江戸への想い自体は決して唐突なものではなかった。統制本位の空虚な光景が広がり、社会が透明な悪によって浄化されるなか、横溝もまた棲むべき孤独の次元として何物かを模索していたのである。

関東大震災のあと、江戸の名残はいよいよ消えていくが、いま残ったものまでが空襲で焼けてしまう前にと、横溝は両国橋を中心に下町方面を憑かれたように歩き回った。想えば芥川龍之介や久保田万太郎らが関東大震災のあとに形成された新しい東京の街を歩き、虚無の眼差しで眺め、あるいは趣味の視線の痕跡を残したのは昭和二年、つまり盧溝橋事件のちょうど十年前だった。[16]芥川とは別の意味でだが、横溝の彷徨にもやがて東京の街を襲う空虚の影が感じられたことだろう。捕物帳の執筆は苦肉の選択だったが、このとき横溝は、戦争が終れば是非「江戸」の読み物を書こうと思い詰めていた。しかしながら、彼はこの郷愁に終始したわけではなかった。横溝の想いを変えたのは、翻訳家の井上英三からディクスン・カーの著作を借り、その味わいに触れたことにある。それは「江戸」の読み物への執着を後景に押しやる力となり、抑えていた本格探偵小説執筆への自信と情熱に火をつけた。時局のなか、横溝がついに見つけた〈隠栖〉の場所はこの秘かな情熱の次元であり、彼のモダニズムを再び研ぎすます場だった。

3　移動と不動——二つの寓居

戦争中の新体制社会では、犠牲と献身を厭わない日本人の美徳や、潔い日本人の道徳、あるいは『堕落論』で坂口安吾が批判したような犯罪のない日本という虚像を介して、「衛生学的な浄化」(hygienic purification)の力が社会の隅々に浸透していった。規律と均質性を求める監視の社会のなかでは、強い非対称性をもった他者の次元が縮小され、危険な、不快な、あるいは違和感のある要素が徐々に希薄化されていく。ところが、①探偵小説の理智には警察の捜査を愚弄するような面もあり、[17] しかも、②探偵小説は殺人という犯罪の最たるものを主題化し、それと結びついた快楽・刺激・不安・怪奇など、退廃した欲望の数々に溢れる危険な小箱の観もあった。さらにいえば、③探偵小説は主として米・英の社会にその出自を持ち、個人の利害を基調とするなどの点も時局に反するものだった。それゆえ新体制の理念や経済に適合するアリバイの形式――乱歩は些かの皮肉を込めて「融通性」と言うが[18]――をうまく担保しないかぎり、探偵小説の内容は社会的な浄化の対象とならざるをえなかった。

とはいえ、軍部の現役と内閣情報局の若い官吏とでは探偵小説に対するスタンスが違っていた。乱歩は東京作家クラブやくろがね会などを介して陸海軍の報道部にいる軍人と交流を持っていたが、陸軍報道部の矢萩大佐に対し「内閣情報局は探偵小説を禁圧しているが、あなたはどう思うか?」と尋ねたところ、「僕はそう思わない。探偵小説は将棋と同じように理智を養うものだから、決して有害無益とはいえない」と答えたという。[19] 海軍兵学校を訪れた際は、井上成美中将が若い軍人たちに「お前たちは暇があったら、将棋と探偵小説を愛せよ。この二つの遊戯は理智を養い、作戦の参考にもなるものだ」と語っていたとの話を聞いている。[20] だが、これらの事例が多数一般かどうかはわからない。内閣情報局の首脳部には軍人たちも入っており、乱歩は自分がマークされたのも、そういう軍人たちがいた時代のことだったと留保を置いている。

乱歩は検閲制度の典型的な被害者のひとりだった。乱歩も国家が生みだす空虚を彼なりに呑み込まざるをえなかったが、そのために精神を壊したわけではなかった。むしろ同時代を生きる国民の一人として、戦時体制下の隣組制度や町会・翼賛会、そして防空・防災などの「日常」――その根源が不条理なものであれ――を実直に生きることを選択し、彼のいう「末端の協力」者となった。軍のために鉄鋼の回収をしたり、自宅の庭を開墾して作物を栽培したりした。軍需工場で働く人への慰問などで激励の演説をし、また随筆を書いたりもした。ただ、戦争の遂行に向けて国民を激励するような小説は書けなかったという。

しかし、この時期の乱歩の過剰にも見える社会性と作品の枯渇を単純に均衡させてはならないだろう。乱歩は言いたくないとするが、持病の蓄膿症による精神的な沈滞のリズムも無視できないからである。そしてより重要なことには、彼自身の本格探偵小説への気力が内的にはもう阻喪していたという事実もまた無視できない。この時代には、彼の作品を抑圧した社会的な統制の場と、病を抱え持つ身体の場が重なる光景があり、そのなかに、隣人たちとの忙しい関係に入っていく〈影絵〉のような乱歩の姿がある。それまでは探偵小説作家として近隣にはむしろ身を隠してきた人物が生真面目に自分を社会化していき、それに連れて自宅の庭の相貌が変化していった。その庭には半地下式の、四角張った小山のような待避壕が築かれたが、いつのまにかその砲塁に似たものが「目触りでないばかりか、これがなくては庭の恰好がつかぬのではないか」と思うようになるのである。

乱歩は裏庭の空き地に蔬菜を植えていたが、客座敷のある庭の縁側の直前まで掘り起こし、馬鈴薯、茄子、南瓜、甘藷、里芋を育て、立場上これを町会でも勧奨した。乱歩は「かくして我が庭園の戦闘態勢は、さらに食糧増産体制を整え、その変貌ははなはだ著しいものがあった」と書いている。[21] 乱歩自身も、翼賛壮年団の暁天動員、町会の払暁祈願を欠かさず、飛行場への勤労奉仕、公共待避所や貯水池の工事に出かけ、町会貯蓄の大増強運動に際しては、貯蓄部総代の立場から、頗る付きの愛煙家にもかかわらず禁煙を断行した。

作家の一人として国防国家の理念と統制に服従することと、国民の一人として隣人たちと直に命を助け合うこととのあいだに、乱歩の、日常としての戦争があった。だが、自分の生活や庭が変じていくのを自然過程のように眺める視線には何か虚無に近い感情が漂っている。大きな早い潮流に浮かぶ、この虚無の感情は、戦後からの回顧的な視点が投影したもののようにも見えるが、同時に、戦争当時の経験の内部に由来する切実さを含んでいる。乱歩の生き様を見ると、探偵小説作家として自分自身の虚無を生きることと、隣人たちと末端の協力を生きることが微妙なかたちで均衡していた。ある程度予見された敗戦や死の可能性のなかで、彼はその均衡の切実さと虚しさを同時に生きていたといえよう。この日々のかたちにはいろんな意味づけが可能と思われるが、敗戦により、一九四七年十月、翼賛会豊島区支部の事務長を務めたという理由で、乱歩は公職追放の指定を受けることになる。

他方、横溝正史は、三月一〇日の大空襲の直後、義姉の奨めにより武蔵野市吉祥寺の家を離れ、瀬戸内海に近い岡山県吉備郡岡田村に疎開した。もはや「この戦争もヤマが見えて」おり、瀬戸内海の小島を舞台に本格探偵小説を書いてみたいと考えていたからである。島という舞台設定には乱歩の『パノラマ島奇譚』や『孤島の鬼』の影響があり、本格探偵小説の構想という点ではカーター・ディクスンの『プレーグ・コートの殺人』の影響があったとされる。しかし終戦の詔勅を聞いた瞬間、隠し持っていた「青酸加里と手が切れたこと」を自覚したと言うように、もし戦争協力を強いられたら、それで家族と無理心中するつもりでいたという。[22] 戦争反対の立場にもかかわらず、日本文学報国会のメンバーになっていたことへの違和感や自責の念、そして「取り越し苦労」の性格もあったろう。横溝の少年時代からの猜疑心や不安もまた時代の色に染まっていたのである。

だが、疎開は横溝にある種の安らぎを与えたと言ってよい。彼が岡田村に住んだ家は田園の風景のなかのやや小高い位置にあり、庭も広く、風通しの良い空間のなかにあった。同じ村には「本陣殺人事件」で参考とした大きな屋敷があった。一九四七年一一月に、乱歩は西田政治とともに岡山市から小型トラックに乗り、横溝の家を訪れたことがあるが、その家について「横溝君の寓居は広い田圃を見はらして、屋根つきの黄色い土塀を囲らしたなかなか立派な家」と描写している。横溝によれば、築地を巡らし、巨石をあしらった坪庭があるなど、その辺りでは豪華に見える家だったが、大黒柱の根元が腐っており、住むに際しては修理に苦労を要したという。金田一耕助という人物はこの家で誕生する。この青年のモデルが誰かはさておき、[23] 青年のもつどこか明るい感じは、むしろこの家の場所からの見晴らしの良さや、風通しの良さと通じるところがある。

4 すれ違い／隣り合う二人

戦争の難局到来に際し、切実さと空虚を抱え込んだままそれを時局として受けとめようとする乱歩と、難局を躱しつつ想いを深め実現しようと決意する横溝とでは立ち位置の違いが認められる。終戦の年の初夏のころ、蓄膿症、大腸カタル、栄養失調、そして年齢もあるのか、五〇代になった乱歩には何かしら諦めに似た平静さが感じられる。他方、四三歳になったばかりで、十分に精気ある横溝には、自分の進むべき方向が先鋭なかたちで見えていた。問題は敗戦かどうかではなく、本土決戦があるのかどうかだという横溝の恐れに似た判断は、そのときの彼の夢への執着の強さを裏書きしている。生きることは書くことであり、書くとは〈本格〉を書くことであると見切ったゆえの執着である。

乱歩は一九四五年四月初めに家族を福島県保原町に移動させたが、自分は東京池袋の家にひとり残る決断をした。そのあと四月、五月の二度の大きな空襲を経験したが、生き延びて、生活費のために伝手をたより就職口まで探した。乱歩の姿勢は戦時体制の日々を受け入れ、東京に留まろうとする意味では《不動》の選択であった。しかし、米の配給が止まり、当時流行の栄養失調となってすっかり体調を崩した。六月には書籍家具を積み出し、乱歩自身も妻子のいる疎開先へ移動した。(24)乱歩が身体を回復するには月日を要し、家族とともに東京池袋の家に戻ったのは戦後の一一月半ばだった。一人息子を兵役に出した乱歩はまさに戦争を生きたといえよう。

横溝も末端で戦争を受け入れつつも、その愚かしさに対する苦々しい距離感のなかを生きていた。岡山県への疎開の途中、神戸市にある義兄の豪華な家を訪れ、三泊してさんざん御馳走になったが、歯車歯切りの工場を経営して成功した義兄のような立場だと「牛肉でも新鮮な魚介類でも、なんでもヤミで手に入るらしかった」と書いている。(25)この義兄は「やれ、一億一心や、やれ、義勇奉公やちゅうたかて、そないなもん、戦争がこう長引いてしもたら通用せえしまへん」、「働いたもんには働いただけの賃金出さんことには、ただ口先だけで生産増強、生産増強ちゅうたかて、そらドダイ無理だすわ」と語ったという。(26)乱歩の「食糧増産」をめざす翼賛・奉公の姿勢とはおよそ別の角度をもつ、別のまなざしが横溝のすぐ傍にあった。横溝は自分自身にもあるこの距離感のゆえに、またそれを内に抑えつつ、自分を「非国民」かと思うこともあった。だが、その距離感が抑圧下にある本格探偵小説への夢や想いを募らせていったといえよう。

図1. 乱歩と正史——高度国防国家・戦争への対応(相似と差異)

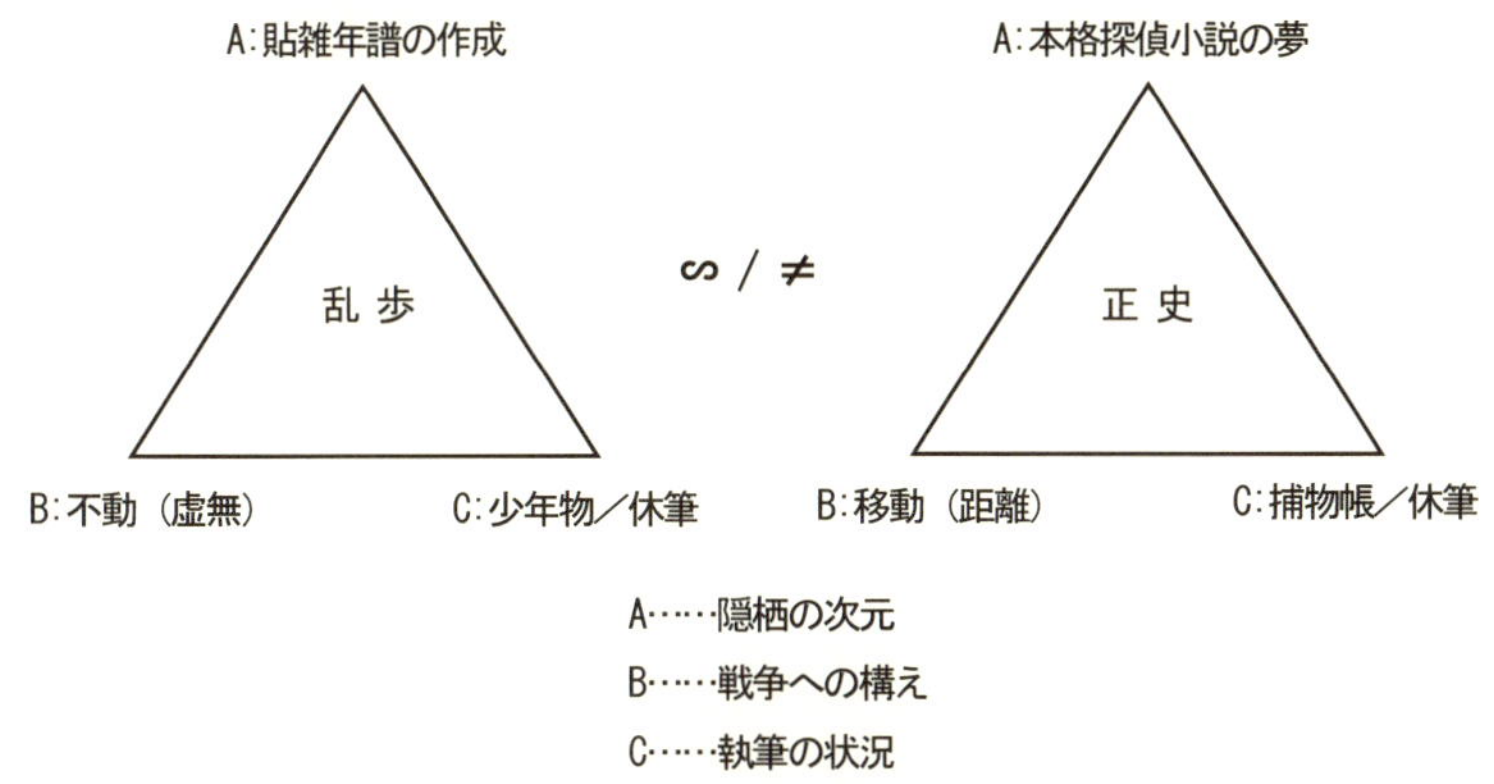

やがて敗戦により探偵小説が書ける時代が来るだろう——このように敗戦を待つ想いは「自分勝手」かもしれないが、子供のように抑えきれない想いが横溝のうちに取り憑いていた。隠し持った青酸カリは、この想いの対価であるような「懼れ」を象徴していた面がある。彼の《移動》にはいつもこの暗い不動点が同伴していたことになる。かたちは異なるが、乱歩と正史——は二人とも、戦争の日々を受容しながら、それぞれの仕方で自身の虚無を、あるいは距離の意識を生きていたことになる(図1参照)。

5 新生と回帰

戦時体制のもとで、探偵小説を発表する機会は、当局による監視統制の面でも、紙の配給など出版資源の調達という面でも奪われていった。『新青年』は一九四五年二月までで休止となり、同年十月に復刊を果たすが、分量は三二頁しかなかったし、編集方針も探偵小説というジャンルに距離を置いていた。しかしながら、敗戦の現実により、異なる時代がやって来る。一九四六年一月一日に「新日本建設に関する詔書」(「人間宣言」)が発表され、天皇という存在の基盤が従来のような神話的言説ではなく、天皇と国民のあいだの信頼と敬愛の関係にあることが新たに明示された。この詔書は前年十二月のGHQによる「神道指令」を受けつつ、天皇自ら「現人神」の観念を架空のものと否定する部分を含んでいた。

それまでの「東亜新秩序建設」のスローガンは「新日本建設」に挿げ替えられたが、戦後日本の探偵小説の始まりはこの変化の気運と重なっていた。占領下の社会の流れがある程度見えてきたころ、探偵小説の作家たちは復活の機会を得る。坂口安吾、平野謙、荒正人らも探偵作家クラブの例会に出席する時代となったが、乱歩は敗戦後のこの変化を次のように語っている。

この頃はアメリカ軍政によって、武士道小説、仇討小説、斬り合い小説、つまり刀を抜く小説が禁じられていたので、大衆文壇は探偵小説のひとり天下といってもよいほどで、各作家の昔の作品が続々本になっていた。……「宝石」はその頃今の五六倍の部数を売っていた。小売屋さんが直接岩谷書店へ仕入れに来て、店頭に行列を作るという有様であった。(27)

こういう占領政策のもとでは、探偵小説が最も早く復活することは間違いないと思った。私の予想は的中して、翌二十一年の春頃から、探偵雑誌がぞくぞくと生れて来た。先頭を切ったのは筑波書店〔ママ〕の「ロック」、第二が今もある「宝石」、つづいて「トップ」「ぷろふいる」「黒猫」「真珠」「新探偵小説」「妖奇」「探偵新聞」「Gメン」「フーダニット」「ウインドミル」「仮面」「X」「マスコット」と、二十一年から三、四年にかけて、十数種の探偵雑誌が発行されたのである。(28)

一九四六年三月に『ロック』、四月に『寶石』、そして五月に『トップ』と、探偵小説を掲載する雑誌が相次いで創刊された。ただし、前田出版の『トップ』は「大衆文化雑誌」と名乗ったように、最初の内容は小説・随筆・映画批評・演劇批評・スポーツ批評・時事批評などを含むレンジの広いものであり、創刊号に掲載された小説は「現代小説」一本、「明朗小説」二本のほかに、「探偵小説」が一本だった。(29) 筑波書林の『ロック』創刊号も「新探偵小

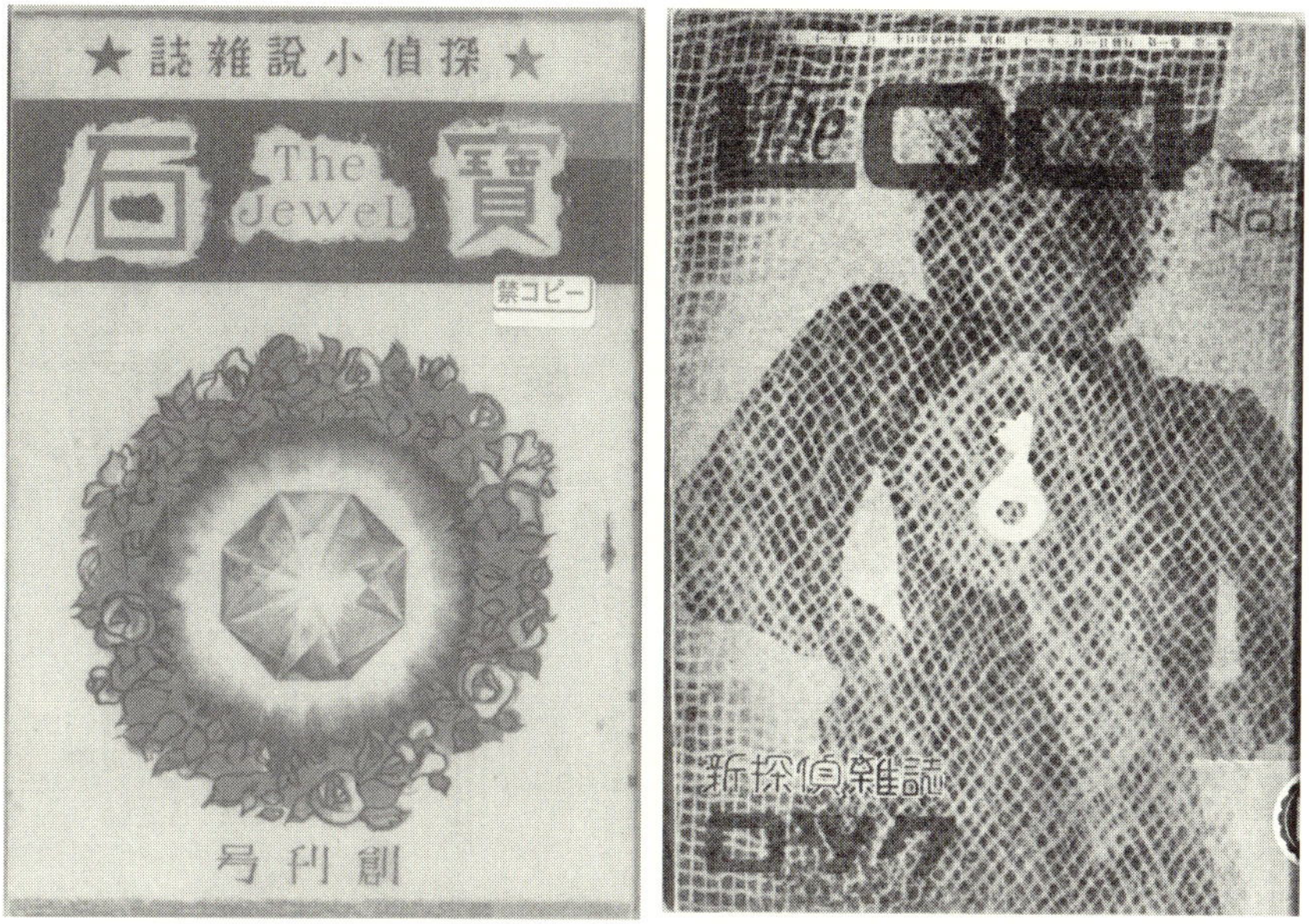

図 2. 二つの創刊号：左は『寶石』1946 年 4 月創刊号の表紙。表紙は瀬島好正。右は『ロック』1946 年 3 月創刊号の表紙。表紙は加納優作。（表紙はともに東京都立多摩図書館・複写係のコピーによる）

説誌」と名乗っているが（図2・右）、探偵小説だけでなく、科学小説、冒険小説、怪奇小説も視野に入れており、上田秋成の「邪性の淫」を掲載していた。[30]

一九四七年には『黒猫』、『真珠』、『新探偵小説』、『妖奇』、『探偵新聞』、『Gメン』（翌年より『X』と改称）、『フーダニット』、『ウインドミル』、『仮面』（『ぷろふいる』の後継誌）などの雑誌が発刊されている。[31] これらの新興雑誌のなかで最も長く続き、本格的な内容を備えたのは岩谷書店の『寶石』誌だった。

『寶石』創刊号の表紙には、①《探偵小説雑誌》と銘打たれ、②《The Jewel》という英字タイトルが表記されている。[32] 表紙には画家・瀬島好正による蒼みを帯びて輝く美しい宝石の姿が大きく描かれている（図2・左）。このとき本文六四頁、三段組みの雑誌は質の粗い紙を綴じたものであり、厳しい制約のある時代を偲ばせるが、それでも宝石の輝きは新しい時代の到来を共示していた。『寶石』創刊号は内容的にも重要な意義を持っていた。日本探偵小説史の記念碑的著作となった横溝正史の『本陣殺人事件』の連載第一回が掲載されたからである。ただし坂口安吾は『本陣殺人事件』に辛く、むしろ横溝の「蝶々殺人事件」(『ロック』に連載)を高く評価した。これは乱歩の「本陣殺人事件」に対する評価の一部――機械的なトリックに偏重し、犯人の心理に蓋然性やリアリティが乏しいという批判――と呼応する。(33) 安吾は愚挙というが、(34)「本陣殺人事件」は一九四八年に第一回探偵作家クラブ賞を贈賞された。

6 二つの空洞化

雑誌『寶石』が創刊のときにタイトルを英語でも表記したことは、GHQの支配に従属することで安全運転を図ったようにも見える。だが、探偵小説というのは明治期から米・英に出自をもつ都市文化へのモダニズムめいた憧れや嗜好を含んでいる。この意味で英字タイトルは国防国家からの解放を確認すると同時に、探偵小説が少しはその自意識を回復したことを示す記号とも読み取れる。英字表現という点では『ロック』(The Lock)や『トップ』(The Top)のほうが直截に表現しており、『ロック』創刊号第一頁の挿絵には英字の漫画イラストも入っている。『トップ』創刊号の裏表紙には「信託業兼営 三和銀行」の全面広告が掲載されているが、この広告のキャッチ・コピーは赤字で「新日本建設へ!」であり、天皇の詔書の言葉をそのまま引用している。ここには曖昧な二重構造がある。天皇の神話や伝説には失墜の影が差したのだが、人々はその失墜に同調することで、相変わらず天皇の振る舞いを模倣し、その意味では天皇に従っているように見えるからである。

探偵小説雑誌は決して時代の流れに順応しただけではない。『寶石』創刊号を見ると、①自らの編集方針や感慨を語る言葉だけでなく、②日本の検閲体制下で絶版せざるをえなかった乱歩の旧作「人間椅子」を掲載して系譜の連続性を確認しつつ、③横溝の新作「本陣」に新しい〈本格〉の夢を託すなど、敗戦後の解放のなかで自己のアイデンティティを意識した高揚感が伝わってくる。記号の振る舞いから、米・英の政治的支配や検閲体制に身を寄せたように見えるかもしれないが、時代の流れの大筋を見渡せば、探偵小説の意識自体は元々の位置をそう変えていないのである。たとえば一九二八年創刊の『猟奇』にも《Mystery Hunters》という英字タイトルが付され[35]、三三年創刊の『ぷろふいる』は《Profile》の平仮名表記をタイトルにしており[36]、ある時期まで『新青年』は米・英の大衆文化の窓口だった。

探偵小説の経験にとって、検閲による〈空洞化〉に劣らず重要な出来事は、戦争の末期、米軍の空襲に備えた疎開や無差別爆撃による〈空洞化〉である。探偵小説の言説は大都市の文化的な詩情や感受性を母胎とし、都市群集の私生活の次元に発生する意識や感覚と強く結びついている。だが、疎開と空襲により都市の内部には物理的な空洞が広がっていった。防空体制を組む町会や隣組の強化も、多数多様な人々の参入と離脱を認める都市の意識や私的な生活の次元を草の根で枯らす方向に作用する。都市群集が営む私生活の時間や夜の灯りの確保が探偵小説の生命線とすれば、疎開や空襲による空洞化は、検閲と禁止による空洞化や、資源の枯渇などと相俟って、探偵小説の基盤を極小化したことになる。

敗戦後、政治的潮流の反転と同時に、都市への回帰がはじまるなかで、探偵小説は人々の意識や感受性を掬い取るモダニズムの記号として復興をはじめる。焼け跡と物資不足のなかで、探偵小説雑誌の逸早く賑やかな増殖振りは、都市の群集的で記号論的な復興の姿でもあった。政治経済的な局面の反転、そして都市生活という空間の次元の解放が探偵小説の回帰を促したが、この流れに即応するには作家の側にも気力や態勢がなければならなかった。『寶石』創刊号に乱歩は旧作「人間椅子」を載せたが、もう本格的なものは書けなかった。横溝は密室トリックやアリバイの研究に夢中になりつつ、時代の転換に応じたのである。

7　二つの時代——差異と相似

敗戦直後、『寶石』や『ロック』をはじめ探偵小説に拘る雑誌の発刊が相次いだのは、探偵小説に対する人々の渇きが相当に強かったことを示している。だが、この時期の以前にも、探偵小説雑誌の創刊や探偵小説全集の刊行が著しく活発になった時期がある。それは一九二〇年代末から三〇年代半ばの時期であり、探偵小説のブームは昭和恐慌・満州事変から二・二六事件にいたる過程で戦前のピークを迎えている。

探偵小説雑誌でいうと、一九二八年に『猟奇』、三一年に『探偵』、三二年に『探偵クラブ』、三三年に『ぷろふいる』、三五年に『クルー』（柳香書院『世界名作探偵全集』の付録）、三六年に『探偵春秋』などが相次いで創刊されている。これらの雑誌に含まれる私秘的な遊戯の次元と猥雑さは、何が起こるか分からない〈不安〉な時代の現象であり、日華事変以降の、黙して統制に従う〈不気味〉な時代の手前に生じている。二・二六事件の物々しさと血腥さの混淆にはその時期の探偵小説の猟奇や血と夢の感情に通じる面があり、その意味で、事件は近衛らの新体制が志向する衛生学的な検閲や統制の規律とは異なる地層に属していたといえよう。

一九三七～四〇年の日華事変から近衛新体制への時期に探偵小説ブームは不気味な冷水を浴び、四一年末～四五年の対米戦争期に探偵小説はほぼ宙吊りにされる。しかし敗戦を経て、一九四六年の人間宣言から五一年の講和条約への時期に探偵小説熱は再燃する。このように、八年ほどの空洞期を挟んで、「一九三〇年代前半期」と「一九四〇年代後半期」に探偵小説の強い熱気が見られるわけだが、この二つの熱気は同じものといえるだろうか。

一九三〇年代前半の熱気――探偵小説の第一次ブームと呼ぼう――について、乱歩は、三三年に小栗虫太郎がデビューし、『ぷろふいる』誌が創刊されたことに新しい気運の象徴を見いだしており[37]、その気運は一九三七年にピークに達し、翌年から下降沈滞の時期に入ったとしている。この時期には単行本、全集、叢書の企画も陸続した。まず一九二九～三〇年に、博文館、改造社、春陽堂、平凡社の四社が同時に四つの探偵小説全集を計画して、二万部規模の第一回配本をこなし、三二年に配本を終えるが、乱歩はそのころが出版の側から見た探偵小説の最全盛期だという。次のピークは一九三五～三七年にかけて春秋社、黒白書房、日本公論社、柳香書院などから「創作翻訳の叢書或は単行本が、非常な勢いで出版された時期」だという。

第一次ブームは高橋是清の積極財政を介して昭和恐慌から経済が回復していく時期に当たり、国民総生産は一九三五年に恐慌前の時期を上回る。この時代は不安と愉楽の双方において刺激的な要素が強まっている。〈政治文化〉の面では団琢磨や犬養首相らの暗殺、小林多喜二の拷問・殺害、京大の滝川教授・東大の美濃部教授への糾弾などが起こる一方、関西の宝塚歌劇団や東京の松竹歌劇団などの活況、トーキーや字幕スーパーの導入による映画ブーム、ナンセンス喜劇の人気や新漫画派集団の結成、巨人・阪神の前身となる野球倶楽部の発足、東京優駿の創設や東京競馬場の開場など、米・英の影響を受けた〈消費文化〉が活発な様相を見せた。

他方、一九四〇年代後半の熱気——探偵小説の第二次ブームと呼ぼう——は連合軍の占領下にあった焼跡・闇市の時代に沸き起こっている。この時代の混沌は坂口安吾のいう「堕落」の兆候でもある。サトウハチローの「リンゴの唄」のような解放と悲哀の入り混じった感覚が人々の胸をよぎったと同時に、地上には男たちの闇市と女たちの売春が横行し、柳田國男が憂慮し横溝正史が描いた「跡取り」の長男を失くす家、太宰治が描いた旧家の斜陽、三島由紀夫が描いたアプレゲールの犯罪、そして庶民のタケノコ生活が話題を呼んだ時代である。

のちに松本清張、水上勉、森村誠一らは、高度成長の時代の秘匿すべき原像をこの時代の社会的な混沌のうちに求めた。彼らは殺人や売春や異人（米兵）との交渉など、主権のない社会の赤裸々な現実に、戦後的な人間の原風景を見ていた。そうした原風景は必ずしも個人の恣意や逸脱の風景ではなく、当時の人々にとって行為の自然な格率に近い何かであったと観念されている。だが、高度成長は国内にさらに無残で渇いた光景を生み出しており、その現実がこのような観念の母胎になっていることも否定できない。高度成長下の人間を阻喪させる犯罪の原因がその現在ではなく過去にあるという捉え方は一種の厄払いに似た面もある。

探偵小説の第一次ブームの時代には、不条理の感覚と暗い衝動が政治的な暴力のかたちを取り、群集の文化感情はエログロ・ナンセンスの感覚を求めた。第二次ブームの時代には、社会的な価値体系のいくつかに揺らぎが生じ、敗北の悲哀や、解放や、堕落の感情が社会状態の寓喩的な兆候となる。前者の時代には暴力・猟奇・ナンセンスの感覚が入り混じる混沌とした文化があり、後者の時代には悲哀・解放・堕落の諸相を寓喩とする社会自身の混沌がある。ここで重要なのは、前者の感覚は基盤となる社会の安定性にまだ致命的なものが見えないという意味でひとつの文化現象であるが、後者の感情は占領下の社会の深い混乱と同期して成立しているという意味で、文化自身の

図3．二つの混沌——①1930年代前半／②1940年代後半

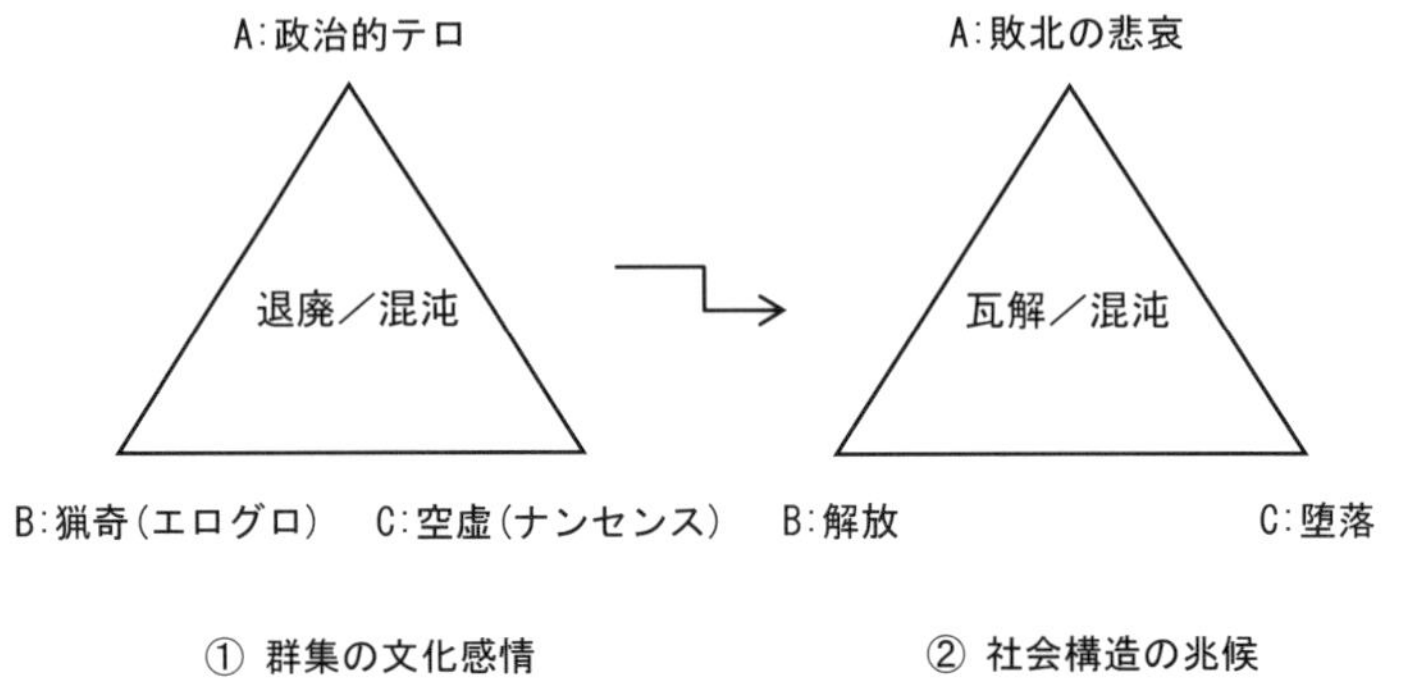

深淵を覗くような経験ではなかったかという問いである。

第一次ブームを孕んだ文化の特徴は、不気味な統制と戦争の直前に現れた不安な混沌にあり、一九二〇年代の米国を模倣した〈消費文化〉の浸透による「退廃」の諸相として捉えられた。これとの対比で言えば、第二次ブームを醸成した社会の特徴は、長い戦争の壊滅的な敗北の直後に現れた未知の混沌にあり、〈対米戦争〉による敗残の末の「瓦解」の諸相として捉えられよう。この点で日本社会の屈曲におけるアメリカの内在は余りにも深い。だがここで、退廃や瓦解といった価値意識を孕んだ捉え方はある程度相対化しなければならない。むしろ退廃と見える混沌があり、瓦解と見える混沌があるというのが実態だからである（図3参照）。

8 乱歩の閾

第一次ブームの時代には感覚的な興奮・戦慄・眩暈の要素が共通の訴求点となり、第二次ブームの時代には本格探偵小説に固有の論理的なゲーム性が強調された。前者では作者の感覚と読者の感受性が同期する〈共感の場〉を構成することが焦点となる。後者では作者の論理と読者の推理が競争する〈勝負の場〉を拵えることが焦点となり、読者の挑戦に対する懸賞金が呼び

物となったりした。前者の傾向を象徴するのは一九三〇年代前半の乱歩であり、後者の潮流を代表するのは四〇年代後半の横溝だった。

乱歩はその名作を一九二〇年代に書いている。三〇年代前半には休筆の時期もあり、作品も猟奇的なセンセーションを絡ませるが類型的なものになり、この時期の代表作とされる「石榴」（一九三四）にしても新味が乏しい。一九三五年には蓄膿手術もあって休筆し、三六年に少年物の「怪人二十面相」を書くようになる。だが、読者の側から見れば、多数の旧作の出版に加え、一九三一～三二年に『江戸川乱歩全集』（平凡社）の刊行、三五年に『乱歩傑作選集』（平凡社）の刊行、『日本探偵小説傑作集』（春秋社）の編纂、三五～三六年に『世界探偵名作全集』（柳香書院）の監修などがあり、第一次ブームの時代に乱歩という記号は類型化すると同時にその影響力はむしろ強まっている。

期待作『悪霊』の中絶が示す乱歩の不調とは別に、三〇年代前半には、夢野久作が「氷の涯」（一九三三）、「ドグラマグラ」（一九三五）などを刊行し[38]、小栗虫太郎が「完全殺人事件」（一九三三）、「黒死館殺人事件」（一九三四）を発表している。久作の「ドグラマグラ」は乱歩的な狭義の探偵小説のコードに収まり切らない人間学的な問い――「わたしとは誰か？」――を深く抱え込んでいた。虫太郎の「黒死館殺人事件」は本格的な探偵小説の形式に沿っているが、驚異的な外観を持つ記号の流出と自律という問題を織り込んでいる。両者とも、描かれるのは乱歩的な探偵小説の安定した人間学を超える、ひときわ異様な感覚の世界である。

久作の、正気と狂気が限りなく循環する空間も、虫太郎の、夥しい記号の群れが自律するように見える空間も、論理的なパズル＝遊戯の形式を充たすだけでは足りず、その形式の外部に溢れだしている。この過剰な溢出と膨みは怪奇・恐怖・戦慄・驚異などの感覚で充たされているが、それ自体は同時代の歴史的な兆候といえよう。より重要なのは、それらの感覚の流れがそれ自身を収め切る形式を持たず、何か致命的な〈不均衡〉が発生していることにある。これらの作品から考えれば、この時代のより深い兆候は、感覚と記号の快楽が溢出し自律していくと同時に、それらを収めきる社会的な形式を見いだせないことにあったといえよう。

こうして見ると、乱歩の休筆と不調はたんに病気やリズムのせいだけではなく、一九三〇年代の深い潮流とのあいだに本質的な齟齬を抱えていたからだと考えられる。乱歩はバランス感覚の持ち主であり、怪奇や恐怖の内容によって本格探偵小説の遊戯的な形式を充たそうとし、ある程度の成功を果たした。二〇年代後半は乱歩の想定する人間学的な内容と遊戯的な形式が〈均衡〉しえた時代だった。だが、三〇年代の乱歩は、時代の流れに澱む文化感情を浅く掬い取る一方、本格探偵小説を徹底する道を進まなかった。ただ、そうした均衡の感覚が彼をして当時を代表する作家にし、また当局による検閲の対象にもしたのである。

このバランス感覚から、乱歩は、本格志向が持つ論理的な遊戯性の徹底に対して批判的である。敗戦直後の時代、乱歩は安吾の「不連続殺人事件」（一九四七）を称賛しつつも、「謎が難解でありその解決がフェアであれば能事畢る」というゲーム専一主義を強く批判している。この小説にはトリックがあっても、サスペンスが乏しく、犯罪者の悪念や恐怖が感じられないというのである。乱歩は「不連続殺人事件」について次のように述べている。

探偵小説の謎解きの面白味は、犯人が倫理ないし法律という社会的束縛を顧慮して欺瞞を行うところから生じるもので、そういう倫理的配慮を欠く乱行漢には常識的な欺瞞もまた必要でないという、暖簾に腕押し的なたよりなさを一応は感ぜしめ、少なくとも私に対しては謎解きの意欲をにぶらせる作用をしたのである。(39)

乱歩によれば、「不連続殺人事件」で犯人探しの意欲を阻喪させるような不倫乱行の別世界が設定されたのは、もしそうしないと犯人が容易に見破られる程度の作品だからである。誰が犯人であってもおかしくない不倫乱行の別世界を設定したのは、この作品が一応は難解な探偵小説となるためのトリックだったと考えられる。だが、その結果生じるサスペンスの乏しさや、社会的束縛と相関する悪念や恐怖の欠如は拭いえず、この作品に対する乱歩の評価自体は変わらない。乱歩はここで本格遊戯の空疎な一面を衝いている。

本格探偵小説に顕著な遊戯の形式は人間の社会性を宙吊りにする志向性を持っており、むしろ社会性を奪われた感覚に同期することで駆動する面がある。これと対比すれば、乱歩が傾斜した猟奇耽異やエロチシズムへの志向は、社会性の側からする一種の防衛反応に近いものがある。それゆえに乱歩のバランス感覚や常識は本格遊戯への志向に偏ったものを見ていたといえよう。乱歩の猟奇耽異も社会性を相対化する危うさを秘めてはいたが、最終的には読者の意識を社会的な安定圏へ誘導する通路となっており、命を保つための瀉血と同じように恐ろしくもなく不気味でもない。林房雄は乱歩の「石榴」を取り上げてこの点を衝いている。(40) もし乱歩の猟奇が恐ろしくも不気味にも見えるとすれば、それは市民的な小心や常識の閾となる社会性を保持しているのである。

9　正史の選択

乱歩は横溝の「本陣殺人事件」についてもトリックが単調であり、犯人の心理・動機に人間的なリアリティ(必然性ないし蓋然性)が感じられないと批判した。だがその批判のあと、横溝が選んで見せたのは「多重殺人」を主題にすることだった。殺人の数が増えれば増えるほど、動機の人間的なリアリティは空洞化することが避けられず、犯人は狂人や異邦人に近づくことになる。それゆえ乱歩の批判が当て嵌まる可能性がさらに強まる。しかし、横溝はこの種の批判を超えるために、敢えて「多重殺人」を選んだと考えられる。「多重殺人」を選べば、たしかに近代社会の常識的な人間性からは遠ざかるかもしれないが、近代性の下地をなす習俗の世界に動機のリアリティを少なからず担保できると見ていたからである。

横溝正史が自分の時代を迎えるのは、戦後復興期であり、「本陣殺人事件」から「獄門島」「八つ墓村」「犬神家の一族」へと金田一耕助物の代表作が続く頃である。これらの作品は論理的なトリックを高いレヴェルで実現しており、本格探偵小説の味わいの深いものである。しかしこの三つの作品では、犯人の同一性が独りの人物に限定されるのではなく、むしろ別人の影を含んだ揺らぎのなかに拡散する。犯人の動機は、犯人とは別の人物(たち)の動機と同期することによって事件の動機たりえている。Xの犯罪はXなりに自己完結しているが、同時に死者である別の人物Yの意志を背景に持ち、他界に去ったYの遺志が憑いているように読めるのである。

「多重殺人」は殺人を遊戯に変えてしまう形式となる。第一次大戦後の米・英の本格探偵小説は、この種の遊戯的な形式を求めたが、「童謡殺人」「ABC殺人」のような殺人の無差別性・遊戯性の徹底は、近代的な個人の動機の同一性を離れていく。だが、本格遊戯の形式を習俗の論理にうまく接ぎ木できれば、「多重殺人」は必ずしも荒唐無稽ではなくなり、また、悲劇を通じて習俗の論理を描けば、敗戦の時代のより深い寓喩となりうる。横溝が物語世界に導入した、獄門「島」、八つ墓「村」、犬神「家」という空間は習俗の論理に染まっているが、重要なのは、それらの空間が動機についての想像力を「個人」という有限性の枠から解き放ってくれる点にあった。探偵小説は個人の利害を基調にするとしても、個人の利害に島や村や家を棲み処とする他者の意志が結びつくことで「多重殺人」という論理的な遊戯がリアルに見える位相が開かれるのである。

一九四〇年代後半〜五〇年代初めの、横溝の本格探偵小説は、多重殺人を対象とし、死者の遺志と同期することでその動機を駆動するものとなった。松本清張は「張込み」で五五年体制の発足、高度成長の時代の始まりと期を一にして推理物のデビューを果たすが、高度成長は習俗の思考とその共同性の核心にある死を周縁化し外部化する社会運動でもあった。この運動の内部では多重殺人をめぐる本格遊戯は十分な場所を得られない。多重殺人があるとすれば、それは個人ではなく社会そのものの矛盾と連なり、遊戯の次元とその想像力は社会的現実の重力により退縮してしまう。その後、横溝の大量死を主題とした本格探偵小説が社会的なブームになるのは、一九七〇年代半ばの、つまり高度成長が不能となり、日本回帰の流れを追い風にした時代のことである。

本格探偵小説が乱歩の社会性や常識の閾を離れ、遊戯性の純度を高めていく場合、横溝が進んだのとは別の道筋も可能なはずである。多重殺人をめぐる遊戯的な形式にどこかリアルな相貌をもたせるのは、戦争の影や習俗の論理だけとは限らず、別の文脈も想定されるからである。だが、これらの可能性（道筋や文脈）の広がりを含めて、本格的な遊戯の形式を持つ探偵小説と多重殺人の融合は何を標識しているのだろうか？　一九八〇年代末以降の新本格ミステリの流れを考えれば、横溝が立っていた敗戦後の文脈を離れて、この遊戯的な死への近接性を問い直してみる必要がある。またそれと連接して、二〇～二一世紀の転換期——一九九〇年代以降のポピュラーなミステリにおける遊戯の形式が、死者の意志ではなく、社会に棲む怪物＝モンスターの観念と結びつくとき、[41] そこに現れる多重殺人は何のアレゴリー＝断片なのかと問うてみる必要がある。システム依存症的な生存の次元を拡張する消費社会とその自由が、国家と統制がもたらしたのとは別の死と廃墟をこの社会に投影しているとすれば、これらの問いは歴史ある人間への問いに深く重なるだろう。

注

（1）横溝正史『横溝正史自伝的随筆集』角川書店、二〇〇二年、二三九頁。
（2）讀賣新聞『號外』（北平八日發・同盟）一九三七年七月八日。
（3）伊藤隆『近衛新体制』中央公論社、一九八三年。
（4）大下宇陀児「探偵小説界　事変で萎縮」『日本読書新聞』一九四〇年三月一日号。
（5）江戸川乱歩「隠栖を決意す」（一九五五）『乱歩打明け話』河出書房新社、一九九四年、二四一頁。
（6）江戸川乱歩「怪人二十面相」（一九三六）『怪人二十面相』講談社（少年倶楽部文庫9）、一九七五年、八頁。
（7）中井英夫「血への供物：正史、乱歩、そして英太郎」（『日本探偵小説全集 付録8』『日本探偵小説全集9 横溝正史集』創元推理文庫、一九八六年）。
（8）横溝正史、前掲書、二〇九頁。
（9）埋忠美沙「江戸歌舞伎の検閲」、鈴木登美ほか編『検閲・メディア・文学』新曜社、二〇一二年、三一一頁。
（10）鈴木重三校注『偐紫田舎源氏』下、岩波書店、一九九五年、七六八頁。鈴木は絶版の理由を不明としながらも、「合巻装丁の過美はある程度かかわったかもしれない」という。
（11）西田政治「横溝君の人形佐七」『定本人形佐七捕物帳全集1』講談社、一九七一年、「月報」第一号。
（12）江戸川乱歩『乱歩打明け話』、二四二頁。
（13）横溝正史「横溝正史宛書簡」一九四一年一月三〇日。同書、二七八～二七九頁。
（14）横溝正史「鬼火」（一九三五）『日本探偵小説全集9 横溝正史集』創元推理文庫、一九八六年。

(15) 横溝正史「片隅の楽園」『ヒッチコック・マガジン』一九五九年八〜一二月。『横溝正史自伝的随筆集』、二四〇〜二四一頁。横溝は人形佐七の執筆停止は情報局の通達か、博文館主・大橋進一の予防措置なのか判らないともいう。
(16) 芥川龍之介「本所・両国」、久保田万太郎「雷門以北」を参照。
(17) 内田隆三『探偵小説の社会学』岩波書店、二〇〇〇年、『ロジャー・アクロイドはなぜ殺される?』岩波書店、二〇一三年を参照。
(18) 江戸川乱歩『乱歩愛誦探偵小説集』(下巻)序、岩谷書店、一九四六年。
(19) 江戸川乱歩「昭和十六・十七年」『探偵小説四十年』(一九六一)沖積社・覆刻版、一九八九年、二八六頁。
(20) 同書、二八七頁。
(21) 同書、二九三頁。
(22) 横溝正史『金田一耕助のモノローグ』角川書店、一九九七年、三七頁、九五〜九六頁。
(23) 金田一耕助の容貌は若き日の菊田一夫、着物姿で飄々としている姿は城昌幸に似ているともいう(横溝正史「途切れ途切れの記」十、『横溝正史全集』講談社、「月報」十、一九七〇年)。
(24) 江戸川乱歩「戦災記【昭和二十年度】」によれば一九四五年六月八日に福島に疎開したとあり(『探偵小説四十年』前掲書、三二一頁)、中島河太郎による年譜(『日本探偵小説全集2 江戸川乱歩集』創元推理文庫)もこれを踏まえている。
(25) 横溝正史『金田一耕助のモノローグ』、一八頁。
(26) 同書、一七頁。
(27) 江戸川乱歩「坂口安吾の思い出」(一九五五)『うつし世は夢』講談社、一九八八年、一三二頁。
(28) 江戸川乱歩「疎開、敗戦、探偵小説の復興」(一九五七)『乱歩打明け話』二六七頁。
(29) 『トップ(The Top)』前田出版株式会社、一九四六年五月創刊号。江戸川乱歩は『ロック』誌のその後について、探偵小説趣味を濃くしたが、概して低調に終ったという(「探偵小説雑誌目録」)。
(30) 『ロック(The Lock)』筑波書林、一九四六年三月創刊号。
(31) 江戸川乱歩『探偵小説四十年』覆刻版、三六四〜三六五頁。
(32) 『寶石(The Jewel)』岩谷書店、一九四六年四月創刊号。
(33) 江戸川乱歩「「本陣殺人事件」」(一九四七)『一人の芭蕉の問題』河出書房新社、一九九五年。
(34) 坂口安吾「推理小説論」(一九五〇)『坂口安吾全集15』筑摩書房、一九九六年、五五八頁。

（35）「猟奇」は佐藤春夫の「猟奇耽異」（curiosity hunting）の語に典拠を持つという。佐藤春夫「探偵小説論」（一九二四）『定本 佐藤春夫全集』第一九巻、臨川書店、一九九八年、二七五頁。

（36）芦部拓「プロファイリング・ぷろふぃる」『ぷろふぃる傑作選』光文社、二〇〇〇年、四一五頁。

（37）江戸川乱歩「探偵小説十五年」、「全集・選集・叢書」『鬼の言葉』（『江戸川乱歩全集』第二五巻）光文社、二〇〇五年所収。乱歩はクイーン、クロフツ、クリスティー、ヴァン・ダイン、シムノン、ベントレーなど欧米の作家の作品が数多く翻訳されたことにも言及している。

（38）一九三〇年一月に夢野久作は「ドグラマグラ」の前身となる千枚の原稿の校正を終えたという。

（39）江戸川乱歩「「不連続殺人事件」を評す」（一九四八）『一人の芭蕉の問題』河出書房新社、一九九五年、一九〇頁。

（40）林房雄「文学の少壮放蕩期 新作家よ遠慮し給ふな」（文芸時評〔3〕）『讀賣新聞』一九三四年八月二四日。

（41）ここでは東野圭吾、宮部みゆき、天童荒太らの作品を念頭に置いている。

（付記）本稿の1～4は『国際社会科学』（第六四輯、二〇一五年）所収の「乱歩と正史――戦争の時代における」に拠るが、本稿の問題構成にもとづき相当の加筆修正を施したものである。

II 現代社会の反射球体を見る

限界体験の傷口

〈原爆文学〉と原発事故

金森 修

1 証言者とその孤立

(A) 空前のものへの立ち会い

戦後に〈原爆文学〉と呼ばれる作品群を残した一連の作家たちがいた。「夏の花」(一九四七)の原民喜、「生ましめんかな」(一九四五)の栗原貞子、「にんげんをかえせ」(一九五一)の峠三吉などがとりわけ有名だが、ここではもう一人、〈原爆文学〉といえば必ず言及される大田洋子に注目して論を興したい。

『ヒロシマ・ナガサキ』(二〇一一)という〈原爆文学〉のアンソロジーにも、大田の代表作の一つ、『屍の街』(一九四八)が掲載されている。これは最初の発表時には、いわゆるプレス・コード絡みで一部を削除された上で公刊されたものだった。

『屍の街』には、改めて引用するのも気が引けるほどに有名な一節がある(第一七節)。

「お姉さんはよくごらんになれるわね。私は立ちどまって死骸を見たりはできませんわ。」
妹は私をとがめる様子であった。私は答えた。
「人間の眼と作家の眼とふたつの眼で見ているの。」

「書けますか、こんなこと。」
「いつかは書かなくてはならないわね。これを見た作家の責任だもの。」

証言の重みを感じさせる一節だ。証言とは、或る特殊な経験に否応なく巻き込まれた者のみが可能な行為だ。クーデターや大事故、戦場にいた者などが、その可能的な対象になる。もちろん、何も負の経験のみが証言可能性の条件であるわけではなく、素晴らしい劇を鑑賞したり、優れた芸術家の謦咳に接した人物は証言者になれる。

しかし、いうまでもなく、原爆被災は負の経験以外の何ものでもない。それはアウシュヴィッツの収容者に匹敵する、というより、それ以上の可能性さえある激烈な負の経験だった。例えば広島の場合、それは文字通り空前の、想像を絶する経験で、市内の多くの人々は原爆投下直後には、崩れる家の中で、すぐ傍に爆弾が落ちたと考えたといわれる。だが、その〈すぐ傍〉はキロ平米単位の〈すぐ傍〉だった。

『屍の街』に描かれているように、広島の想像を超えた経験は、人々に叫喚や怒声をもたらすどころか、一種呆然とした〈無慾顔貌〉[1]をもたらした。大田がいう通り、市内一面はしずかにしんとしていた。「じっさいは人も草木も一度に皆死んだのかと思うほど、気味悪い静寂さがおそったのだった」（第一二節）。

アメリカ人の立場から〈原爆文学〉の俯瞰と鋭い分析を残したジョン・W・トリートは、大著『グラウンド・ゼロを書く』（二〇一〇）の序章の中で、非人間性（inhumanity）ではなく、それさえ突き抜けた無人間性（ahumanity）について触れているが、まさに、人間を完全に物質と等値するかのような無人間的な状況の中に被爆者たちは陥れられた訳である。

原爆被災という空前絶後の状況は、本当ならその瞬間、あるいはほぼ直後に死んでしまった無数の人々によってこそ証言されるべきものだったのかも知れない。しかし、もちろん死者は直接には語れない。「自分のために生きるな、死んだ人たちの嘆きのためにだけ生きよ」（「鎮魂歌」）と書いた原民喜は、死者のための語り部たろうとしたのだろうが、それは先の大田の言葉とも共振するとはいえ、大田が〈作家〉という文化的制度に自己を連結させた上での決意を示しているとすれば、原の場合には、より個人的というか、実存的位相での悲しい感慨のような響きをもつ。

いずれにしろ、大田や原のような証言者がいたからこそ、大田の、次のような被爆者たちの描像が、一種の範型性をもってその後の〈原爆イメージ〉を決定づけることになった。或る青年の噂を聞いていた私（語り手）は、実際にその人を見かける機会をもつ（『屍の街』第三節）。

「…その人なら、髪がぬけ、歯は歯槽膿漏のようにがたがたと頽れ、そのうえ瘠せこけて朽木のようだときいていた。私が眼のくらむほどびっくりしたのは、云いようもなく不気味な皮膚のいろのせいだった。その全身の皮膚は、肺結核の末期の人のような色のうえに、もっと絶望的な、不透明な、焼茄子に似た色でぬりつぶされていた」

まるで襤褸切れのように体中から垂れ下がる皮膚、「水を下さい」と言いながら川辺に寄り、そこでそのまま息絶える人、文字通り全身が炭化した死体。しかも、投下から二週間ほどたった頃から、生き延びた人々の間では下痢や胃腸出血、脱毛、口内炎などを起こし、体に特徴的な紫斑を現しながら死んでいく事例が多発するようになる。それは〈時限付き爆弾〉のようなものだったが、あまりに奇矯な現象だったので、赤痢のような誤診がつき、原爆にはイペリットのような毒ガスが含まれていたのではないかという憶測も呼んだ。それが原爆症という特殊な病気に他ならないということが分かるのは、それからしばらくしてからのことだ。

これらの事象は、まさに想像を絶するもので、実際にそれに立ち会い見た人々でなければ想像しえないものだっただろう。だから、最初期における〈原爆イメージ〉の証言者は、実際には被爆せず、噂話を通して〈原爆イメージ〉を造り上げたり、原爆を遠景に配してその中で生きる人々の心理分析をしたりという、その後の〈原爆文学〉の流れからみても、別格な特殊性を帯びていた。だが、まさにそのゆえに、それは、最初期の証言的色彩の強い〈原爆文学〉の担い手、原爆作家たちに対する、一種不可解な反感や嫌気を呼び起こす原因ともなった。[2]

この、幾分辛い来歴を象徴する人物として、私は大田洋子をあげたいのである。以下の部分で、大田の生涯を少し詳しく見ていくことにする。

（B）大田洋子の〈原爆以前〉

実際に大田の晩年に私淑した江刺昭子には『草饐《くさずえ》』（一九七一）という大田論がある。それも参考にしながら、大田の履歴をごく簡単に辿ってみる。

世間の奴らはどうしてこう私の作品をわかろうとしないのだろう。[3] これが、時の世界情勢にまで激しい憤怒をぶつけることが常だった、大田の日常的感慨だったといわれる。

大田洋子（一九〇三～六三）[4] は、母トミが三回も結婚し、その度に子どもを作ったので、複雑な家庭環境の中で成長せざるをえなかった。母の二番目の夫（ろくに働かない酒乱の夫）との間に生まれた彼女は、母の連れ子として、十代の感受性豊かな時期に母の三番目の夫の元で暮らした。

一九二二年、軍都広島の象徴の一つだった江田島で小学校教師を務める。しかし、校長との確執もあり、二年ばかりで島を去る。若い頃の彼女の感情生活に大きな振幅を与えたのは藤田某との間の恋愛だった。藤田は妻帯者だったが、やがて二人は同棲状態に入る。その後藤田が妻と離婚したので、女児を出産する。大田は二五歳になっていた。しかし、産後わずか五〇日にして彼女は出奔し、大阪に向かう。

大田は、もし自らが普通の父母をもち、健全な家庭で育った身だとすれば、藤田が自分にいろいろ嫌な嘘をつくことはなかっただろう、と別れた男に対する深い恨みをもちつづける。一時期、菊池寛を頼って上京するが、やがて帰郷。再び、藤田との泥沼のような生活に戻っていく。

その藤田と再び別れた後、酒場の女給などをしながら糊口を凌ぐが、長谷川時雨という女性が主宰する雑誌『女人芸術』に小説を載せてもらうというチャンスを手にする。だが、生活は荒れる一方で、雑文を時々したためては、荒んだ生活を続ける。三〇代初めには黒瀬忠夫という男と一時期同棲するが、痴話喧嘩の果てに黒瀬に灰皿を投げつけ怪我を負わせるなどの顚末の末、同棲も解消される。大田はその後、黒瀬への憎しみを作品の中で吐露することになる。

三〇代半ばの頃、トミが上京して一緒に住むようになったので、生活全般のことは母に任せて最初の長篇『流離の岸』（一九三九）を書く。また、母に資金を援助してもらって中国に渡航し、その時の経験を元に『桜の国』（一九四〇）を書く。『桜の国』は北京を舞台にした恋愛小説だった。時代はきな臭い戦争に既に突入しつつあったが、大田の文学世界には戦争への危機意識や批判意識はほとんどなく、男女の情痴を中心としたテーマ設定を繰り返すことが多かった。

ともあれ、次の事実は重要である。『流離の岸』とほぼ相前後して発表し、好評をもって迎えられた「海女」辺りの時期から、それまで書きためていた作品を矢継ぎ早に公表して世評を得た大田は、一九四〇年から四三年頃までの間、つまり第二次世界大戦前半という過酷な時代、芸術的表現や思想への弾圧があったその時代に、最も成功した作家の一人だったのである。その時期に、彼女は何冊もの本と数十篇もの短篇を完成させている。三〇代後半から四〇歳頃にかけてのこの頃が、彼女の世間的成功の絶頂期であった。(5) 羽振りも良くなり、生活態度にも若干の傲慢さが加わるようになったと伝えられている。

しかし、得意の絶頂も長くは続かなかった。一九四四年にもなると、戦況が悪化し、それに伴い国の経済状況が逼迫していくなか、多くの出版社がつぶれるなどして、大田は発表場所を失っていく。貧困の陰が再び彼女を襲い始める。そしてトミは広島に疎開する。

一九四五年一月、大田は空襲の危険性が増す東京を逃れて、妹中川一枝一家の元に身を寄せるため、広島に疎開する。その後の人生の運命を決定づける、あの広島に、である。

そして八月六日、妹宅で原爆を経験するのだ。それは、原爆作家、大田洋子の誕生のきっかけが与えられた瞬間だった。

これ以降は、今までのような人生の祖述だけではなく、より作品内在的な分析も試みていこう。ただ、まずは戦後の彼女の人生の流れを簡単に辿っておく。

（C）戦後の大田洋子

終戦から一年ほどしてから、大田は江田島時代に情交があった筧中静雄と再会する。そして再び交際をスタートさせるが、それも一九四八年終わり頃には終焉を迎えている。

戦争中には文壇に確固たる地位を築いていたはずの大田は既に四〇代前半に到達していたが、終戦直後の創作生活ははかばかしいものではなかった。一九四七年には『真昼の情熱』が出されるが、それは『桜の国』のスタイルを想起させる恋愛小説だった。

だが、一九四八年に『屍の街』が公刊されると、ほぼ同じ頃に邦訳が出たジョン・ハーシーの『ヒロシマ』（一九四六）や永井隆の『長崎の鐘』（一九四九）などと並んで、証言的色彩の強い〈原爆文学〉の代表的作品として位置づけられるようになる。現在でも『屍の街』こそが大田の代表作だとみる識者は多い。大田の場合、それまでにはみられなかった社会派的な意識が発現したものとしても、それは評価された。

現在でも、『屍の街』、『人間襤褸《らんる》』（一九五一）、中篇「半人間」（一九五四）、『夕凪の街と人と』（一九五五）の四作が大田の代表的な〈原爆文学〉だと見なされるのが普通である。

しかし、被爆体験を書くということは、過酷な体験に対する心理的注視や、記憶の無理強い的な反復を彼女に強いるものでもあった。仮にそれが直截的証言からは離れたものだったとしても、その中核に原爆被災という想像を超えた酷薄さがあることは事実であるに留まり、その作業に携わった大田の精神や肉体に、それは多大のダメージを与えた。[6] 事実、それらの代表作を執筆する頃から、彼女は睡眠薬や抗ヒスタミン剤を常用するようになった。また、一九五二年秋には一時期、ノイローゼで東大神経科に入院している。

第一、自らがその証言者の一人でもあった原爆症への怖れが、彼女自身にも襲いかかっていた。いつ死んでもおかしくはないという恐怖との闘い。さらに〈原爆文学〉の盟友、原民喜は一九五一年には自殺して果て、峠三吉は一九五三年に手術中死亡する。一種の孤立感が彼女を苛む。

いわゆる相生スラム（原爆スラム）を描いた『夕凪の街と人と』[7]を公刊した時、大田は既に五〇代前半になっていたが、その後死に至るまでの七、八年の間、大田の創作活動は一種の〈退行〉を示す。もちろん、ここでの〈退行〉とは〈原爆文学〉の作家が原爆について書き続けるのをやめるという意味での〈退行〉であり、それは原爆作家という固定した評価軸に沿う相対性をもつことは間違いない。彼女の心の中では、それは〈退行〉というよりは、端的な〈解放〉だったのかもしれない。

いずれにせよ、その頃から大田は原爆と真正面に向き合い続けることに疲れを覚え、戦前のような恋愛小説とまではいかずとも、一種の私小説的な心境を書き留めることを好むようになる。それを彼女は「文学的な道楽をしたい」と表現した。[8]

〈原爆文学〉の代表者として位置づけられていた時には、原爆しか書けない、原爆を売りものにしているなどと言われていた彼女は、それを書かなくなると、今度は、生き恥を晒したというような表現でその晩年を形容された。

無念なことに、高名な原爆作家の一人であるはずだったが、広島でも大田は原や峠ほどには評価されなかった。また、中央文壇も、一般に原爆作家を厚遇しなかった。もともと高等遊民的な心境小説や教養に裏打ちされた思想小説を尊ぶ文壇からみれば、（それが妥当な評価かどうかは別にして）証言者としての特権性だけで何年も食いつなぐような姿勢は、反感をもって受けとめられた。そもそも、原爆を文学の題材にするということが、グロテスクなまでに残酷な風景の執拗な喚起を多少とも伴わざるをえない以上、文学という文化的制度にはそぐわないという感覚も、作家、一般人の別を問わず、或る程度共有されていたとみることもできる。一九六〇年代には我が国の出版界は大規模な文学全集の公刊に沸き立った。しかしほとんどの場合、文学全集に原爆作家の名前はなかった。

さらには、大田自身の人柄の問題もあった。彼女と接した少なからぬ人々が、大田のことを傲慢不遜、吝嗇、偏狭、わがまま、陰惨などという言葉で形容している。もちろん、それが客観的評価かどうかは分からない。しかし頻度を考えると、彼女にもそれなりに原因があったのだと推定することが許される。

文学全集にも名前が載らず、ジャーナリズムからも売れないと見放され、晩年には作品注文も、ほとんど来なくなった。八四歳で母トミが死去。一人ぼっちになった大田は、何かを求めるようにして漂泊の旅を続けた。原爆症の影響なのか、それとも戦後の生活様式がなせる技なのか、真夏にも体中に冷えを感じ、真綿を背負い込むような姿で人と面会した。江刺昭子は、大田の生涯を「不安神経症にまでなりながらも、書くことをやめなかった、世間の冷たい仕打ちにも、老いたこぶしを振りあげて刃向った。その一生は闘いの一生だった(9)」と纏めている。

その最期も、旅の最中でのことだった。一九六三年一二月一〇日、猪苗代湖畔の中ノ沢温泉五葉荘で入浴中に急逝。享年六〇歳。

（D）大田洋子と〈原爆文学〉

『屍の街』第五節には、それまでの大田の文学世界から考えるなら若干珍しい政治的考察がある。私（語り手）は、広島に原爆が落とされた時、戦争の勝敗は既に客観的に決まっており、その意味でそれは戦争でさえなく、それを無理に続けた軍国主義者たちが、アメリカと共に原爆投下に加担したようなものなのだ、と考えている。普通、証言的色彩の強い作品と位置づけられる『屍の街』も、本稿冒頭で引いた作家としての使命感の表白といい、この軍閥政治批判といい、作者の直截な決意や社会的判断が織り交ぜられているのが分かる。

『人間襤褸』では、原爆症という「そのあとに来るもの」の悪魔的な破壊の効果に歯ぎしりする登場人物が出てくる（第三章）。それは、原爆そのもの以上に犯罪的だという趣旨の言葉には、放射能汚染が人間に与える格別の恐ろしさ、時間差の、しかも無際限に続く恐怖への憎しみが感じ取れる。それは半ば社会的、半ば個人心象的なものだ。

他方で、不安神経症を抗ヒスタミン剤でやり過ごし、病院で持続睡眠治療を受ける主人公を扱った中篇「半人間」の場合には、癌や白血病の発症可能性という〈爆弾〉に怯え、心を半ば病みながら病院で時間を過ごす人間が描かれているだけだ。そこからは既に社会的位相は後退し、被爆（または被曝）という、個人ではどうしようもない運命の構図の中で、ただ翻弄され傷ついていく人々への視点が設定されているだけだ。

中篇「残醜点々」（一九五四）は『夕凪の街と人と』と似た小説空間を作っている。三年ぶりに広島に戻った語り手が、妹テイ子の元に身を寄せて、妹たちと言葉を交わしながらその生活ぶりを描くという設定だ。喚起されるイメージ群は実に暗く陰湿である。妹が住む部屋は陋屋で、湿気のせいで無数のナメクジが這いまわっている。あまりの多さに塩で殺すと、瀕死のナメクジの姿は、語り手に、放射能に半ば焼け溶け、しかしまだ完全には溶けきらない人間たち、山のような死骸となって横たわっていた被爆者たちの姿を連想させるのだった。妹は、この街全体が三尺高くなったのよ、という。瓦礫と骨の堆積によって町全体が高くなったのだ。漆喰や木材、石の残骸だけならまだしも、人の遺体の残骸が面を構成するほどに汎在しているということの凄まじさが、何気ない筆致で描かれる。当時の戦災者住宅一般が、良好な生活環境をもつものだったと想定するのは確かに現実離れしているとはいえ、それに加えて、原爆被災者独自の酷薄さがそこから透視されるような書き方がなされている。社会の大枠の中で、ひっそりと与件に甘んじながら暮らす人々の風景だ。

もちろん、ここでは個人心理と社会性とを対置させ、その両軸を基準に各作品の質の上下を査定するというような意図はない。一言で〈原爆文学〉といっても、一度、直接の証言的性格を離れれば、実に多様な表現可能性が開かれているという当たり前の事実に一言触れ、自ら望まずに証言者の地位に立たされながらも、その後徐々に、この話題においてさえ何らかの〈芸術的彫琢〉が可能かも知れないと考えた大田の、作家としての或る種の矜持を確認したいと思っただけだ。

にもかかわらず、彼女は原爆を売りものにするとか、被爆体験を特権視している、原爆物しか書けないという類いの言葉に苦しまねばならなかった。その苦しみと怒りは、晩年の中篇「輾転の旅」[10]（一九六〇）でも表白されている。第五節の下りをみてみよう。私（語り手）の〈寒気〉から、その憤激の感情が見て取れる。

「十年間、私は原爆を扱った芝居を書いて来た。それが現代では、劇作や文学の範疇からはみだしたものであることを、私はいやいやながら知っていた。(……)

『またあれですか』

と人は云った。自分でもまたあれかと思った。

『まだH市には、あのことで書くことがあるのですか』

この詰問をおどろくべき考えだと思い、私の背中に、さッと寒さが流れた」


同じ節のすぐ後の部分には、晩年の大田の心象を表明するものとして有名な一節がある。


「南伊豆に来たのは、東京の底冷えから逃げ出したのでもあった。しかしもっと肝心なことがあった。ビキニ環礁で水爆の実験があり、日本漁船の十三人の船員が、広大な規模でふり注いだ放射能の降灰にまみれて戻った。東京に、死の灰と云われるものをふくんだ雨がふり、魚を食べる危険がふって湧いた。人々の眼の色を変えていた。私は天気のいい日に、傘をさして歩く男や頭に風呂敷をのせて歩く女性を見つづけた。髪の毛がぬけることを、人々は怖れていた。新聞やラジオが私のところに話をききに来た。

『ざまを見るといい』という気に、私はなっていた。だから云わないことではなかったのだと私は思っていた」


言うまでもなく、この背景には、一九五四年三月に実施されたブラボー実験で、第五福竜丸乗員を初めとする多くの一般人が被爆し、世界的規模に拡散した放射能汚染に国内外が怖気を震ったという事実がある。放射能マグロなどが汚染の象徴として取り沙汰され、従来広島と長崎の限局的経験だったはずの被爆への恐怖が、〈死の灰〉という形で一般化された。放射能は、誰もが怯えざるをえない対象になった。原水爆禁止運動が盛り上がる世情を尻目に、長年自分を無理解と揶揄、無視や冷遇の地位に貶めてきた世間や文壇に対して、大田は精一杯に毒づいたのである。

この「ざまを見ろ」という言葉を最晩年の大田は何度か繰り返している。栗原貞子や長岡弘芳らがこの言葉を取り上げ、そこに大田の無惨な頽落を見て取っているが[11]、戦後社会での大田の活動とその扱いに対する憤懣ぶりを考えるなら、この程度の言葉が出てくるのは無理もないというべきではなかろうか。

いずれにしろ、本来は男女の愛情のもつれなどを描くことに向いた資質をもっていたはずのこの作家が、自ら望みもしない破天荒な災厄の直中に投げ込まれ、まずは証言し、その経験を何度も咀嚼し直してそれに芸術的彫琢を加えようとしたこと、そしてまさにそのために心身共にボロボロになりながら晩年数年間を過ごさざるをえなかったこと、この二つの事実の中に、原爆作家というようなレッテル貼りからは到底見えてこないドラマが隠されている。〈原爆文学〉といいながら、ここではほぼ大田洋子のみに特化した記述をしてきた。というのも、長岡弘芳や黒古一夫など、当該分野の優れた仕事がある中で、本稿は別に原爆文学史に接近しようとは思っていないからだ。ただ、戦後の大田の運命は、我が国のような文化風土の中で、被爆者であり文学者であり、原爆自体をテーマにしようとした作家に降りかかる多様な事象、そしてそれに対する応答と反応の仕方という意味で、個別事例を超えた一種の範型性をもっている、と私は思う。比較的細かく大田の事例を追跡した所以である。

2　限界的なものの糊塗と馴致

(A)〈原爆文学〉嫌い

まだ少年の頃から、〈ピカドン〉の話はもちろん何度も耳にすることがあった。また、ちょうど井伏鱒二の『黒い雨』(一九六六)のように、少女時代に被爆したせいで婚期を逃し、遂には原爆症を発症する女性の姿を描いたテレビドラマをみて、子供ながらに怒りを覚えたことが、いま私の記憶の底から湧き上がってくる。黒焦げの少年の遺体の写真とか、無惨そのもののイメージも目に浮かぶ。

そして、原爆絡みのその種の逸話の中でも、人間が完全に蒸発してしまい、後はその影だけが残ったという話は、とりわけ少年時代の私の心を打った。

青野季吉は「広島と平和」[12]（一九五〇）という文章の中で次のように書いている。

「遺跡のなかでも特にさまざまな連想を強いられたのは、大阪銀行支店の玄関の石段に残された一人の人間の影であった。いやそれは影などというものではない。人類が生身にはじめて受けた熱線のために消え失せた人間のシミであった。彼がこの地に刻んだ戦争憎悪の永遠の訴えであった。どこの誰とも分らないその人間は、あの宿命の朝、この石段に腰かけて銀行の扉を開くのを待っていたに違いない。その円っこい姿勢までがたどれる。——この遺跡についてはすでに詳しく聞いていたが自分の眼でその灰色のシミをみつめ、その人間の在りし日の輪郭を追っていると、残酷とか恐怖とか言った言葉の空しさが身に沁み、ただこの『事実』に面と向っている自分と、何かこうたぎるような怒りにつながるリズムをもった重い気持ちがあるばかりであった」

大阪銀行石段[13]での人の影。〈人造太陽〉の光と熱に一瞬にして焼き尽くされ、遺体どころかその痕跡しか残せなかった誰かの影。無惨な遺体であっても、遺体があるだけまだ人間的だともいえそうな、あまりに非人間的または無人間的なこの逸話は、戦後何年もの間、広島原爆を語る時に何度も取り沙汰されることになる。その後、実はこれは人の影ではなく、何かの有機物が付着したものだということが分かったらしい。しかし、恐らくより重要なのは、人間の完璧な蒸発[14]ということがあってもおかしくないと人々に思わせるほどに、原爆は図抜けた限界体験だったということなのだ。

この事実がある時、大田洋子の事例について折に触れて述べたような、戦後日本社会の一種不可解な反応[15]には、やはり違和感を覚えざるをえない。[16] 既に若干触れておいたが、改めてもう少しこだわってみる。

その際、原爆文学史上よく知られた三つの論争と呼ばれるものがあるが、ここでそれに触れておくのも無駄ではあるまい。それは〈原爆文学〉というトピックがそもそも成立しうるのかという論点も含むので、詳細に検討すれば興味深いことが分かるはずだ。もっとも『日本の原爆文学』第一五巻にもその一部が掲載され、トリートも取り上げ（I、三）、複数の論攷や本でも何度も解説されているものなので、ここで改めて詳説する必要はない。第一次から第三次にかけて、もちろん時代も論点も微妙に異なるが、〈原爆文学〉そのものを否定しようとする論拠を提示した点で一番典型的なのは、第一次論争で立ち上げられた志条みよ子の議論[17]だろう。志条は、地獄のような絵や文章ばかりにいつまでも拘泥していても埒があかないというのだ。〈原爆文学〉は政治や科学の話題に連結しやすく、他方で、文学とは本来、純粋に人間の問題であるはずだ、と彼女。それは文学という文化的制度の一種の自律性の確認や誇りの表明でもあり、それなりの説得性をもっている。ただ、ここで志条が語る次の言葉は、どうだろうか。死ぬというのが問題なら、原爆でなくても飛行機や汽車の事故でも人は死ぬ。それに戦時中に人が死ぬのは或る種の覚悟の上でだろうが、普段の日常生活では、その種の覚悟さえない無数の死があるではないか、と。被爆死だけを〈特権視〉するのはおかしいという議論である。それは（たとえおぞましい悲劇的経験であれ）証言者になりえなかった者たちの間接的な怨嗟のようにも響く。

もちろん、志条だけではない。他にも、原爆作家は原爆を売りものにする、原爆というテーマはただ陰惨なだけだ、原爆はそれ自体一つの科学的事実であり、それに縛られた文学には自由度が低いなどという判断が、次々に寄せられた。もちろん原爆作家やその理解者からの反論もあった。しかしここでは、擁護よりも批判の論点を見た方が言説上の生産性が高い。

繰り返すなら、そこには、読者の好み（暗すぎる）や商業的価値（売れない）という論点以外にも、文学という文化的制度の自律性問題や、文壇内部での権力関係への配慮という論点さえ絡んでくる。一九七〇年代終盤から八〇年代初頭にかけての、中上健次の原爆ファシストという言葉とか、「核戦争の危機を訴える文学者の声明」（一九八二）への若い文芸評論家たちの反感などという話題は、その筋目から透視すれば、それなりの根拠付けが可能だ。

原爆ファシズムなるものは、原爆をテーマにしさえすれば独自の文学が創れるとでもいうかのような風潮（または中上がそう感じたもの〉への敵意であり、それは本稿冒頭で述べた、実際に被爆したものでなければ真正の証言者たりえないという厳然たる事実が〈原爆文学〉の基底にあるということへの反感の表明でもある。〈遅れてきた被爆者〉は（晩発性放射線障害の患者という意味ではもちろんなく）存在しえない。それへの中上の反抗だった。

他方で「声明」を文壇内部での集団迎合的性格の押しつけとみて、それに反論を加えた文芸評論家たちは、八〇年代初頭に核文明への根源的批判たりえたかもしれないこの声明を、文壇政治に矮小化させたものだともいえる。文学という制度がきらびやかな文化資本的権威をもっていたからこそ、その内部での若手と大家との間の政争は、それなりの意味があったのかもしれないが、戦後、既に存在しにくくなっていた〈総合的インテリ〉像を担いえたかもしれないこの瞬間の価値は、文壇内部の内紛によって脆くも崩れ去ってしまった。そんな状況下で、原爆を投下されたことの意味、〈原爆文学〉なるものの位置づけ、核文明の総体的批判などの論点が掘り下げられるはずもなかったのである。

いうまでもなく、その後の〈原爆文学〉は、原基的証言性から世代的にみて離れざるをえない中で、多様な展開を見せた。例えば、福永武彦のような文学的技巧を洗練させる方向、高橋和巳の政治小説風の方向、井上光晴、小田実、いいだもも、堀田善衛などのような政治的、社会的方向などへと分岐していき、全体の性格を一言で規定するのは到底不可能なものになっている。当人自身が被爆者でありながら、長く続く経歴の中で自然死と被曝死（既に被爆死ではなく）との境界をぼかすような境地を描く、林京子のような作家もいる。また青来有一などは、原爆が遠景のように配置された小説を書いている。そこでは、原爆は間接的にしか利用されないようでいて、作品群の基調を統括しているのが巧みだ。

〈原爆文学〉の通覧的で文化史的な位置づけは、幾つかの優れた業績を考慮に入れても、実はまだ充分にはなされていないのではないかとも思う。

いずれにしろ、戦後の日本社会は、この話題を我が国の文学的伝統と直結させることを基本的には好まなかったのである。〈原爆文学〉は嫌われ者だったのだ。

（A）内在化されたプレス・コード

周知のように、ＧＨＱはプレス・コードによって、占領軍にとって有害な報道や出版物などの検閲を行う作業を一九四五年九月から開始した。それは、サンフランシスコ講和条約が発効した一九五二年四月まで続いた。もしそれに違反すれば沖縄に連行されて重労働をさせられる云々の噂が人々の間に飛び交った。当然ながら、科学的、文学的を問わず、原爆に関する情報はＧＨＱにとっては検閲の対象とされ、そのため直接的な証言者たちの報告は端的に葬られるか、一部削除の上限定的に出版を許可された。栗原貞子や正田篠枝のように、にも拘わらず出版した人たちもいたが、それは危険な行為だった。

そんな中で、今堀誠二も指摘するように[18]、当の日本人たちは、原爆について考えることから疎外されている内に、自分で原爆を疎外するという習性が身についてしまったとでもいうかのようだ。被爆体験はいわば内在化されたプレス・コードのようなものになった。それは不可視の、または不可触の限界体験になった。

『生きる』や『七人の侍』のような黒澤明を代表するヒット作に続いて公開されたにも拘わらず、『生きものの記録』（一九五五）が興行的には大失敗だったという事実も、どこか示唆的である。『生きものの記録』は、原水爆への極端な〈被害妄想[19]〉に怯える中島喜一を主人公とした、苦く暗い映画だ。公開翌年の『経済白書』に有名な「もはや『戦後』ではない」という言葉が刻まれるような当時の社会風潮の中で、原水爆への過剰な拘泥は普通の市民生活を脅かすものとして捉えられていたのだろう。そしてそれは、戦後の窮迫した生活から徐々に脱却しつつあった人々にとって、それなりに理解できる心情だったのである。

このような背景もあって、〈原爆文学〉は、戦後の日本社会にあまり受け入れられなかった。自ら望まずに、原爆作家としての晩年を過ごさざるをえなかった大田洋子が何度も毒づいたのも、この社会的文脈の中に位置づけてみる限り、充分了解可能なものになる。大田が良いとも悪いとも、そう簡単に断定できるような事柄ではないのだ。

（B）限界体験の限界性の否定

さて、この小論の中で私は随分、原水爆と〈原爆文学〉にこだわってきた。それは、過去の特殊な逸話、人類史上空前の惨事に遭遇したにも拘わらず、原爆はあくまで広島や長崎の限局的経験であり、一般的関心事ではないというような姿勢をとり続けた日本国民への違和感の表明をしたいからでは、必ずしもない。忘却されつつある記憶の風景を無理に浮き彫りにさせ、破天荒な経験の意味を改めて再考したかったというのでもない。というか、部分的にはその意図ももっているが、それだけであれば、実はこのテーマは、記憶の再燃、過去の再構築の必要性を主張するだけのものになるだろう。

私がより強い懸念を抱き、問題視したいと思っているのは、原爆、つまり放射能汚染でもあるこの事実を隠蔽し、忘却し、たいしたことではないかのように捉えようとしてきたその傾向を支えていた社会的構図や思想背景が、実は本質的には現在でさえそのまま続いているということなのだ。本稿は、過去への拘泥というよりは、現在と過去との同質性に対する驚きと怒り、焦燥感に駆動されている。〈原爆文学〉のことを語りながら、実は私はいま現在のことを語っていたのである。

三・一一の大地震直後に勃発した原発の大事故からもう四年もたつというのに、原子炉に近づくこともできず、汚染水処理も円滑に運んだ試しはなく、海への半ば意図的な漏出が何度も何度も繰り返されるという風景。そして、放射能被害が現実化するにはタイムラグがあるという特性、放射性物質は五感では把握できないという特性をむしろ奇貨とし、言い抜けや言い逃れを繰り返す政府、電力会社、関連分野の科学者たち。最近では、三・一一直後には不当に差別されていた云々という趣旨の言葉を吐く科学者も出てくる始末だ。国土の深刻な汚染の軽視、他人の命一般に対する無関心、私益への露わな執着など、到底文化国家とは言い難い様相を呈する現代の日本は、これが我が祖国なのかと泣きたい気持ちになるほどだ。

オリンピック誘致という可能的産業振興のためには、汚染水の状況は制御されているという囈語《げいご》を首相が述べる国。少しでも放射線障害の危険性を言挙げする人間を変人や厄介者扱いにし、その人間の言動は風評被害を助長させるだけだとして封殺しようとする人々、放射脳という揶揄、表現者への恫喝。そしてそれに迎合するマスコミ、権力層、政府。

それは、ちょうど原爆被害が限界体験だったという事実に向き合おうとせず、〈経験の鋭角性〉を摩耗させ、鈍化させ、二次的な逸話であるかのようにして、歴史の彼方に追いやろうとした社会的力学の働きと、ほぼ相同的な姿を晒すものである。それがあたかも普通であるかのように、人々が安穏としていられるということこそが、私には驚きなのだ。われわれは限界体験の限界性を把握できないのだろうか。本当に、過去から、いや経験一般から、本質的なことは何も学ぼうとはしないのだろうか。

それほど重要な話ではないが、或る示唆的な逸話に、ほんの少しだけ言及しておこうか。二〇一四年一二月九日、朝日新聞デジタルに次のような趣旨の報道がなされた。

ウィーンで開催中の『核兵器の人道的影響に関する国際会議』で、日本の佐野利男軍縮大使は、同月八日、核兵器の爆発時には「対応できないほど悲惨な結果を招く」との見方について、「悲観的過ぎる。少し前向きに見てほしい」と発言したという（傍点、引用者）。

核爆発を前向きに捉えるとは、いったいどういうことなのか。

念のために確認しておくなら、佐野は軍縮のために長らく活動してきた優秀な官僚らしい。それにこの言葉の本意は、核兵器関連の事象においても前向きな人道支援が可能なのだという程度の主張なのだろう。しかし、この何気ない言葉の中に、私は〈原爆文学〉を周辺化し、福島第一原発の事故を矮小化しようとする力学に通底する何かを感じ取らざるをえないのだ。しかもそれは、唯一の被爆国である日本の政府高官の口から吐き出された言葉なのである。

繰り返す、このような心的傾向が汎在しているからこそ、原爆も原発事故も、日常生活の平面からはじき飛ばされてしまう。

しかし、この種の限界体験がもつ限界性は、実は完全に糊塗され尽くすことはない。折に触れて、死者の呟き声、病者の苦しみ、生物の畸形などという形を取って、固有の傷口を露わにする。露わにし続ける。

過去の揺れ動きの中から、滅び行く者たちの呟き、苦悩する者たちの呻き声を拾い上げ、それを現在の中に響かせ続けること。それは、一見不可視に見える傷口を凝視することであり、その凝視の作業がありうるからこそ、現在は、過去の次に来る平板な羅列項だけではなく、蓄積と深化を顕在化しうる作用因として働くことが可能になるのである。

〈原爆文学〉という領域の、独特な苦悩に満ちた履歴、焦燥と呪詛の中に打ち沈んでいった大田洋子の生涯は、その事実を間接的に浮き彫りにする、貴重な過去なのである。

注

（1）大田の短いエッセイ「原子爆弾」（一九四九：『日本の原爆文学』第二巻所収、以下GB2と略記）の次の一節を想起されたい。「それがね、あまりこわくなかったのよ。恐怖にも既成概念があるでしょう？　それまで経験した恐怖にも限度があったわね。原子爆弾の投下のときは、そんな恐怖はみんないっしょに吹きとんじゃったのよ。」過度の恐怖による恐怖の消滅。引用に続く部分では、当時の学者たちは、このような心象に襲われた人間たちの顔のことを無慾顔貌と呼んだ、とある。

（2）反感というのは不適切だが、例えば小田切秀雄は「原子力問題と文学」（一九五四）というエッセイの中で〈原爆文学〉について「…被災地で直接に体験した作家たちだけが書けるという性格にとどまっていていいかどうか、原子力問題と文学との関係を、『原爆文学』ふうの努力をもふくめつつ一層高度なものにしてゆく必要と可能とがあるかどうか」と問いかけている（『日本の原爆文学』第一五巻所収、以下GB15と略記）。

（3）江刺（一九七一）、一二頁。

（4）誕生年については異説もある。

（5）cf. 江刺（一九七一）一二五〜一二六頁。

（6）cf.「創作態度」（一九五二：GB2所収）でも、忘れ去りたいという願望と、記憶に留めなければならないという義務感に引き裂かれる感情に触れられている。一九五六年には、その名も「私は忘れたい広島の思い出を」というエッセイが書かれている（GB2所収）。

（7）こうの史代の成功した漫画『夕凪の街 桜の国』（二〇〇四）は、もちろん、先の『桜の国』共々、この本への暗黙の引喩となっている。
（8）「わが小説『山上』」（一九六二：GB2所収）。
（9）江刺（一九七一）、二四〇頁。
（10）GB2所収。
（11）cf. 栗原貞子「悲運の作家大田洋子への痛み」（GB2所収）。
（12）GB15所収。
（13）当時は住友銀行だった。
（14）確かに、例えば艦砲射撃の至近距離での直撃は、人間の体を文字通り木っ端微塵にして、遺体をなくしてしまうということはある。しかし原爆での人間蒸発と大口径砲弾による遺体四散との間には、やはり或る種の質的断絶があるのではないか。たとえ、大阪銀行の場合には、最終的にはそれが幻影的表象だったとしても。
（15）諸々の反応の中でここでは、〈原爆文学〉という存在に対する否定や揶揄という論点に絞る。他方で、被爆国でありながら、原爆を〈原子エネルギーの解放〉という技術的偉業と捉え、それを礼賛した多くの物理学者たちがいた。率直に言って、そこには技術的知性がもつ独特の偏頗な視野狭窄性があると私は思う。自らを技術者として位置づけていたのか、ＳＦ作家の海野十三も次のような言葉を残している。「そして率直に告白すれば、アメリカが原子爆弾の製作に成功したと知ったとき、私は敵味方の関係を超越し、広島の惨害をも超越し科学技術史上画期的なるこの成功に関しアメリカに対し祝意と敬意とを捧げざるを得なかった。そして又たいへん羨しく感じたことも告白せねばならない」（「原子爆弾と地球防衛」GB15所収）。実に歪んだ印象を与える醜い文章だ。他方で、物理学者や技術者的作家（海野）だけではなく、他の何人もの文学者もまた、原子エネルギー社会の楽観的未来像を語っていたことには、バランス上触れねばならないだろう。
（16）さらには、特殊な受容論さえある。中でも有名なのは永井隆の浦上燔祭説だろう。長崎でのキリシタンの伝統に棹さしつつ、浦上の傍で原爆という業火に焼かれる人々は、神の祭壇に献げられた潔い羔になるのだ。また中野重治は「『原爆詩集』について」（一九五二）の中で、原爆投下は、一日も早く日本を降伏させるための慈悲行為だったのであり、その意味で戦時中を生き延びた日本人は、原爆投下者と原爆被害者に感謝すべきだ、という趣旨の言葉を述べている（GB15所収）。これもまた、燔祭説とは趣を異にした受容論である。原爆という、これほどおぞましいものに対してさえ、その前でわれわれは跪き、頭を垂れるのだ。

（17）「「原爆文学」について」（一九五二）、GB15所収。
（18）今堀誠二、上巻（一九五九）Ⅱ、四、六九頁。
（19）この言葉に〈 〉をつけるのは、本当にただの精神病的な被害妄想なのか、それとも急速に進展しつつある核時代に対する市民の健全な反応なのか、実は際どいからである。

参考文献

浅田次郎他編『ヒロシマ・ナガサキ』集英社、二〇一一
江刺昭子『草饐』濤書房、一九七一
井上光晴『地の群れ』河出書房新社、一九六三：河出文藝選書、一九七七。
井伏鱒二『黒い雨』新潮社、一九六六
今堀誠二『原水爆時代』上下巻、三一書房、一九五九〜六〇
大江健三郎『ヒロシマ・ノート』岩波書店、一九六五
大田洋子『人間襤褸』河出書房、一九五一：『大田洋子集』第二巻所収、三一書房、一九八二
大田洋子『半人間』大日本雄弁会講談社、一九五四：『大田洋子集』第一巻所収、三一書房、一九八二
大田洋子「残醜点々」初出一九五四：『大田洋子集』第一巻、三一書房、一九八二、二一九〜二六〇頁
大田洋子『夕凪の街と人と』ミリオンブックス、一九五五：『大田洋子集』第三巻所収、三一書房、一九八二
「核戦争の危機を訴える文学者の声明」署名者（以下、略）『原民喜』、『日本の原爆文学』第一巻、ほるぷ出版、一九八三a
『大田洋子』、『日本の原爆文学』第二巻、ほるぷ出版、一九八三b
『林京子』、『日本の原爆文学』第三巻、ほるぷ出版、一九八三c
『小田実／武田泰淳』、『日本の原爆文学』第八巻、ほるぷ出版、一九八三d
『評論／エッセイ』、『日本の原爆文学』第一五巻、ほるぷ出版、一九八三e
クック、S.『原子力 その隠蔽された真実』藤井留美訳、飛鳥新社、二〇一一
黒古一夫『原爆文学論』彩流社、一九九三
現代詩人会編『死の灰詩集』宝文館、一九五四
小海永二『原民喜』国文社、一九八四
後藤みな子『刻を曳く』河出書房新社、一九七二

後藤みな子『樹滴』深夜叢書社、二〇一二
笹本征男『米軍占領下の原爆調査』新幹社、一九九五
佐多稲子『樹影』講談社、一九七二
青来有一『爆心』文藝春秋、二〇〇六
トリート、ジョン・W.『グラウンド・ゼロを書く』水島裕雅・成定薫・野坂昭雄監訳、法政大学出版局、二〇一〇
永井隆『長崎の鐘』日比谷出版社、一九四九：サンパウロ、一九九五
長岡弘芳『原爆文学史』風媒社、一九七三
中川保雄『放射線被曝の歴史』増補版、明石書店、二〇一一
原民喜「鎮魂歌」一九四九、『夏の花・心願の国』所収、新潮文庫、一九七三
林京子『長い時間をかけた人間の経験』講談社、二〇〇〇
福永武彦『死の島』上下巻、河出書房新社、一九七一
三宅泰雄『死の灰と闘う科学者』岩波書店、一九七二
山本昭宏『核エネルギー言説の戦後史 1945-1960』人文書院、二〇一二
ヨーク、H.『水爆を製造せよ』塩田勉・大槻義彦訳、共立出版、一九八二
吉岡斉『新版 原子力の社会史』朝日新聞社、二〇一一
ローズ、R.『原爆から水爆へ』上下巻、小沢千重子・上沼二真訳、紀伊國屋書店、二〇〇一

★映像

今村昌平監督『黒い雨』一九八九
キューブリック、S.監督『博士の異常な愛情』一九六四
黒木和雄監督『明日』一九八八
黒澤明監督『生きものの記録』一九五五
佐々部清監督『夕凪の街 桜の国』二〇〇七
新藤兼人監督『さくら隊散る』一九八八
関川秀雄監督『ひろしま』一九五三
長谷川和彦監督『太陽を盗んだ男』一九七九

「科学と社会」についての覚え書

綾部 広則

1 はじめに

二一世紀に入り政府を中心に科学技術と社会に対する関心が高まっている。二〇〇四年にはそれまで断片的にしか言及してこなかった『科学技術白書』(以下、白書)が、「これからの科学技術と社会」と題して、独立した部を立てて科学技術と社会に関する特集を編纂している。白書によれば、科学技術と社会がますます密接不可分な関係になるにつれ、科学技術の発展に対する社会の期待が高まる一方で、不安も生じ始めている。したがって両者の最適な関係を構築するためには社会とのコミュニケーションを積極的に図るべきだという[文部科学省 2004]。

白書で言及されたこともあって、翌年の二〇〇五年には「科学技術コミュニケーション元年」[小林 2007 : 18]とも称される状況が立ち現れた。科学技術コミュニケーションに関する活動は、日本でもコンセンサス会議など一九九〇年代後半からこのテーマに関心を持つ一部の人々によって散発的に行われていたが、そうしたボランタリーな活動から一挙に政府後援の活動となったのである。文部科学省の科学技術振興調整費により東京大学、早稲田大学、北海道大学の三大学に科学技術コミュニケーション関連のプログラムが設置され、科学技術コミュニケーション関連人材の養成が始まった。人材育成以外にもＥＬＳＩ(Ethical, Legal, Social Implications または Issues)やアウトリーチ活動、サイエンスカフェなどの活動が始まった。

これらの活動のキーワードは双方向コミュニケーションであった。つまりこれまで科学者から一方的に行われていた正しい知識の伝達というやり方を改め、これからは科学者も一般の人々の意見やニーズに真摯に耳を傾ける必要があるというものである。一般人は科学に関する〝正しい〟知識が欠如しているから反対するのであり、正しい知識を補えば必ずや納得してもらえるはずだという考え方（欠如モデルと呼ばれる）は改めねばならない。それがどこまで実現しているかは別として、双方向コミュニケーションにはそうした含意があった。

なるほど現代社会を見渡せば確かに科学と社会の関係はかつてないほど深まりをみせているかのような状況に満ち溢れている。情報通信技術、食品、医療など科学技術は我々の身近な生活に深く浸透している。身近な生活とは一見かけ離れているかのようにみえる核の問題にしても、我々の生存を左右するほどの大きな力を有しており、とても我々の生活とは無縁であると言い難い。その意味で現代社会は科学技術にどっぷりと浸かった社会である。このようにいまや科学研究の成果が人々の生活を大きく変える可能性を秘めていることは確かなことであり、それにともない社会の側も否応なく科学技術のあり方を政治や経済と同じ平面上で考えざるを得ない状況になっている。

だがこのように科学技術が我々の生き方さえ左右するほど強力な影響力を持つにいたったにも関わらず――もはや科学研究はかつてのように――否、それが多分に現実とはかけ離れた過度に理想化されたものであった可能性があることはさておき――俗世間から離れた知的探求の営為――たとえばかつて朝永振一郎が大河内正敏所長体制下の理化学研究所を回想して述べたところの「科学者の自由な楽園」［朝永・江沢 2000：240-254］（初出は一九六〇年）――とはかけ離れた状況が生まれつつあるとはいえ――、相変わらず科学のあり方を決定づける主導権は科学者の側にある。ひとたび科学者から科学的だと認められれば、それに抗う科学者とは認められていない人々からの異議申し立ては科学知識を正しく理解していない非合理的な主張であるとして、真摯な検討に値しないものとみなされる状況が依然としてある。その意味において科学技術に〝民意〟を反映させるための回路はいまなお不十分なままの状態におかれている。

こうした現状を踏まえれば、科学者以外の人々の意見を科学の活動に反映させる仕組みが必要であり、白書が

「科学技術が、時代とともに変化する社会の様々な要請にしっかりと応えていく、つまり、「社会のための科学技術」という視点が必要である」〔文部科学省 2004：18〕と指摘したのももっともなことであった。

しかしながら「社会のための科学技術」が果たして誰の何のための科学技術かという点については白書においてもその必要性と研究者倫理や科学コミュニケーションといった実践例を挙げるにとどまり、具体的内容についてははっきりとしない。この言葉が国内で普及するきっかけとなった一九九九年の世界科学会議の「科学と科学的知識の利用に関する世界宣言」（通称ブダペスト宣言）（なお、ブダペスト宣言にはこの他にも知識のための科学など三項目が含まれている）をみても科学者の行動規範の必要性を指摘するだけである。

いうまでもなく、社会は一枚岩ではなく複数の主体によって構成されている。しかも複数の主体間で互いに熾烈な駆け引きがあることを考えれば、「社会のための科学技術」といっても、それは果たして誰のどういった目的のためのものであるかを考えざるを得ない。そうした検討を踏まえずに――〃社会〃の内容を曖昧にしたまま――「社会のための科学技術」を求めても、〃民意〃を反映させるどころか支配的な勢力のための科学技術となりかねない。

廣重徹は、かつて「われわれが追求すべきは、今日の科学の前線配置を変え、その野放図な、反人間的な発展をおさえることでなければならない。そのためには、科学の体制的構造を変えること、そこへいたる道として、科学のコントロールの主導権を、資本や国家からわれわれの手にとりもどす努力が必要である」〔廣重 2003：226-7〕と述べた。現代科学のあり方に批判的な論者は、廣重がいう「われわれ」のことは「関心があり憂慮する市民層」〔中山 1981：199〕であると解したに違いない。

だが現実に科学のコントロールの主導権を手中に収め続けたのは、そうした市民層ではなく資本や国家であった。そのことはたとえば政府や産業界を中心とした科学技術のコントロールがなされている今日の状況をみればよい。「関心があり憂慮する市民層」としての「われわれ」の手に科学のコントロールの主導権を取り戻そうという取り組み自体は――しかもそれが一九七〇年代以降のトレンドとなっていることをあわせ考えるならば――否定すべくもないが、右のような事情を踏まえず、「社会のための科学技術」をめざせば、廣重が批判した資本や国家といった支配的な勢力のための科学技術を助長するだけになりかねない。したがってまずは「社会のための科学技術」でいう〝社会〟の内実を明らかにしておく必要がある。

とはいえ〝社会〟の内実——諸勢力の力関係——を明らかにするとともに、「社会のための科学技術」でいうところの〝社会〟を「関心があり憂慮する市民層」に限定したとしても、それだけでは科学技術に〝民意〟を反映するという目的の半面が達成されたに過ぎない。もうひとつ考えるべきは、どのようなやり方で科学批判を行うかである。批判のやり方を間違えばその効力は限定的にならざるを得ない。この点で気がかりなのは、科学批判に〝社会〟なる概念を持ち出すことで批判の効力が弱まってしまう可能性である。

科学技術に〝民意〟を反映させようとすれば、おのずと科学技術の現在のあり方に対して批判的な立場とならざるを得ない。それを科学批判（精確には科学技術批判と呼ぶべきであろうが、広く用いられている表記にならって科学批判という）と呼ぶならば、そこには大別して科学による科学批判——科学の方法を用いて科学そのものを批判するやり方——と社会による科学批判——科学以外の観点——さしあたり〝社会〟という——に立って科学を批判すること——の二つのやり方がある。〝社会〟なる概念を持ち出すことが科学批判を弱めるのは、それにより、科学によって批判すべき課題までもが社会問題として処理されてしまうからである。その結果、科学による科学批判では推進の妥当性に疑問符がつく事業を存続させてしまうことになりかねない。

こう考えれば、科学の問題を論じる際に〝社会〟なる概念を持ち出すことについてはいま一度その功罪を含めて慎重に考える必要がある。〝社会〟なる括りで科学が追放した善や美の領域を科学の今後のあり方を決める重要な要素として復権させる必要があることはいうまでもないが、その一方で定量的に表現可能な形式で対処すべき課題も依然として存在する。それを犠牲にしてまで〝社会〟なる概念を持ち出すのは、よほどその功罪について無自覚であるか、あるいは何らかの別の意図があるのではないかと勘繰られても仕方あるまい。批判の対象を明確化するためにさしあたり〝社会〟という言葉を持ち出すことは理解できるとしても、そうした発想を前提とすることの功罪についてもあわせて考慮する必要がある。そのためには科学技術と社会を分けて捉えるという暗黙の前提にまで立ち返ってメスを入れる必要がある。

2 トランスサイエンス論とその諸問題

科学技術と社会という考え方自体はこれまでも、そして現在でも何ら疑問視されることもなく科学技術に関する問題を考える上では必須の前提とされてきた（なお、以下ではもっぱら科学の問題に焦点が当てられているため、科学技術とはいわず、科学という）。

たとえば日本において科学と社会を論じる際にしばしば引き合いに出される言葉としてトランスサイエンス（trans-science）がある。この言葉は米国の核物理学者であるアルヴィン・ワインバーグ（Alvin M. Weinberg）が一九七二年に提唱した造語であり、「科学によって問うことはできるが、科学によって答えることのできない問題群からなる領域」［小林 2007 : 123 ; Weinberg 1972: 209］である（以下、ワインバーグのトランスサイエンスに関する議論をトランスサイエンス論という）。

たとえば、低線量の放射線が生物に対して及ぼす影響について調べようとする場合、九五％の信頼度をもった解答を出すためには八〇億匹のマウスが必要となる。これだけの数のマウスを集めて実験を行うことは現実的ではないが、仮に信頼度を六〇％に下げたとしてもなお一億九千五百万匹のマウスが必要となる［Weinberg 1972 : 210］。つまり低線量の放射線が生物に対して及ぼす影響という問題は、科学的な問いではあるが、科学的な方法によって知ることには限界がある。

同じことは事故の発生確率が極めて低い事象を正確に見積もる際にも当てはまる。原子炉で過酷事故が発生する確率を精確に見積もるためには千基の原子炉を一万年にわたって運転し続ける必要がある［Weinberg 1972 : 211］（なお、Weinberg 1992 のリプリント版ではこれら具体的数値は削除され、ぼかした表現になっている）。これは現実的には不可能などころか、安全性を確かめるために危険を冒さなければならないという本末転倒な結果となる。

ワインバーグはトランスサイエンスの例として、この他にも社会科学を取り上げている。物理的対象については、その挙動を社会科学が対象とする人間と比較すればまだ精確に予測することが可能である。ところが意識をもった人間の行動についての予測は、物理的対象に比べて大幅な信頼の低下を免れ得ない。こうしたことから物理的対象にも増して社会科学はトランスサイエンス的性格をもつことになるという［Weinberg 1972：212］。

さらに価値に関わる問題については科学では手も足も出ない。たとえば、どの専門分野を優先すべきか、あるいはどれだけのペースで研究を進展させるべきかといった問いに対しては科学だけでは答えることができない。

トランスサイエンス論は、それが提唱された一九七〇年代初頭の思想的雰囲気と見事に合致するものであった。周知のようにアポロ計画が成功裏に終わった一九六〇年代末ごろから、現代科学文明に対する見直しの気運が高まりつつあった。その背景には泥沼化するベトナム戦争への厭戦気分、公害環境問題の深刻化などがあった。アポロ計画が一九六九年に成功裏に終わり、科学への過剰な期待が落ち着いたこともある。またアポロ計画を始めとしたいわゆるビッグサイエンス（この言葉もワインバーグが人口に膾炙させた）の興隆にともない、科学者個人が疎外感を強めたこともある。いずれにしろ、こうして科学者のなかからも科学の限界と自らの研究について自己反省的に捉えようとする気運が高まった。

したがって科学の限界を率直に認めたトランスサイエンス論が、当時科学に対して批判的な意見をもつ人にも難なく受け入れられたことは驚くにあたらない。たとえば『反科学論』を上梓した分子生物学者の柴谷篤弘は、「有力な科学の指導者のひとりが、あえて科学者全体の無私と正直さを求め、科学者による科学の問題の独占を打ちきり、市民たちの積極的な参与に対して科学の世界を開こうという訴えをなしたということを、見のがしてはならぬと思う」［柴谷 1973：170］と、ワインバーグのトランスサイエンス論を注目に値する論考であると積極的に評価している。

しかしながら、ワインバーグのトランスサイエンス論は、いささか物分かりがよすぎる感がある。なぜならトランスサイエンスが社会一般の常識として浸透すれば、先の朝永の「科学者の自由な楽園」あるいはマイケル・ポラニーのいう「科学の共和国（Republic of Science）」［Polanyi 1969=1985：63-91］（以下、それぞれ単に楽園または共和国という）

は立ち行かなくなるからである。それは科学の自律性を否定することにもつながる。楽園や共和国は自由闊達な議論を重んじる文化である。そこでは原則として老若男女を問わずお互いに学問的内容に関する批判を行う同僚評価（ピア・レビュー）の文化がある。楽園や共和国という言葉こそ使われていないものの、ロバート・マートン（Robert K. Merton）もこうした科学者集団の文化的特徴を科学のエートス［Merton 1942］として定式化している。

しかしながら楽園が楽園たり得るのは、楽園と外界の間に敷居が存在することが前提条件となる。敷居を超えて楽園や共和国に入るためには科学者として認められなければならない。そうして初めて楽園の住人となることができる。このように外界と楽園を分け隔てることは、当該専門分野の知識を評価するにたり得るのは、その分野に知悉した科学者のみであるという排他的イデオロギーでもある。そしてこうした排他的イデオロギーを人口に膾炙させることで科学の自律性を保つことが可能となる。

程度の差はあれ、こうした自律性イデオロギーはこれまでも幾度となく主張されてきた。たとえばリニアモデルあるいはラダーモデルと呼ばれる考え方の始原としてしばしば引き合いに出されるバネーバー・ブッシュ（Vannevar Bush）の『Science—the Endless Frontier』（俗にブッシュレポートと呼ばれる）［Bush 1945］はそうした自律性イデオロギーをはっきり明示した公式の文書である。ブッシュレポートは、国家による基礎研究の支援の重要性を政府に訴えたものであるが、そのためにはまず各省庁がばらばらではなく、一元的に基礎研究への財政的支援を行う機関の新設が必要であるという。ただし新設する機関は科学の研究と教育に熟知したメンバーから構成されなくてはならないという但し書きをつける。つまり科学の行政からの独立、いいかえれば科学者集団の自律が必要であるとした。このように基礎研究を支援し、研究基盤を構築することで応用・開発、たとえば健康・安全保障・雇用などの社会目標の実現につながるというリニアモデルを提示するのがブッシュレポートの骨子である。

初期のマンハッタン計画を指揮したブッシュがリニアモデルを研究開発の実情に即したモデルだと本気で考えていたかは疑わしいが、イノベーションがあたかも基礎→応用→開発という一方向の流れとしてしか生じないかのように述べることで自律性イデオロギーに根拠を与えようとするブッシュレポートは説得力のあるものとなっている。

しかも冷戦の深化にともなってリニアモデルは現実味を帯びた考え方として受け入れられ、約半世紀にわたりアメリカの科学技術政策の基礎となった。

しかもこうした自律性イデオロギーが普及すれば科学は安全地帯に立つことができる。科学とその社会的利用を明確に峻別することで、社会的問題が発生したとしても、それは科学の間違った利用の仕方に原因があり、科学そのものには何の責任もないと居直ることができるからである。ところがトランスサイエンス論が常識として普及すれば、科学は安全地帯に立てなくなる。

こう考えれば、たとえ科学者自身による自己反省の契機が生まれるような社会的条件が整っていたとはいえ、やはりトランスサイエンス論はいささか物分かりがよすぎる感が否めない。では、なぜ科学の自律性イデオロギーを掘り崩すようなトランスサイエンス論なるものが有力な科学者のなかから登場したのか。この点で一つのヒントとなるのが中川保雄の分析である。

3　放射線被曝とリスク／コスト―ベネフィット論

トランスサイエンス論が登場した一九七〇年代初頭、アメリカで放射線被曝の基準をめぐる議論においてコスト―ベネフィット論が導入された。この背景について中川は次のように分析している（以下、特に断らない限り本節の記述は［中川 2011：125-159］にもとづく）。

アメリカでは一九六〇年代初めから原発の建設ラッシュが始まったが、その時の触れ込みは〝発電コストは十年以内に火力発電並みになる〟というものだった。ところが実際に運転を開始してみるとトラブルに見舞われ、稼働率は低下を余儀なくされた。安価な石油が大量に輸入されたことも原発の発電コストの増加に追い打ちをかけた。しかもトラブルが続出したことで原発は危険なものであるという認識が人々の間で広まったため、安全性を強化せざるを得なくなり、それがさらにコストを押し上げることになった。こうして原発のコストは安いという当初のうたい文句は消え失せ、一九六〇年代半ばになると原発の新規着工件数は大幅な減少を余儀なくされた。

こうした流れを反転すべくアメリカの原発推進当事者たちが編み出した手段が、安全性の問題を経済性の問題にすり替えることだった。つまり被曝量は実行可能な限り低く抑えるべきであるが、そのために必要なコストがベネフィットを上回るのならば、ある程度の被曝はやむを得ないというものである。こうしたコスト—ベネフィット論を明確に表したのが、一九七一年のＮＣＲＰ（National Council on Radiation Protection and Measurements：米国放射線防護・測定審議会）レポート（『放射線防護の根本基準（Basic Radiation Protection Criteria, NCRP Report No.39）』とＢＥＩＲ（Committee on the Biological Effects of Ionizing Radiation：電離放射線の生物影響に関する委員会）報告（通称ＢＥＩＲ－１報告）であり、アメリカの外交努力もあってＩＣＲＰ（International Commission on Radiological Protection：国際放射線防護委員会）の一九七七年報告にも反映された。

ベネフィットとの関係でコストが注目されるのに先立っては、もちろんリスクへの注目があった。その背景には先にも述べたようにトラブルの発生によって原発がリスクの高いものと考えられるようになったという事情があった。原発のリスクが高いという認識が広まれば、安全を強化せねばならない。それは安全対策の強化というかたちでコストにはねかえってくる。そうなってくると原発の推進が立ち行かなくなる恐れがある。そこで持ち出されたのがリスク—ベネフィット論であった。

もとよりリスク—ベネフィット論が誕生したのは原発が直接の契機ではない。アメリカでは第二次世界大戦前から放射線に携わる労働者の被曝問題（加えて腕時計の蛍光塗料として使われていた放射性物質による被曝問題もあった）に関する議論があった。特に遺伝学者たちは放射線被曝により遺伝的影響が発生すること、しかもそれは被曝線量に比例すると考えていたが、原爆開発よりも優先順位が低いとみなされた放射線防護の問題は棚上げにされてしまった（もっともマンハッタン計画では人体実験が行われている）。

ところが、戦後になると放射線被曝の問題はこうした労働者の問題から一般人の被曝問題へと拡大化した。というのも核実験の増加にともなうフォールアウト（いわゆる死の灰）の問題が深刻化したからであった。一九五四年には核実験によるフォールアウトが核実験場のあるネバダから遠く離れたニューヨーク州トロイ市の水道水を汚染していることが明るみになり、さらに第五福竜丸事件が起こると、フォールアウト問題はアメリカ国内を超えて世界中の人々の関心を惹起した。

ところが、激化する核軍拡競争を乗り切るためには、フォールアウトは避けられない。そこで持ち出されたのがリスク―ベネフィット論であった。アメリカと対立する利害をもった国々から構成されるICRPは当初、リスク―ベネフィット論に対して否定的な立場だったが、一九五〇年代後半に英仏が核武装と原発の開発の野望を抱き始めると、一九五八年勧告で「原子力の実際上の応用を拡大することから生じると思われる利益を考えると容認され正当化されてよい」〔中川 2011：85〕と放射線被曝のリスクを容認する立場に変化したのである。

リスク、コストを問わず、放射線被曝をめぐる議論にベネフィット論（まとめてリスク／コスト―ベネフィット論という）が持ち込まれたのは、結局のところ放射線のリスクをめぐる科学的追及から原子力産業を守るためであった。中川はいう。

「放射線の人体への影響については今は過小評価に固執することができても、科学的基準に立脚する限りは、将来被害についての科学的知見が深まるとともに、やがて被曝の基準も次第に厳しくならざるをえないだろう。そのときは原子力産業は死滅する。そうならないようにするためには、基準を科学的なものから社会的・経済的なものへと転換し、この観点から被害の容認を迫るべきである。」〔中川 2011：155〕

4　トランスサイエンス論とリスク／コスト―ベネフィット論

リスク／コスト―ベネフィット論とトランスサイエンス論を比べてみれば両者には共通点がある。つまりいずれも、科学の問題として取り扱うべき課題を社会あるいは経済的問題にすり替える論法となっている点である。

確かにリスク／コスト―ベネフィット論がリスクやコストを相殺するためにベネフィットを意図的に持ち出しているのに対して、トランスサイエンス論は、あくまで科学的課題には科学を超えた部分が存在するという〝事実〟を指摘しているに過ぎない。したがってトランスサイエンス論をリスク／コスト―ベネフィット論と類似の発想に基づくものだと判断することに対しては違和感を感じる読者もおられるかもしれない。

しかしながら、トランスサイエンス論をそのように〝事実〟を示した議論と捉えるのは一面的にすぎる。トランスサイエンス論は、やはりリスク／コスト―ベネフィット論と類似の帰結をもたらす主張であると解釈せざるを得ない。否、むしろリスク／コスト―ベネフィット論はその意図が比較的明瞭に透けて見えるのに対して、トランスサイエンス論はその意図が透けて見えづらい論法となっている。

トランスサイエンス論をこのように評価せざるを得ない理由は、この言葉を考案したワインバーグが核物理学者であり、第二次世界大戦中の原子爆弾製造計画（通称、マンハッタン計画）の枢要な機関の一つであるオークリッジ国立研究所（Oak Ridge National Laboratory）の所長を務めた人物であったという事実（実際、ワインバーグは、一九七〇年代初頭にＮＣＲＰがコスト―ベネフィット論の導入のために立ち上げたワーキンググループに加わっていたとの指摘もある［中川 2011：139］）もさることながら、それが科学と社会という二分法を巧みに駆使することで、科学の問題を社会問題にすり替える論法となっているからである。

トランスサイエンス論については、その耳触りのよさもあって科学と社会の相互浸透の深まりを示すものだと解釈されることが多い。しかしそこには科学と社会を二分するという前提があることを見落としてはならない。

先にも述べたようにトランスサイエンス論は、科学的な課題には科学を超えた部分があることを率直に認める主張であった。そのように科学の限界を率直に認める姿勢は評価されてよい。しかし限界を認めることは、科学が生み出した問題を科学の外である〝社会〟に追い出すこと、いいかえれば問題の原因と解決手段を科学から〝社会〟に委ねることである。こうすればすべての問題の解決を科学が背負う必要はなくなる。それは科学の問題解決能力を自ら減ずるものであるが、しかし一方で、科学的な基準で評価されれば推進の妥当性に疑問符がつく事業の生存と生長を図ることが可能となる。なぜなら社会的な問題にすり替えることで科学的な追及を免れることができるからである。限界を認めず何でも科学的に対応可能だと安請け合いする姿勢は問題だが、このように科学的方法によって追求すべき余地があるにもかかわらず、原因を〝社会〟の問題にすり替えることで追及をかわそうとするのは、責任回避の論理であるといわざるを得ない。

もっともそれによりすべての責任が科学から免除されるわけではない。一定程度の責任は科学に残る。その意味では責任の軽減といった方が正しい。そして軽減されたとはいえ以前より責任が増大するということは、科学者はかつてのように世俗から離れた「自由な楽園」に安住できなくなり、科学全体としては自律性を失うとともに安全地帯に立てなくなる。

しかしそうしたしわ寄せが行くのはあくまで資本や国家にとって有用と〝みなされない〟科学である。そうした科学は〝社会〟との密接不可分な関係が深まるとともに社会的圧力を強く受けることとなる。一方、それとは逆に資本や国家にとって有用と〝みなされた〟科学は――多少の社会的圧力は高まるものの――ほぼ無傷のままいられる。否、それどころか、より一層強力な支援すらなされる。

ワインバーグが果たしてどこまでこうした点を意識してトランスサイエンス論を提示したのかは不明である。しかし少なくともトランスサイエンス論には結果的にこうした帰結を導く可能性が高いという点には留意しておいた方がよい。それは意図せざる帰結を招かないためにも決して無益な省察ではあるまい。

5 むすび――科学批判への示唆

以上のように、科学に関する問題を考える際に〝社会〟なる概念を持ち出すことには慎重であらねばならない。批判の対象を明確化するためにさしあたり便宜的に〝社会〟という言葉を持ち出し、科学に対置させることが便宜的に致し方ないことだとしても、それによりどのような帰結が生じるかにまで踏み込んで考えておく必要がある。それなしに科学の問題を論じても、批判が衰退することになりかねず、ひいてはそれは本来、科学的に詰められれば推進に疑問符のつく事業の生存と生長に加担することになりかねない。

もとより科学論においてもかねてより〝社会〟を持ち出すことに対する批判はあった。たとえばブルーノ・ラトゥール（Bruno Latour）は、科学と社会という二分法そのものが現実に即していないと批判しつつ、それに代わる見方としてミシェル・カロン（Michel Callon）らとともにアクター・ネットワーク理論（Actor-Network Theory。以下、ＡＮＴ）を提唱している（詳細についてはたとえば［Latour 1987］）。

これに対してラトゥールらとほぼ同時期に興隆した科学知識の社会学（Sociology of Scientific Knowledge：ＳＳＫ）と呼ばれる一派はラトゥールらの議論は科学との戦いにおいて水を差す議論だとして強く批判した（たとえば［Bloor 1999］。なお両者の論争については［Pickering 1992］も参照）。ＳＳＫにもさまざまなアプローチがあり、単純な図式で裁断すべきではないが、そのことを承知の上で、あえてそのねらいを一言でいうならば、科学知識の特権性を打破することにあった。つまり科学活動のなかに潜む〝社会的成分〟を暴露することで〝科学的〟だといえばあらゆる知識が無批判に正当なものとしてみなされた当時の――そして現在でも根強く残っている――状況への異議申し立てにそのねらいがあった（詳細についてはたとえば［金森 2000］）。

したがってこうしたＳＳＫの問題意識からすれば、ラトゥールらの議論は科学の側に加担する論理だと映ったのも致し方ない。しかしＳＳＫのそうした問題意識は信頼の低下が指摘される現状と比べて科学の社会的地位（信頼）がまだ高かった当時の状況において有効性を発揮し得た主張であった。科学研究のなかには多かれ少なかれ〝社会的成分〟が存在すること――そのセンセーショナルな例がいわゆる研究不正である――がなかば常識化――その一つの表象形態が科学の威信低下――した現在、なおも〝社会〟なるものに固執すれば科学的に追及すべき課題でさえも社会問題として処理されてしまう帰結を導きかねない。その意味で社会や科学という既存のカテゴリーを一旦ご破算にし、自然・人工物・人間の異種混交として現象を捉える――一瞥したところでは単なる現象の記述に過ぎないかのようにみえる――ＡＮＴは、科学の問題に〝社会〟なる概念を持ち込むことの問題に敏感であったといえる。もちろん科学の問題に〝社会〟なる概念を持ち込むことが全く無意味だというわけではない。たとえば汚染物質に関する安全基準の境界線をどこに引くかという問題は、一見すると純科学的な論争に見えるが、実はその背後には複数の集団間でのポリティクスがあり、客観的だとして出される数値にいかに政治的・経済的利害が反映されているか――したがって、提出される数値の前提条件にまで遡って検討する必要があること――ということは（詳しくは［Gieryn 1994；藤垣 2003：39-40］を参照）、科学の問題に〝社会〟という概念を持ち込んで初めて明らかになることである。その意味では、科学の問題に〝社会〟なる概念を持ち込むことは現在においてもなお有効性を発揮し得る。

ただし他方で、〝社会〟なる概念がそれを持ちだした当人以外の人々にどう使われるかについてもあわせて考えておく必要がある。〝社会化〟した科学批判に求められていることは、まずこの点を自覚することであろう。

文献

Bloor, David (1999) "Anti-Latour", *Studies in History and Philosophy of Science*, 30, 1, 81-112.

Bush, Vannevar (1945) *Science-the Endless Frontier : A Report to the President by Vannevar Bush, Director of the Office of Scientific Research and Development, July 1945*, Washington: United States Government Printing Office.

藤垣裕子（2003）『専門知と公共性――科学技術社会論の構築へ向けて』東京大学出版会。

Gieryn, T. F. (1994) "Boundaris of Science", in Jasanoff, S et. al. eds., *Handbook of Science and Technology Studies*, California: Sage.

廣重徹（2003）『科学の社会史（下）』岩波書店。

金森修（2000）『サイエンス・ウォーズ』東京大学出版会。

――（2015）『科学の危機』集英社。

Latour, Bruno (1987) *Science in Action: How to follow scientists and engineers through society*, Harvard U.P.. ＝（1999）川崎勝・高田紀代志訳『科学が作られているとき――人類学的考察』産業図書。

Merton, Robert K. (1942) "A Note on Science and Democracy", *Journal of Legal and Political Sociology*, 1, 115-126.
文部科学省（2004）『平成16年版 科学技術白書——これからの科学技術と社会』国立印刷局。
中川保雄（2011）『〈増補〉放射線被曝の歴史——アメリカ原爆開発から福島原発事故まで』明石書店。
中山茂（1981）『科学と社会の現代史』岩波書店。
Pickering, Andrew ed. (1992), *Science as practice and culture*, Chicago: University of Chicago Press.
Polanyi, Michael (1969) "The Republic of Science: Its Political and Economic Theory" in Marjorie Grene ed., *Knowing and being: essays by Michael Polanyi*, Chicago: University of Chicago Press, 49-72.=(1985)「科学の共和国——その政治的・経済的理論」佐野安仁・沢田允夫・吉田謙二監訳『知と存在——言語的世界を超えて』晃洋書房、63-91頁。
柴谷篤弘（1973）『反科学論——ひとつの知識・ひとつの学問をめざして』みすず書房。
朝永振一郎著・江沢洋編（2000）『科学者の自由な楽園』岩波書店。
Weinberg, Alvin M (1972) "Science and Trans-Science", *Minerva*, 10, 209-222.
————(1992) *Nuclear Reactions: Science and Trans-Science*, New York: American Institute of Physics.

「汎計画学」への遠い序論

形式主義モデルとしての経済と都市

八束はじめ

前口上

本テクストは、建築や都市、国土、政治、社会、そして経済などを横断して「計画」概念を考察する思想的プロジェクト「汎計画学」の素描である。経済学も社会学も基本的に一九世紀の半ば以降、つまり近代の学であって、都市計画も基本的には同じである。建築家である私にとって、「汎計画学」の根幹は、「都市は設計され得るのか」という設問だが、このテーゼは「経済は計画され得るのか」、「社会は管理し得るのか」とも変奏され得る。ただ、それらへの答えを性急に求めてはならない。重要なのは、問いの自明と見える装いに惑わされて答えてしまうよりも、まずその基底を問うことである。

I

1 「計画嫌悪」

「計画とは近代社会から発せられるものである。（中略）計画の組織を主張したまえ。それだけがあなたの必要とする独裁者だ。」

ル・コルビュジエ "La Ville Radieuse" 一九三三

二〇世紀最大の実験が、これらすべての計画を主題とする社会主義の建設だったことはいうまでもない。しかし、現実の社会主義は破綻し、一方、揶揄も込めて最も成功した社会主義といわれた日本でも、それを主導した国土計画（全国総合開発計画）――空間化された経済計画――は五次をもって幕を閉じ、二一世紀に入ると国土形成計画と名称を変え、「開発」という名称は姿を消した。国家が自らの国土の開発ヴィジョンへの自信を喪失したことの証しである。「二一世紀の国土のグランドデザイン」（一九九八年閣議決定）と呼ばれた五全総も、既にその副題は「地域の自立の促進と美しい国土の創造」で、「国土の創造」の主体を国家が自身から地域に移行させようとする意図が偲ばれる。「最も成功した社会主義」の失速の様である。

計画への懐疑は、「民」のレヴェルでは一層進行している。いささか極端な例を挙げよう。批評家の大塚英志が、建築家磯崎新の発言を捉えて「殺意さえ覚える」と書いて話題になった。「磯崎はここで「建築」とは世界そのものの制度設計であり、「国家」を表現することが「都市計画」や「建築」だとうそぶき、ヒトラーの妄想を可視化することを求められた建築家シュペーアに言及し、毛沢東やヒトラーと建築について語りたい気分だと饒舌に語る。それは建築家が長い間隠してきたあからさまな本音だが、この震災前のはしゃぎぶりは地震後に公になった言説の中で最も醜悪なものの一つだ」[1]。この議論の当否を論じる気はない。見ておきたいのは、ここに色濃く見える計画への反感、あるいは嫌悪である。自分たちが主役であるはずの環境（都市、社会でも良い）を、お前たちは何の権利があって計画（設計、管理）するのだ、という反感――それが多くの人々に共有された感情であろうことは否定しない。大塚の発言がネット上で急速に広がっていった理由はそこにある。

これは、しかし、歴史上の常なる公理ではない。上に言及した「官」サイドの自信喪失と裏腹のポストモダンな現象なのだ。二〇世紀にそれがなかったわけではない。都市再開発から社会主義革命まで、計画あるいは設計に不可避なある種の力の行使に対する抵抗は、二〇世紀を彩ってきた。しかし、それらは、個別の力学（文字通り）はともかく、一般的には拮抗の中にいた。全面的な懐疑の定着はむしろ二一世紀的なものだ。

こうした懐疑論では、計画とは自由の抑圧の同義語である。先駆的にこれを問題にした人々の中にカール・ポパーとフリードリヒ・ハイエクがいる。この二人の思想は必ずしも完全に一致していたわけではないが、さしあたっては、ポパーの「漸進主義的社会工学 piecemeal social engineering」が、二人が論敵としたカール・マンハイムのいう「社会技術 social technology」のようなホーリスティックな計画主義を反駁するもので、後で挙げるハイエクの反構成主義（あるいは設計主義）とも基本的に同調していた、ということを確認しておくだけで十分だろう。

もうひとつ関連項目を誘い水として——というのは、ここでは十分に展開する紙面も準備もないからだが——加えておこう。ミシェル・フーコーによる「生政治 biopolitique」ないし「生権力」論である。「生政治」が通常のことばでいう福祉概念——都市計画や国土計画をも含む——に極めて近いことについては別に書いたので詳細には触れないが、[2]この思想史家は、それを権力（統治）と規律論から導入し、挙げ句に、彼にしては珍しく二〇世紀の——ハイエクも含む——新自由主義を論じた連続講義『生政治の誕生』へと赴く。この権力の系譜学的分析の中で、フーコーは「国家嫌悪」について述べている。「権力嫌悪」にも「計画嫌悪」にも変奏し得るパラダイムだが、肝要なのはフーコーがそれを——従って新自由主義的な諸命題をも——相対化しようとしていたことだ。

2 「計画」主体の分散

「現実のまだらな部分を取り入れたモデルなどは一分の一の地図ほどにも役に立たない。」
ジョーン・ロビンソン『経済成長論』一九六二

ポパーにせよハイエクにせよ、ミルトン・フリードマンですら、国家による干渉を全面否定はしていない。彼らが——それなりの温度差は伴いながら——否定するのは、計画主体の単独化であり、代わりに肩入れするのは、それを分散化あるいはその果てに匿名化することだ。自由主義経済学では、その力場を「市場」と呼ぶわけだが。

経済だけではない。ハイエクの『隷属への道』（一九四四）への序文で、フリードマンは、集団主義の議論の中心が、「中央集権的計画」とか「使用のための生産」とか「社会の諸資源に対する意図的な管理」の必要とかから、「今では論争点は『都市の危機』であり、この危機は巨大に拡大された政府の諸政策によってだけ、解決可能だと主張されるようになっている」といっている。(3)

その都市計画では、近代的な手法が第二次大戦後の復興事業に大々的に用いられた。しかし、それは徐々に現実との乖離を露わにしていったとされる。実際に、この手法による大団地が荒廃して、物理的な耐用限界以前に取り壊される事例がいくつか生じた。そこから、計画された都市は生きられた都市と違うという、フリードマンにも共有されていたであろう認識が広まった。理論的なステージでは、イギリスの計画家、クリストファー・アレグザンダーが書いたエッセイ「都市はツリーではない」(一九六五)がただちに人口に膾炙した。(4) これは、一人ないし少数の主体による計画都市は、限られた要素を限られた構成でくみ上げていくので、集合論的に分析してみると不可避的に「ツリー」構造になるが、「生きられた」都市はもっと多元的、多層的な「セミ・ラチス」状だという理論である。アレグザンダーは、この後に、実際の集落などの生活環境から抽出した、一意的に計画＝デザインされたのではない環境要素の導入によれば、過度な単純化を避けられると考え、この要素を「パターンランゲージ」と呼んだ。それは主語を欠いた、あるいは分散された主体による環境言語体系である。

冒頭に引用したフランスの建築家＝ユルバニスト、ル・コルビュジエに代表されるモダニズムの都市計画の前提には、既存の都市環境は絶望的であって大規模な外科手術を要するという認識があった。前記フリードマンのテーゼそのままである。ル・コルビュジエは、いくつかのパリへのモデル提案を経て、機能主義と呼ばれるその原理を「アテネ憲章」にまとめ、計画としては「輝く都市 La Ville Radieuse」というパラダイムで代表させた。これは、スターリンが後進工業国ソヴィエトをして西側に追いつかせるべく第一次五カ年計画を打ち上げ、その西側を大恐慌が襲った時期に諮問されたモスクワの都市計画指針への解答として始まったものである。(5)

アレグザンダーが「ツリー」としたターゲットにそれを数えていたことは疑いないが、それは五カ年計画に代表される計画経済へのハイエクによる批判とも同調する。ハイエクが考えた社会的秩序の二分法、即ち自生的秩序「コスモス」と組織的秩序「タクシス」は、「セミラチス」と「ツリー」というアレグザンダーのモデルに確かに似ている。そして前者の対（「コスモス」と「セミラチス」）は、半世紀以上前の理論であるにも拘らず二一世紀的なパラダイムであるように見え、そのため、現在このタイプの議論はソーシャル・ネットワーク・レヴェルでも蔓延している。

本論は、それらへの限定的だが戦略的な反論を介して、二〇世紀と二一世紀、ハイモダニズムとポストモダニズムの根底を繋げようとする「計画学の系譜学」の導入的な目論見である。

3 純粋形式主義というユートピア

「経済学が人民に豊かな収入を得させ、国家に十分な収入を与えることを目的とするというのは、幾何学が堅固な家屋を建築することを目的とするといい、また天文学が海上を安全に航海することを目的とするというのに等しい。」

レオン・ワルラス『純粋計画学要論——社会的富の理論』一八七四

殆ど自明の理に見えるこの功利主義的な文章が見逃せないのは、それが、近代経済学における限界革命の担い手の一人レオン・ワルラスがその理論を確立した本の一節だからで、これらは実は否定されるべき命題として述べられている。ワルラスの理論は、完全な競争に基づいた市場経済のモデル化で、更に彼の門下ウィルフレッド・パレートは、その均衡をパレート効率性（パレート最適）として理論化した。ワルラスはこれらの目的のように「科学をその応用によって定義しようとすること」、翻っていえば、その理論の有効性を「現実に見出すかどうかはそれほど重要ではない」として、政治的＝経済外的モメントを排した「純粋経済学」理論を目指した。そして「純粋経済学は、定義によって理念的なタイプを抽象しその上に推理を行うのである。現実に帰るのは科学が成立した後だと、「応用」を一旦遮断する。

法哲学の土屋恵一郎は、法学者ハンス・ケルゼンの「純粋法学」の構想を論じながら、同時代の文化‐芸術理論に「純粋」を冠するものが数多くあったことを指摘している。ヨーゼフ・シュンペーターの「純粋経済学」、アンドレ・ジイドの「純粋小説」、ポール・ヴァレリーの「純粋詩」、ル・コルビュジエの「純粋絵画」、ピエト・モンドリアンの「純粋造形」、ジェルメーヌ・デュラックの「純粋映画」、ジャック・コポーの「純粋演劇」、アルベール・ティボーデの「純粋批評」など、「十九世紀のパリでマラルメがまたローザンヌでワルラスが、それぞれ詩学と経済学においてその萌芽を示した『純粋』への願望がいちどきに開花した時代」なのだ、と。(6) 土屋はこの開花の起点にエドムント・フッサールの『純粋論理学序説』(一九〇〇)を置く。

ワルラスが「純粋」と「応用」を区別したように、フッサール論理学は、レアールな心理学的認識論と一線を画すイデアールな学だったが、土屋が言及したシュンペーターの「純粋経済学」も、静的なワルラスのモデルを一つの均衡から別の均衡に移動する動的なモデルに置き替えながらも、それを社会政策、つまり経験的な実践と切り離された理論水準としている。そのシュンペーターの「あらゆる科学における最初の発見は、その科学自身を発見することにほかならない」という奇妙な命題に言及しながら、荒川章義は、近代経済学は、個々人や社会によって日々なされる経済活動の丹念な観察からではなく、そのような相対的経験から経済現象を切り離す意識、即ち「科学」として自らを擁立することから唐突に始まったのだ、としている。(7) この「切り離し」に二〇世紀の栄光も宿痾(そういいたければ)も共にある。

4　機能主義あるいは機械

「私は、その構造とあらゆる要素とが近代的な機械のようである家をしばしば夢想してきました。……私は、私の精妙かつ正確に定義された欲望のすべてを、あなたがご親切に送って下さった本の中に見つけました。」

ポール・ヴァレリー「ル・コルビュジエ宛の手紙」

経済や都市などのメカニズムを可能な限り夾雑物のない自律モデルとして想定すること、それを経なければ見えな

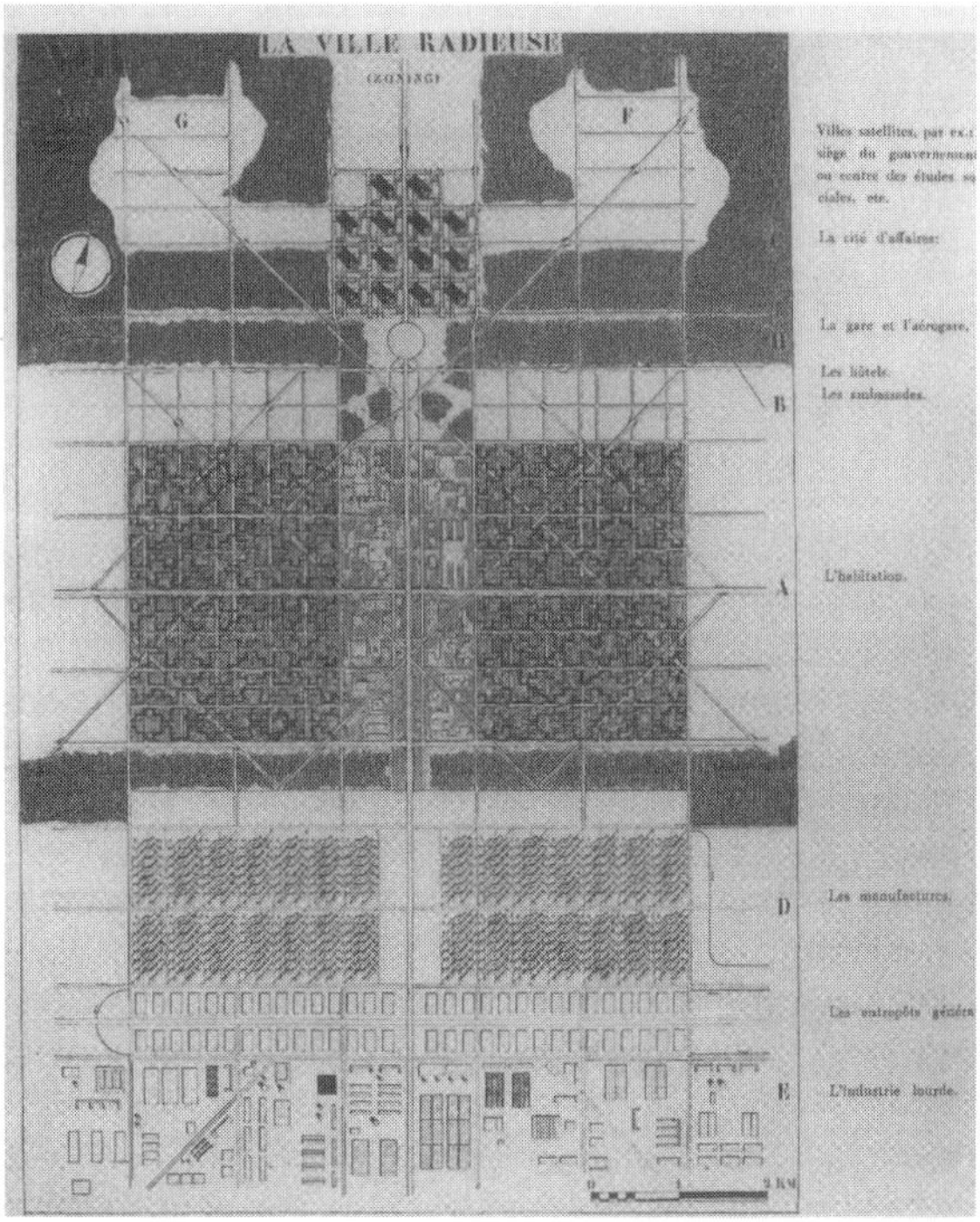

図1　ル・コルビュジエ「輝く都市」のモスクワ・モデル

いものをモデル化を通して把握しようとすることは、形式主義といい得る。それは対象が規模と複雑さを増すに従って――これは近代的な与件と言い得るが――要請されたものである。経済学が効用関数に基づいて変化が速やかに全体に波及する市場を想定したように、建築あるいは都市計画も、機能主義というフォルマリズムを構想した。功利主義的な装いに覆われていても、それらは形而上学であった。

建築における機能主義を象徴したのは、「住居機械 machine à habiter」なるル・コルビュジエの有名なアフォリズムである。これは、単に最新のテクノロジーによる「機能的」な住居を指すのではない。それだけでは、ワルラスの引用文中の「堅固な家屋」――応用的なこと――と変わらない。それ故ル・コルビュジエは機能主義者と呼ばれることを嫌い、「住居機械」に初源的な幾何学や黄金比の詩学をもちこんだ。彼の『建築を目指して』(一九二三)では、紀元前に建立されたアテネのパルテノン神殿と当時最新のスポーツカー、ドゥラージュを「機械」として等置する、という合理主義イメージの驚くべき転倒が行われている。「住居機械」に住まう人間の精神 esprit nouveau をつくり出す「純粋建築」というユートピアが意図されていたのだ。(8) それを都市スケールに拡大した「輝く都市」パラダイムの最初のモスクワへの提案は、現実の都市への処方箋というより地形を捨象した抽象的な思考実験で、ワルラスの想定した透明な市場のように、文字通り場所（トポス）をもたない（図1）。

ル・コルビュジエの詩的イデアリスムに対して機能主義の最左派を代表するコミュニスト建築家ハンネス・マイヤーは、建築は経済×機能以外の何ものでもないと断言した。マイヤーは、彼が校長を務めたバウハウスのゲストに、純粋論理による世界の記述を目指したウィーン学団のオットー・ノイラートやルドルフ・カルナップを招聘し、建築に伴う形而上学をはぎ取ろうとした——それもまた別の形而上学だったのだが。後に一般均衡理論に究極的な証明を行なった経済学者ケネス・アローは、若い頃を回想して、この論理実証主義のように「思想から余分のものを削り落とした形のものは、私や私の同僚たちの多くが当時熱中していたモダニズム建築の国際的スタイルに通じてもいた」と述べている。

そのウィーンには、ワルラスやスタンレー・ジェヴォンズと並んで経済学の「限界革命」を担ったカール・メンガーがいた。メンガーの理論的仮説「経済人（ホモ・エコノミクス）」は、ル・コルビュジエの「新精神」を実装した「住居機械」の住人像に近い。間宮陽介は、経済人によって作られる経済は「まるで力学機械でもあるかのように、スムーズに、滑らかに作動する経済であるに違いない。快楽（＝効用）計算機械としての人間が作る経済はまさしく機械としての経済である」と述べているが、[9]「輝く都市」もまた、「機械としての都市」である。「機械」は、しばしば関数の形で表わされる。建築における「機能」もfunctionだが、経済学でも効用を数値に置き換える時、それを効用関数utility functionという。入力がなされればそれに見合った出力＝作動が行われる。すぐれて二〇世紀的ディヴァイスとしての機械。これに対して、人間は合理的な振る舞いだけをするものではないと経験的理性の判断に基づいて賢しらに裁断してもさしたる意味はない。認識論的切断以前への回帰でしかないのだから。

5 計算のユートピア

「かくのごとく大きな組織が、生産の一般計畫を前提することは云ふまでもない。一切のものが精密に計量されなくてはならぬことは明らかである。……一般的計畫なく、一般的指導なく、入念なる計算の簿記なくして組織なるものはあり得ない。けれども共産主義社會秩序には、かかる計畫が存在するのである。」

ニコライ・ブハーリン、エフゲニー・プレオブラジェンスキー『共産主義のＡＢＣ』一九一九

メンガー門下のルードヴィッヒ・ファン・ミーゼスが口火を切った「社会主義経済計算論争」は「二〇世紀でもっとも有名な経済論争(10)」といわれる。この議論は、生産手段が国（公）有化されている社会主義経済では、パレート効率的な資源配分を達成するための媒介としての市場価格（と、それに連動している貨幣）が存在しないことをめぐってミーゼスが仕掛けた議論からはじまった。ミーゼスの弟子ハイエクは、中央計画当局には、均衡価格体系を得るための膨大な情報の収集と解析は不可能であるとし、自生市場の優位を説いた。これに対してポーランドのオスカー・ランゲが、貨幣を介さなくともそれは可能だと反論したのが、計算論争のメイン・ストーリーである。

ランゲらは、「シャドープライス」を媒介とすれば、市場価格が存在しなくとも一般均衡論に基づく「純粋経済モデル＝完璧な市場が成立つ、と証明した。自由市場に依存する資本主義は、大恐慌のような失敗に陥る可能性に開かれているから、一般均衡は社会主義的体制下においてこそ可能となると転倒されてしまう。イデアールな純粋経済学を政治・社会というレアールなフィールドに引き戻したために起きる（再帰的？）「倒錯」ともいい得る。この論争では、社会主義経済の当否のみならず、当初の議論の枠組みであった純粋経済学、つまりは一般均衡理論という足下自体が問い返されるようになるのだが、ここではその前にレアールな平面での社会主義における「計画」の実際を見ておこう。

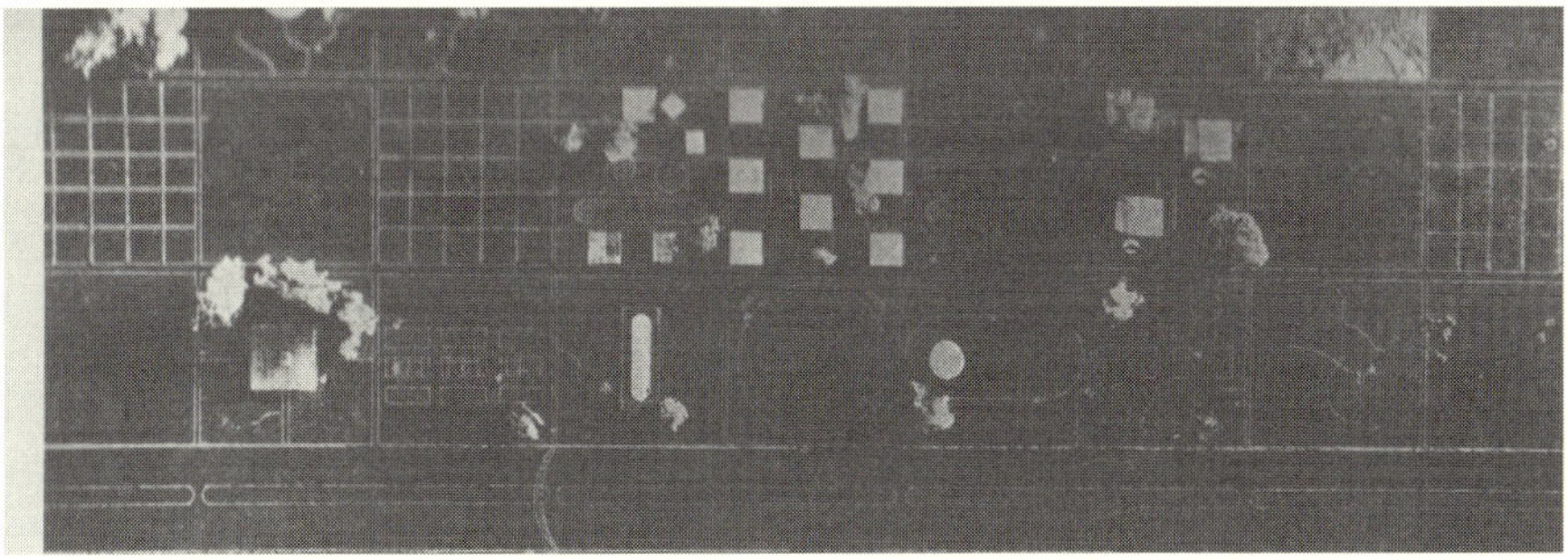

図2　イワン・レオニドフ　マグニトゴルスク・コンペ案（部分）

6　ウロボロスとしてのスターリニズム

「第一次五カ年計画は、その作成の経過と実体の両面において、経済計画であるというより前に政治計画であったということができる。」
渓内謙『スターリン政治体制の成立』第二部 一九七二

ハイエクのいう設計主義の原語はconstructivismである。様々な分野で用いられ多くは「構成主義」と訳されるが、最初にそれが冠されたのは、ソヴィエトの前衛芸術の一派であった。この名称が社会主義の建設という大目標に直結していたことは、未来派の詩人ウラディーミル・マヤコフスキーが、この政治革命を我らが革命と言って憚らなかったことにも見えるし、実際、多くの構成主義の計画者たちが第一次五カ年計画に関わる諸々の都市計画に関与し、「社会主義都市Sotzgorod」のモデル構築に邁進した。

Sotzgorodモデルの極北は、建築家イワン・レオニドフによる、第一次五カ年計画の目玉プロジェクトの一つ、鉄鋼業の新都市マグニトゴルスクの計画コンペ案である（図2）。「輝く都市」のモスクワ・モデルと同じ一九三〇年の計画だが、首都の「社会主義的拡張」の提言であった前者と違い、レオニドフの計画は、後に述べる大都市の解体を標榜した非都市派のヴィジョンだった。ル・

コルビュジエの計画が概念モデルだったことは前述したが、レオニドフのそれでも、土地の起伏を無視した理想の平面に均等間隔のグリッドが引かれ、建築からインフラまでがこの幾何学的な形式の中に収められている。理論経済学のモデルと同様、純粋形式のユートピアである。

しかし、経済学者たちの営為と違って、これらの計画は純粋形式に留まり得なかった。それは、現実の諸条件（だけ）ではなく、スターリンのいわゆる「上からの革命」（語義矛盾を含む形容）という枠組みの故である。ここには、未曾有の第一次五カ年計画を背景にした、政治・経済上の前衛と芸術上の前衛の、錯綜を極めた関係がある。従来、これは「政治」による「芸術」の抑圧と語られてきたが、事情はさほどに単純ではない。スターリニズムに帰着したソヴィエト・ロシアの「設計主義」は、イデアール（思想）とレアール（政治）が、ぶれや拡大や反復を伴いつつ、捩じれた「ウロボロス」構造をなしながら、その関与者たちを呑み込んでいった。スターリン自身、それを当初から予測（計画）してはいなかっただろう。

レーニンが十分な準備なしにスタートさせた新政権と、スターリンがライヴァルを蹴落として獲得した新体制は、前後が大括弧としての両世界大戦に挟まれ、その中間には市場経済の限定的導入、即ちネップ期が介在する。このネップ期の両端には、小括弧、つまり膨大な死者を出した二度の、大規模な農村の収奪を伴った食糧危機があった。ネップ初期にレーニンが導入したGoelro（全国電化計画）とネップに終止符を打ったスターリンの五カ年計画も、対称関係にある。違うのは、ネップとGoelroが戦時共産主義と食糧危機の出口にあったのに対して、二度めの食糧危機の入り口に合致してしまった五カ年計画が、農村における集団化と重工業化への自暴自棄とも見える急速な舵取りを強いられ、結果としてネップの終結につながったという事情である。

もうひとつの対称は、プランナーを含む非党員（ブルジョア）専門家に関わる「文化革命」である。党と彼らの間には抜き難い不信があった。最初の「文化革命」は、レーニンとトロツキーによる、「計画」を含む諸事業への彼らの登用へのシフトに始まったが、二度目のそれは逆方向で、二八年のシャフティ事件に始まり、専門家たちの、そして後には政治指導者たちの、一連のおぞましい大粛清に到達する。最も皮肉な対称は、二人の政治的ライヴァル、トロツキーとスターリンのそれである。前者は晩年のレーニンを危惧させたほど行政的つまり計画・組織者的だったが、後者は徹頭徹尾政治的だった。トロツキーのこの面の最初の発現は、軍事革命評議会議長としての赤軍の立て直し、次いで、壊滅的であった鉄道網の再建だが、これらに必要なのはロジスティクスである。トロツキーはしばしば統計にも言及するが、この二つは計算のユートピアに不可欠な要素である——実際、E・H・カーによれば、一九二五年の夏のGosplan（国家計画委員会＝Goelroの後身組織）の「国民経済統制数字」に、他の指導者たちと違い「トロツキーだけが「数字の乾燥した行列」を「社会主義の勃興の壮大な音楽」だと熱狂的に歓迎した」[11]。「無味乾燥な数字の羅列」に「壮大な音楽」を聞き取るにはそれなりの耳＝資質が要請されるが、それは政争に向いた資質とは限らない。

7　均衡と反均衡

理論的な平面での対称的なペアは、全般的な計画化を主張した『共産主義のＡＢＣ』（一九一九）の共著者で、その後スプリットして右派と左派の政治・経済理論を各々代表したブハーリンとプレオブラジェンスキーである。革命以前にベーム＝パヴェルクの講義に出席し、ウィーン学派の限界効用理論の批判を目指したブハーリンは、独自の均衡論にのっとり、右旋回後も、全般的な計画を「機械仕掛けの神」と否定しながら、工業と農民市場との均衡こそが計画の基礎だとした。労働者と農民の結合（スムイチカ）というレーニンによるネップ期の根幹的政治命題の経済的翻案である。他方左派のプレオブラジェンスキーは、当時の工業水準では需要と供給は均衡には達せず、かえって農、工業の製品の価格差が広がるという「鋏状価格差」論を主張し、工業の生産財の「社会主義的原始的蓄積」は、農業生産からの「収奪」によって果たすしかないと極論した。

左右の対称構図は、エコノミスト間にも、「発生論者 Geneticist」と「目的論者 Teleologist」として存在した。非党員専門家の支持する前者は客観的な法則に従う計画をめざしたが、後者は国家の主意的な関与を重視する公認党路線派で、数少ないGosplanのボリシェヴィキ・エコノミスト、スタニスラフ・ストゥルミリンの、「われわれの任務は、経済を研究するのではなくて、それを変えることである」という、スターリンのお気に入りとなった命題がそれを代表する。Gosplanは、VSNKh（最高国民経済会議）と並んで計画諸組織の主軸だったが、VSNKhが徐々に工業の管理運営にシフトしたために、より全体的な計画主体として作られた。VSNKhとGosplanは五カ年計画の策定においてしばしば競合し、それが批准される頃にはVSNKhが優位に立ったが、これは上記の左右対立に関わる政治イシューだった。「発生論者」には、Gosplanのウラディーミル・グローマンやウラディーミル・バザーロフ、VSNKhのアブラム・ギンスブルグなど元メンシェヴィキが多かったが、農業人民委員会Narkomzemには、元社会革命党の幹部党員で、景気循環論で有名なニコライ・コンドラチェフもいた。彼らがボリシェヴィキ政権下で働いたのは、主にブハーリンやルィコフら右派の指導者との政策的な親近性のためだった。ブハーリン同様前二者も均衡論者で、グローマンは、統計から割り出された統制数字（年度などのガイドライン）に基づいて全経済活動の動的均衡を図ろうとした――といっても、ギンスブルグが「国民経済の多くの構成要素に関して我々には正確なデータがなかった。（中略）我々には工業の出荷量やその額に関してのまともなデータすらなかった」というような状況だったのだが。[12]

二〇年代中頃までのソヴィエト都市計画が目指したのもまた、地域空間の再編＝都市と農村の再均衡化だった。革命前からの専門家であったこの時期の計画家たちは前衛には遠い実務家だったが、その一人ボリス・サクリンによる、中心都市の周辺を衛星都市で包囲する田園都市流のモスクワの計画（一九二二）を、イタリアのマルクス主義建築史家マンフレッド・タフーリ（初期には経済の構造化を骨子とする地域計画にも従事していた）は、「Goelroの計画指針を経済の地域化というクライテリアに優先を与える形で物理的に翻案するもの」とし、アレクセイ・シシューセフやヴィクトル・シェスタコフら旧派の建築家たちによる「新モスクワ」計画委員会の計画と共に、「二〇年代のメンシェヴィキ派の学者たちがつくった経済モデル」に比している。[13]

スターリンが、レーニンの死後、トロツキー、ジノヴィエフ及びカーメネフら「合同反対派」を排除した後、今度はその政争で組んだブハーリン、ルィコフ、トムスキーら「右派」の排除のために打ち出した重工業化を基軸とする新政策の最大のアイロニーは、それがトロツキーのスローガンの「横取り」(ロイ・メドヴェージェフ)だったことである。アイザック・ドイッチャーによれば、「一九二〇―二一年のトロツキーのプログラムで、三〇年代の産業革命中にスターリンが使わなかった項目はただの一つもないほど」で、ロバート・ダニエルズの逆説的な表現では「その経済的思考においては、トロツキーは最初期スターリニストであった」[14]。

第一次五カ年計画の推進は、捻れたウロボロス構造の完成の過程でもあった。批准されたのは、合同反対派が除名された二七年一二月の第一五回党大会だったから、表向き「超工業化」路線は非難され、均衡路線が前面化されたが、舞台裏では既に力学はシフトしていた。食糧危機を挟み、計画スタート後の二九年四月の第一六回党大会以後は、恒常的に目標数字の大幅な上方修正がなされ、農村の危機と超工業化の非均衡は一層拡大されていく。

スターリンの「目的論」的左旋回がトロツキズムの簒奪といい得ることは、プレオブラジェンスキーら多くの追放の身のトロツキー派が、それを理由に体制に帰順した事実からも窺い知れる(ただしこの帰順者たちの大部分も三〇年代後半の大粛清を生き残ることは出来なかった)。ここでのトロツキストとスターリニストの違いは大きいとも小さいともいえる。経済計算の可否という議論ではこの怪物的なポリティクスを理解することは出来ず、社会的心性の精神分析のようなものが必要だろう(往々にして試みられるようなスターリンのそれの憶測ではなく)。これは経済や都市の「計画」のみならず、政治・社会を「全体」として――モダニズムはそれを特徴とし、全体主義はその極端な形態である――考える時には不可欠になるだろうが。

スターリンの「上からの革命」は、二度目の文化革命、つまり「ブルジョア」専門家の排除-粛清として行なわれたが、その過程で咎められたのは均衡概念である。それは「我が経済に急激なシフトをもたらすことが不可能であるということを証明」する(M・ロガリスキー)からだった。

これらの弾劾者の一人に、VSNKh 所属の経済学者レオニド・サブソヴィッチがいる。彼は VSNKh と Gosplan による目的論的なハードル上げの競争の過程で、かつての VSNKh の議長で、当時は人民委員会議長であったルィコフの追い落としに積極的に加担した。それだけなら、他の弾劾者のように第二級のスターリニストという括りで済むだろうが、この人物が注目に価するのは、彼が五カ年計画と平行して構成主義者の陣営を二つに割った都市計画論争の一方の旗頭だったからだ。

9 「政治的な あまりに政治的な」――都市計画論争とその顚末

都市派と非都市派と呼ばれる論争の両陣営中、サブソヴィッチは前者のスポークスマンだった。両陣営とも、大都市を資本主義的な否定すべき存在と考えたことでは共通している。五カ年計画は、従来大都市に偏していた工業中心の、資源、エネルギー、交通・通信のネットワークにおける要点への分散、都市計画から国土計画へのフレームアップを骨子としていた。都市と農村の均衡という図式ではなく、第三項である生産拠点を拠点とした新しいネットワークによる、より高度な均衡である。

五カ年計画では「ドニェプル水力発電所、マグニトゴルスクとクズニェーツの金蔵総合企業、ウラル機械工場、ロストフ農業機械工場、チェリヤビンスク、スターリングラード、ハリコフのトラクター工場、モスクワとソルモーヴォの自動車工場、ウラル化学工場、クラマトルスクの重機械工業等々」が建設された（メドヴェージェフ）。それに関わる新都市の計画にこれらのヴィジョンは応用された。多くの工場にはアメリカの技術陣が委嘱され、たとえば端から材料を搬入すると長大な工場の逆の端から製品が出てくる生産ライン＝建築もつくられた。

都市派のヴィジョンの中心は、集中の弊害から免れた十万程度の地方中核都市である。ラジカルなのは、同時期の生活様式 byt をめぐる論争にも関わる巨大な住居コミューンの構想で、そこではブルジョア的な家族形態はより共同的な生活形態に取って代わられる。サブソヴィッチと並ぶ中心は、構成主義建築のリーダーで、第一次五カ年計画のショーピースの一つドニエプルストロイのダム（元々 Goelro の一環で、初期に肩入れしたのはトロツキー。スターリンは予算を理由に反対していた）のデザイナーでもあったヴェスニン兄弟だった。

更にラジカルな非都市派のヴィジョンでは、都市はネットワークの中に完全に融解し、工業中心を結ぶ線状の（反）都市となる。構成主義の理論家としてならし、ル・コルビュジエのユニテ・ダビタシオンにも影響を与えたNarkomfin（財務人民委員部）の職員共同住宅などの設計者として知られるモイセイ・ギンスブルグと社会学者ミハイル・オヒトヴィッチがそのリーダー格で、ギンスブルグは不意にアトリエに現れたオヒトヴィッチと意気投合し、反建築＝反都市路線に転じたといわれる。そのNarkomfinの長ニコライ・ミリューチンもまた線状の「社会主義都市Sotzgorod」モデルを構築したが、これは生産ラインの図式を都市スケールに引き延ばしたものである。これらのヴィジョンでは、もはやフィジカルな存在としての建築物はさしたる意義を持たず、全体は抽象的なシステム（ネットワーク）あるいは空間的な図式に還元される。レオニドフのマグニトゴルスクの計画がその極北であることは本章の冒頭で述べた。

通常の構成主義の運動史では、この論争の加熱ぶりが党中央からの待ったを招来し、以後の凋落のきっかけをなしたとされる。都市解体論争は棚上げされ、既存の都市の改造にシフトするのが三〇年代である。この過程は三〇年代後半の大粛清への過程でもあるが、両派のリーダーもまたそこで姿を消した。五カ年計画の推進役であったVSNKh議長クィビシェフの庇護下に右派批判のアジテーションを行なっていたサブソヴィッチも消息を断ち、かつてトロツキストであったキャリアを咎められたオヒトヴィッチは、ギンスブルグの助手であった建築家ソロモン・リサゴールとともに処刑される。単純な「陣営分け」では、サブソヴィッチはスターリン派に、オヒトヴィッチはトロツキー派に分類される。が、ともにアヴァンギャルドである。レオニドフもまたレオニドフ主義と呼ばれて指弾された。当時の政治的な弾劾にはトロツキー主義に準じたこの種の呼称がよく使われたから、彼がトロツキスト呼ばわりされて粛清されても不思議はなかった。しかし、この分類は、より大きな視野における二つのアヴァンギャルドの関係と同様、もっと錯綜した文脈の中では瞬間の政治的力学としてしか意味はない。(15)

〈この節へのポストスクリプト〉：VSNKhからGosplanの長に転出したクィビシェフの後にVSNKh（重工業人民委員部Narkomtiazhpromに改称）の長を努めたのは、オルジョニキッゼである。彼はアヴァンギャルド凋落後の三〇年代にはギンスブルグの後盾になった。これら二人のスターリンの「副官」は、やがてキーロフとともにスターリンの除去を企てたともいわれるが、相次いでオルジョニキッゼは自殺、キーロフは暗殺、クィビシェフも不審な死に方をした。偶然の一致かもしれないが、それを最終の幕開けとして酸鼻を極める大粛清劇が始まる。二つのアヴァンギャルドのラインのもつれの「あまりに政治的な」行き着く先だった。

III

10 情報のアーキテクチャー

I部で論じた計算論争は、II部で概論したような、政治的な負荷が過大だったソヴィエト・プランニングの現実の評価とは、別の地平の議論だった。しかし、問題機制はそれで閉じたわけではない。ランゲは、ずっとあとの一九六七年の「コンピュータと市場」と題したテクストでは、この計算自体、「連立方程式をエレクトリック・コンピュータに打ち込めば、瞬時に解を得るだろう」と述べる。いわば計算の、経済機械のユートピアである。[16] イデアールな平面における計算可能性は、後にアメリカの(前出の)ケネス・アローとフランスのジェラール・ドブリュ一の二人によって、数理的に更に精密に証明され(厚生経済学の第一及び第二定理)、一般均衡理論は究極的に完成される。[17] 相変わらず実効性の平面とは交わらないまま、皮肉なことに、共産主義者ランゲのモデルに対して、西側の二人によって最終的な理論的根拠が与えられたわけだ。

一方ハンガリーのヤーノシュ・コルナイは、数学者タマーシュ・リプタークとともに二水準計画化の理論(一九六五)を作り上げる。単一の中央計画当局がすべての情報と計画をコントロールする非効率を克服すべく、部分的な計算を積み上げて一つの「大」共通解にくみあげるモデルである。このモデルでは、中央計画当局の下位にある各経済部門が、個別計画の線型計画的枠組みで指標を満足させる最良の計画を作成し、投入財と算出財の「シャドープライス」を中央当局に伝達する。それをリプタークが二水準間のゲームの理論として数式化した。上(中央）から下（各部門）に流れてくるのは、ランゲのモデルでは価格情報だが、コルナイ・リプタークのモデルでは数量の情報である。

コルナイは、ランゲのいう分権的社会主義を別の形で定式化したわけだが、一旦西側に出ながらもスターリンの仲介でポーランドに戻ったランゲとは違って、実際の社会主義テクノクラシーに組み込まれてからは（あるいは一九五六年のハンガリー動乱以来は）、それが実効性をもたないことに確信をもつに至った。つまり、中央計画当局の目的が明瞭且つ一義的に規定されていることとか、諸経済部門に中央から独立した自己努力は存在せず、計画計算が賦存条件を考慮しながら計画計算が行われるとか、完全な規律が保たれる、などの条件が実際の社会主義社会には存在しないとコルナイはいう。[18] これは、もちろん、シュンペーターの理論経済学のテーゼとは別のものである。コルナイにとって数学言語は「政治家や「ブルジョア経済学」を監視する者の目から守る、ある種の保護を意味する」ための偽装だった。[19] 形式のテリトリーにならば粗野な「政治」は侵入してこない、というわけだ。

ランゲのそれのように実践的な平面でも推進された数理的（理論的）な計画へのアプローチは、最適解を求める社会工学的な機能主義である。ワシリー・レオンチェフの産業連関表や、「線型計画法」の創案者として知られるレオニド・カントロヴィッチの仕事もここに発している。[20] そこからはまた、戦後の様々な計画予測シミュレーション技法が展開していき、それは軍事利用（カントロヴィッチ理論も元は軍事分野だった）から都市政策のシミュレーション、更には有名な「成長の限界」の予測システムWORLDまでが含まれるが、ここではそこまでフォローする余裕はない。

ミクロ経済学は力学の原理を経済的営為にアナロジーすることで「科学化」をはかったものだが、こうした経済学への批判と自生市場の擁護論は、後年のハイエクの関心を社会や政治における設計主義批判へとシフトさせていった。経済的営為は設計され得ないというのがこの批判の骨子である。それが『隷従の道』のような全体主義批判への途を開いた。純粋経済学は政治を排除するが、ハイエクは逆に純粋経済学から身を遠ざけたのだ。

これらの議論においては計画や予測の基にある情報の問題が浮上するが、それに注目したレオニド・ハーヴィッツは、経済主体の意思決定の可能性の問題を情報分権性として論じ、その情報効率を獲得するようなメカニズムのデザインを理論化した（情報効率性に関する厚生経済学の第一基本定理）。ハーヴィッツによれば、競争的市場のメカニズムはこの情報効率性を満たす。(21) そして、そのメカニズムは「設計」の対象となり得るのである。それはもはや「計画」と反「計画」の対立を無効化する理論ではないのか？

それは、『隠喩としての建築』の最初の方で、柄谷行人が、ユークリッドの「建築」が崩壊したのは、「その建築の基礎が点や線と言った多義的な自然言語にもとづいていたからである」といいながら、一九世紀後半からの「数学者の努力は、自然言語を排除することによって、完全な公理体系を建築することに向けられたが、それはゲーデルの「不完全の定理」によってとどめをさされた」と述べているのと近い。柄谷は、そこで新古典派経済学を「均衡論的」と引き合いに出して、土屋のように、フッサールやヴァレリー、マラルメを参照している。(22)

柄谷のいう「隠喩としての建築」を、大分ずれた意味合いながらも「アーキテクチャー」として人口に膾炙させたのは憲法学者レッシグである。レッシグの議論をここで改めて紹介はしないが、それは広い意味での環境の構造として拡張されれば、ユピキタスな情報のアーキテクチャーともなり得る。情報社会論の濱野智史は、これをインターネットの二重構造のアーキテクチャーの問題として展開している。(23)

我々の議論にとって興味深いのは、濱野がそれを建築家レム・コールハースの『錯乱のニューヨーク』におけるマンハッタン・グリッドに比較していることだ。(24) 正確に言えば、都市の形態学としてのグリッドと、その上に生い立つ建築類型としてのスカイスクレーパーの対応関係だが。均質グリッドは、それだけならば古来の多くの計画都市に採用されている。歴史のないアメリカの都市はそれに従っていることが多いが、マンハッタンの特徴は、その一区画をひとつの超高層建築が占め、グリッドが三次元化されていることで、それを濱野は、街区を文字通り上部構造としての超高層建築を生成する下部構造と考え、インターネットの二重構造と比較している。

コールハースはレオニドフに多大な影響を受け、研究もしていた時期があるから、この立体構造グリッドの都市のヴィジョンが、後者のマグニトゴルスク計画を基にしていることは十分考えられる。濱野は、マンハッタン・グリッドに関して「ここでは都市がハイエクの言う「自生的秩序」のようなものとして捉えられている」と書いているが、それはインターネットの「自生的秩序」（と濱野が考えるもの）に連想されているからで、一八一一年のコミッショナーズ・プランで規定されたものだから自生的ではないし、むしろそれと正反対の極北にある透明な都市＝「形式（アーキテクチャー／機械）」としてのマグニトゴルスク計画ともつなげられ得るのだ。そもそもマンハッタンでも、スカイスクレーパーの「自生」は、ごく一部での地域が特定の条件下でそうなったにすぎない。もちろん、最も単純な土地管理形式として採用されることとそれに理想主義的（イデアール）な上部構造を被せることは、また別の操作なのだが。

11　「自然」と「人為」のパラドックス

「私はこの作品（引用者注『ユーパリノス』）で、純粋思考の探求、真理それ自体の探求は、なんらかの形の発見、ないしその構築を渇望せざるをえないということを証明しようとこころみたのだと言っていいと思います」

ポール・ヴァレリー「ポール・スーディへの手紙」

ハイエクは、「社会科学にとっての事実」（一九四二年）の中で、われわれは「国家や政府、戦争や商業活動、または人間の全体を観察するのではない」し、「国家」や「町」のような用語は物理的な尺度をもっては定義できないとして、「逆説的に述べれば、われわれが歴史的事実と呼ぶものは実は理論なのだ」と書いている。それは理論的な諸科学が構築する「より抽象的な、より一般的なモデルとまったく同様の性質をもつもので」ある、と。[25] 然り、よほど身近な実感的カテゴリーやスケールでない限り、我々はモデルを通してしか認識出来ず、それに先立つ「事実」が存在するわけではない。だが、ハイエクはこのカント的な命題を、「認識しうる諸要素にもとづいてモデルを構築することによって社会的な「総体」を「構成する」理論は、唯一の社会理論であるのか」と倒置的に疑問、つまり構成主義批判に付す。

ハイエクは理論経済学の形式性それ自体を批判するのではないという。「私の批判は、形式化が度を超しているということにあるのではないのであって、それよりはむしろ（中略）、形式化が十分に押しすすめられていないことにあるのである」。不十分な形式化とは、「いかにしてさまざまな商品が入手され、使用されうるのかという基本的事実についての知識であり、またこれらの基本的な事実についての知識がどのような条件の下で獲得され、使用されるのか、つまり、なぜさまざまな人びとに与えられる主観的な与件が客観的な事実と一致するのかという一般的な問題」なのだという。つまり形式化は達成できないと。「主観的な与件」とは結局経験的な地平にあるもので、従って均質（客観的）なはずはないということだから、これは、経済人というフィクションに基づいた形式性とは別のものだが、イデアールとレアールにまたがる形式モデルを採用すると、結局は議論が経験的で部分的な地平に回帰しがちになる。

柄谷は、構造主義的なアプローチでは、言語学であろうと文化人類学であろうと、素材に関する多様性を斥けて形式への還元が行なわれていると論じ、「しかし、経験的な多様性・偶然性は、たんに付随的なものにすぎないだろうか」と反問する。ハイエクと同じ反問である。これは、柄谷によれば、マルクスのヘーゲル認識、つまりヘーゲルにおいて「構造（建築）」をそのつど先行している「多様な過剰な偶然的な何か」と同じものであり、あるいはヴァレリー（純粋詩を志向したとして、最初の土屋のリスト中にある人物）が「貝殻」に見出したような、人為でない「自然」の「内部の構造」の複雑さ、即ち非目的論的で反機械的なものとも同じだと。

けれども、これは還元的な処理に不可避的につきまとう問題ではないか？　その複雑さを意図的に切断するところに「建築」が成立しているのだから――それは当然そうする意味があるからなされた還元だが――、この議論は「建築」からすれば逆立ちしている。柄谷はいや「建築」こそが逆立ちしていると言っているのだが、この正立-逆立のアポリアは、ゲーデルを持ち出すだけで容易に決着がつくようなものではない。そもそもゲーデル理論の胆は「決定不能性」にあるのだから。

『隠喩としての建築』の第二章では「自然都市」と題してアレクザンダーの議論が取り上げられているが、それもまた形式（集合論）を通した議論（「建築への意志」）であるのに、柄谷は「自然都市の構造は、「都市に住む主体」の意識においてしかありえない」と議論を経験的な地平に送り返してしまう。それは最近の講演で、アレクザンダーやジェイコブスの都市論を引きながら、「自然」都市を専ら経験的な多様性と考える自己の実感から評価し（この辺の議論の仕方も、歴史の細部を消去して一般化した断言の集積にすぎないハイエクの『隷属への道』に酷似している）、更にロシア・マルクス主義とは違う「別のタイプ」のユートピア主義――初期バウハウスやその根源にいるウィリアム・モリスのような中世主義者の――につなげてしまう所で最も露わになっている。[26] たとえばヴァレリーを引いて「「思考において作る」ということは、トートロジーを建築するということである」と述べながら、このトートロジー（ロジックの永劫回帰？）からあっさり抜け出してしまうのだ。百万の人がいれば百万のレアールがあるはずだが、そうした他者性を自らの日常的な経験性の延長上に（ハイエクのいうような）「一般性」として構築してしまうなら、それは多様性ではなくて臆見にすぎないのではないか。

実際、ヴァレリーの「貝殻」の議論には、本意かどうかはともかく、結局人間の業は自然の造形の美に及ばない、という通俗的な結論に導きかねないところがある（ちなみに自分のテクストで「貝殻」に良く言及するもう一人の人物ル・コルビュジエは、自分の著作『輝く都市』を『ユーパリノスあるいは建築家』の著者に献本している。四節冒頭の引用文参照）。それは、自然に生まれた（つまり非計画的な）都市の生活は本物だが、人為的な（つまり計画的な）街でのそれは違うという命題にも、また市場経済の方が、計画経済よりも「生きた」ものとなる、という衆目の一致を誘いそうな命題にも、読み替えが出来る。

だが、この命題には歴史的なモメントが欠けている。今では誰しも、社会主義の計画経済は機能しないというが、西側で大恐慌が発生し、ソ連で第一次五カ年計画の「輝かしい」成果が顕揚された一九二九年だったら、――スターリンの「計画」の内実が如何なるものだったとしても――そのようにはいわれなかっただろう。実際、ソヴィエト・ロシア史の第一人者（今なおそうだ！）E・H・カーは、戦後においてすら、歴史家の仕事を道徳家のそれと峻別する中で、スターリン体制を「残酷で衝動的な独裁的専制」としながらも、それがプリミティブな前近代社会を三十年で世界第二の工業国に押し上げた「業績」を評価した。そのカーは、ケンブリッジの経済学者ジョーン・ロビンソン（二節冒頭の引用文参照）宛の手紙で「歴史はもちろんのこと、経済もまた、無時間的な姿でそれを描くなどとうていできません。変化こそ、それらの本質をなすものです」といっている。ポストモダンはここでもアムネシアの上に築かれている。

あるいは飛行機の形にデザインされた新都市ブラジリアは人間的な街ではないともしばしばいわれる。しかし、この憶断では、時の経過とともに、あちこちにスラム、つまり非計画的な住居群が出来て計画を「汚した」ことによって、レアールとしてのブラジリアはなにがしか人間臭くなっているという事実は見逃されている。一方、柄谷は「衰退し荒廃している」バッファローと「活気に満ちた」トロントを比較して、後者ではゾーニングが斥けられているからだという。まさかね。

各々の歴史的瞬間におけるあり様はともあれ、如何なる都市も（トロントにせよ）それなりのやり方で計画的に営まれ規制されなければ、容易にカオスに堕するのだし、いわゆる市場経済も——新自由主義者が如何様に主張しようと——完全なlaissez-faireでは機能しなくなる。これは、もちろん革新的な発見などでは全くないが、計画と反（ないし非）計画というディコトミーを咎めるには役立つ。反計画が過度な単純化のもたらす生命の枯渇への批判を志向するとしても、このディコトミー自体がその論拠を侵している。それは、ワルラスやル・コルビュジエが敢えて分けた、本来論理的な階梯が異なる、イデアール（形式）とレアール（経験）の混同に起因している。ハイエクの「コスモス」／「タクシス」も、アレクザンダーの「セミラチス」／「ツリー」も、それら自体が単純化された「モデル」にすぎない。実際には、ツリー・モデルから一歩も踏み出さない「計画」などはなく、モデルを通すからそう見えるにすぎない。「モデル」化が明快であるだけに彼らの議論は分かりやすいのだが、この単純な分かりやすさは、むしろ彼らが禁忌しようとしたものではないのか？——批判者にとってのトラップ。

インターネットをモデルとした濱野の前記の議論が成立つのは、主語を欠いた（「アジャイル」な）言語体系＝情報環境をモデルとしているからだが、「アーキテクチャー」を汎用的に拡大すると、最初のところで言及したフーコーの「生政治」に接近していく。「生政治」論は、国家論、権力論にありがちな主体が近代において消去＝匿名化されていく過程で働く「力」として記述されている。そこでは、汎計画学のアウトラインもまたウロボロス化する。「計画嫌悪」の問題は改めての議論を要するだろうが、何度も言っているように、モダニズムがある仮説の下で形式主義的に還元したものを、無媒介的に経験的な平面に落とし込んで批判しても、マルクスの「思想」とスターリニズムの「政治」を混同することとあまり変わりはないだろう。ここで一部を描いてみたような構図はまたモダニズムとポストモダニズム、二〇世紀と二一世紀の関係のそれでもある。

注

（1）磯崎新の発言は「建築——不可視から不可侵へ」『at プラス 〇八』太田出版、二〇一一で、大塚英志のレビューは『週刊ポスト』二〇一一年〇六一〇号。
（2）八束はじめ『ル・コルビュジエ　生政治としてのユルバニスム』青土社、二〇一三。
（3）フリードリヒ・ハイエク『隷属への道』西山千明訳、春秋社、〈ハイエク全集I－別巻〉フリードマンによる「一九九四年版への序文」iii頁。
（4）クリストファー・アレクザンダー『形の合成に関するノート／都市はツリーではない』稲葉武司訳、鹿島出版会、二〇一三。
（5）Jean Louise Cohen “Le Corbusier et la mystique de l'URSS” Mardaga 一九八八。
（6）土屋恵一郎『社会のレトリック 法のドラマトゥルギー』新曜社、一九八五、三一－四頁。
（7）荒川章義『思想史のなかの近代経済学』中公新書、一九九九、三－四頁。
（8）ル・コルビュジエ『建築を目指して』吉阪隆正訳、鹿島出版会、一九六七。
（9）間宮陽介『市場社会の思想史』中公新書、一九九九、一一八頁。
（10）池田信夫『ハイエク　知識社会の自由主義』ＰＨＰ新書、二〇〇八、五三頁。
（11）Ｅ・Ｈ・カー『ロシア革命　レーニンからスターリンへ、一九一七－一九二九年』塩川伸明訳、岩波書店、一九七九、一五五頁。
（12）Naum Jasny “Soviet Economists of the Twenties” Cambridge University Press 一九七二、一四四頁。

(13) タフーリ『球と迷宮』八束他訳　ＰＡＲＣＯ出版一九九二（原書一九八〇）所収、一八九－一九〇頁。
(14) アイザック・ドイッチャー『武装せる予言者　トロツキー―一八七九－一九二一』田中西二郎ほか訳、新潮社、一九六四、五三三頁／R・ダニエルズ『ロシア共産党内論争史』上、国際社会主義運動研究会訳、現代思潮社、一九七〇、九九頁。
(15) 八束はじめ『ロシアアヴァンギャルド建築』増補版、Lixil出版、二〇一五。
(16) 西部忠『市場像の系譜学――「経済計算論争」をめぐるヴィジョン』東洋経済新報社、一九九六、三七頁。
(17) ケネス・アロー&フランク・ハーン『一般均衡分析』福岡正雄ほか訳、岩波書店、一九七六／ジェラール・ドブリュー『価値の理論――経済均衡の公理的分析』丸山徹訳、東洋経済新報社、一九七七。
(18) ヤーノシュ・コルナイ『コルナイ・ヤーノシュ自伝』盛田常夫訳、日本評論社、二〇〇六、一四七頁。
(19) 前掲書一五四頁。
(20) 田畑伸一郎「社会主義経済の数量誘導的計画メカニズム：ワイツマン＝クレマー・プロセスを中心に」『一橋論叢』九一（一）七六－九八頁、一九八四。
(21) 宮本勝治「分権的経済計画におけるLange–Arrow-Hurwicz-Uzawa -Procedures」『大阪府大経済研究』二一－二、NII-Electronic Library Service.
(22) 柄谷行人『隠喩としての建築』講談社、一九八三。
(23) 濱野智史「『人工的自然』にどう対峙するか」『思想地図』Vol.三、日本放送出版協会、二〇〇九。
(24) レム・コールハース『錯乱のニューヨーク』鈴木圭介訳、ちくま学芸文庫、一九九九。
(25) フリードリヒ・ハイエク『経済学と知識』、ハイエク全集I－三『個人主義と経済秩序』所収、嘉治元郎・佐代訳、春秋社、二〇〇八、一〇〇頁。
(26) 柄谷行人「都市プラニングとユートピア主義を再考する」『現代思想』二〇一四年一月臨時増刊号。

「現代」の無時間性と「場ちがいな」モノたち

ボードリヤール再読

塚原 史

1 「現代思想」再考――ボードレールとモデルニテ

「現代思想」という表現が私たちの文化圏で流通し始めたのは、まさにこの語を表題とする思想誌が青土社から三浦雅士編集で創刊された一九七三年より少し前あたりからだと思われるが、筆者自身の同誌への寄稿は一九八〇年一月号に今村仁司の勧めでシャルル・フーリエ「未来社会と同性愛」を訳出したのが最初で、同じ年にフランス新哲学派（Nouveaux philosophes）のアンドレ・グリュックスマンの『思想の首領たち』が西永良成訳で出版されている。[1]その三年後の一九八三年には浅田彰『構造と力』が注目されて「現代思想」ブームが隆盛をきわめたことなどは、すでに都市伝説の領域に移行しているかもしれない。七〇年代の終わり頃だったろうか、筆者は東京経済大学の今村研究室で後にこのベストセラーの著者となる若者とすれちがった記憶がある。

もちろん、そんな昔話を始めようというわけではないが、ここで気になるのは「現代」が「モダン」（modern）ではなかったことで、雑誌『現代思想』の表紙に（現在でもそうだが）フランス語で *revue de la pensée d'aujourd'hui* と明記されていたように、「現代」とは歴史的年代とは異質の「今日」（aujourd'hui/today）の同義語として用いられていた。だが、たとえばチャップリンの無声映画の傑作「モダンタイムス」（一九三六年）を思い出すまでもなく「モダン」もまた「今日性」を含む表現なのだが、チャップリンの場合「モダン」は機械とベルトコンベアーと時計に管理される「近代的」大工場のおちこぼれ労働者が戯画的に描かれていたから、この語は（資本主義の発達段階としての）「近代」（産業革命と市民革命を契機に西欧で成立した「近代市民社会」）の延長を意味しており、「現代」と訳したとすれば「近代」と「現代」とのあいだに本質的な距離が生じてしまうように、少なくとも筆者には感じられる。それはけっして訳語だけの問題ではなくて、「近代」（modern）が（古代→中世→近代と続く）歴史の展開の先端に位置するという時間概念であるのに対して、「現代」（today, contemporary）がいつの時代にも存在する「いま、ここ」としての同時代という、こういってよければ無時間的概念であることに関わっているからだろう。

ところが、「近代性」を表すModernity/Modernitéという語はそうした歴史性ばかりでなく、いちばん新しい「いま」としての現代性も併せもっているから話はこみいってくる。というのも、「近代」と「現代」をめぐる境界線が確定不能であるという困難な事態は、まさに「近代」が担っている両義性に由来していると考えられるのである。

このことはすでに多くの場面で語られてきたはずだが、ここではひとまずフランス一九世紀の詩人で『悪の華』の作者であるシャルル・ボードレール（Charles Baudelaire, 1821-1867）を呼び出しておこう（ボードレールほどの大詩人に説明はいらないと思っていたのは過去の話なのであえて読者には不要な書き方をしたが、二一世紀の日本中の大学で、仏文科以外にはこの名前に反応する学生はほとんどいないといってよい）。

ボードレールが彼と同時代のフランス人画家コンスタン・ギースを論じた美術批評「現代生活の画家」（1859-1860頃）でモデルニテを論じたことは、すでに周知のとおりで、そこではまさにモデルニテの「現代性」が論じられていた。[2] 以下、横張誠編訳『ボードレール語録』から引用するが、「現代性」から「群集」まで、ボードレールのキーワードから詳細な語録を編んで精緻な解説を付したこの書物で、横張はモデルニテというフランス語の単語の訳し方について、明確にこう述べている。

ボードレールが用いる「モデルニテ［modernité］」という語を日本語に訳すには、「近代性」とするよりはむしろ「現代性」のほうがよい。なぜなら彼は、歴史上の特定の時期としての近代よりも、各人から見た自分の時代、

同時代の意味を込めてこれを使っているからである。(3)

それでは、もっと具体的に「現代性」とは何かといえば、ボードレールは端的にこう書いていた。

現代性とは、過渡的なもの、束の間のもの、偶然のものであり、それは芸術の半分であって、あとの半分は永遠なもの、不変なものである。昔の画家ひとりひとりにひとつの現代性があったのだ。(『現代生活の画家』(4))

ボードレール論に深入りするわけでないが、ここで『悪の華』の詩人が「ひとつの現代性」(une modernité)といっているのは、歴史的時間を通底する同時代性のことだから、話を現代思想に戻すと、思いつくままに名を挙げればアウグスティヌスもマキャベリもヴォルテールも、カントもヘーゲルも、その時代の「現代思想」だったといえるわけだが、たとえばアウグスティヌスを「近代思想」と呼べば時間概念上の矛盾が生じるという自明の事実(その思想に「近代性」が読み取れるとしても、それは別の次元の問題である)からは、「近代」の歴史性と「現代」の無時間性が容易に見てとれるだろう。

ここで「無時間性(的)」とは英語に直せばachronic/timelessとなりそうだが、筆者にとってはそれほど厳密な用語ではなくて、「過去→現在→未来」という時間の連続から相対的に自立した不連続な「いま、ここ」の集合としての時間というほどの意味であり、アメリカの理論天体物理学者でロチェスター大学教授のアダム・フランクが二〇一一年の著書*ABOUT TIME*(邦訳『時間と宇宙のすべて』)で述べた提案から着想を得ている。つまり、「無時間性」とは、フランクの表現を借りれば、最初のページから最後のページへといたる一冊の本のように連続して展開する時間とは異次元の、一冊の本が解体されて、そのすべてのページが無秩序に散らばっているように不連続な時間の性質といってもよい。この不連続な時間という想定の場合には、過去も現在も未来も独立した「現在」となるので、起源から終末までの時間を連続したストーリーとして描こうとする歴史も物語も、その根拠を失ってしまう

ことになる。(5)

2　近代の歴史性と「現代」の無時間性——写真、自動車、モード

別の視角から、「近代」と「現代」との本質的な相違をやや唐突に例示すれば、「近代」は映画的で、「現代」は写真的といえるのではないだろうか。歴史性としての近代には当然ながら始まりと（ひとまずの）到達点があり、西欧型モデルでは王権と自然エネルギーの時代から資本家と労働者、そして蒸気機関と機械制大工業の時代からその先へとストーリーが時間軸に沿って最初の世界戦争あたりまで進行してゆくのに対して、「いま、ここ」としての現代には起源も終末も必要がないから、そこに写った瞬間はこういってよければ永遠のイメージとして目の前にあり続けるか、あるいはまったく気まぐれに別のイメージに置き換えられることが可能となる。ロラン・バルト『明るい部屋』を想起するまでもなく、瞬間の永遠性は写真の本質的な属性なのだが、ここで永遠性とは偶然性の同義語でもあって、バルトはアメリカの写真家ウィリアム・クラインがモスクワの地下鉄の車内で撮影した「一九五九年五月一日（メーデー）」をめぐって写真を文章（テクスト）と対比して、「たった一語の唐突な行為によってひとつのフレーズを叙述から考察へと移行させられる文章とは反対に、写真は純粋な偶然性であり、おそらく偶然性以外ではありえない（そこにはいつも何かが表象されている）」と述べていた。(6)

こうした視点から見れば、近代の歴史性はまさにテクスト性＝物語性であり、現代の無時間性は語がストーリーの展開ではなくて偶然の働きによって位置を獲得する「何か」となるポエジー性（詩的性質）であると言い換えられそうだが、この方向に進むと話が文学的になりすぎるので社会的場面に戻れば、たとえば自動車という機械自体は近代の産物としての起源をもつとしても、それが社会生活に浸透して日常化した段階では、もはや近代化にまつわる起源の記憶はほとんど失われて、モデルチェンジとテクノロジーの無限の更新過程のなかで無時間的に記号化されてしまう。

そのことは言語表現の社会的変化にも明らかだ。たとえばフランス語の場合、文字通りの「自動車」である「オートモビル」AUTOMOBILEという単語の最初期の使用例は、ガソリンエンジン自動車の出現以前の一八六〇年代に遡り、一八七六年の『ジュルナル・デ・デバ（論争新聞）』には「凱旋門からヌイイまでの軌道上を走るのが見られる圧縮空気で動く自動車（VOITURE AUTOMOBILE）……」という記事が掲載されていた（『ロベール仏語辞典』による）[7]。ここで「ヴォワチュール」VOITUREとは元来は馬車のことだから、直訳すれば（馬のいない）自動馬車となる（「圧縮空気で動く」となっているが、実際には蒸気機関だったようだ）。それが、一八九〇年代になってドイツのダイムラーやフランスのルヴァッスールの発明によるガソリンエンジンとトランスミッションを備えた、原理的には現在と同じ「自動車」を指して用いられると、馬車ではないのでVOITUREが取れてAUTOMOBILEになるのだが、やがて二〇世紀に入って自動車が大量生産されて急激に普及し始めると（とくに日常生活の場面では）再びVOITUREに取って代わられ、現在にいたっている（自動車運転者という意味の「オートモビリスト」automobilisteは今でも使用されているが）。古代から近代前期まで主要な交通手段だった「馬車」がその後の近代化によって馬を追放した「自動車」になったが、それを表す用語の現代生活への導入の過程で（もちろん言葉だけの）「馬車」に戻ったというわけであり、VOITUREという語は、この意味で時代の制約を越えて無時間的に使用されていることになる。

さて、先ほど近代が映画的で現代が写真的とやや乱暴な書き方をしたが、もちろん、テクノロジー／メディアとしては映画も写真も、アンドレ・バザンが名著『映画とは何か』（一九五八年初版）で「写真と映画は社会学的背景のもとでは、まったく当然ながら〔西欧〕近代絵画（la peinture moderne）の精神的技術的な深刻な危機を解明しているだろう」[8]と述べたとおり、西欧近代の発明であることはいうまでもない（周知のとおり、写真元年はフランスのダゲールにより一八三九年、映画元年もやはりフランスのリュミエール兄弟により一八九五年）。また、二〇世紀の映画と写真の展開については、中井正一が『美学入門』（一九五一年初版）で、絵画の体系空間に続く写真の図式空間を超える新たなモデルとして映画の切断空間の「現代性」を強調していたことも重要な指摘ではある。

とはいえ、ここで問題にしたいのは、そうした歴史的展開ではなくて同時代性の表現という視点から見た場合、時間の流れを表現する技術としての映画の「通時性」に対して、原理上時間を止める表象技術である写真の「無時間性」が現代社会の特徴の印象的な例示となっているということである。(9) したがって、ここで「現代社会」とは二一世紀の今日の社会だけでなく、あのチャップリン「モダンタイムス」のエンドレスに稼働する工場のベルトコンベアーがすでに象徴していた社会までも含んでいるから、たとえば内田隆三が一九八七年の重要な著作『消費社会と権力』で大宅壮一を引用して次のように述べたこととも重なってくる。

モード〔流行、ファッション〕の論理は、一般的等価物に準拠した合理的な生と生産の論理を、その「意味」や「時間性」において限りなく空無にしていく。既にわが国の一九二〇年代、大宅壮一は、大都市の消費文化に「モダニズム」として顔を覗かせた、その空無の表象について、次のように書いていた。

モダニズムには「昨日」もなければ「明日」もない。あるものはただ人工的刺戟によって強く感覚に印象される刹那があるばかりである。「昨日」は記憶から駆逐しなければならない悪夢であり、「明日」はそれ自身何の魅力をも約束しない砂漠である。

この奇妙な時間と意味の砂漠、理想も感激もないが、その代わりに幻滅もない、ただ刺戟に充ちた奇妙な明るさの世界は、すぐにファシズムの空間に呑み込まれていった。しかし、戦争によって立ち消えたこの小さな砂漠は、やがて本格的な全域化の時期——コマーシャリズムの時代——を迎え、環境世界全般を覆い尽くしていくことになる。(10)

3　永遠性と過渡性——キング「芸術家の夢」とボードリヤール「ヴィーナスと空き缶」

ファシズムから戦争へと続く私たちの国の「現代史」の考察はもちろん避けられない問題ではあるが、本稿の範囲を超えてしまうので別の機会に譲るとして、「刺戟に充ちた奇妙な明るさの世界」が「環境世界全般を覆い尽くしていく」状況に少しだけ接近してみよう。大宅の鋭い断言を借りれば「「昨日」もなければ「明日」もない」無時間的場面としてのモダン都市は、すでに「現代社会」のプロトタイプだったといえるが、大宅と、それ以上に内田の言葉はジャン・ボードリヤール『消費社会の神話と構造』(前出)の最初のほうに登場する一九六〇年代末パリ近郊に出現した最初期の巨大ショッピング・モール「パルリー2」*Parly 2*についての記述を想起させずにはおかない。

われわれは日常生活の全面的な組織化、均質化としての消費の中心にいる。そこでは、幸福が緊張の解消だと抽象的に定義されてすべてが安易にそして半ば無自覚に消費される。ショッピング・モールや未来都市の規模にまで拡大されたドラッグストア〔パルリー2〕は、あらゆる現実生活、あらゆる客観的社会生活の昇華物であり、そこでは労働と金銭ばかりでなく、四季さえもが廃絶されようとしている。〔…〕均質な諸要素の永遠の交代があるばかりだ。象徴的な機能はすでに失われ、永遠の春の気候のなかで「雰囲気」の永遠の組み合わせが繰り返されるのである。(『消費社会の神話と構造』第一部「モノの形式的儀礼[11]」)

「緊張の解消としての幸福」を演出して「永遠の春」を実現する場所、「消費が全生活をとらえ、欲望の充足に達するための通路が一時間ごとに前もって引かれて環境が全面的にエアー・コンディショニングされ」る場所[12]としてのショッピング・モールこそは、富と貧困の膨大な蓄積がアグレッシヴな階級対立を激化させた歴史的近代と明確に区別される現代社会の無時間性のイメージそのものであり、内田が的確に指摘したとおり「豊かな社会という広大な欲望の砂漠に発生する、価値の構造的な戯れの空間においては、それまで合理的な生産のシステムを支えていた時間性や意味は空洞化していく[13]」ことになる。

ここで、再びボードレールに戻ってしまうが、一九世紀の西欧近代を短く生きた詩人(彼は写真によるポートレートを残した最初期の文学者のひとりだ）は、前出の「モデルニテ＝同時代性」の主張に続けて、こう述べていた。

美はすべて、考えられる現象はみなそうであるように、永遠なものと過渡的なもの、――絶対的なものと特殊なものを含んでいる。絶対的で永遠な美というものは存在しない、というかむしろ、それは、様々な美の浮上物が成す全表面からすくいとった抽象観念にすぎない。（ボードレール『一八四六年のサロン』[14]）

この文章では「美」（といっても自然美は含まれないから美的表象）の両義性に関する詩人の解釈が要約されているが、視野を広げると、そこには「いま、ここ」の「現代性」に伴う同時代性ばかりではない両義性が見えてくる。再度、横張の意味深い指摘を引用しよう。

「現代性」には「永遠なもの」も含まれているが、「永遠なもの」は「不変のもの」つまりどこでも同じものなのだから、何かの特徴とはなりえない。「現代性」の特徴を成すのは「現代性」つまり芸術の半分たる狭義の「過渡的なもの」にほかならない。[15]

つまり、先ほど立ち入ったように、「いま、ここ」としての「現代」がどの時代にも存在した「同時代性」の場所であり、この場所のスナップショットが時間の停止した「永遠」のイメージを伝えるとしても、「いま、ここ」自体は（大正から昭和初期の「モダン」がすぐに日中戦争から太平洋戦争へと続く軍国主義の支配に移行したように）はかなくうつろうものであって、その意味では「過渡的なもの」であり、あの瞬間の「永遠性」の皮肉な実例でもあったのである。

「永遠性」と「過渡性」をめぐって、ここで私たちは思いがけない場面にワープする。

ボストン、ケンブリッジのハーヴァード大学フォッグ美術館（同じ建物内の他の二つの美術館と併せて Harvard

Museumsと呼ばれる）は文字通り古今東西の名品の収蔵で知られるが、近代以降に限っても、ピカソ、ムンク、エルンスト等々の西欧モダンアートからベン・シャーンやジャコブ・ローレンスらのソーシャル・リアリズム、そして何よりもマーク・ロスコの作品までが展示されており、それらのほとんどすべてが一九世紀以来の卒業生の寄贈であることからは、まさに最高学府のミュージアムとしてのアウラとプレスティージが実感されるのだが、そうした美術史上の「傑作」とは異質な、文字どおりアメリカ的で「ローカルな」絵画もあって興味深い。ここで「アメリカ的」絵画とは、この形容が多くの人に想起させるだろうウォーホルらのポップアートより一世紀以上も前の（つまりモダンアート以前の）一九世紀前半のアメリカ人画家による絵画のことで、私が思わずその前で立ち止まってしまったのは、チャールズ・バード・キングの一八三〇年の油彩画「芸術家の夢の虚栄」だった（以下「芸術家の夢」と略）[16]。（図1）

図1　チャールズ・バード・キング油彩画「芸術家の夢の虚栄」（1830年、ハーヴァード大学フォッグ美術館、撮影・塚原史）

キング（1785-1862）はロードアイランド州ニューポート生まれの、イギリスからの移住者の家系の肖像画家で、一八二〇年頃からアメリカ政府の委託を受けて二〇年にわたってネイティヴ・アメリカンの個性的なポートレートを多数描いたことで知られるが、ここではアメリカ美術史に立ち入るわけではないので、なぜ「芸術家の夢」という二〇号ほどの小さな絵が気になったのかについて、かんたんに説明しておこう。

「芸術家の夢」はジャンルとしては静物画になるが、やや凝った仕掛けがあって、カンヴァスの内側に額縁が斜めに描かれ、その奥に画家のパレットと描きかけの女性像や羽ペンや書物、そして皿の上のパンの塊と白い柄のナイフなどが乱雑に置かれた場面が写実的に展開されている。そして、何よりも人目を引くのは、画面に向かって右上から左下にかけての対角線の上部に「ベルヴェデーレのアポロ」(Apollo Belvedere)の頭部(胸像ではなくて、おそらく全身像から落ちた首)の石膏像が細密に描写されていることであり、両目を閉じてまどろんでいるその表情は、ナルシスト的な「芸術家の夢」を思わせる。

そして、絵の中に描かれた額縁からはみだしたパン皿の奥には紙片が立てかけてあり、そこには(肉眼ではほとんど見えないが作品に付されたキャプションによれば)「架空のニュース」が細かい手書きの文字で記されていて「フィラデルフィアの猫皮〔詳細は不明〕展示会ではT・ローレンス卿によるウェストの華麗な肖像画をはるかにしのぐ一二〇〇ドルの売り上げがあったが、後者〔肖像画〕の値段は残念ながら出品手数料にさえ届かなかった……」と読める。ここでウェストとは、じつは二〇代の画学生キングがロンドンのローヤル・アカデミーで学んだ著名な画家ベンジャミン・ウェストを指しており、「芸術家の夢」は、作者がかつての師の面影を「猫皮」と対比するという強烈な風刺が隠された絵だということがわかる。上述のキャプションには「ヨーロッパの芸術文化と新共和国〔アメリカ〕で張り合おうとしたキングのような画家の困難な立場を明らかにした〔…〕ユーモラスな静物画」と書かれていた。[17]

このこと自体は、一九一二年にピカソが最初に試みたとされるキュビスム的絵画中に新聞記事の切り抜きを貼りつける「コラージュ」の先駆的試みと言えないこともないが(キングの場合「ニュース」は画家によって記述されているから、新聞紙のような異物の侵入ではなかった)、私がある種の既視感におそわれたのは、そうした美術史的詮索とはまったく無縁の「虚栄」とよく似た構図の写真の存在が、その場で瞬時に思い出されたからである。

それは、すでに引用したボードリヤールのロングセラー『消費社会の神話と構造』一九七〇年初版に挿入された構成写真（以下「ヴィーナスと空き缶」と略）で、ページの上段三分の一ほどにミロのヴィーナスを思わせる石膏の胸像（目が明いている）があり、その両目のあたりから下にコカ・コーラやジュースなどの空き缶や空き瓶、アグファ・フィルムの空き箱などが無造作に積み上げられていて、そこに暗示されている時間の流れからすれば、ヴィーナス像はやがてゴミの山に覆われてしまいそうだ。「ゴミ」といっても有機物ではないので、それらの集合自体が日用品（レディメイド）を無意味に寄せ集めたダダやポップアートの作品を想起させる（同書初版の多くの写真に付けられたキャプションは、ここには見あたらない[18]。（図2）

図2　ボードリヤール『消費社会の神話と構造』1970年初版に挿入された構成写真。以下の著作から転載。Jean Baudrillard, La Société de consommation, ses mythes, ses structures, S.G.P.P., 1970.©Jean Baudrillard (courtesy of Marine Dupuis Baudrillard).

なお、この初版は現存しないパリの出版社S・G・P・Pから刊行されたもので、プロの写真家の都市写真や商品の広告写真など数十枚が挿入されていて、この写真をはじめボードリヤール自身が構成した写真も数点入っていた。ボードリヤールは一九八〇年代後半から写真家としても注目されて各国で写真展を開催し、邦訳『消滅の技法』[19]に代表されるフォト・エッセーを発表するようになるが、「社会学者」という分類から一見かけ離れた彼の写真への関心は、すでにこの時期にさかのぼると言ってよいだろう。もっとも、その後まもなく『消費社会』の版元がガリマール書店に変わった際に写真はすべて削除され、各国語訳もガリマール版に依拠したため、初版本は幻の書物となってしまった[20]。

こうして見てくると、キングの「芸術家の夢」もボードリヤールの「ヴィーナスと空き缶」も、古代ギリシア・ローマ彫刻の複製と、これらの絵画や写真と同時代のモノの無秩序な集合を組み合わせることで、ボードレールが一五〇年以上前に見抜いていた現代性の特徴的な性格である「永遠性」と「過渡性」を寓意的に表象していることが実感される。もちろん「虚栄」VANITAS自体はバロック期以降の西洋美術史でよく知られた静物画のテーマであり、「永遠性」は通常「死」のイメージで置き換えられるから、多くの場合頭蓋骨と楽器や書物や果物などが描かれるので（モダンアートにもセザンヌ『頭蓋骨のある静物画』のような作品があり、髑髏（どくろ）と洋梨や齧った跡のある林檎が組み合わせて描かれている。そういえば、南仏のセザンヌ旧宅には本物の髑髏が数個保存されていて、画家の想いが実感される）、キングの作品のほうはその表題どおりヴァニタス／ヴァニティの伝統を引き継いで、そこに当時のアメリカ画家のルサンチマンを「ニュース」のかたちで注入したと読み取れるが、ボードリヤールの場合も「ヴィーナスと空き缶」がこの種の絵画のパロディ的シミュレーションという一面をもつことはたしかだ。

とはいえ、美術史的な「虚栄」の寓意画と決定的に異なるのは、（絵画と写真という本質的差異は別にして）「ヴィーナスと空き缶」では「永遠性」と「過渡性」が同レベルで表現されていることである。つまり、「過渡性」が空き缶や空箱など無価値なものの無秩序な集合で表されているとしても、ヴィーナスの石膏像が表示するはずの「永遠性」は像が「ゴミの山」に無造作に置かれることで、それ自体が、過剰な意味を担った頭蓋骨ともキングのアポロ像とも異質な「ゴミ」と化しつつあるのだ。

4　消費社会と「場ちがいな」モノたち——機能と意味からのデペイズマン

この「ヴィーナスと空き缶」の写真は、『消費社会』第一部「モノの形式的儀礼」の末尾に置かれているので、同書冒頭の次の一文に対応していると、ひとまずみなすことができる――「今日、われわれのまわりにはモノやサーヴィスや物的財の増加によってもたらされた消費と豊かさというあまりにも自明な事実が存在しており、人類の生態系（エコロジー）に根本的な変化が生じている。〔…〕狼少年が狼たちと一緒に暮らすことによって次第に狼になってゆくように、われわれもまたこうして機能的人間になってゆく。われわれはモノの時代に生きている。つまり、モノのリズムに合わせて、モノの絶えざる連続に従って生きているのだ(21)」。

「消費と豊かさ」に関するこの叙事詩的記述に、モノが使用価値としてではなくて「差異表示記号」として機能するという規定をつけ加えれば、それは消費社会の定義そのものとなるが、この社会が必然的に「ゴミの山」を大量発生させるという七〇年代にはすでに明らかになる自明の事実は、まだこの段階（初版執筆は一九六〇年代末）ではあまり強調されていない。だがここで、消費社会の成長に伴って無制限に生じる「ゴミ」のイメージ（「ゴミ」が醜いとは限らない。「ガラスの空きびんがポイと投げ捨てられる時代、それはすでに黄金時代」なのだから(22)）をこの構成写真が予告していたとすれば、「ヴィーナスと空き缶」の写真の直前のページに書かれた次の言葉のほうが、もっと直接的にこの写真に対応しているのではないだろうか。

消費社会が存在するためにはモノが必要である。もっと正確にいえば、モノの破壊が必要である。〔…〕消費は自らを乗り越えて破壊に変容しようとする強い傾向をもっている。そして、この点においてこそ、消費は意味あるものとなるのである。現代の日常生活では、多くの場合導かれた消費性として、生産の命令に従属している。それゆえほとんどの場合、モノは場ちがいに存在しているので、モノの豊かさ自体が逆説的ではあるが貧しさを意味している。モノは破壊においてのみ真にあり余るほど存在し、姿を消すことによって富の証拠となる(23)。

ここで「破壊」が二重の意味をもつことに注目しておこう。最初の意味は、先ほどの「狼少年」の引用に続けて、ボードリヤールが「今日、われわれはモノが生まれ完成して死滅する過程を目にしている」と書いたとおり、消費社会が「モノの時代」であるとしても、それは大量生産されるモノと同じだけの、あるいはモノが消費をつうじて解体される場合にはそれ以上の膨大な数の「死滅するモノ」つまり「ゴミ」が際限なく生じ続ける「豊かな」時空であるという事実である。豊かさの蓄積の裏側ではそれ以上の「ゴミ」の山が築かれ続けるのである（まさに、世界中の原子力発電所が使用済み核燃料を無制限に生産し続けているように）。

だが、この場合に重要なのは、「ゴミ」とは使用済みや期限切れの廃棄物ばかりではなくて、「流行遅れ」になって消費の舞台から消されたすべてのモノを指していることだ。それはバルトが『モードの体系』で「去年のモード」と「今年のモード」との対話の形で指摘したことでもあった――「まるでモードの耳には、前の年の死んだモードが彼女〔今年のモード〕に語りかける声が、かすかに聞こえているかのようである。昨日の私はお前の姿だったけれど、明日お前は今日の私の姿になるだろうよ、と」[24]。こうして、モノはそのかたちが壊れるまでもなくたえず「更新」されるが、消費されるモノは「はっきり規定された機能や欲求にはまったく結びついていない」から、それらは消費の舞台裏で「意味作用の無意識的で不安定な領域」を構築しているのであり、ここでもまた、もうひとつの意味でモノの破壊が確実に進行しているのだ[25]。

こうした二重の意味でのモノの破壊は、内田隆三が『消費社会と権力』（前出）で「モノが機能や意味との分離をこうむり、それらの機能や意味を外観とする空虚なフォルムに変容する」と述べたことに、おそらくつながるものであり、モノが「機能と意味」から離れてしまう状況について、内田はこう書いていた。

近代的な生活世界の現実性は、客観的な「機能」と主観的な「意味」という二つの照合系を主軸にして合成されていた。だが、これらの照合系の外に溢れでる超機能的なモノの氾濫は、近代的な生活世界の彼岸を「新しい日常」として呼び寄せることになる。近代的な生活世界におけるモノの位置は、機能と意味という二つの座標の値によって定められるが、今やこの照合系そのものの「超現実的な座標変換」が生じ、モノはシュルレアリスムのオブジェのような運命を、一つの日常として格別な衝撃も無しに受け入れるのである。[26]

この印象的な文章によって呼び出された、「機能」と「意味」を持たない「超機能的なモノ」こそは、マルクス『資本論』第一巻第一章第一節「商品」冒頭の（かつては）よく知られた規定——「商品はまず外的な物体であり、そのさまざまな特性によってあらゆる種類の人間的欲求を満たすものである。〔…〕ある事物の有用性はこの事物を使用価値にするが、この有用性は少しも漠然としてあいまいなものではない。それは商品の物質性のさまざまな特性によって規定され、この物質性なしにはまったく存在しない」[27]——とはまさに「場ちがいな」モノのことだと言ってよい。というのも、使用価値の実現によって「人間的欲求」を充足するという古典的な機能を越えて、「モノは、かわりのきかないその客観的機能の領域外やその明示的意味の領域外では、つまりモノが〔物質性とは異質な〕記号的価値を受けとる暗示的意味の領域においては、多かれ少なかれ無制限に取りかえ可能」（ボードリヤール[28]）となるからである（二〇一四年東京の「新歌舞伎座」から今後続々と登場するだろうn番目のiPhoneまで）。際限なく取りかえ（更新）可能なモノはつねに「新品」であり続けるから、こうして記号化されるモノが構成する現代社会は、本質的に無時間性の場面となるほかはない。

この種の場面では、モノはそれ自体に固有の使用価値ではなくてモード（流行）とムード（社会の雰囲気）の変動に応じて演出される記号的価値の担い手となるが、この意味で「場ちがい」に存在するモノたちが「シュルレアリスムのオブジェのような運命」を受け入れているのだとすれば、それは、たとえばマックス・エルンスト『百頭女』（*La Femme 100 têtes*, 1929）の、「暗黒のなかに白い線で示される女の胸の二つの円い乳房のなかを鳥が闇の果てへ向かって飛んでいる」（埴谷雄高[29]）コラージュ（collage）によるデペイズマン（dépaysement）のような発想と方法によって立ち現れ、観る者を不安に陥れる時空とたしかに重なることになるだろう。蛇足ながら補足すると、コラージュが作者自身の作品ではない挿画や写真を原作とは無関係に組み合わせて貼りつけた「作品」であることはよく知られているとおりで、またデペイズマンは「事物を日常的な関係から追放して異常な関係のなかに置き、ありえないような光景をつくりだす行為」（巖谷國士）といえるが（本来はpays「自国、故郷」を無効化することなので「異境化」と訳しておく）、どちらも日常的なモノ（レディメイド）をまさに「シュルレアリスムのオブジェのような運命」にゆだねる操作だといってよい。

この種の「運命」は、見方を変えれば、現代社会を生きる私たち自身が西欧近代の歴史性や合理性に、なかば意識的なかば無意識的に逆らっていることの結果であって、アンドレ・ブルトンは『百頭女』への序文で「超現実はそのうえ、あらゆるものの完全なデペイズマン〔異境化〕、つまり環境変化に対する私たちの意志に応じているだろう」と述べていた。こうした変化への潜在的願望は、一九一七年にマルセル・デュシャンが市販の「小便器」の使用価値を反転し、「泉」Fountainと題してニューヨークの美術展に出品したあまりにも有名なスキャンダルによってすでに公然化されていたが、それこそは文字どおり「場ちがいな」モノのプロトタイプではあった。

5 「過去・現在・未来」のトリロジーの終わりとナノクロノロジーの時代
——結びに代えて

ここまで、私たちは現代社会の無時間性の考察を出発点として、不連続な時間に関する現代物理学のアイディアやボードレールのモデルニテ論などを垣間見てから、ボードリヤール『消費社会の神話と構造』を部分的に再読することで話を進めてきた。その際、一九世紀アメリカの肖像画家キングの絵画「芸術家の夢の虚栄」とボードリヤールの一九七〇年の構成写真「ヴィーナスと空き缶」との思いがけない類似に寄り道しながら、あるいはダダやシュルレアリスムによるオブジェを異境化する企てにも視線を向けながら、結局、消費社会の必然的な「超現実的座標変換」（内田、前出）をつうじて、近代以降大量生産される商品が歴史的に担ってきた「意味」と「機能」から離れて、「場ちがいな」モノたちが出現する現代社会の場面にたどりついたようだ。

だが、無時間的な「現代」といっても天空の城のように浮遊しているわけではなくて、巨視的には地球規模で、微視的には近代性の成立以後の位相で推移する時間の滔々たる流れのなかに、あたかも漂流船のように浮かんでいるのであり、この船は乗客がほとんど気づかないほど静かに、すでにポストモダンの岸辺を遠く離れて、やがて回帰不能点を超えようとしている。たとえば、ナイアガラの滝にむかってナイアガラ川を進む船が、その地点を超えるともはや自力では戻れなくなり、瀑布への落下が避けられなくなってしまうぎりぎりの場所である。その先に私たちの社会を待ち受けているのが、というよりこの社会がみずから選びとろうとしているのが、前述の「昨日も明日もない」昭和モダニズムの場合のように「ファシズムと戦争」への自由落下ではないとは、誰にも言えないのだ。

そんな不安な状況を思い浮かべたくなるのが筆者の強迫観念のせいばかりではないと気づかせてくれるのが、現代フランスの思想家ポール・ヴィリリオが二〇一〇年に発表した論考『大加速者』なので、最後に少しだけふれておこう。

この表題は、スイスとフランスの国境をはさんで設置されているCERN（欧州原子核研究機構）の巨大素粒子加速器を指すが、ヴィリリオは西欧近代以降加速度的に高速化する科学技術文明自体を「大加速者」Le Grand Accélérateur と呼び、とりわけ二〇世紀末以後、人間的コントロールの限界を超えた速度がもたらすリスクの増大が、スペースシャトルや航空機や高速鉄道の事故から数度の原発事故へといたる、カタストロフが日常化する時代を出現させていると指摘して、こう述べる――「歴史的年代記の時間表記、つまり過去＝現在＝未来というトリロジー（三枚一組の絵）が、とりわけ無時間的瞬間にいつでも起こり得る事故のせいでもはや描けなくなったとしたら、やがて未来派的瞬時性にもとづくナノクロノロジーの時代が始まり、未来へのあらゆる信頼と信仰を犠牲にして、歴史の信憑性が放棄されて過去の記憶の意味が失われることになるだろう[30]」。

ここでナノクロノロジー NANOCHRONOLOGIES とはナノが一〇億分の一を示すことから、現在の人類とその社会が地球の年齢四六億年のナノ的時間つまり四年半程度先の「未来」しか構想できなくなっているという状況を強調した表現であり、そこでは、未来の深刻な不確実性が、どこまで行っても逃れられそうにない大きな影を現代という時代に落としていることが告知されていた。そんな「未来」を前にした現在、それでもなお人間という社会的動物が社会性を失わずに生き続けるためには……。ここまで書いて筆者が思いつくのは、一九世紀フランスの天才詩人アルチュール・ランボーが一九歳の頃ベルギーでほとんど誰にも知られずに自費出版した『地獄の一季節』のなかの、こんな一行でしかない。

人間の労働！ それこそが時おり私の深淵を一瞬照らし出す爆発なのだ。（「稲妻」[31]）

注

（1）シャルル・フーリエ「未来社会と同性愛」、塚原史訳、『現代思想』一九八〇年一月号（特集：ホモセクシュアル）。この号には柄谷行人「内省と遡行」連載第一回が掲載されていた。その前年の一九七九年秋にはボードリヤール『消費社会の神話と構造』邦訳も今村仁司、塚原史訳で紀伊國屋書店から刊行され、（おそらく当時の今村の予想を超えて）現代思想ブームの一端を担うことになった。

（2）以下の引用は『ボードレール語録』（横張誠編訳、岩波現代文庫、二〇一三年）による。横張はベンヤミン『パサージュ論』共訳者の一人であり、ベンヤミンもモデルニテについて何度も論じていたことは周知のとおりだが、本稿では立ち入る余裕がない。

（3）同上書、一七頁。

（4）同上書、一一三～一一四頁（訳文を一部改変）。この箇所は重要なので、原文を引用しておく。La modernité, c'est le transitoire, le fugitif, le contingent, la moitié de l'art, dont l'autre moitié est l'eternel et l'immuable. Il y a eu une modernité pour chaque peintre ancien...(Baudelaire, *Œuvres complètes II, La Pléiade*, 1976, p.695)

（5）Adam Frank, *ABOUT TIME: Cosmology and culture at the Twilight of the Big Bang*, Free Press, 2011. 邦訳はアダム・フランク『時間と宇宙のすべて』（水谷淳訳、早川書房、二〇一二年）。なお「無時間性」と「歴史性」は言語学の「共時性」・「通時性」ともある程度重なるが、本稿ではもっと社会（史）的な概念として提示している。

（6）Roland Barthes, *La chamber claire*, Gallimard-Seuil, 1980, p.52.

（7）自動車 (automobile) のフランス語の初出例の一つなので原文を引用する。"la voiture automobile à air comprimé que l'on voit fonctionner sur le tramway de l'Arc de Triomphe à Neuilly…"(Journal des Débats, 30 mars 1876, *Le Grand Robert, tome 1*)

（8）André Bazin, *Qu'est-ce que le cinema?*, Cerf, 1985, p.11.

（9）映画の近代性は、劇場型映画館の暗闇の中でスクリーンに投影されるという上映鑑賞形態と密接に結びついていたから、二〇世紀後半に入って「家庭の明るいお茶の間で見る」テレビが普及しはじめると「映像にとって暗い空間が不可欠なものであると考えてきた前提がゆらぐ」ことになった（大島渚「テレビの出現」）。このことは新たな現代性の開始を告げる大事件だったが、大島は続けてこう述べていた――「私たちは映像を見ることを映画館の暗い空間のなかではじめ、それになれしたしんできた結果、映像とは夢である、ことに甘い夢であるという見かたを骨がらみに身につけてきたのであった。〔…〕映像と私たちの歴史もまた、まず〔映画で〕夢を見、次いで〔テレビによって〕醒めるのであろうか」。（大島渚『体験的戦後映像論』、朝日新聞社、一九七五年、『大島渚著作集』第二巻、現代思潮新社、二一一、二一四頁）

（10）内田隆三『消費社会と権力』岩波書店、一九八七年、四一〜四二頁。内田による大宅壮一の引用元は「モダン層とモダン相」（『中央公論』一九二九年二月号）。

（11）ボードリヤール『消費社会の神話と構造』（前出）第一部「モノの形式的儀礼」、一九〜二〇頁。

（12）同上訳書、一七頁。

（13）『消費社会と権力』（前出）、四二頁。

（14）『ボードレール語録』（前出）、二三頁。

（15）同上書、二二九頁。

（16）Charles Bird King, "The Vanity of the Artist's Dream", 1830. 同じ展示壁に掲示された解説キャプションによれば、この油彩画は一八八六年ハーヴァード入学のGrenville I. Winthropが一九四二〜四三年に寄贈したもので、年代から推測すると遺贈だったかもしれない。

（17）同上キャプションには以下の記述がある。"In this humorous still life, King pokes fun at popular taste and laments the plight of the arts in America."「架空のニュース」の原文の一部も紹介しておこう。"The exhibition of a Cats Skin in Philadelphia produced TWELVE HUNDRED DOLLARS, totally eclipsing its rival the splendid portrait of [Benjamin] West by Sir T. Lawrence…"

（18）Jean Baudrillard, *La Société de consommation, ses mythes, ses structures*, S.G.P.P., 1970. 同書奥付によれば、この初版は百科全書的双書「現代の論点」la collection encyclopédique, LE POINT DE LA QUESTION の第四巻として一九七〇年三月

に出版されている。筆者がマリーヌ・デュピュイ・ボードリヤール夫人から二〇一五年に受け取ったメールによれば、この構成写真はボードリヤール自身の作品であるという。

（19）『消滅の技法』梅宮典子訳、パルコ出版、一九九七年（原書より先に刊行されたのは東京で開催されたボードリヤール写真展に合わせるためである）。原書は Jean Baudrillard, *Car la réalité ne s'oppose pas à la réalité*, Décartes & Cie,1998.

（20）『消費社会の神話と構造』邦訳にも写真はなかったが、二〇一五年新装版（紀伊國屋書店）にボードリヤールによる二点の構成写真がマリーヌ夫人のご厚意で掲載されることになった。邦訳底本のガリマール版は一九七六年の「イデー双書」版で同書に© E.P. Denoel,1970 と記載され、S.G.P.P. の版元がドノエル書店（現存）だったことがわかる。

（21）『消費社会の神話と構造』邦訳（前出）、一一～一二頁。

（22）同上訳書、四三頁。

（23）同上訳書、四六頁。「場ちがい」の原語は par défaut で、語義的には「不足、欠如」「過失、欠陥」等を意味するが、邦訳では「まちがいでそこにある」というニュアンスを生かしてみた。

（24）Roland Barthes, "La rhétorique et le temps", Barthes, *Œuvres complètes, tome II*, Seuil, 1994. モードと死の類縁関係については、一九世紀イタリアの思想家レオパルディの『モードと死の対話』(Leopardi, *Dialogo della Moda e della Morta*, 1824) が先駆的である（塚原史『模索する美学』〔論創社、二〇一四年〕参照）。

（25）『消費社会の神話と構造』邦訳（前出）、九三頁。

（26）内田隆三『消費社会と権力』（前出）、一二一～一二三頁。

（27）『資本論』仏訳から訳出。Karl Marx, *Le Capital, Traduction de J. Roy, Chronologie et avertissement de Louis Althusser*, Garnier-Flammarion, 1969. 従来のドイツ語原文邦訳とは表現が異なるのでロワの仏訳原文を示す。"La marchandise est d'abord un objet extérieur, une chose qui par ses propriétés satisfait des besoins humains de n'importe quelle espèce. L'utilité d'une chose fait de cette chose une valeur d'usage. Mais cette utilité n'a rien de vague et indécis. Déterminée par les propriétés du corps de la marchandise, elle n'existe point sans lui.

（28）『消費社会の神話と構造』邦訳（前出）、九三頁。

（29）埴谷雄高「エルンストの《物霊》（ディングガイスト）」、『百頭女』邦訳（巖谷國士訳、河出文庫、一九九六年、三五九頁）。次の巖谷とブルトンの文章も同書から引用（一九、一四頁）。後者の原題は以下のとおり。André Breton, *Avis au lecteur pour "La Femme 100 têtes" de Max Ernst*, 1929. 『消費社会の神話と構造』にも現代アートへの長文の言及がある。ダダ、シュルレアリスムの思想的射程については、塚原史『ダダ・シュルレアリスムの時代』（ちくま学芸文庫）・『反逆する美学』（論創社）など参照。

（30）Paul Virilio, *Le Grand Accélérateur*, Galilée, 2010, p.21-22. 未来派への言及は彼らが一九〇九年に「速度の美」と「遍在する永遠の速度」を先駆的に宣言したことを指す。ヴィリリオは二〇〇二年にパリで事故の美術展（Ce qui arrive）を開催し、速度と事故の共犯関係の必然性を表す写真や動画やインスタレーションを展示した。

（31）"Le travail humain! c'est l'explosion qui éclaire mon abîme de temps en temps." L'ÉCLAIR, *Une saison en enfer*, Arthur Rimbaud, *Œuvres completes*, *La Pléiade*, 2009, p.275. この一文に続けてランボーは「《虚しいものなど何もない、科学のために、前進せよ！》と現代の伝道書は叫ぶ」と書いたが、プレイヤッド版全集注解によれば、この箇所は旧約聖書伝道書（「コヘレトの言葉」）中の「すべては虚しい」を逆転した表現だから、その意味では前述のVANITASの寓意画への思いがけない反論となっている。

現代日本社会への問いとしての空き家問題

都市の居住福祉をめぐる政策と論理

山本 理奈

1　問題設定――都市の高齢化とマイホームの空き家化

現在、都市の高齢化にともなう人口や世帯構成の大きな変化が、空き家の増加をもたらすと懸念されている。とくに、高度経済成長期以降、大量の人口流入に対応するために膨大な住宅供給が行われてきた大都市とその郊外では、「マイホーム」と呼ばれる人びとの住まいが持続的に蓄積されてきた。こうした大都市圏において、高齢化にともなうマイホームの空き家化への対応は、今後きわめて重要な都市・住宅政策上の課題になると考えられる。

実際、国立社会保障・人口問題研究所の将来推計によれば、二〇〇五年から二〇三五年までの三〇年間のあいだに、六五歳以上の高齢者人口の増加率の高い上位一〇位の都道府県は、神奈川県、埼玉県、沖縄県、千葉県、東京都、愛知県、滋賀県、栃木県、茨城県、大阪府の順であり、実数では東京都の増加数が最も多い。[1] つまり、これからは地方というよりもむしろ東京都を中心とする大都市圏において急速な高齢化が生じると予測されている。

東京圏の高齢化については、すでに人口統計学的な手法や地理情報システムによる研究が積み重ねられてきている。[2] また、都市の空き家問題についても、おもに都市計画や住宅政策の見地から研究が進められている。[3] しかし都市の高齢化と空き家の増加との関係を論じた研究は少なく、[4] とくに社会学的分析はほとんど見られないのが現状で

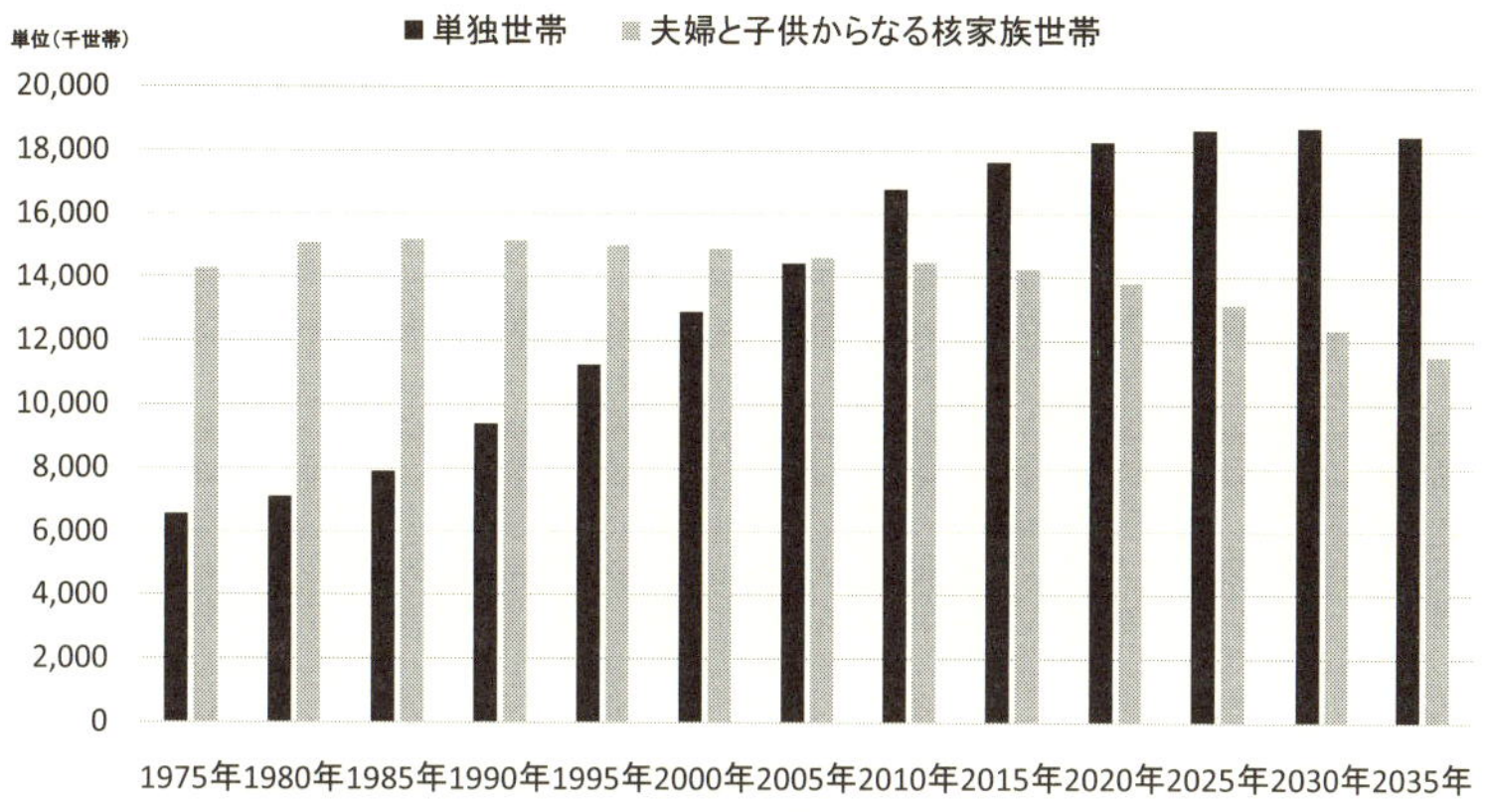

図１　世帯構成の転換

出典：国立社会保障・人口問題研究所『人口統計資料集（2015 年）』表 7-11，および『日本の世帯数の将来推計（全国推計）（2013 年１月推計）』概要に掲載された表，表２より，著者作成。

ある。それゆえ本稿では、こうした先行研究の現状をふまえ、都市の高齢化と相関する空き家問題について、全国で高齢者と空き家の実数が最も多い東京都に焦点をあて、社会構造論的視点から分析を試みることにしたい。具体的な構成は以下の通りである。

まず第2節では、高齢単独世帯の増加に着目することを通して、家族の高齢化がもたらす独り暮らしの現状を考察する。つぎに第3節では、都市高齢単身者の居住問題について住宅の所有形態という視角から類型化を行い、「持ち家の空き家化」問題を中心に分析を行う。そのうえで、第4節では、マイホームの空き家化の構造的条件を明らかにし、取り組むべき政策的課題について検討を行う。最後に第5節では、空き家問題を通して、現代社会における「住むこと」と「建てること」の関係について再考を行い、新たな集住の論理の可能性を探ることにしたい。

2　家族の高齢化がもたらす独り暮らし
——高齢単独世帯の増加を焦点として

2―1　世帯構成の転換

日本社会は、図１に示すように二〇〇五年頃を境にひとつ

表1　家族類型別世帯数および割合（1975年，2005年，2035年）

単位（千世帯，%）

年次		一般世帯					
		総数	単独	核家族世帯			その他
				夫婦と子	夫婦のみ	ひとり親と子	
1975年	実数	33,596	6,561	14,290	3,880	1,810	6,988
	割合	100.0	19.5	42.5	11.6	5.4	20.8
2005年	実数	49,063	14,457	14,646	9,637	4,112	6,212
	割合	100.0	29.5	29.9	19.6	8.4	12.7
2035年	実数	49,555	18,457	11,532	10,500	5,645	3,421
	割合	100.0	37.2	23.3	21.2	11.4	6.9

注：世帯の家族類型「不詳」を含む。

出典：国立社会保障・人口問題研究所『人口統計資料集（2015年）』表7-11，および『日本の世帯数の将来推計（全国推計）（2013年1月推計）』概要に掲載された表，表2より，著者作成。

の転換点を迎え、「核家族」ではなく「独り」で暮らすことが主流になる時代へと移りつつある。

これまで、核家族で暮らすことが一般的な居住形態であり、[5] 標準世帯という言葉があるように、[6]「夫婦と子どもからなる核家族世帯」がわが国の典型的な世帯類型であると考えられてきた。ただしここで注意しておきたいのは、標準世帯という概念は、「夫婦と子どもからなる核家族世帯」そのものを指すのではなく、そのなかの一部の世帯のみを指す点である。具体的には、子どもの数が二人の世帯、つまり両親と子ども二人からなる四人家族の世帯のことを指している。それゆえ、「夫婦と子どもからなる核家族世帯」といった場合には、子どもが一人の世帯も、あるいは三人以上の世帯も含まれることを押さえておきたい。そのうえで、高度経済成長期以降の世帯構成の推移を確認していくと、現在は、「夫婦と子どもからなる核家族世帯」から「単独世帯」へと主流が転換していく渦中にあることがわかる。

事実、表1に示すように、一九七五年の時点において、「夫婦と子供からなる核家族世帯」の一般世帯に占める割合は四二・五%であったものが、二〇〇五年には二九・九%にまで低下しており、二〇三五年には二三・三%まで減少すると推計されている。これに対し単独世帯は、一九七五年の時点で一九・五%であったものが、二〇〇五年には二九・五%にまで上昇しており、二〇三五年に

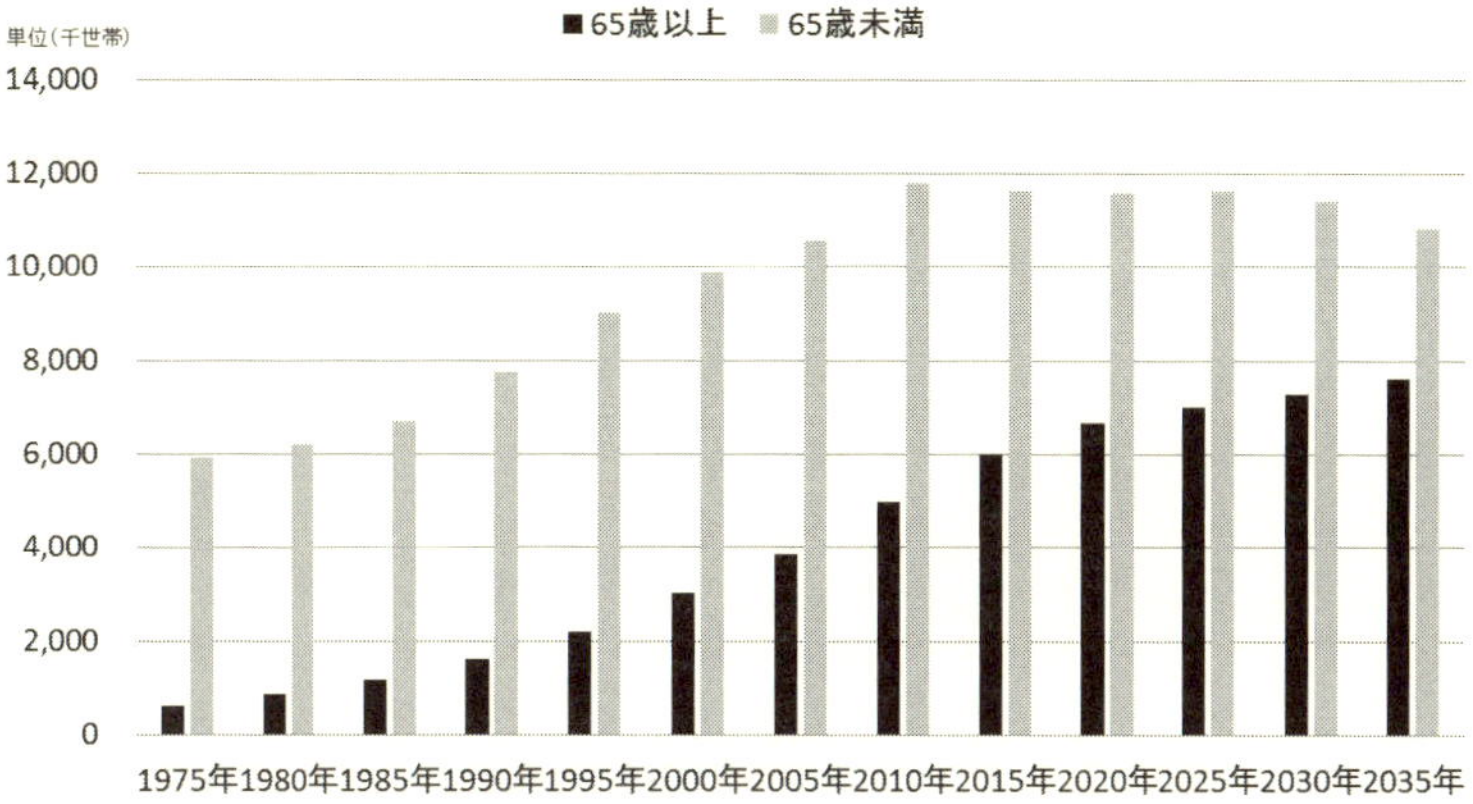

図2　年齢別単独世帯数の推移：全国1975～1985年
出典：国立社会保障・人口問題研究所『人口統計資料集（2015年）』表7-11および表7-20,『日本の世帯数の将来推計（全国推計）（2013年1月推計）』概要に掲載された表，表2および【参考】表「世帯主65歳以上・75歳以上の世帯の家族類型別世帯数，割合（1980～2035年）」より，著者作成。

は三七・二％に達すると推計されている。

重要なことは、この世帯構成の主流の転換が、家族の高齢化と密接に関わっている点である。実際、図2に示すように、単独世帯の増加の内実を年齢別に見ていくと、六五歳未満の単独世帯は二〇一〇年をピークに漸減していくのに対し、六五歳以上の単独世帯は一貫して上昇していくことがわかる。[7] つまりこの転換には、これまで主流であった「夫婦と子供からなる核家族世帯」の高齢化という問題が内包されている点に留意しなくてはならない。[8] 言い換えれば、高齢単独世帯の増加は、核家族のライフサイクルがたどる最終的な居住形態としての「独り暮らし」という問題を示唆している。

2－2　都市高齢単独世帯の現状

問題は、こうした高齢単独世帯の増加という現象が、今後、どの地域において深刻な状況を迎えていくかという点である。

そこで、二〇一〇年から二〇三五年にかけての高齢単独世帯の増加率を地域別に見ていくと、関東地域が七〇・二％と最も高く、全国平均の五三・一％を大きく上回っていることがわかる。[9] くわえて、六五歳以上人口に占める高齢単独世帯の割合を都道府県別に見ていくと、東京都が全国で最も高く、二〇一〇年の時点ですでに二四・二％に達しており、二〇三五年には二七・七％まで上昇すると推計されている。全国平均が二〇一〇年の時点で一六・九％、二〇三五年の時点でも二〇・四％に留まることと比較するならば、都市高齢者の「独り暮らし」という問題に、東京都がかなり深刻なかたちで直面していることがわかるといえよう。[10] それゆえ以下では、国立社会保障・人口問題研究所のデータを参照しながら、[11] 東京都における高齢単独世帯の現状について詳しく見ていくことにしたい。

東京都における世帯主が六五歳以上の世帯の総数は、二〇一〇年の時点で約一六七万世帯であり、そのうち単独世帯は約六五万世帯である。図3に示すように、家族類型別にその内訳をみていくと、単独世帯の割合が三九％と最も高く、ついで夫婦のみの世帯が三〇％となっており、両者を合わせた高齢者のみの世帯が全体のおよそ七割を占めている。さらに、単独世帯の男女別の内訳を見ていくと、前期高齢男性が二〇％、後期高齢男性が一二％となっており、高齢単独世帯全体に占める男性の割合はおよそ三割程度となっている。これに対し女性は、単独世帯全体のおよそ七割を占めており、前期高齢女性が二八％、後期高齢女性が四〇％となっている。

単独世帯に占める女性の割合の高さは、核家族のライフサイクルがたどる最終的な居住形態としての「独り暮らし」という問題を、ジェンダーの観点から浮き彫りにしており、子供が独立した後に配偶者と死別した都市高齢単身女性の現実を示唆している。図4は、高齢単独世帯に占める割合の最も大きい後期高齢単身女性の世帯数について、二〇一〇年以降の推移を年齢別に示したものである。この図から明らかなように、八五歳以上の世帯数が一貫して増加し続けていくことがわかる。

重要なことは、今後、大都市圏で懸念されている空き家の増加が、とくにこうした後期高齢単身女性の増加と密接に関わっている点である。なぜなら、介護などの必要性が生じるリスクが相対的に高まるのはおもに後期高齢期以降であり、施設などへ転居する都市高齢単身女性が増加していけば、空き家問題が深刻化することが予想されるからである。それゆえ、これからの都市・住宅政策を考えるためにも、次節では後期高齢単身女性を中心とする、

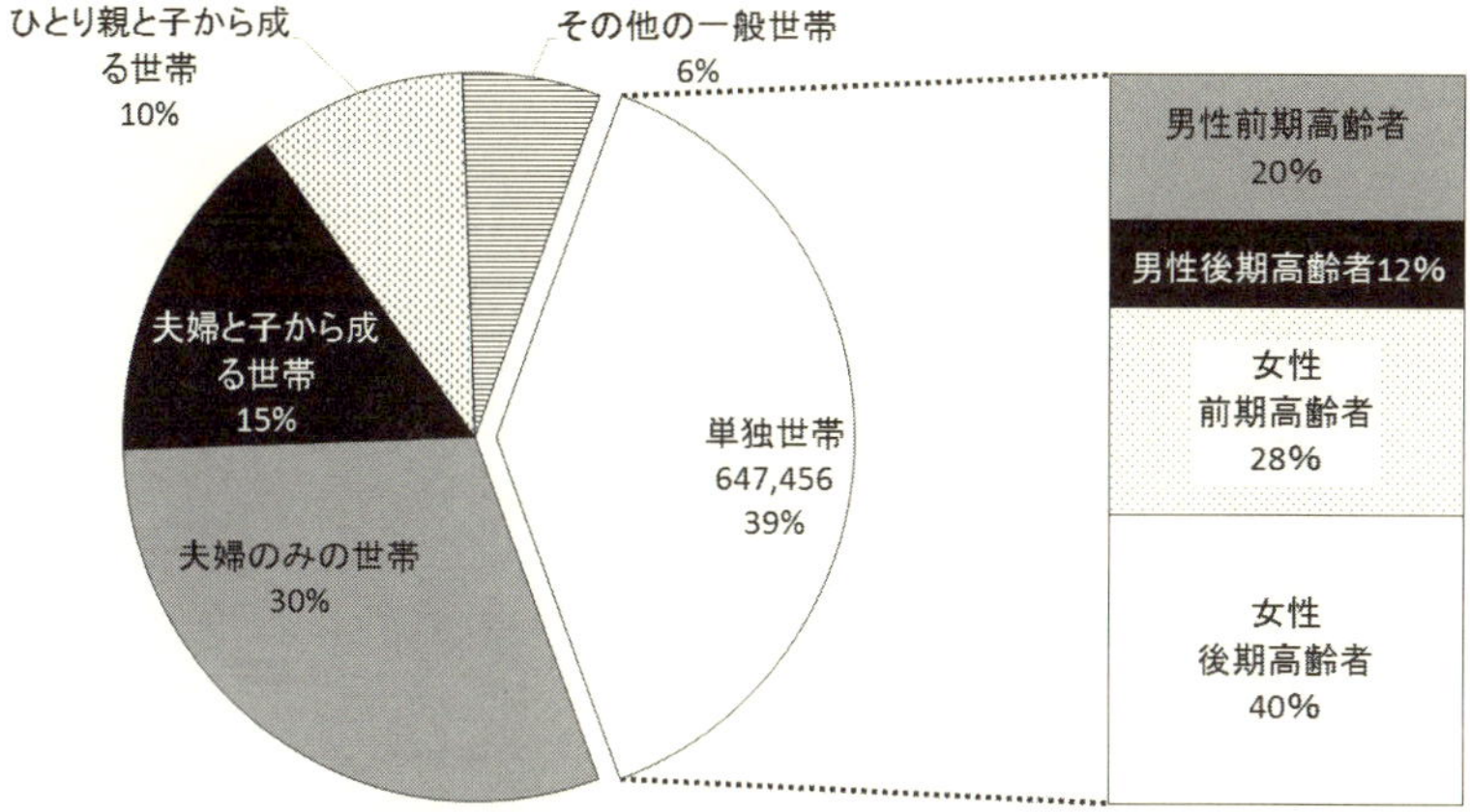

図３　高齢単独世帯の現状：東京都 2010 年
出典：国立社会保障・人口問題研究所「日本の世帯数将来推計（都道府県別推計）」2014 年４月推計，世帯主の男女・年齢５歳階級別・家族類型別世帯数，13. 東京都より，著者作成。

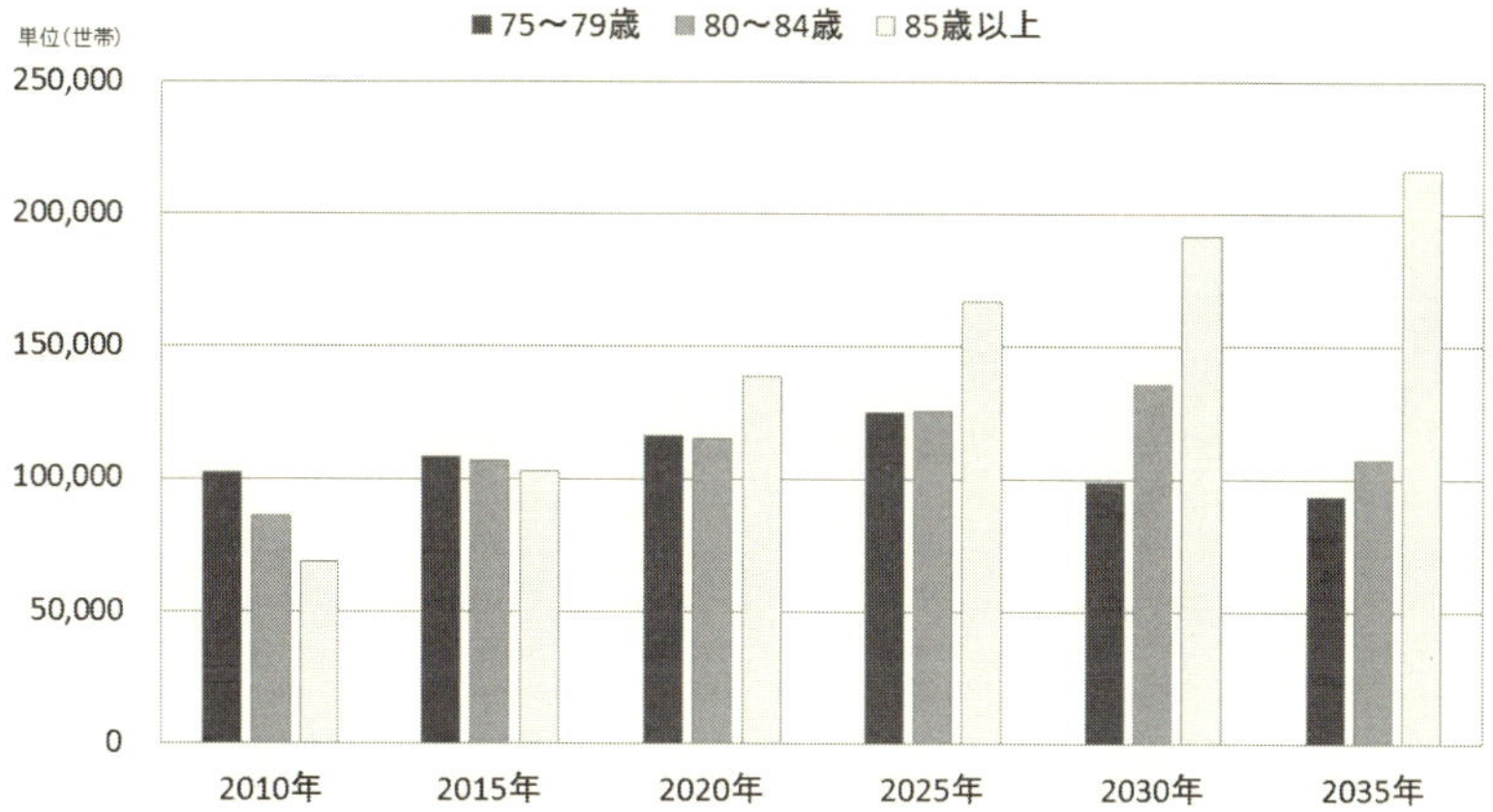

図４　後期高齢単身女性の年齢別世帯数の推移：東京都 2010 ～ 2035 年
出典：国立社会保障・人口問題研究所「日本の世帯数将来推計（都道府県別推計）」2014 年４月推計，世帯主の男女・年齢５歳階級別・家族類型別世帯数，13. 東京都より，著者作成。

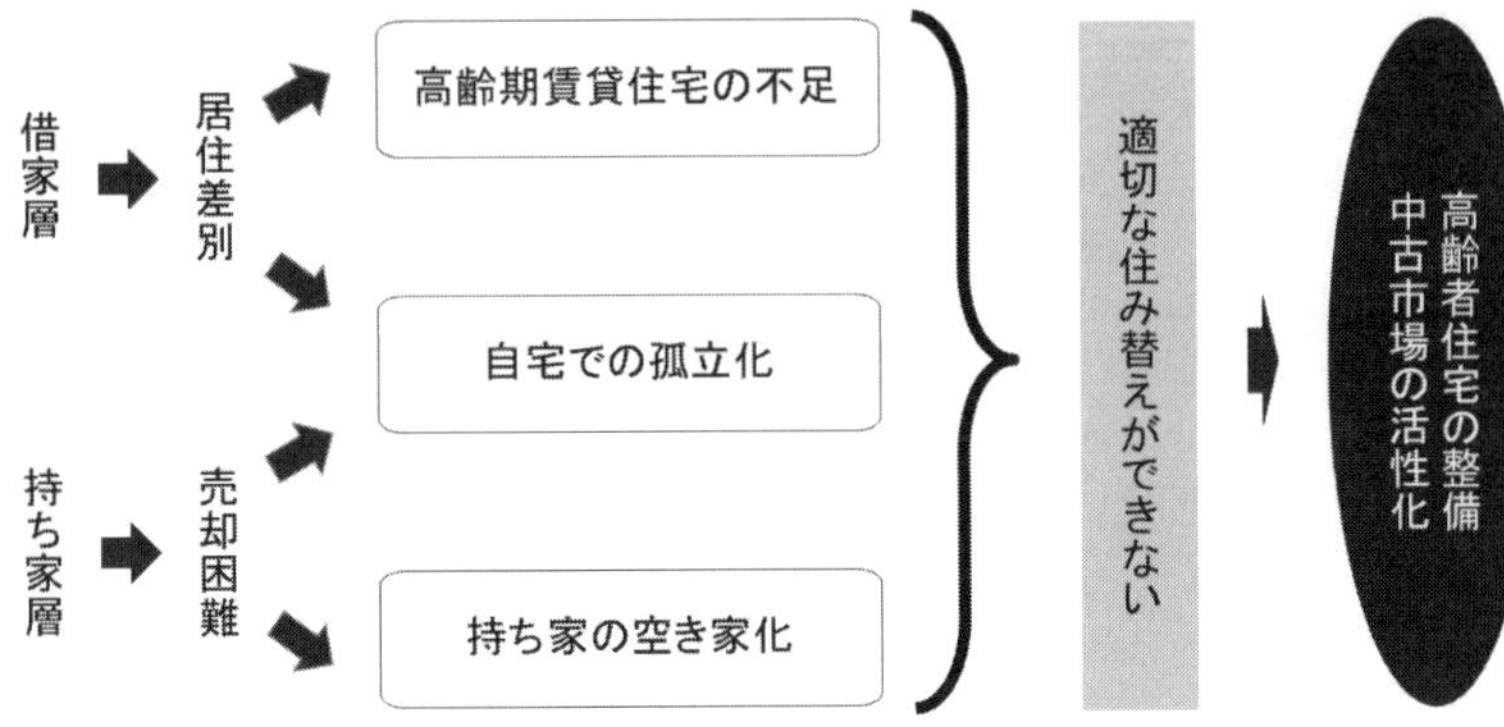

図5　住宅の所有形態からみる居住問題

都市高齢単身者の居住問題を具体的に把握することにしたい。

3　都市高齢単身者の居住問題
――持ち家の空き家化を中心に

3―1　住宅の所有形態からみる居住問題

住宅・土地統計調査（二〇一三年）によれば、東京都内において住宅に居住している世帯の総数は約六四七万世帯であり、そのうち、⑴六五歳以上の高齢者のいる世帯は約二〇五万世帯、⑵その他の世帯が約四四二万世帯となっている。それぞれの住宅所有形態を見ていくと、高齢者のいる世帯は持ち家が約七割、借家が約三割であるのに対し、その他の世帯は持ち家が約四割、借家が約六割となっている。このことから東京都では、高齢者のいる世帯の方が持ち家の割合が高いことがわかる。[12]

さらに、六五歳以上の高齢者のいる世帯のうち、単独世帯約七六万世帯について住宅の所有形態を見ていくと、持ち家が約四一万世帯、借家が約三五万世帯となっており、「独り暮らし」であっても借家よりも持ち家の方が多いことが分かる。[13] 都市高齢単身者が抱える居住問題を検討するにあたっては、こうした住宅の所有形態の違いにより直面する状況も異なってくるため、この点を考慮して対処すべき問題を考える必要がある。図5は、住宅の所有形態別に直面する居住問題を整理し、検討すべき今後の課題を示したものである。

まず、借家層に関しては、契約更新の際に立ち退きを要求される可能性や、家主により入居制限を受けるといった「居住差別」に直面することが懸念される。実際、日本賃貸住宅管理協会が行った民間賃貸住宅を対象とする調査によれば、入居制限を行っている家主のうち約四割が高齢単身者の入居を不可としている。なお、入居制限の理由としては、「家賃の支払いに対する不安」「居室内での死亡事故等に対する不安」などがあげられている。[14]また、中川雅之は監査調査法を用いた分析により、賃貸住宅市場における高齢者差別を実証している。中川によれば、約五分の二の不動産業者で高齢者は差別されており、提供される物件の情報量も非高齢者に比べて約三割少なく、その差は統計的に有意であるという。[15]こうした状況から、今後、「高齢期賃貸住宅の不足」という問題が顕在化していくことが予想される。

一方、持ち家層に関しては、多くの高齢者が持ち家の「売却困難」という事態に陥ることが懸念される。ただこの点は、自宅が都心などの利便性の高い場所にあるのか、あるいは郊外の相対的に利便性の低い場所にあるのかによってかなり状況が異なってくる。立地にもよるが、一般的に都心に関しては売却が比較的容易であるのに対し、郊外の場合には売却が困難な状況に直面する可能性があるといえよう。実際、園田眞理子が行った東京都の郊外住宅地を対象とした調査によれば、転売がうまくいかない場合には、住宅地全体の半分以上が空き家や空地になる事態が予想されるという。[16]さらに、健康なうちは在宅していたものの、介護の必要性から施設などへ転居する都市高齢単身者が増加していけば、「持ち家の空き家化」問題はさらに深刻化することが懸念される。[17]

また、仮に在宅し続けた場合においても、「自宅での孤立化」という問題に直面する可能性が懸念される。このことは、借家層と持ち家層に共通して憂慮される問題である。実際、東京都観察医務院によれば、二三区内の一人暮らし高齢者の不自然死数は増加傾向にあり、二〇〇五年の時点で一八三七人であったものが、二〇一〇年には二九〇八人にまで増加しており、孤立化という問題の延長線上にいわゆる「孤独死」という事態が憂慮されている。[18]

以上のように、都市高齢単身者をめぐる居住問題について、（1）高齢期賃貸住宅の不足、（2）持ち家の空き家

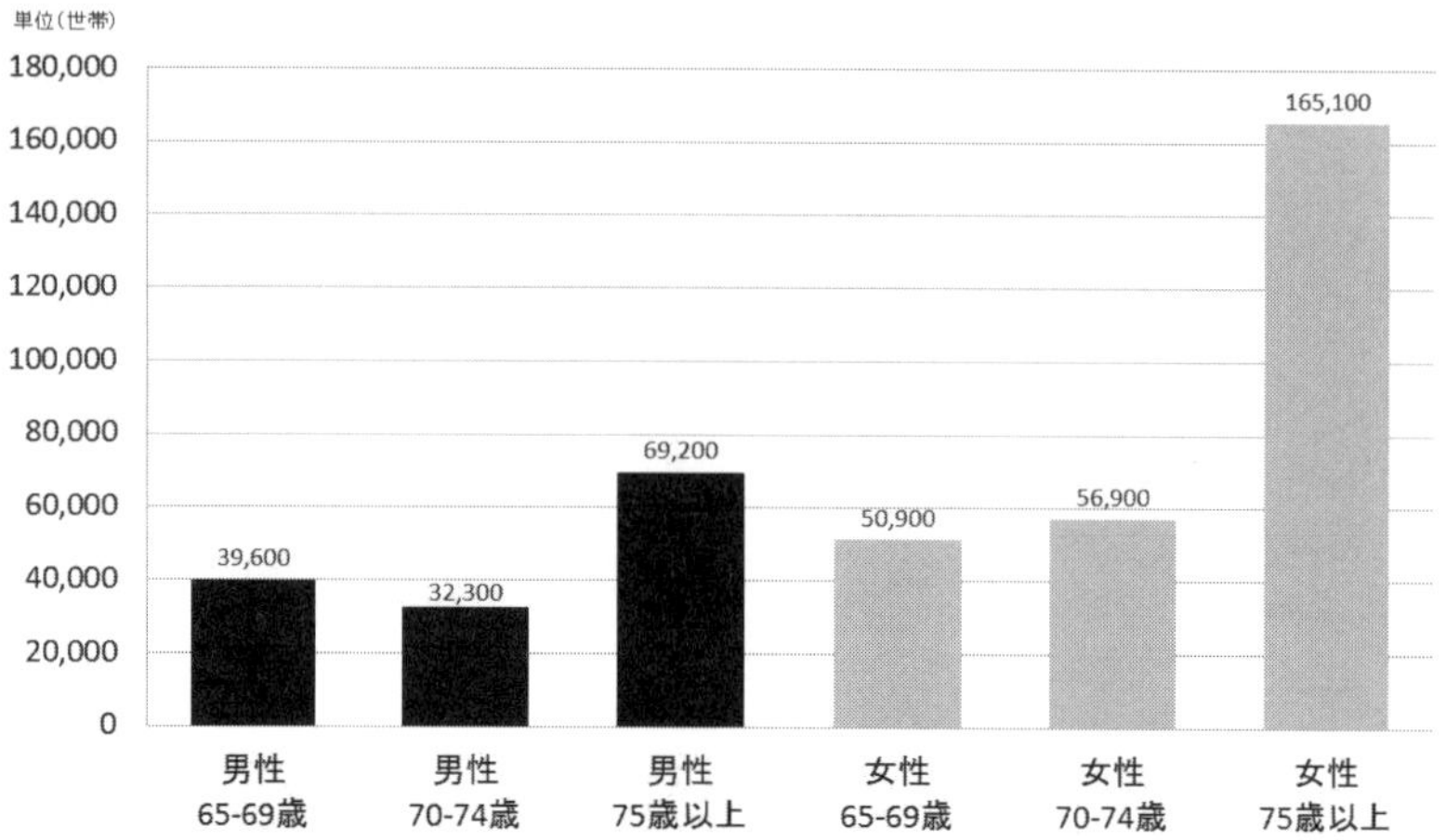

図6　持ち家を所有する高齢単独世帯の現状：東京都 2010 年
出典：総務省統計局『住宅・土地統計調査（2013 年）』確報集計，都道府県編，13 東京都，第 54 表参照。

化、（3）自宅での孤立化、という三つの問題をみてきたが、これらに共通するのは「適切な住み替えができない」という点である。この共通問題を解決するためには、第4節で後述するように、都市・住宅政策が居住福祉の観点から対応を行う必要があるといえよう。具体的には、「高齢者住宅の整備」、「中古市場の活性化」、こうした課題に早急に取り組む必要がある。

3−2　持ち家の空き家化とライフスタイルの関係

すでにふれたように、住宅に居住している東京都の高齢単独世帯の総数は約七六万世帯であり、そのうち持ち家が約四一万世帯、借家が約三五万世帯となっており、住宅の所有形態としては、「独り暮らし」であっても持ち家の方が多い。以下では、こうした持ち家層が相対的に多いという、都市高齢単身者をめぐる住宅所有形態の現状をふまえ、「持ち家の空き家化」問題に焦点をあて考察していくことにしたい。

住宅・土地統計調査（二〇一三年）を参照し、東京都における持ち家を所有する高齢単独世帯の内訳を男女別に見ていくと、男性が三四％（一四万世帯）、女性が六六％（約二七万世帯）となっており、女性の割合の方が顕著に高い

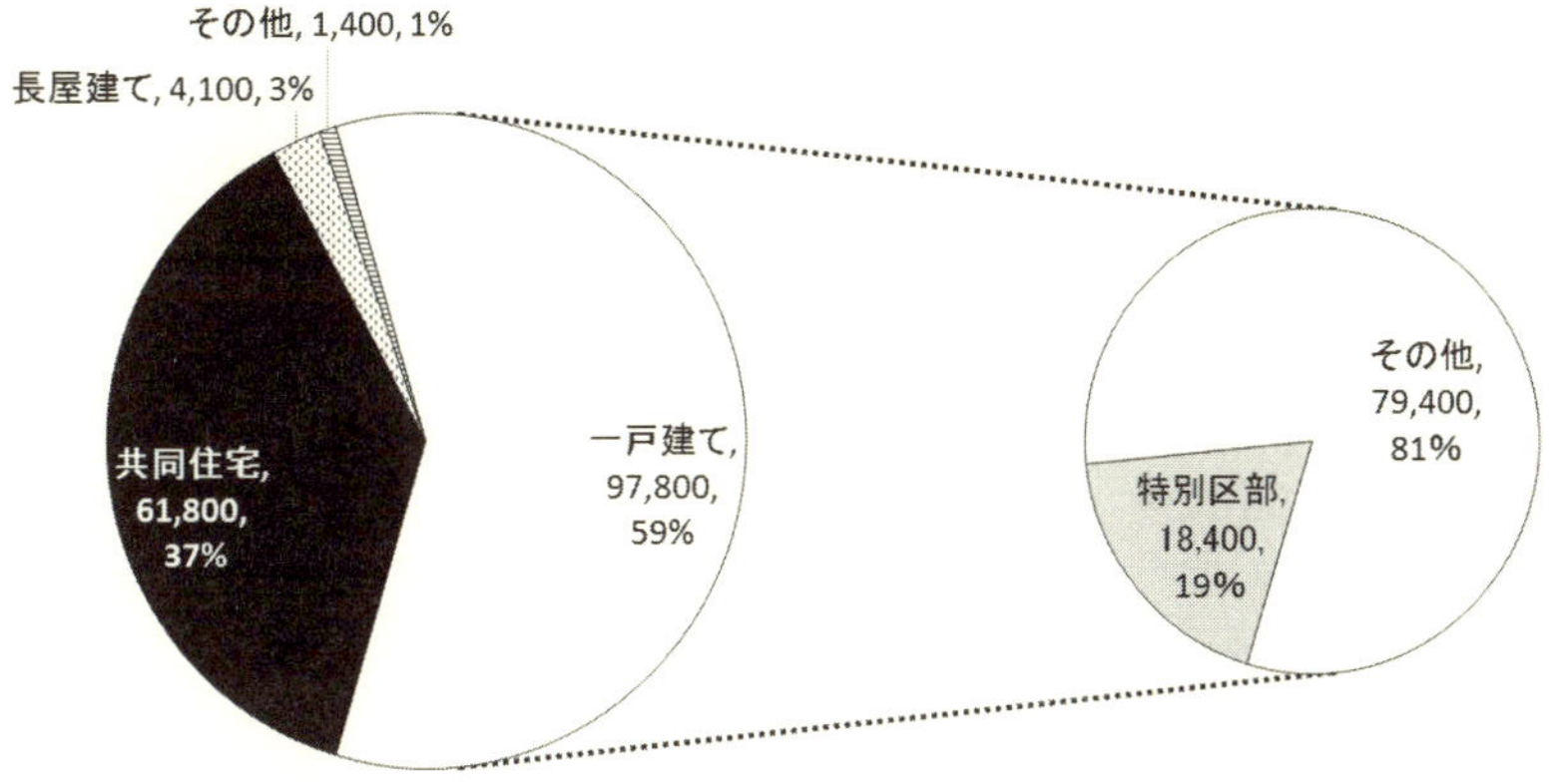

図７　持ち家を所有する後期高齢単身女性の現状
出典：総務省統計局『住宅・土地統計調査（2013 年）』確報集計，都道府県編，13 東京都，第 54 表参照。

ことがわかる。さらに、図６に示すように年齢別の内訳を見ていくと、男女ともに七五歳以上の後期高齢者の世帯がもっとも多くなっている。とくに、女性の後期高齢持家世帯数は、男性の後期高齢持家世帯数の二倍をはるかに超えており、約一六・五万世帯に達している。

ここで注意すべきことは、２－２でもふれたように、都市高齢単身者の居住問題のなかでも、とくに「持ち家の空き家化」問題が、こうした七五歳以上の後期高齢単身女性の持ち家世帯と密接に関わっている点である。一般に、男女とも七〇代半ばから徐々に自立度が低下しはじめていくといわれ[19]、介護などの必要性が高まるのは後期高齢期以降である。それゆえ、施設や身内の元などへ転居する後期高齢者が増加していけば、「持ち家の空き家化」問題が深刻化することが予想される。この点は、男女ともにあてはまる事柄ではあるが、高齢単独世帯の男女比のバランスや、持ち家を所有する七五歳以上の単身女性の世帯数の多さを考慮すると、まずは後期高齢単身女性の住まいの現状を具体的に把握する必要があるといえよう。

そこで、図７に示すように、後期高齢単身女性が所有する持ち家の建て方別の内訳を見ていくと、一戸建てが五九％と過半数以上を占めており、次いで共同住宅が三七％、

表2　妻の生まれ年別出生児数割合および平均出生児数（1900 ～ 1952 年生まれ）

妻の生まれ年	調査年次	出生児数割合（%）					平均出生児数（人）
		無子	1人	2人	3人	4人以上	
1900 ～ 1905	1950	9.0	8.6	8.4	9.7	64.3	4.8
1910 ～ 1915	1960	7.6	9.8	11.2	14.8	56.6	3.93
1920 ～ 1925	1970	7.9	11.3	24.1	28.2	28.5	2.77
1927 ～ 1932	1977	3.4	10.7	46.1	28.3	9.5	2.33
1932 ～ 1937	1982	3.6	10.7	54.0	25.6	5.7	2.21
1937 ～ 1942	1987	3.0	10.0	54.9	25.6	5.7	2.22
1942 ～ 1947	1992	3.8	8.9	57.0	23.9	5.0	2.18
1947 ～ 1952	1997	3.2	12.1	55.5	24.0	3.5	2.13

注：調査年次が 1970 年以前は総務省統計局『国勢調査報告』，1977 年以降は国立社会保障・人口問題研究所『出産力調査』および『出生動向基本調査』による。『国勢調査』は既婚女性，『出生動向基本調査』は初婚どうし夫婦について。妻の年齢 45 ～ 49 歳（調査時）。

出典：国立社会保障・人口問題研究所『人口統計資料集（2015 年）』表 4-23 より、著者作成。

長屋建てが三％、その他が一％となっている。最も多い類型である一戸建ての立地を見ていくと、特別区部が一九％であるのに対し、それ以外の地域が八一％となっており、立地は主に郊外に偏っていることがわかる。つまり今後は、後期高齢単身女性の所有する一戸建て住宅が偏在する郊外地域において、「持ち家の空き家化」問題がクリティカルな局面を迎えていくことが懸念される。

そこであらためて考えてみたいのは、都市郊外の一戸建て住宅を所有する後期高齢単身女性のライフスタイルの特徴である。二〇一三年の時点において七五歳以上の世代というのは、概ね一九二〇年代から一九三〇年代生まれの世代である。この世代は戦後における出生行動の大きな転換点を担った世代であり、[20]表2に示すように、この世代より前は平均出生児数がおよそ四～五人だったのに対し、この世代より後はおよそ二人の状態が長期にわたり持続することになる。[21]

くわえて、一九五〇年代から一九六〇年代に三〇代を迎えたこの世代は、戦後日本が高度経済成長を迎えたまさにその時期に、子育てや持ち家取得を行なった世代であり、少なく産んで豊かな暮らしを求めた最初の世代である。言い換えれば、この世代は、「夫婦と子供からなる核家族世帯」を形成し、自動車や家電製品などの耐久消費財をそろえ、大都市とその通勤圏に持ち家取得を目指す、マイホーム主義と呼ばれるライフスタイルの最初の担い手だった点に注意しなければならない。都市郊外の一戸建て住宅は、こうした人びとの生活実践において、家庭の幸福を表現するもっとも重要な基盤として望まれたものであった[22]。

それゆえ、大都市圏における「持ち家の空き家化」問題の背景には、高度経済成長期以降、人びとがマイホームを求めて都市郊外へと向かい、住宅市場のなかで新築住宅が長年にわたり重視されてきたというマクロな住宅供給の構造があることを考慮しなければならない。

4 マイホームのゆくえ――空き家化する持ち家と構造的対応の必要性

4―1 持ち家の空き家化の構造的条件

ここまで、都市高齢単身者をめぐる居住問題を「持ち家の空き家化」に焦点を当てながらみてきたが、以下ではこうした居住問題が生じる条件となった住宅供給のマクロな構造について、つぎの二点から検討することにしたい。すなわち、⑴住宅数と世帯数の関係、⑵新築市場と中古市場の関係、以上の二点である。

まず、住宅数と世帯数の関係についてであるが、戦後の日本において住宅数が世帯数をはじめて上回るのは全国平均で一九六八年であり、すべての都道府県で上回るのは一九七三年である[23]。東京都も同様に、一九六八年においてはじめて住宅数（約三二四万戸）が世帯数（約三一二万戸）を上回っている[24]。それ以後、両者の差は徐々に広がり続け、二〇一三年には住宅数約七三六万戸に対し世帯数は約六五一万戸となっており、住宅数が世帯数をおよそ八五万戸上回っているのが現状である[25]。その結果、一世帯当たりの住宅数は一・一三戸、空き家率は一一・一％となっている[26]。東京都の空き家率は全国平均一三・五％を下回るものの[27]、空き家の実数では全国で一番多く、累積した空き家は約八二万戸にのぼっている[28]。

こうした空き家増加の背景には、戦後の日本における住宅供給が中古市場よりも新築市場を重視してきたとい

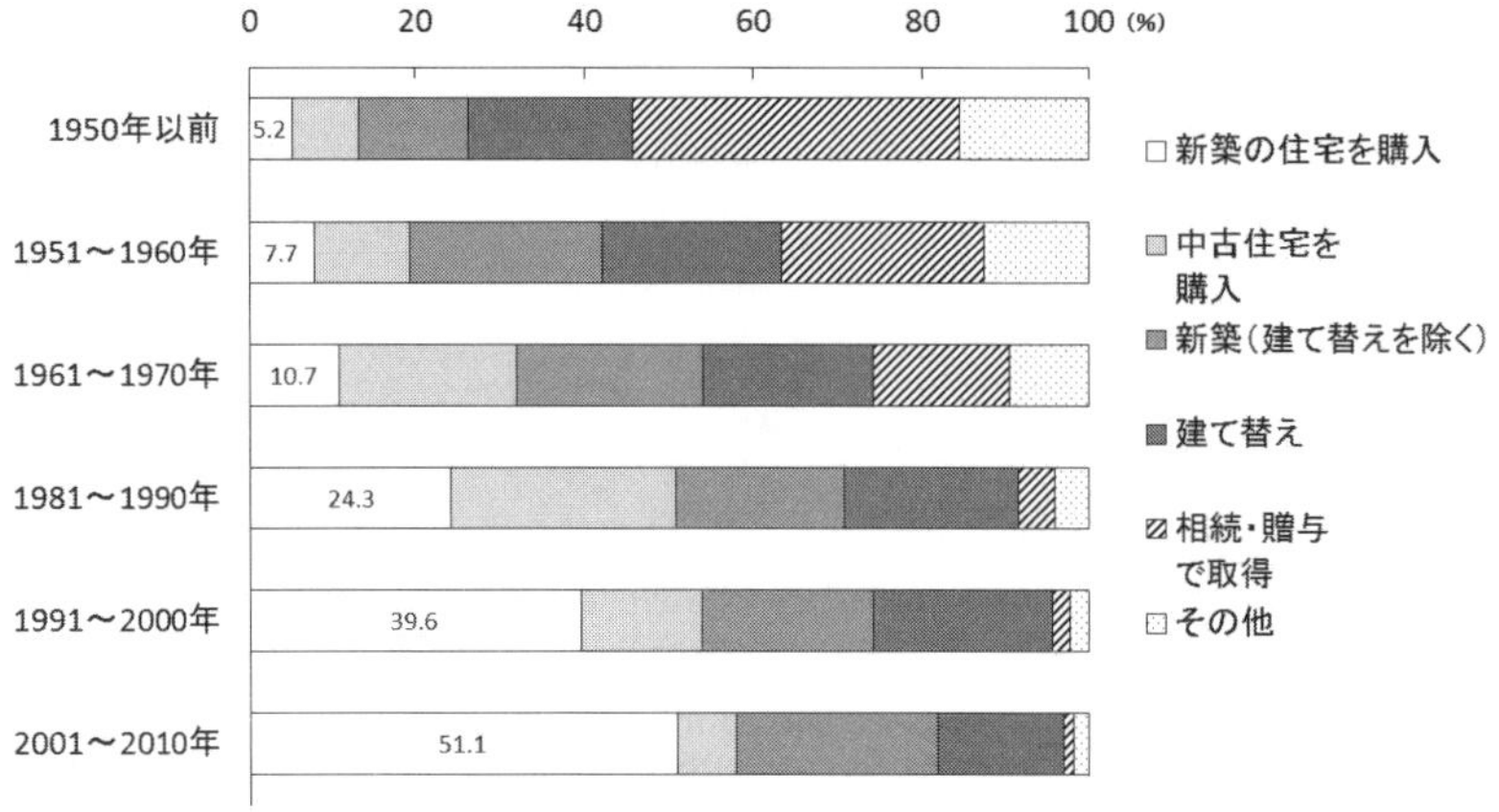

図８　建築の時期・持ち家の取得方法別割合：関東大都市圏
出典：総務省統計局『住宅・土地統計調査（2013年）』確報集計，大都市圏・都市圏・距離帯編，第19表より，著者作成。

う問題がある。実際、国土交通省の『土地白書』によれば、全住宅流通量（新設住宅着工戸数と中古住宅流通戸数の合計）に占める中古住宅流通戸数の割合は、欧米諸国と比べると六分の一程度ときわめて低い水準にある。具体的に数値を比較していくと、日本の割合は一三・五％（二〇〇八年）であるのに対し、フランスは六四・〇％（二〇〇九年）、イギリスは八五・八％（二〇〇九年）、アメリカは九〇・三％（二〇〇九年）となっており、いかに日本の住宅市場が新築に偏重しているかがわかるといえよう。(29)

なお、こうした新築市場重視の傾向は持ち家の取得方法にも明瞭にあらわれている。持ち家の取得方法には、①新築の住宅を購入、②中古住宅の購入、③新築（建て替えを除く）、④建て替え、⑤相続・贈与、⑥その他、以上の六つの方法があるが、(30)とくに関東と関西の二大都市圏において①の「新築の住宅を購入」する割合が高くなっている。(31)

そこで、図8に示すように、東京都を中心とする関東大都市圏について、「新築の住宅を購入」が占める割合の推移を見ていくと、一九六〇年代は約一割程度のシェアに過ぎなかったものが、一九七〇年代に入ると約二割に倍増し、九〇年代には約四割に、そして二〇〇〇年代に入ると約五割を占めるに至っている。以上から明らかなように、東京都を中心とする大都市圏では多くの人びとが新築の住宅（分譲一戸建や分譲マンションなどの商品住宅）を購入することを通して、持ち家を取得するようになっていったことが読み取れる。

このことは、住宅を商品として流通させる巨大な新築市場が形成されてきたことを示している。言い換えれば、「持ち家の空き家化」の構造的条件は、住宅を商品として企画・生産・販売し、多くの人びとに向けて供給してきた巨大な新築市場の形成とそれに支えられた住宅産業の発展にある点を押さえておく必要がある。

4－2　空き家問題をめぐる政策的課題

こうした戦後日本社会における住宅供給のマクロな構造的条件をふまえたうえで、居住福祉の観点から、今後の都市・住宅政策が取り組むべき課題を提示することにしたい。具体的には、高齢者住宅の整備という観点から「高齢期シェア」の可能性を検討するとともに[32]、中古市場の活性化という観点から、空き家問題に対する構造的対応の必要性について検討する。

近年、シェア居住が人びとの関心を集めており、学会においてもワークショップのテーマとなるに至っている[33]。こうした状況をふまえ、ここであらためて考えてみたいのは、なぜシェア居住がいま注目されているのかという点である。そこには、主に二つの社会状況が関係していると考えられる。すなわち、「単独世帯の増加」および「空き家の増加」という二つの社会状況であり、シェア居住は、両者を結びつけて解決するひとつの対応策となっていることが考えられる。

また、すでに第2節でふれたように、単独世帯のなかでもとくに高齢単独世帯が今後一貫して増加していくことを考慮するならば、シェア居住は、高齢者の独り暮らしへの対応という観点からも、ひとつの解決策として期待されるものである。なぜなら、持ち家をシェアハウスとすることにより、空き家化や孤立化を防ぐと同時に、高齢期の適切な賃貸住宅としての転用も考えられ、持ち家層と賃貸層の双方にとってひとつの解決策となる可能性を秘めているからである。実際、東京都三鷹市の事例では、一戸建て住宅を高齢者の共同住宅（グループリビング）用の

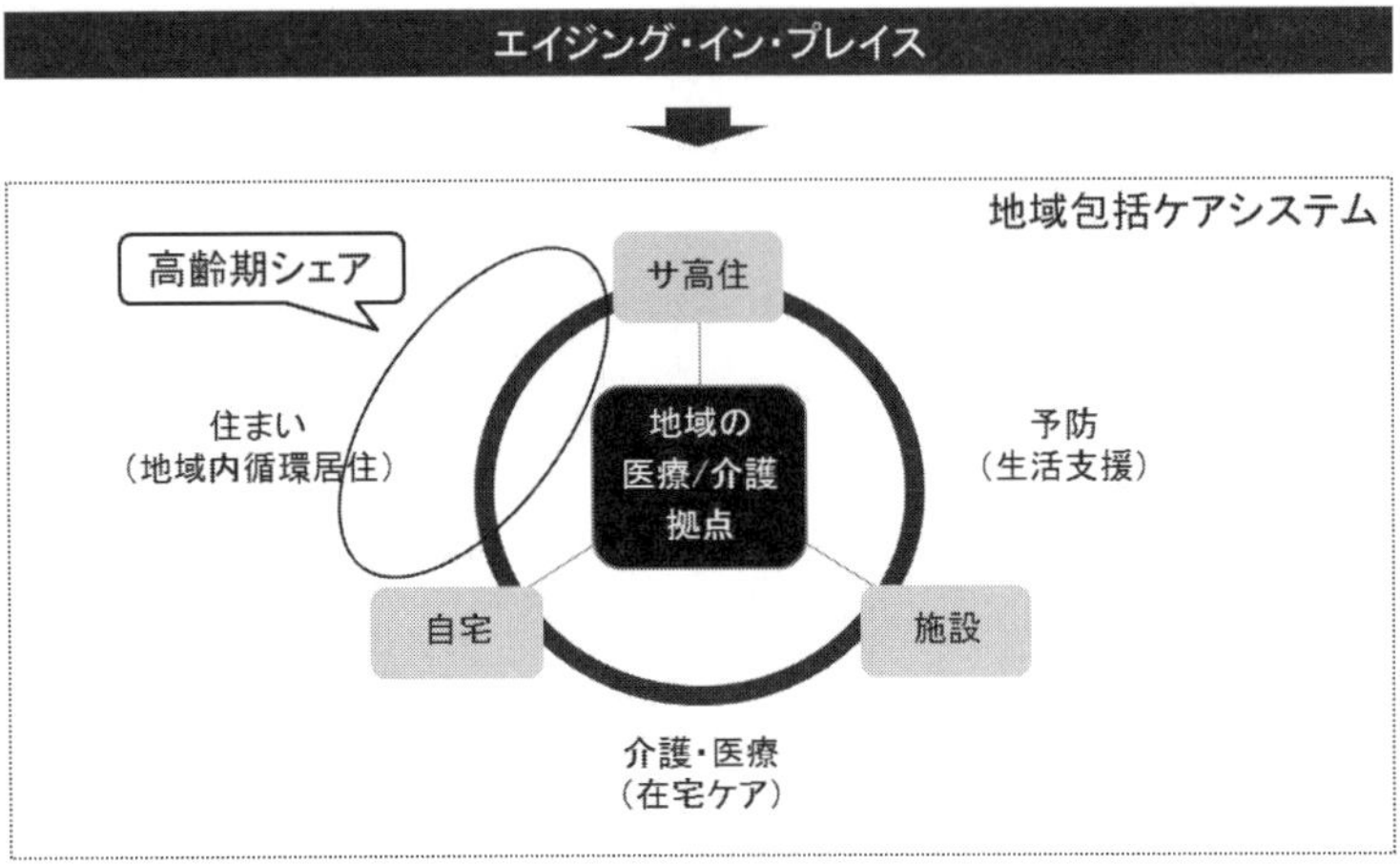

図9　地域包括ケアシステムにおける高齢期シェアの位置づけ

住まいに転換する試みが行われている。(34) この事例には、東京都の制度（空き家活用モデル事業）とともに、(35) 国の制度（民間住宅活用型住宅セーフティネット整備推進事業）による補助が行われている。(36)

図9は、こうした高齢期シェアの可能性を地域包括ケアシステムのなかでどのように位置づけたら良いかを示したものである。(37) 高齢期シェアは、自宅とサービスケア付き高齢者向け住宅との中間的な領域に、その定着の可能性が考えられるといえよう。(38)

ただ残念ながら、現在、シェアハウスの居住者は若い世代を中心としており、高齢者に対しては入居制限が設けられているのが現状である。実際、ひつじ不動産が行った東京都を中心とするシェアハウスの居住調査によれば、居住者の約九三％は二〇代から三〇代の若い世代であり、六〇代の居住者は約〇・一％にすぎない。(39)

こうした現状をふまえるならば、高齢期シェアを実現させるためには、少なくともつぎの三つの課題に取り組む必要がある。すなわち、①ソーシャルミックス、②高齢期に対応する居住空間、③地域医療・介護との連携、以上の三点である。ソーシャルミックスについては、まず世代を超えた集住をどのように実現するかがポイントであり、入居制限の問題を解決する必要があるといえよう。そのためにも、高齢期に対応する居住空間のリフォームやリノベーションの仕方、地域の医療・介護との連携の仕方が重要となる。

しかしながら、こうした地域コミュニティをベースとする解決の方向性だけでは、都市高齢単身者をめぐる居住問題を解決することには限界がある点に注意しなくてはならない。なぜなら、都市高齢単身者の居住問題を生じさせたマクロな構造的条件を考慮することなく、それぞれの地域に閉じこもるかたちでコミュニティの維持やまちづくりが行われていけば、飛び地で良い場所はあってもそれ以外は荒廃しているという結果を招くことが懸念されるからである。それゆえ、都市の居住問題を検討する際には、「コミュニティをひとつずつ積み上げていけば、都市は良くなるはずだ」という想定に対して、むしろ慎重に距離を取る必要があるといえよう。

都市高齢単身者をめぐる居住問題を生じさせたマクロな構造的条件は、住宅産業の発展にある。言い換えれば、高度経済成長期以降、人びとがマイホームを求めて郊外へと向かい、そのなかで新築市場が長年にわたり重視されてきたという、住宅供給のマクロな趨勢をふまえなければならない。それゆえ、「持ち家の空き家化」問題に対処するためには、コミュニティ論だけに依拠するのではなく、住宅供給のマクロな供給構造をふまえた社会構造論的視点から対応を行うことが必要である。具体的には、中古市場の活性化が喫緊の課題になると考えられる。この課題を達成するためには、①リフォーム／リノベーション産業の育成、②減価償却の発想を脱却する新たな住宅評価方法の策定、③固定資産税の改正をはじめとする税制や法制度の整備、これらの課題に早急に取り組む必要がある。

くわえて、団塊の世代が前期高齢期を迎えた現在、大都市圏では持ち家を所有する高齢者世帯がかつてない規模で急速に増加している。前期高齢単身女性の所有する持ち家は、後期高齢単身女性に比べ共同住宅の割合が高くなっており、(40)長期的な展望に立てば、一戸建てだけではなくマンションも射程に含めたトータルな構造的対応を行う必要がある。さらに、今後は男性の高齢単独世帯の割合が徐々に増加していくことが予測されており、(41)ジェンダーの観点も視野に入れて検討する必要がある。高度経済成長期以降、大都市圏に蓄積されてきた膨大なマイホームのゆくえは、都市・住宅政策が構造的な対応を講じられるかどうかにかかっている。(42)

5　空き家問題から集住の論理へ——「住むこと」と「建てること」の関係を再考する

日本社会は、世帯構成の観点からみた場合、大きな時代転換の渦中にある。これまで住宅産業の戦略は、高度経済成長と相関して大都市圏に形成された「夫婦と子供からなる核家族世帯」の増加に照準し、利潤を獲得することに成功してきたが、こうした戦略は少子高齢化のもとで限界を迎えている。同様に、大都市圏に蓄積された膨大な持ち家のストックを血縁による世代間継承のみで維持することも、少子高齢化のもとでは不可能であり、多くの持ち家が空き家へと転化する可能性があるといえよう。

そこであらためて考えてみたいのは、多木浩二が『生きられた家』という著作のなかで、日本の古い民家と対比しながら、現代は、「住むこと」と「建てること」の一致が欠けた時代であると指摘していたことである。[43] 居住者が不在のまま放置される空き家の増加は、この欠如を具体的なかたちで示すひとつの経験的な指標として考えられるのではないだろうか。高度経済成長期以降、住宅産業の発展とともに大都市圏に蓄積されてきた膨大なマイホームの空き家化という現象は、こうした欠如にどのように向きあうのかという、私たちの時代の困難な問いを示唆しているようにみえる。

ただしこの問いに対する応えを、古民家への回帰に求めることは、現代社会における都市の集住の論理に関する思考を回避するものであり、現実的にもあまり有効な手立てとはいえない。たしかに古い民家には、「煤に汚れているががっしりとした小屋組みにも、土間の適度な硬さにも、『住まうことに由来し』た建てるいとなみ」が感じられ、[44] そこには「住むことと建てることが同一化される構造」があったといえよう。[45] しかしながら、こうした古民家がなりたつ社会的条件——たとえば屋根を葺く材料そのもの、屋根を葺くために必要な共同体（ゆい）——が、現代では消失しつつあることに、多木が注意を促していたことを押さえておかなければならない。

それゆえ、「住むこと」と「建てること」の関係を再考するにあたり、かつての古民家にモデルを求め、「ゆい」

に見受けられたような共同性の回復を現代の都市において目指す疎外論的なコミュニティ論に依拠することは、慎重に控えるべきだろう。私たちは、現代の都市が、村落共同体にみられるような血縁や地縁による強い紐帯や、習俗のコスモロジーから相対的に自律した抽象的な空間として成立していることを、よく考えなければならない。[46]

同時に、現代の都市が、人々の「自由な意思」により主体的に形成されており、かつての村落共同体にみられたような慣習による強制とは社会関係の構成原理が異なっているという点を強調する、社会契約論的なコミュニティ論からも距離をとる必要がある。なぜなら、社会契約論的な思考というのは、契約の拘束力が及ぶ範囲として一つの閉じた領域を想定し、その外部と内部を峻別するが、こうした内部と外部の分節は、領域の外縁や構成員を確定しやすい小さな共同体においてこそ、最もよくあてはまるものだからである。[47]

しかし都市とは、その外縁も構成員も常に流動的であり絶えず変化している。むしろ参入と離脱を許すということこそが都市の魅力の源泉であり、都市の存在の条件ではないだろうか。だとすれば、私たちは共同体の論理を離れて、むしろこのことをポジティブに捉え直す必要がある。いいかえれば、都市における集住の論理を、疎外論や社会契約論とは異なるかたちで思考することを試みなければならない。[48] 共同体の論理は人を安心させるが、現代社会における都市の集住の論理に対する思考を、隘路に追い込むための回路となっている可能性に留意すべきだろう。

空き家問題とは、現代社会において、「住むこと」と「建てること」の関係をあらためて考え直すための分岐点となる問いである。現代に生きる私たちに求められているのは、かつての古民家に見られたような、「住むこと」と「建てること」が同一化される構造へと単純に回帰することではない。むしろ、そうした同一化の構造を支えていた共同体の解体や変質、いいかえれば社会性の場の変容を記述し、それとの相関において、現代社会における都市の集住の論理と様態をポジティブに思考することができるかが問われているといえよう。

＊本稿は、「都市の高齢化と居住福祉をめぐる課題——東京都における高齢単独世帯の増加を焦点として」(『季刊iichiko』第一二六号、二〇一五年)、および「高齢化する家族と空き家のゆくえ」(『建築雑誌』二〇一五年六月号)を初出の素材とし、新たな問題設定のもとに加筆・修正・文脈の変更を行ったものである。

注

（1）国立社会保障・人口問題研究所『日本の都道府県別将来推計人口（二〇〇七年五月推計）』、結果表Ⅱ－3、全国一覧参照。

（2）江崎雄治『首都圏人口の将来像――都心と郊外の人口地理学』専修大学出版会、および井上孝・渡辺真知子編『首都圏の高齢化――人口学ライブラリー14』（原書房、二〇一四年）などを参照。なお社会学者による分析としては、倉沢進・浅川達人編『新編東京圏の社会地図』（東京大学出版会、二〇〇四年）を参照されたい。

（3）浅見泰司編『都市の空閑地・空き家を考える』（プログレス、二〇一四年）を参照。なお、空き家を福祉目的に転用した具体的事例については、日本建築学会編『空き家・空きビルの福祉転用――地域資源のコンバージョン』（学芸出版、二〇一二年）を参照されたい。

（4）都市の郊外住宅に着目しこの問題を論じるものとしては、園田眞理子「高齢者の転居、死亡・相続と持家の管理・利用 郊外住宅地での応急策と出口戦略」（『日本不動産学会誌』第二三巻第四号、二〇一〇年、四六－五三頁）、高村義晴「郊外型住宅団地の問題解決に向けた行政・住民の関わり方」（『福山市立大学都市経営学部紀要』第二号、二〇一三年、三三－五〇頁）などがある。

（5）核家族とは、「夫婦と子ども」からなる家族を指すが、核家族世帯にはそれ以外の家族の類型も含まれる点に注意したい。具体的には、①「夫婦と子ども」の世帯のみならず、②「夫婦のみ」の世帯、③「女親と子ども」の世帯、④「男親と子ども」の世帯、という四つの類型が核家族世帯には含まれている。

（6）ただし「標準世帯」は、一九七五年の時点においてもその割合は約二割程度であり、二〇〇五年の時点では約一割まで減少している。それゆえ、わが国の「標準」として語るには、実態とのあいだに乖離があるといえよう。この点については、山本理奈『マイホーム神話の生成と臨界』（岩波書店、二〇一四年、一四九－一五一頁）において詳述している。

（7）六五歳以上の単独世帯の内実について、前期高齢者と後期高齢者に分けて比較していくと、二〇〇五年を転換点として、七五歳以上の単独世帯数の方が多くなっており、今後も一貫して増加していくと推計されている。

（8）くわえて、これからの高齢単独世帯の増加を考えるうえでは、生涯未婚率の上昇にも留意する必要がある。たとえば、二〇〇五年に六五歳となる一九四〇年生まれの男性の生涯未婚率は約六％、女性は約四％であるのに対し、二〇二五年に六五歳となる一九六〇年生まれの男性の生涯未婚率は約二〇%、女性は約一一%まで上昇する（国立社会保障・人口問題研究所『人口統計資料集（二〇一五年）』表6－23参照）

（9）国立社会保障・人口問題研究所『日本の世帯数の将来推計（都道府県別推計）（二〇一四年四月推計）』四月一一日の公表資料の概要、「地域ブロック別家族類型別高齢世帯数の推移〔単独世帯〕」、四六頁参照。

（10）同推計、推計結果のデータ、参考表2参照。

（11）同推計、世帯主の男女・年齢五歳階級別・家族類型別世帯数、13東京都参照。

（12）総務省統計局『住宅・土地統計調査（二〇一三年）』、確報集計、都道府県編、13東京都、第41表参照。

（13）同調査、確報集計、都道府県編、13東京都、第41表参照。

（14）公益財団法人日本賃貸住宅管理協会『民間賃貸住宅の管理状況調査』、二〇一〇年、参照。

（15）中川雅之「監査調査法による賃貸住宅市場における高齢者差別の実証分析」（『都市住宅学』第三五号、二〇〇一年、二一－二六頁）参照。

（16）園田、前掲論文参照。

（17）東京都観察医務院編『東京都23区における孤独死統計（平成15～19年）』および『東京都23区における孤独死統計（平成20～23年）』参照。

（18）空き家問題に関する住宅政策および都市政策については、平山洋介「空き家と住宅政策」（浅見泰司編、前掲書、一五四－一六六頁）、山口幹幸「空き家問題と地域・都市政策」（同書、二一一－二二九頁）参照。

（19）秋山弘子「長寿時代の科学と社会の構想」（『科学』第八〇巻一号、二〇一〇年、五九－六四頁）参照。

（20）戦後における出生行動の転換については、中川清の「日常生活における戦後性」をめぐる議論を参照されたい（中川清『日本都市の生活変動』勁草書房、二〇〇〇年）。

（21）夫婦の完結出生児数の推移を参照しても、一九七二年以降三〇年にわたり、およそ二人で安定している。ただし、最新のデータ（二〇一〇年）では、はじめて二人を下回る結果が報告されている（国立社会保障・人口問題研究所『第十四回出生動向基本調査　結婚と出産に関する全国調査　夫婦調査の結果の概要』四頁参照）。

（22）山本、前掲書、第3章および第4章参照。

（23）総務省統計局『日本の住宅・土地——平成20年住宅・土地統計調査の解説』（財団法人日本統計協会、二〇一一年、三頁）参照。

（24）東京都総務局統計部「結果の概要」『平成25年住宅・土地統計調査（速報）』参照。

(25) 総務省統計局、前掲調査、確報集計、都道府県編、13東京都、第1表および第2表参照。
(26) 東京都総務局統計部、前掲調査参照。
(27) 総務省統計局「結果の要約」『平成25年住宅・土地統計調査（速報集計）』参照。
(28) 総務省統計局、確報集計、都道府県編、13東京都、第27表参照。
(29) 国土交通省『土地白書（平成二四年版）』参照。
(30) 総務省統計局、前掲書、s23-s24頁参照。
(31) 具体的には、東京都が五九・一%ともっとも高く、次いで大阪府が五六・一%、神奈川県が五三・四%、以下は順に千葉県四八・一%、京都府四七・五%、埼玉県四四・九%、兵庫県四三・一%となっている（総務省統計局、前掲書四八頁参照）。
(32) 居住福祉という概念については、武川正吾「居住福祉学の理論的基礎」（『居住福祉学』有斐閣、七―三三頁）を参照。
(33) 都市住宅学会第22回学術講演会、ワークショップ②「都市住宅としてみたシェアハウス―社会学の視点から―」、奈良女子大学、二〇一四年。
(34) 事例の詳細については、下記アドレスの「提案書（事業の内容について）」を参照されたい。[http://www.toshiseibi.metro.tokyo.jp/juutaku_seisaku/data/280jyosei_04_05_01.pdf]（二〇一五年七月二七日取得）
(35) 東京都の制度は、「空き家の利活用方策の可能性を検証するため、賃貸住宅として管理（改修工事完了時より十年間）することを条件に、空き家の改修工事費用の一部を補助する」ものである。[http://www.toshiseibi.metro.tokyo.jp/juutaku_seisaku/280jyosei_04.htm]（二〇一五年七月二七日取得）
(36) 国の制度は、「既存の民間賃貸住宅の質の向上を図るとともに空家を有効に活用することにより、住宅確保要配慮者の居住の安定確保を図るとともに、災害時には機動的な公的利用を可能とする環境を構築するため、住宅確保要配慮者の入居等を条件として、空家のある賃貸住宅のリフォームに要する費用の一部を国が直接補助する」ものである。[http://www.minkan-safety-net.jp/outline.html]（二〇一五年七月二七日取得）
(37) 地域包括ケアシステムを体系的に理解するにあたっては、高橋紘士編『地域包括ケアシステム』（オーム社、二〇一二年）、国立社会保障・人口問題研究所編『地域包括ケアシステム――「住み慣れた地域で老いる」社会をめざして』（慶應義塾大学出版会、二〇一三年）、東京大学高齢社会総合研究機構編『地域包括ケアのすすめ――在宅医療推進のための多職種連携の試み』（東京大学出版会、二〇一四年）などを参照されたい。
(38) サービスケア付き高齢者向け住宅に関する具体的な事例については、高齢者住宅財団『実践事例から読み解くサービス付き高齢者向け住宅――地域包括ケア時代の住まいとサービスを目指して』(中央法規出版、二〇一三年)、京極高宣監修『サービス付き高齢者向け住宅の意義と展望』(大成出版社、二〇一三年)などを参照されたい。

(39) ひつじ不動産「第4章シェア住居の入居者像」(『シェア住居白書』二〇〇八年)参照。

(40) 二〇一〇年の時点における持ち家に占める共同住宅の割合は、後期高齢単身女性は三七%であるのに対し、前期高齢単身女性は四四%となっている(総務省統計局、前掲調査、確報集計、都道府県編、13東京都、第54表参照)。

(41) 高齢単独世帯に占める男性の割合は、二〇一〇年の時点で三二%であるが、二〇三五年には三八%まで上昇すると推計されている(国立社会保障・人口問題研究所、前掲推計(二〇一四年)、世帯主の男女・年齢五歳階級別・家族類型別世帯数、13東京都参照)。

(42) 住田昌二は、これからの政策の方向性として、従来の住宅政策の発想(マスハウジング)を脱却し、居住政策(マルチハウジング)への転回が必要であると指摘している(住田昌二『21世紀のハウジング』ドメス出版、二〇〇七年)

(43) 多木浩二『生きられた家――経験と象徴』(岩波書店、二〇〇一年、一三頁)参照。

(44) 同書、一〇頁。

(45) 同書、一三頁。

(46) 若林幹夫は、都市が農村の共同性からの疎外であると同時に解放である点を指摘している(若林幹夫「都市の景観/郊外の景観」(『〈景観〉を再考する』青弓社、二〇〇四年、一五七-二一五頁)。

(47) 社会契約論の考え方が共同体に適合的である点については、内田隆三の「社会への問い」をめぐる議論を参照されたい(内田隆三『生きられる社会』新書館、一九九九年)。

(48) この点については、山本理奈・八束はじめ・布野修司「マイホーム神話とコミュニティ幻想――建築学と社会学の間」(日本建築学会『建築討論』四号)での議論も参照されたい。[https://www.aij.or.jp/jpn/touron/4gou/tairon2.html](二〇一五年七月二七日取得)

地方都市空間の歴史社会学

自身の家と郷土を素材に

佐藤 健二

内田隆三さんから与えられた課題は、「地方都市」の社会学的分析であった。メガロポリスとしての「大都市」の社会学や、時代の「首都」を鋭く論じた文化論はすでにいくつかの達成があるが、地方都市の分析となると、なぜか都市性の一般的な特徴を薄めたような個別事例研究にとどまりやすい。だから北関東の中途半端に中核的な町の生まれである私が、社会学的分析の可能性に挑戦せよ、というご依頼である。柳田国男の「郷土研究」の構想を高く評価している私にとって、故郷はたしかにリアリティのある素材である。この試論では、二〇〇八年の研究休暇の年にまとめた父の回想録[1]を踏まえ、自分の「家」の歴史を素材に高崎という「地方都市」における近代的な公共性の生成と変容について歴史社会学の立場から考察してみたい。

柳田が『明治大正史世相篇』の意欲的な実験に踏み出したとき、たぶん英雄史でも事件史でもない、構造史ともいうべき社会史を考えていたに違いない。もちろん、ここでの試みは、柳田の「世相篇」が新聞を素材にして描き出そうとした歴史とは、すこし別な方法にもとづく。しかし目の前の具体的な現象の記述から、いかに構造の変容へと認識を深めていくかという問題意識は共有している。もちろん、私が素材にできる「家」は詳しい家譜も由緒書きもなく、古文書が蓄積した庄屋や両替商にもつながらず、たとえば薬種を商って同族団の交わりを浮かびあがらせられるほどの老舗でもない。その時々で生業を変えたごくごく平凡でありふれた平民の家の盛衰ゆえに、近代国家の公式記録である戸籍と、親戚たちが覚えている範囲での事柄と、地場の商工会議所の都市案内や郷土の物知りたちの断片的な記述だけしか利用できそうにない。それでも掘り起こしていくと、なかなか面白い意外なつながりを見せてくれる。まだ調べなければならない課題は多いが、ラフなスケッチだけでも描いてみたいと思う。

1 「家」のライフヒストリー：家業の変遷を手がかりに

父と母の二つの家に刻みこまれている、この都市との関わりの概略をたどってみよう。家を単位とするライフヒストリーの重ねあわせから、都市分析の手がかりを得ることができるかもしれない。

父方の家の家業：乾物から生魚・精肉へ

父方の家は、いまとなっては高祖父の「A助」までしかたどれない。本人の戸籍はいわゆる「壬申戸籍」で直接には参照できなかったが、過去帳の没年から逆算すると一八四二年（天保一三）あたりの生まれらしい。高祖父は、今は長野市の一部になっている在方から出てきて、この高崎の地で奉公していた。おそらく維新のすこし前だったのではないだろうか。奉公先は「K蔵町」という当時の商家があつまる町場だったというが、さて何の商売だったか。私の小さい頃に亡くなった祖母は、乾物屋だと言っていた。A助の名は、一八八五年（明治一八）の商人をリストアップした番付には、「S町」で「魚」を商うとあらわれる。奉公先の乾物屋が、広く干魚や塩魚なども扱う商店だったのかもしれない。

祖父母の時代までは慶弔の交流のあったという信州の親戚たちのもともとの苗字は「M田」で、事情はわからないがA助は奉公先の商家の苗字「H川」を嗣いで姓を変えている。(2) あるいは婿養子とか夫婦養子のような形で、婚姻をからめた家の継承かとも推測できるのだが、もう誰もその経緯を覚えているひとがいない。信濃からやってきたよそ者とはいえ、苗字を変えて家を継いだのだから、それなりに認められてこの町に定着しはじめたことはたしかである。

この高祖父のA助は「H川」と改姓したあとに妻を亡くし、[3]一八八四年（明治一七）四月に後妻をもらう。再婚にいたる以前のどこかの時点で、すでに生まれていた曾祖父が養子に出されて、[4]苗字が「佐藤」に変わるのだが、そのあたりの事情もいま存命の親戚には伝わっていない。しかし、改めて調べてみての推測だが、この再婚はA助のその後の人生を開いていくことになったと思う。後添えの実家は「S水」という、やがて市街に接続してしまう「下N村」[5]の名主を務めた家で、血族が当時の町の有力商人であった。後に触れるが一八八七年（明治二〇）頃から活発になった在地の商業者の組織化は、その八年後には「高崎商業会議所」というアソシエーション（中間集団）の創立協議会を開催するにいたるが、その一七人の創立委員のなかにA助の名が現れる。これも、正式な設立の際に常議委員に選ばれる米穀商が、後妻の叔父にあたるという関係から説明できる。その後ろ盾があったのであろう。

A助が「魚」を商った「S町」は、新たな小売業者たちでしだいに賑わうようになったところである。家に伝えられている話では、魚とともに、旧城郭に設けられた陸軍第十五連隊に「牛肉」という新しい食材を納める商人として活躍する。頼まれて始めたというこの新商売も、この後妻の叔父が陸軍に糧食をほぼ一手に納入する米穀業者であったことと無関係ではなさそうだ。一八九七年（明治三〇）の『高崎繁昌記』には「生魚商」という主たる肩書に加えて「陸軍御用達」の「牛肉販売所」と書かれている。高崎に本籍を移した四年後の一九〇四年（明治三七）の時点[6]では、すでに独立して近所で「鮨屋」をやっていた曾祖父の「K吉」が、その鮨屋渡世を止めて、実父が始めた精肉の商売に専業化していく。家業を受け継いでの専業化はおそらく、一九一三年（大正二）にA助が亡くなった前後ではないかと思う。一九一七年（大正六）には、息子にあたる祖父の「S一」が結婚[7]して家庭をもち、この精肉の家業を手伝うようになった。一九二四年（大正一三）に発行された『高崎商工案内』には、佐藤K吉が「H川」の屋号で「肉商」として名簿にあらわれる。[8]

戸籍の本籍地の移動の記載から類推するに、先に述べた高祖父の後妻の親族の土地を譲ってもらって、そこに店舗兼自宅の拠点をかまえた。この時代には、町の土地を手に入れて定着しようにも親族ネットワークなどの人間関係の裏付けをもつ縁がなければ、あるいは購入しにくかったのではないだろうか。店の屋号に自分の養父の苗字ではなく高祖父のA助の高崎定着後の苗字を取り、後に「H川本店」を名のったのには、実父の業を継ぐという思いとともに、自分の妻の叔母でもあったA助の後添えへの敬意だったように思う。

母方の家の家業：製麺と製綿

さて母方の家のほうも近在からの移住者である。ご先祖は、一九世紀の前半に高崎の町場に出て来たと思われる。出自の一族は、高崎の中心からみると北方の、榛名山の山裾にあたる在郷の「I出」という集落にもともと住んでいた。この道筋のさらに北に、高崎の町の基となった箕輪の城下がある。

現在の檀那寺の墓誌（これ自体はかなり後になってから建てたものだ）に残っている冒頭の人物の没年は、一八五一年（嘉永四）である。しかし、母が記憶している話では、移住して二代ばかりは「I出」のもともとの菩提寺に葬ったので、この初代の骨はここにない。[9] 七八歳でなくなったその最初の故人の活躍していた時期が、嘉永を二〇年ばかりさかのぼると仮定すれば、この家が乾麺製造の商売を始めたのが一八三〇年代前後だと言われていることと、ゆるやかに対応している。おそらく高崎の町場に出てきたのは、地場の小麦を材料に素麺や饂飩の乾麺を作って、新しい商売を発展させるためではなかっただろうか。中心市街地に通ずる街道沿いのどちらかといえば新開の町[10]に家を構えたのも、近郷からの流入という条件を考えると説明しやすい。製麺において同業者がどのていど組織化されていたかはわからないが、一般に同業のだれかの株を買わなければ、高崎宿の内には新たな営業者が店舗を構えることができなかった、といわれている。

ふとん「綿」の製造・販売を家業として始めたのは、明治維新の頃からだと聞く。だとすると高崎来住から四〇年あまり経ってのことで、製麺で商家として認められた、その次の展開ということになろう。戸籍の写しによれば曾祖父が家督を継いだのが一八六七年（明治元）なので、その代から新事業に乗り出したに違いない。明治の御一新は、庶民にとっても進取敢為の時代であった。

一八九七年（明治三〇）に曾祖父が隠居し、祖父が家督を継いで「K平」と改名した。一八七五年（明治八）生まれの祖父の時代に、工場を新たに整備して電動機を備え、ふとん綿の生産と販売を中心とした「製綿業」として知られるようになる。動力を備えた工場を建設したのは、明治三〇年代の末、おそらく一九〇五年（明治三八）だと思う。わが家の工業化である。交流があったお寺がもっていた街道裏の田圃を買って、建てたのだと聞いている。動力は電力で、両替商や砂糖問屋や鉄工所、請負業などの市の有力者によって、一九〇三年（明治三六）に設立された「高崎水力電気株式会社」[11]が生みだしたものであった。高崎という町に初めて文明を象徴する電灯の光が点ったのは一九〇四年（明治三七）の一二月だといわれていて、一年もたたないうちに全市の家庭に及んだ［根岸省三編『高崎の明治百年史』：一八八頁］という。祖父の工場は、玉綿（シート状にした綿）を量産する機械製綿機を備えたもので、月賦販売などの新しい売り方を工夫することで市場を拡大した。綿布団や座布団は打ち直しして使うことも含めて、新しい生活用具であった[12]。

もうひとつ、母方の祖父の仕事で重要なのが、公共性をもつ組織への参与である。先ほどの父方の高祖父の名も出てきた商業会議所（後の商工会議所）での活動と、高崎信用組合（後の高崎信用金庫）という地域の中小の商工業者相手の貯蓄融資事業を育てあげたことである。

これはあとで触れるように、商業会議所を拠点とする第二世代の人的ネットワークが結成を支えたもので、地域社会の公共圏にかかわる活動としては無視できない重要性をもつ。信用組合は地域社会と向き合い、地元の資金を地元の業者に融通する金融機関であった。製綿・製麺業主の祖父は、米穀商、質商・貸付業、生絹・太織商、呉服商、砂糖・乾物商、荒物商などの地元の実業家と設立発起人に加わり、一九五〇年（昭和二五）に理事長現職で逝去するまで三六年間の長きにわたってかかわり続けた。家業にも無関係でない事業として、祖父のK平は一九一七年（大正六）にA生町の隣の飯塚村大橋町に工場を所有する「群馬紡績株式会社」[13]の設立に関わる。このあたりが示唆する意味も、あとでもういちど論じたいと思う。

2　地方都市空間の近代を考える

さて、ここまでの記述の流れを大きく整理しておこう。高崎の地方都市としての発達は一七世紀初めの中山道という街道の整備とともに始まる。その道筋に位置する「和田」の地に、「箕輪」という榛名山麓にあった城と寺社と家臣の屋敷を移し、さらに商人や職人たちの町も移動して、城下町としての「高崎宿」を建設したことがひとつの起源である。一八世紀の半ばには、近郊の農民たちの「女稼ぎ」としての生絹《きぎぬ》生産が盛んになり、本町・田町の街道往還沿いに多くの卸売り問屋が軒を並べていく。父方の高祖父が最初の足がかりを得た「K蔵町」はこの二つの町に挟まれたところにある（図表1）。

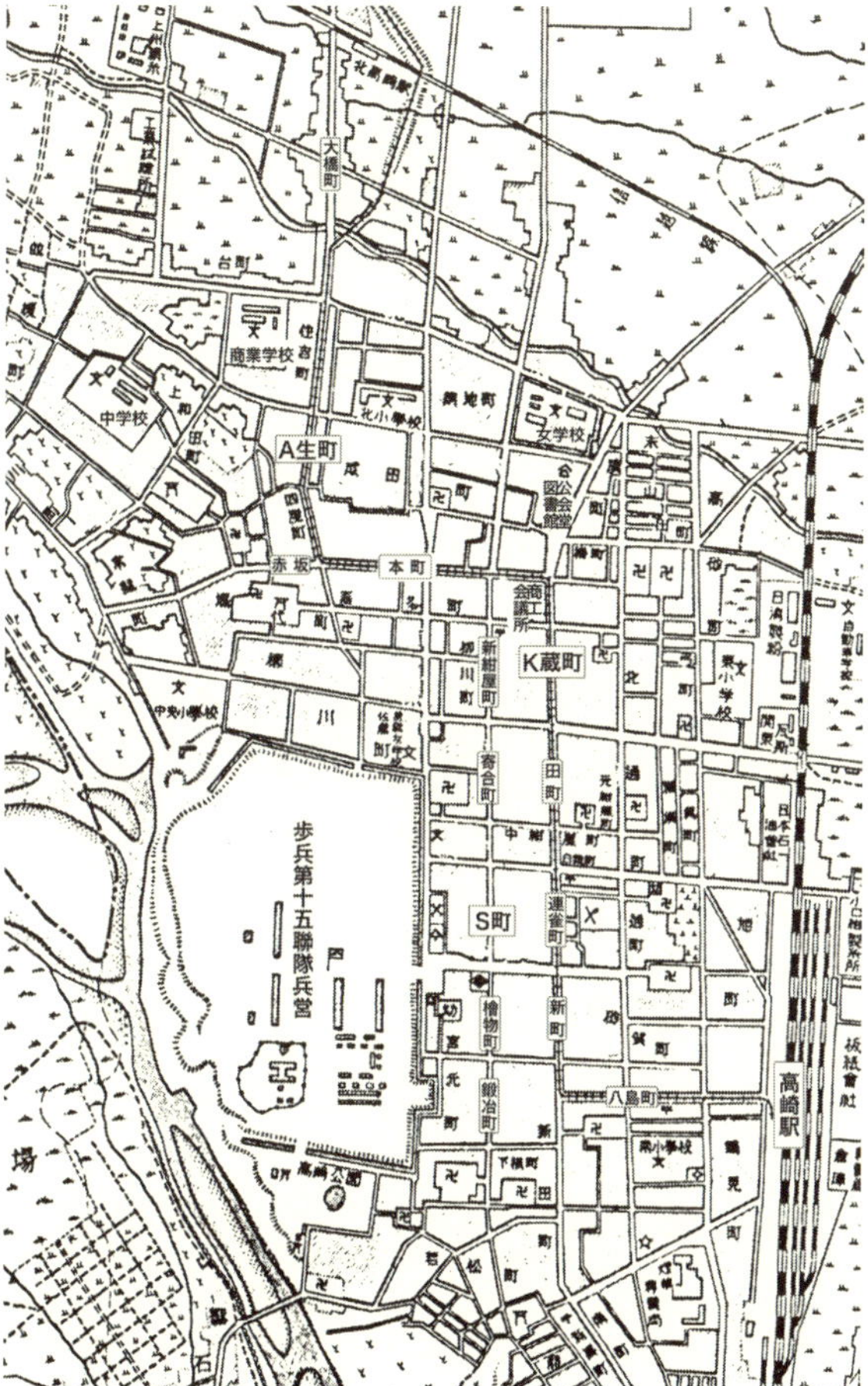

図表1　『高崎商工案内』（1931）所載の市街図をもとに加工。

そうしたなかに母方のご先祖たちは、御一新の四〇年以上前に高崎という町場に出てきて、「乾麺」を作って売るという商売を始めた。「A生町」は、中山道から分岐して北に向かう三国街道沿いに発展した町である。明治という新しい政治社会体制の始まりとともに「綿」という新しい商品を扱い、その約四〇年後には電動の発動機を備えた工場を建てて、家業を発展させていく。祖父の時代になって、あるていど軌道にのった家の商売とは別に、商工会議所や信用金庫事業といった公共性をもつ組織の事業に関わって、町なかでも有力な実業者として認められていった。しかし、私のいとこ達にあたる孫の世代になると、本業であった綿・布団の商売自体が衰退して、家の商売としては廃業していくこととなる。

一方の父方のご先祖は、維新の前後に長野から乾物屋に高祖父が奉公にきて、最初の結婚で定着の契機をつかみ、後添えの家の親族ネットワークで「生魚」商としての基盤をつくり、同じく親族の後ろ盾で陸軍御用達の「牛肉」商として活躍する。定住した町中の「S町」は高崎を貫くメインの往還からはずれた通りではあるが、小売業者が集まってやがて商店街を形成していく場所である。後妻との間には子が無く、取った養子に後妻の姪の娘を娶せたが、養子には家の商売を受け継がせず[14]、先妻との間の実子であった曾祖父K吉が、その家業を継いだ。この曾祖父に嫁いだのがその「後妻の姪」なのだから、複雑ながら双方の血縁がいろいろと織り込まれた家業の相続である。その息子にあたる祖父S一に関する、昭和の初めに出された人物紹介の文には「父祖の業を嗣ぎて肉類商を経営し奮励努力遂に家運を再興し[15]」とある。家運の「再興」というからには、精肉商として陸軍御用達のかつてほどには盛んではなかった一時期がはさまるのではないかと推測される。結局のところ、高祖父が着手した牛肉販売を曾祖父と祖父の時代に盛り返して、大正年間には中心市街地で家業となった精肉商を営む。しかし、曾祖父と祖父が同じ一九三二年（昭和七）に相次いで亡くなったのは、家にとっても危機であった。祖母が後見人となって、一二歳で家督を継ぎ、商業学校へ行って家業を受け継ぐことになる伯父を守っていく。そして、時代は陸軍幼年学校から士官学校へと進学し、戦後に分家して書籍商を始める父たちの世代へと移っていく。

これを簡単に図示したのが、図表2である。二重線は婚姻、単線は血縁関係を示す。人物は生没年で配置し、いくつかの説明もだいたいの時期を対応させて、一九五〇年までの二つの家の一五〇年間をおおまかに鳥瞰している。

移動と定着のネットワーク

さてこの二つの家の、いわば生存の場となった都市としての高崎は、どんな特質を有する空間だったのか。ここではすこし視点を鳥瞰モードに変えて、この町という空間を生きてきた先祖たちの経験を位置づけてみよう。

第一に、都市に流れこんでくる人口の社会移動についてである。いくつかの資料を寄せ集めた統計(図表3)だが、維新前の七〇年あまりで人口は倍増している。明治へ時代が移っていくと、ほぼその半分の三五年で倍増している。試みにこの表を対数軸のグラフにしてみると、一八世紀後半からのほぼ一五〇年のあいだ、人口も戸数も一貫した傾向で増加してきたことがわかる。

しかしながら、そもそも高祖父たちのような他郷の出身者がなんの縁もなく、たまたま高崎にたどり着いて居ついたとイメージするのも無理がある。A助にしても、親戚や同村の知己がすでに定着したり出稼ぎに来たりしていて、そのつながりを頼って働くために移動したと想像するほうが実態に近いだろう(16)。

もうひとつ考慮に入れておいてよいのは物資輸送の発達したネットワークで、問屋仲卸の商売で栄えた高崎は維新以前から、すでにその結節点であった。民間の輸送業としての「中馬」は、もう幕末には信州の全域と上州に拡がっていた。信越からの米や豆、麻や煙草や漆器を担い、江戸からの塩や砂糖や油、日用雑貨や肥料などを担って中山道を行き交った。そのことを思うと、A助の最初の奉公先が乾物商であったのも、奇縁ではかたづけられない構造性を暗示している。明治大正昭和のこの町を発展させていく実業家のなかに、信州や越後から出てきた人が多いというのも偶然ではなく、そうした人口移動の流れが北関東の町場の活力を作り出した側面もある(17)。

移動だけでなく、定着においても「親族」や「家」のネットワークは大きな媒介の役割を果たしていたのだと思う。婚姻はそのネットワークをつなぎ、現実化する重要な契機であった。同時にまた、家の生存戦略でもあったのである。

職業の分化と分業の発達

第二に、新来の人びとも含めた住民たちの職業の変化も、この町の人口増加と拡大とを論ずるひとつの論点とす

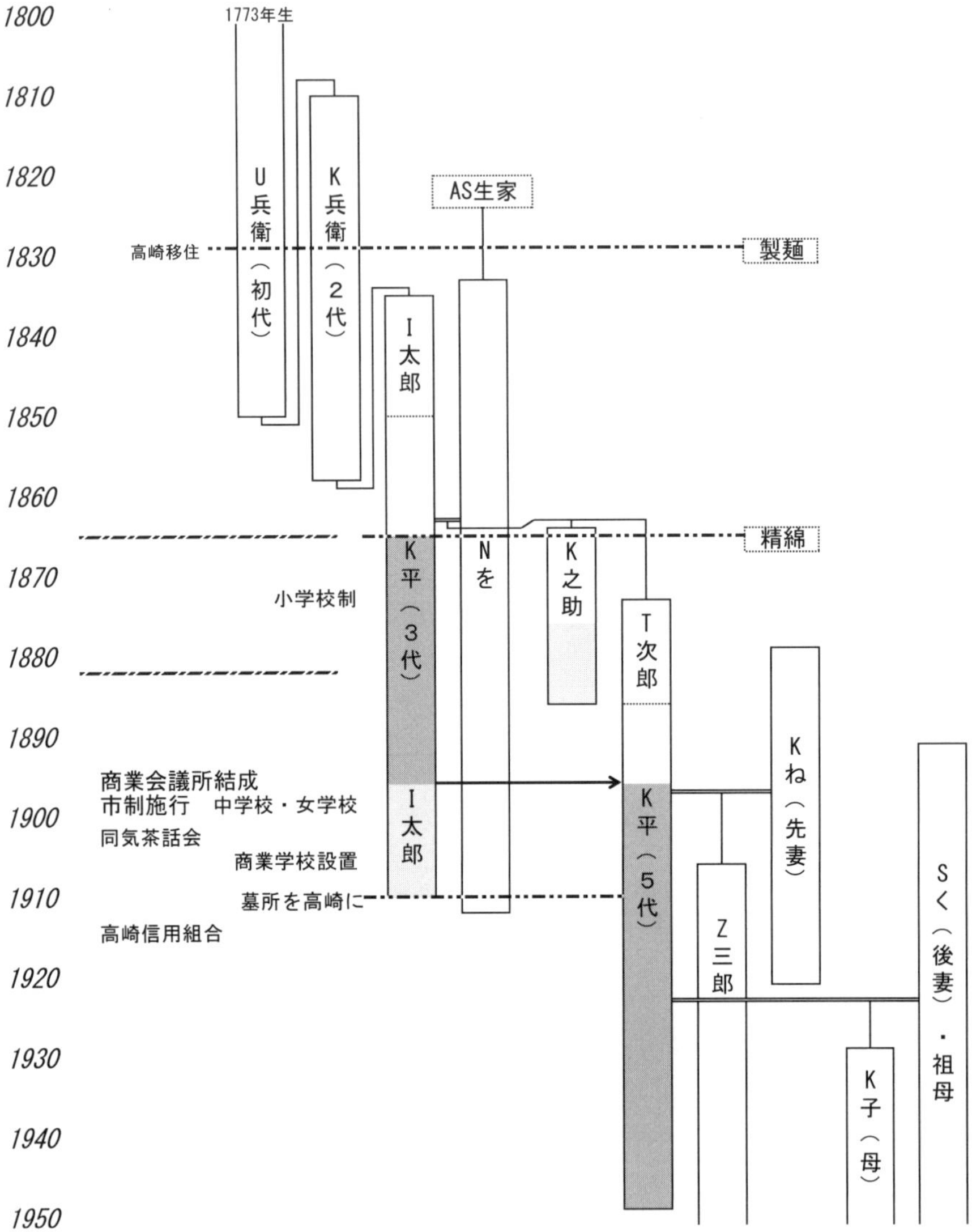
1800
1810
1820
1830
1840
1850
1860
1870
1880
1890
1900
1910
1920
1930
1940
1950
1773年生
U兵衛（初代）
K兵衛（2代）
AS生家
高崎移住
製麺
I太郎
Nを
精綿
K平（3代）
K之助
小学校制
T次郎
Kね（先妻）
商業会議所結成
市制施行　中学校・女学校
同気茶話会
商業学校設置
I太郎
K平（5代）
墓所を高崎に
高崎信用組合
Z三郎
Sく（後妻）・祖母
K子（母）

図表2

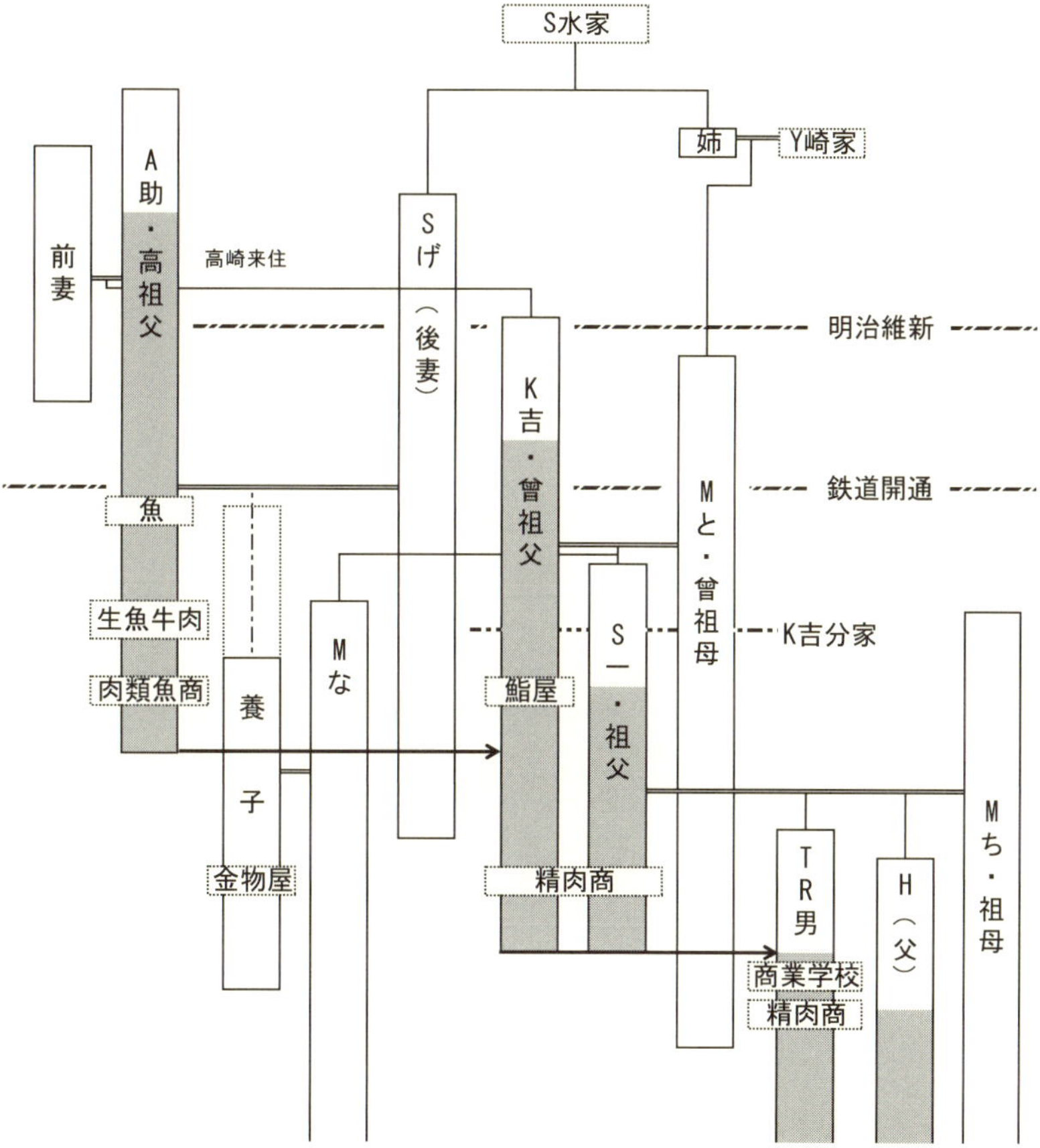
S水家
姉
Y崎家
A助・高祖父
前妻
高崎来住
Sげ（後妻）
明治維新
K吉・曾祖父
Mと・曾祖母
鉄道開通
魚
生魚牛肉
肉類魚商
養子
金物屋
Mな
S一・祖父
K吉分家
鮨屋
精肉商
TR男
商業学校
精肉商
H（父）
Mち・祖母

図表3　人口と戸数の変化

	西暦	人口	戸数	備考
明和	1770	7,830	1,282	出典：『高崎商工会議所 80 年史』
天明 4	1784	6,458	1,411	出典：『高崎商工会議所 80 年史』
享和 1	1801	6,516	1,369	出典：『高崎商工会議所 80 年史』
安政 3	1856	12,500	2,443	出典：『高崎商工会議所 80 年史』
明治 11	1878	16,115	4,143	出典：『新編高崎市史資料編 9』集計
明治 21	1888	21,280	4,256	『高崎繁昌記』解説
明治 26	1893	26,661	4,860	出典：『高崎商工会議所 80 年史』
明治 31	1898	28,963	5,107	出典：『高崎繁昌記』
明治 32	1899	30,279	5,597	出典：『高崎繁昌記』
明治 33	1900	32,867	5,927	出典：『高崎繁昌記』
明治 34	1901	32,790	6,005	出典：『高崎繁昌記』
明治 35	1902	32,822	6,042	出典：『高崎繁昌記』
明治 40	1907	37,951	6,565	出典：『高崎商工会議所 80 年史』
明治 42	1909	38,080	6,654	出典：『高崎商工案内』明治 43 年版
大正 1	1912	41,873	7,231	出典：『高崎商工会議所 80 年史』
大正 5	1917	41,804	7,375	出典：『高崎商工案内』大正 6 年版
大正 10	1922	44,208	7,847	出典：『高崎商工案内』大正 13 年版
大正 12	1923	46,362	8,959	出典：『高崎商工案内』大正 13 年版
昭和 1	1926	49,504	9,765	出典：『高崎商工会議所 80 年史』
昭和 5	1930	63,313	12,393	出典：『高崎商工案内』昭和 6 年版
昭和 10	1935	64,283	12,907	出典：『高崎商工会議所 80 年史』
昭和 13	1938	76,083	14,355	出典：『高崎商工案内』昭和 14 年版

＊安政 3 年の人口は戸数からの推計で、隣接年の世帯／人口比の平均を使った。

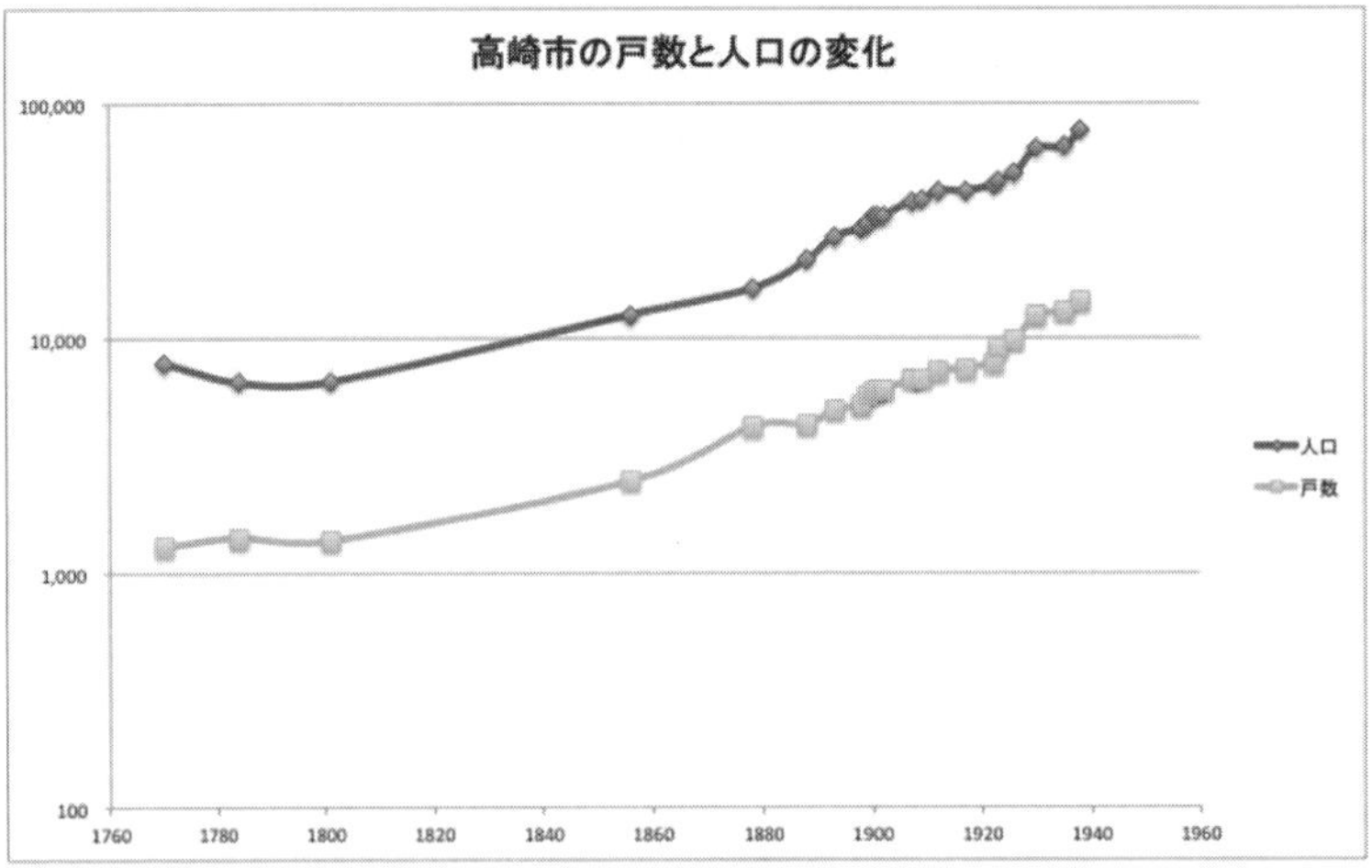

ることができそうに思う。

近郊の農村部との関係で成り立っているこの町に、最初の賑わいと活力をもたらしたのは、生糸と絹物の売買であった。一八世紀のはじめから付近の農村で生産される絹物の市場が、町場で開かれていた。一九世紀に入ると江戸表や名古屋などの代買人が出張してきたというから、商品として中央からも注目されていたのだろう。明治以降も勧業のひとつの焦点となり、買継商人を集めて粗製濫造の弊害や尺幅の統一、違犯者の処分などを合議させ、申し合わせを約して組合をつくるなどした。とりわけ商品化できない屑繭や熨斗糸（屑糸）を使って織られた生絹《きぎぬ》や太織《ふとり》と呼ばれた絹織物は主力商品であった。染色・捺染を職業とする紺屋の営業者が多いのも、絹織の製品を扱う呉服屋が町の表通りに多いのも、そうした歴史的経緯に由来する。この構造が力を失い最終的に解体していくのは、高度成長期ではないだろうか。

維新になってからの絹物の商いは、この商業の町にある形での成功と富のイメージを作り上げたともいえよう。町の案内・宣伝を兼ねた『高崎市街商家案内寿語録』〔一九〇二年二月発行〕という双六の上がりが「高崎生絹太織市場」であったり、いわゆる「繁昌記物」の地方都市版である『高崎繁昌記』〔一九〇五年発行〕の「市民の主なる営業別」の紹介の最初の分類ジャンルが「蚕糸等に関する職業」であったりするのも、そうした職業の威信を踏まえている。高崎商業会議所がその創立において、絹市場の建物のなかに設けられたことも象徴的である。

たしかに明治前期の町の有力者たちのなかには、たとえば生糸の売込商として横浜の居留地で成功し、故郷に銀行を開くような人物も混じっている。しかしながら、一九一〇年（明治四三）発行の『高崎商工案内』のデータを分析すると、すでに「高崎絹」の繁昌だけに集約できないいくつもの変化がこの町場に現れていることがわかる。

図表4および5は、いずれも明治末の『高崎商工案内』が記載している諸職業の営業者に関するデータである。図表4は営業税額が高い業者のトップ20を抜き出したもので、10位以内に土木建築の請負業が三つも入り、また製糸・鉄工・酒造などと比べても、その規模が大きいことは目をひく。学校や工場や会社など、民家とは異なる大きさの建物の需要の増大を暗示するものだろうか。図表5は、掲載の全三六九営業者の営業税を業種別に足しあ

図表4　営業税額の上位20位

	営業人（屋号）	町	営業別	営業税
1	井上保三郎（川口屋）	八島町	請負業	914.80
2	小林弥七（百足屋）	本町	砂糖商	725.00
3	飯塚佐吉（須賀）	元紺屋町	請負業	670.00
4	橋本清七	並榎町	製糸業	614.45
5	小島弥平	歌川町	鉄物製造業	456.25
6	藤崎惣兵衛（十一屋）	九蔵町	酒類製造業	445.20
7	徳田鹿蔵（小松川）	南町	請負業	419.43
8	中島仙助（和泉屋）	中紺屋町	染絹商	295.75
9	清水新一郎（穀新）	歌川町	穀物商	292.05
10	松山省	柳川町	質屋商	267.05
11	木戸又三郎	中紺屋町	貸金業	254.90
12	平野彦八（平彦）	檜物町	穀物商	251.85
13	高井作右衛門（十一屋）	相生町	酒類製造業	241.94
14	市田清兵衛（市田）	田町	生絹太織仲買商	233.12
15	横山八百作	八島町	穀物商	231.25
16	清水久次郎	旭町	穀物商	220.50
17	水村伝次郎（水村）	本町	茶商	218.60
18	小沢宗平（山口屋）	九蔵町	薬種商	214.37
19	樋口清七（万屋）	連雀町	陶器商	209.47
20	中沢仙太郎（なかさは）	田町	酒類商	203.87

『高崎商工案内』（1910）記載の全369営業者の内の営業税額のトップ20

わせて、合計額の多い順に並べ換えたものである。もちろん、これが高崎の営業者のすべてではない。一〇年前の図表6の調査の数字の一八七六と比べても、量的に三分の一ていどしか把握していない。しかしながら、一定の傾向は読みとることができよう。図表5の場合、業種でまとめた総額も重要なデータだが、それを一業者あたりに換算した平均値も固有の意味をもつ。これを見ると、絹・繭に広く関連する職業はたしかにそれなりの貢献をなしているが、酒・砂糖・穀物・荒物・洋物・魚などの消費財の商売もまた無視できない存在感を持っていることがわかる。

卸と小売との重なりあった発展

第三に、そうした多様な小売業の簇生も、この都市に定住する生活者が増えていくうえで大きな役割を果たした。それはまた、仲買や卸を中心とした中継の空間から、小売の商店が集積して一定の域内の需要において成り立つ商店街が析出してくるプロセスでもあった。

じっさい絹織物は庶民の私有の財産となりう

図表5

業種	業者数	営業税総額	一業者あたり	業種	業者数	営業税総額	一業者あたり
穀物商	44	3614.7	82.2	綿商	2	123.1	61.5
請負業	6	2159.2	359.9	太物商	3	123.0	41.0
呉服太物商	21	1640.1	78.1	雑貨商	4	116.5	29.1
酒類商	19	1234.9	65.0	袋物商	2	109.4	54.7
砂糖商	6	1196.4	199.4	牛乳搾取業	2	100.8	50.4
荒物商	20	1103.0	55.2	穀搗砕商	1	98.4	98.4
酒類製造業	5	995.5	199.1	穀製粉商	3	94.4	31.5
質屋商	16	955.6	59.7	自転車商	3	91.2	30.4
製糸業	6	872.7	145.5	石炭商	2	90.0	45.0
魚類商	17	851.8	50.1	玩具商	1	81.1	81.1
染絹商	5	804.8	161.0	素麺製造業	2	78.0	39.0
生絹太織仲買商	13	783.2	60.2	古道具商	2	72.2	36.1
材木商	13	692.6	53.3	石材商	2	70.6	35.3
貸金業	10	642.9	64.3	塩魚商	1	70.3	70.3
洋物商	14	635.8	45.4	煙草商	2	62.3	31.2
薬種商	6	576.5	96.1	牛肉豚肉商	1	61.5	61.5
菓子商	12	530.7	44.2	蝋燭商	1	61.0	61.0
古着商	9	495.4	55.0	煉油商	1	51.1	51.1
茶商	6	482.6	80.4	乾物商	1	48.0	48.0
鉄物製造業	1	456.3	456.3	鉄砲販売商	1	46.5	46.5
紙商	5	446.5	89.3	繭糸商	1	38.3	38.3
石油商	5	431.0	86.2	形付業	1	37.4	37.4
染色業	11	418.9	38.1	靴製造業	1	37.2	37.2
鉄物商	6	411.4	68.6	衡器商	1	34.3	34.3
陶器商	4	314.1	78.5	味噌販売商	1	31.1	31.1
肥料商	3	298.2	99.4	氷販売商	1	30.0	30.0
硝子商	4	254.1	63.5	豆腐商	1	29.8	29.8
油商	4	241.8	60.4	麹商	1	28.9	28.9
漆器商	4	235.9	59.0	蚕糸業	1	27.9	27.9
運送業	5	231.9	46.4	薪炭商	1	27.8	27.8
小間物商	5	190.8	38.2	書籍商	1	27.0	27.0
糸商	3	190.3	63.4	蒟蒻商	1	25.8	25.8
青物商	4	185.4	46.4	西洋裁縫業	1	25.3	25.3
醤油製造業	1	160.6	160.6				
足袋商	4	148.6	37.2				
時計商	2	127.5	63.7	総計	369	27061.3	73.3

『高崎商工案内』（1910）記載の全369営業者の業種別営業税合計額

る商品だったと思うが、日常的に消費される生活物資の流通も、この町の職業の繁昌を支えていた。古くは薬種や肥料や油・砂糖や乾物など、新しくは西洋小間物や鉄砲や時計などが、この町を中継ぎの場としていた。市制を施行した一九〇〇年（明治三三）の段階で作成された「営業人調べ」のデータで計算し整理してみると、かなり多様な業種が小売・卸兼業で営業していることがわかる（図表6）。兼業の卸は、近郊の在郷に点在する小規模の町場と

図表6　高崎市制施行時における諸営業人員調べ (18)

	専業卸	卸兼業	小売	総計
菓子商		不明	248	248
荒物商		15	203	218
糸繭商仲買		133		133
青物商		15	116	131
穀物商	4	11	82	97
煙草商	2	7	86	95
古物商		4	84	88
魚商		9	76	85
呉服・太物商	4	27	45	76
製糸業		54		54
酒類商	3	3	46	52
絹太織仲買商		46		46
古着商		11	35	46
油類商	3	15	24	42
西洋小間物商		19	19	38
足袋商		5	31	36
砂糖商	3	12	19	34
塩商・製造	1	—	33	34
乾物商		17	13	30
鉄物商		5	24	29
袋物商		4	19	23
洋酒商		12	10	22
糸商		7	14	21
綿商		7	12	19
陶器商	2	5	11	18
製菓商		5	13	18
紙商		12	4	16
蚕種商仲買		15		15
蝋燭商		15		15
麻商		3	9	12
薬種商		6	3	9
塗物商		4	5	9
時計商		4	5	9
醤油商・製造	2	—	6	8
建具商		3	5	8
石材商		2	5	7
味噌商・製造	1	—	5	6
金物商	5	—		5
氷商		4		4
漬物商		2	2	4
氷製造		3		3
肥料商	3	—		3
酢商・製造	1	—	2	3
石炭商	1	1		2
鉄砲火薬商		2		2
瓦商		1		1
漆商		1		1
玩弄物商	1	—		1
(卸／小売)	(562)／(1585)			
計	36	1840		1876

の関係におけるこの都市の必要性を、また小売は、主として高崎市街地内での消費を予感させる。それらが一定のバランスを保ちつつ発展していった点は、商業を駆動力としたこの地方都市の一つの特徴でもあろう。

母方の先祖が製造を試みた乾麺も、その保存性と便利さとにおいて、新しい日常的な消費を広く生みだした商品ではなかったか。また呉服や絹物よりは日常的に使用されるものながら、綿の布団は新しい生活財・耐久消費財として、町場で買いそろえるべき商品だったのかもしれない。他にも、靴や洋服や自転車など、新しい生活への動きを感じさせる商品が目立つ。そうした新しい商品が都市的生活様式の生成といかなる関係をもったかは、すぐに答えが探せる問題ではないが問われてよい。

他方において、生活様式の漸進的な変化が流通する商品を変化させ、特定の商家がになう力を変えていく点も見逃せない。たとえば呉服太物商の力の衰退である。これも一つのデータから切り取った断片に過ぎないが、先に引用した『高崎商工案内』という刊行物自体が期せずして証言してくれている一つの変化がある。この案内は戦前に五回ほど刊行されるが、いつも当時の商工会議所の常議員の写真を冒頭に載せている。その写真の和服率を計算したものが図表7である。議員はすべて男性だが、明らかに和服率が減少している。すなわち男性の公的な服装において、呉服屋が商うような絹物の和服が減り、新しいウールの洋服が増えているのである。

図表7『高崎商工案内』口絵の常議員の洋服率

『高崎商工案内』	洋服	議員全体	洋服率
1910年（明治43）版	4	28	14.3%
1917年（大正06）版	10	33	30.3%
1924年（大正13）版	18	34	52.9%
1931年（昭和06）版	20	36	55.6%
1939年（昭和14）版	34	36	94.4%

図表8　『高崎繁昌記』の陸軍関係商人

米穀商	歌川町	穀新	清水新次郎
豆腐製造業	新紺屋町		駒崎喜之助
青物乾物商	鞘町	鶴岡屋	美濃部邦幸
青物乾物砂糖商	連雀町	八百與	小板橋與吉
生魚塩魚乾物商	田町	今坂屋	今坂伊三郎
生魚商・牛肉販売	鞘町		長谷川栄助
菓子製造卸売	相生町	千年屋	相川鍋次郎
軍服裁縫所	連雀町	大阪屋	久保村徳次郎
帽子製造所	中紺屋町		田中長三郎
靴製造	鞘町	萬屋	渋谷亀吉
靴製造	鞘町		山口孝次
和漢洋書籍問屋	田町	煥呼堂	吉田鐵三郎
諸建築請負業	宮元町		花村利吉
諸建築請負業	新町		澤木金之助
軍用旅舎	本町	桝屋	飯嶋喜右衛門
軍用旅舎	本町	大阪屋	相場庄八
軍用旅舎	本町	銀杏屋	高橋源兵衛
軍用旅舎	本町	境屋	後藤保五郎
軍用旅舎	新町	油屋	根岸阜二
軍用旅舎	新町	関口屋	武田幸太郎
軍用旅舎	新町	鳳陽館吉田屋	小熊善吉
軍用旅舎	新町	高崎館寿美與志	田中富貴寿
不明	通町		鈴木ムラ
不明	檜物町		加藤一匡

箕輪から城が移された時からの町場である「本町」から、中継ぎ卸の経済が「K蔵町」「田町」などの街道沿いの町を発展させていくが、小売業の活性化は、その幹線道路の裏や横丁にあたる「S町」や「中紺屋町」「寄合町」「新紺屋町」を商店街として発展させていく（図表1参照）。

軍隊と鉄道の力

第四に、もうひとつ職業

の論点とからめて考えてよいのが、「軍隊」と「鉄道」の力である。明治になって陸軍の兵営が置かれたことと、上野までの鉄道が開通したことは、論理的には独立の作用因である。しかし、地域社会からみれば、その影響はからみあって、この町に変化をもたらし新たな活力をあたえた。

一八七二年（明治五）に城の跡地に置かれた兵営は、一八八四年（明治一七）六月に歩兵第一五聯隊と改められて、町の中心部の大きな空間を占める（図表1参照）。

『高崎繁昌記』の「陸軍御用達」の業者の一覧（図表8）からは、第一に、軍隊は食糧を消費する大規模な集団として新たな需要を生みだしたことがわかる。米穀はもちろん、豆腐・青物・乾物・砂糖・菓子・魚そして牛肉である。後の昭和の時代に「酒保」として満州のチチハルや奉天の兵営にまで随行するような業者も、そのように生まれていく。第二に、軍隊は洋服としての軍服や帽子や靴といった新しい装具を必要とし、町にも新しい職種の営業者を生みだす。また兵営に関する土木建築は公共事業でもあって、請け負う業者にとっても大きな仕事であった。第三に、「軍用旅舎」の指定を受けた旅館もかなりの数がある。旧幕時代には藩が女郎を置くことを許さなかったため、近在の新町・倉賀野・板鼻の宿などと比べて、高崎は旅籠屋が少なかったといわれていた。[19] そこから見れば増加で、旧くからの町場である「本町」だけでなく、駅前の「新町」にも増えていくのは鉄道との関係もある。

同じ年同じ月に上野―高崎間が開通した鉄道も、単なる移動の手段としてだけ地域社会にもたらされたわけではなかった。たとえば、鉄道とともに駅前の八島町に魚市場が開かれた。これは当初経営がうまくいかずに、井上保三郎が引き受けて建て直すようだが［『高崎商工会議所六十年史』：二四二頁］、A助がその独立において「生魚商」を営むことに見られるように、乾物ではない「魚」が新たな商品となったのは、鉄道のおかげであった。井上は後に請負業として身を立て、高崎の工業化のさまざまな試みを中心で担う一人となっていく。また一八九六年（明治二九）に創設された高崎倉庫株式会社のような倉庫業の発達も、駅周辺の倉庫街の形成（これは戦後の高度成長期には百貨店が進出する空間として利用される）とともに、鉄道の賜物である。

このメディアとしての交通手段の論点は、戦後のこの市街の変容にも深く関わり、自転車と商店街の問題、自動車の普及による空間の変化、問屋機能の郊外移転と跡地再開発の課題が論じられることになるだろう。

3　中間総括：公共性の構造転換——実業者たちの公共圏に焦点をあてて

戦前の明治大正史、すなわち祖父母の活動の時代までしか眺めていないのに、もう許された枚数を超過している。親たちと私自身の時代、すなわち昭和から平成へと移り、かつての中心商店街がシャッター通りと駐車場としてしか利用できていない空き地の虫食いへと変容していく展開をあわせて論ずることは、続編として残さざるをえない。しかしながら、その戦後にもつながる問題として最後に急いで、近代都市社会への転換点において生みだされてきた実業家たちの「公共圏」について論じて、中間的な総括としたい。

注目してみたい例として、一九〇三年（明治三六）に結成[20]された「同気茶話会」という集まりがある。結成当時の設立趣意書などは残っていないが、三年後の八月に改訂された規約は、実業の振興というよりは交流を強調している。人生の快楽はさまざま多いとはいえ「日常実務鞅掌ノ余暇」すなわち毎日の実業の多忙のあいまの時間に、「親友一堂ニ相会シ善ヲ奨メ悪ヲ誡メ、吉アレバ互ニ慶シ、凶アレバ互ニ弔シ、平居談笑シテ以テ交誼ヲ厚ウスル」ほどの快楽はない、そこでわれわれ「同志ハ同気相需メ」「友情ノ永続ト実務ノ発達ヲ期シ」て、この

図表9

卸・小売	歌川町	穀物商	292.05
	旭町	穀物商	220.50
	九蔵町	薬種商	214.37
	相生町	穀物商	187.50
	田町	糸商	185.50
	高砂町	肥料商	176.70
	八島町	穀物商	153.50
	南町	穀物商	137.00
	田町	砂糖商	134.87
	九蔵町	和洋紙商	79.37
	四ツ谷町	油商	78.00
	連雀町	砂糖商	73.62
	本町	呉服太物商	70.25
	本町	蝋燭商	61.00
	八島町	穀物商	×
	四ツ谷町	米雑穀肥料商	×
金融	住吉町	質屋商	75.50
	本町	貸金業	48.00
	常盤町	銀行員	×
	九蔵町	両替商	×
製造業	歌川町	鉄工	456.25
	歌川町	酒造	178.20
	田町	染絹商	123.75
	相生町	綿商	81.20
	末広町	材木	80.25
	田町	（業種不明）	×
	柳川町	（業種不明）	×
		営業税・平均	147.97

会を組織するとある〔『新編 高崎市史 資料編9』：五一四頁〕。「少壮事業家のサロンの趣き」〔同前：五一六頁〕といわれる所以である。

この規約に名を連ねている会員は二七名である。その職業を別な資料とつきあわせて調べてみると、穀物や砂糖・薬・肥料などの卸・小売が一六名で約三分の二、残りが鉄工・酒・染絹・綿・材木などの製造業と、貸金・両替などの金融業の事業者である（図表9）。ついでに明治四三年段階の『高崎商工案内』が挙げている営業税額を対応させてみると、わからないものを除いての平均一四七・九七円は、全体三六九業者の上位一〇％前後の営業税額に相当する。かなり有力な実業家の集まりであったと考えてよいだろう。

それぞれの当時の年齢は調べられなかったが、わかっているところから見ても、中心のリーダー役になった山田昌吉は当時二七歳、蠟山政次郎は三二歳、名を連ねている母方の祖父の「K平」も二八歳と、たしかに「少壮」と位置づけてよい集団だろう。山田は、この当時は一人だけ実業の事業家ではなく、全国銀行の高崎支店の銀行員であった。しかしながら、後にさまざまな会社を設立・経営し、地方において「渋沢栄一」が日本資本主義において果たした役割[21]を演じていくことになる。蠟山は、この一〇年前に、親族の縁があって売りに出ていた歌川町の酒蔵を買い清酒製造に乗り出したばかりであり、綿製造販売を家業とした祖父もこの六年前に家督を継いで当主として活動し始めているのだから、「同気茶話会」は新世代の実業者の新しい動きを核にしていた。この会の前提とすべき結節機関に、前述した一八九五年（明治二八）に設立された高崎商業会議所があるが、その創設時の創立委員や常議委員と比較すると、子にあたる世代の人物が「同気茶話会」に名を連ねている例もいくつか見られ、世代交代とも対応している。実際に、後に会議所の会頭・副会頭を務める者や、市会の議員になる者も少なからず含まれていた。

興味深いのは、この茶話会が市の教育会と連携して構想を立て、一九一〇年（明治四三）にそれまで女学校の校舎として使われていた建物の貸与をうけて、市民からの寄付金で運営する「私立高崎図書館」を設立したことや、市の集会施設としての「公会堂」建設などを働きかけて一九一八年（大正七）に二階建て洋風建築の施設を実現したことなどである。いわば公共の領域での社会的施設を充実させる主体としての中間集団の役割を果たしている。

先に触れた高崎信用組合が、産業組合法の精神や戊申詔書の勤勉倹約の理念や二宮尊徳の報徳思想をもとに、設立されるのが一九一四年（大正三）である。上毛貯蔵銀行（大正四年設立）ともども、この茶話会と商業会議所の人的ネットワークのなかで構想され、開設された庶民金融機関であった。明治初期の銀行条例に準拠して設立された近代的銀行は、全国規模での商取引の為替や、日銀業務の取次などが中心で、必ずしも地域の経済や庶民の生活と結びついたものではなかった。かつての商業において金融の機能を果たしていた金貸や質屋は、維新以降も生活に根づいていた。それだけには留まらない。ひとつにはさまざまな業種での問屋そのものが、節季払いや前渡し金などの信用商いにおいて金融機能を有し、もうひとつには無尽講や頼母子講のような集合的な相互扶助の仕組みを資金調達で利用する慣習も広く存在していた。これらはいずれも信用が、そのネットワークのなかで担保されているかぎりにおいて機能する、いわば人格的な信頼に依存している。消費の局面でみても、商家のあいだでのツケの風習は根強かった。私の幼かった昭和三〇年代までは、町内のもっていた交流への信頼は厚く、通り向かいの酒屋などへのお使いはほとんどツケで処理されていた。その一方で、こうした借買いの関係は信頼性が確保できなければ成立しない閉じた共同性でもあったことは確かである。これに対して、現金掛け値なしの直売は、その関係の現在的で限定的な切断力において、大衆消費の市場を切り開くものでもあった。と同時に、純粋に近代的な意味での「金融」や「資金調達」が課題となっていく。

もちろん、こうした大きな変容は多層的かつ長期的なもので、単純な年号で区切り年表に明示できるほどに社会全般に一様にあらわれた変化ではない。むしろその多層性そのものを、明確に描かなければならない。しかし、中小業者を相手にした庶民金融機関の必要が、単にひとつの施設の必要という以上に、じつは経済という領域で進みつつあった公共性の近代的な変容を反映している点は確認してよいだろう。

現代であれば普通の単語として見過ごしてしまう「会社」ということばも、この地域でもった固有の意味が掘り起こされなければならない。第一次大戦頃になると高崎では商業から工業への転換がしきりに語られるようになり、会社・工場の設立などが説かれ、また試みられる。すでに触れた電力会社や製粉会社などに関しても、最終的には中央資本の大手会社に吸収合併されていくものも少なくないのだが、明治末から大正期には、在地の実業家たちの協働で「会社」として立ち上げる試みが目立つ。家を基盤とする実業が「私」性の強い利に閉じざるをえない傾向のなかで、「会社」は他の同業者や関係業種との協働を組織した公共性を開くものであった。第一節の最後で触れた祖父の「群馬紡績株式会社」も、その一例であろう。この紡績会社の常務取締役や社長を務めて、第一次大戦後の不況や関東大震災の打撃などによる事業不振に苦労し、一九二七年（昭和二）に役職を退く。この工場とのかかわりもまた、取締役の名簿からみて、青年期の地域実業家たちのつきあいのネットワークに根ざしていたことは、たぶん偶然ではない。

さらにまた近隣としての「町」が、地縁にもとづく社会的な公共性を醸成する単位でもあったことも見落とされてはならない。[22] 現代では地番をくくる記号として、地図上の区画という以上の意味を与えられていないかのように思える単位だが、それが担っていた意味を失っていくプロセスは必ずしも単線的ではない。

学校という近代の制度もまた、小学校の段階では地域の町と深く関わり、一時期は子ども会などの組織を通じて親たちをも公共性に巻き込む装置として機能したからである。旧制の中学校や女学校も、在地で活動しようとする人びとに有効に機能する人間関係を織りあげる契機となった。とりわけ実業と結びついた商業学校が果たした役割は、この都市の場合はたいへんに大きい。祖父「K平」の伝記的な記事を読むと、やがて信用組合に専念していくことになる後半生の資本としての人間関係が、当初資産家の旅館で授業が行われていた小学校の友人付き合いや、後継ぎとして若い頃から顔を出していた近隣つきあいのネットワークにおいて養われているのが面白い。祖父の時代は、小学校卒業後に親の意向により呉服屋で丁稚奉公をしながら商業を学んだが、こうした経験はすこし年上の蠟山政次郎にも共通しており、そうした庶民の実業教育から得た人間関係資本も、地域で活動するうえでの資源であったに違いない。私の両親の時代になると、実業教育は「商業学校」にいくのが普通になる。そして長男は後継ぎなのだから、普通中学ではなく商業学校に行って、そこで必要な知識を学ぶとともに、地域で活動していくための人間関係を作れと育てられていく。
先にあげた「同気茶話会」は、大正末年には自然消滅していったと言われている。しかしながら、私がここで問題にしたいのは、この一つの個別事例ではない。そこに露頭している、近代の社会の公共性の構築に関わろうとする「実業家」という主体と、その主体を支える構造の生成と変容のダイナミズムである。

注

(1)『航跡雲』と題したこの父のライフヒストリーは私刊で、三〇〇部ほどしか作らなかった。内田さんにもお送りしたところ、面白く読んだとの感想とともに今回のこの課題が提示された。父が学んだ仙台幼年学校の後輩にあたる社会学者の加藤秀俊先生にもお目にかけたが、近代文学における「私小説」ならぬ、社会学における「私社会学」というジャンルを構想してもいいのではないかという示唆をもらった。
(2)私の家の苗字が三代さかのぼっても「佐藤」なのに、伯父が受け継ぎ、後に父が引き受けた親族会社の登録名が「H川商店」であったのは、そこに由来する。
(3)これがいつだったかは正確にはわからない。おそらく明治七年から一七年までの間のどこかである。しかし妻が亡くなったことと、養子に出されることとは、おそらく関係があろう。そうだとすると、慶応二年(一八六六)生まれのK吉がまだひとり立ちできない幼い頃を考えねばならず、明治七年をあまり離れない時期ではなかったか。
(4)曾祖父はあるいは亡妻の実家に養子として引き取られたのかもしれない。養家は苗字が「佐藤」で高崎の南の多野郡「I野」の「K暮村」であった。近くの「泉」という集落には「佐藤」姓が多く、その地でいう「芝起こし」(草分けの意)の家も同じく佐藤だという。養子に出された曾祖父の佐藤「K吉」が正式に分家して高崎で戸籍をつくるのが、明治三三年である。これが高崎に出てきた年であると仮定すると、曾祖母と結婚した明治二三年でないのが、二つの意味で面白い。ひとつは、この結婚相手の曾祖母が、明治一七年に再婚したA助の後妻の姉の娘すなわち姪にあたるからだ。つまり養子に出したあともA助夫妻とは密接な連絡があって、結局結婚相手まで世話していたことを意味する。もうひとつは、しかしながらK吉の結婚の時に分家していないことである。もちろん当時の家の常識に沿ったふるまいなのかもしれない。であればこそK吉が分家を興して戸籍を作るのと、高崎が市に自治体として昇格したのとが、同じ年であるのはたまたまの符合という以上の意味をもつ。家としての独立と、高崎への移住それ自体が、曾祖父の人生における飛躍の一区切りであった可能性も高いのである。

（5）明治二二年（一八八九）の市制・町村制施行で「高崎町」が成立したときに合併し、村でなくなる。つまり後添えの伯父にあたる人物は、村の最後の名主で坂道をひらいたり水路を整備したりした。

（6）明治三七年三月に刊行された『群馬県営業便覧』［田口浪三編、全国営業便覧発行所］の高崎市の部に記載されている。通りの向かい側にA助の店も明記されていて、この段階では高祖父と曾祖父とが別々の家業を営業している。

（7）祖父が結婚したのは大正五年（一九一六）で、近在の「F村」出身の祖母は明治三二年（一八九九）設立の県立の高等女学校卒業の学歴、祖父は小学校を出ただけで商業学校にも行っていないから、学歴の点では差があった。

（8）これ以前の『高崎商工案内』すなわち明治四三年版にも、大正六年版にも、A助やK吉の名前は商工業者のリストに現れない。母方の祖父のK平が「蛭子屋」の屋号をもって最初から登場するのとは異なっている。

（9）「I出」の寺とは別に高崎へ「T松」（母の実家の姓）の墓を建てたのは、祖父であろう。時期は、推測だが三代目の「K平」にあたる曾祖父が亡くなった明治四四年あたりではないか。檀家として菩提寺を正式に移動したのではなく、曾祖母の実家の「AS生」のもともとあった墓所を引き受ける形で、その寺の新しい檀家になったと考えられる。「AS生」名の墓石が家の墓の区画のなかに安置されているからである。

（10）このA生町は宝暦（一七五一〜六三）の頃が草分けの町はずれで、上越への街道口として栄えていく。

（11）この水力発電会社は、第一次大戦後の不況のなかで、一九二一年（大正一〇）に東京電灯会社（後の東京電力）に吸収合併されていく。

（12）しかし綿は夏にはそれほど売れず、素麺や饂飩をつくる「製麺業」のほうも続けていたと聞いている。きちんとした記録はないのだが、おそらく戦時中の食糧統制が厳しくなったあたりで製麺を行わなくなり、戦後は復活しなかったのではないかと思う。

（13）この会社は資本金六〇万円で、一二〇〇坪の敷地に建設した工場で屑繭などを原料にした真綿状の精綿「ペニー」を製造し、その海外輸出を目的としていた。大正九年には「上州絹糸紡績株式会社」を設立して、吸収合併して国内向けの紬糸生産をも手がけて、資本金も二〇〇万円に増額。しかし第一次大戦後の不況や昭和の蚕糸恐慌などで大きな打撃を受け、紆余曲折の後、最終的には戦時中の一九四一年（昭和一六）に人絹会社大手の日本レイヨンに吸収された。

（14）この養子の「T男」は、A助が大正二年に亡くなったあと家督を継ぐが、有力な親戚とのつなぎ目でもあったA助の妻も大正一〇年には逝去。その後の『高崎商工案内』大正一四年版によれば「金物屋」を営んだことが記されているが、成功しなかったというふうに聞いている。
(15)『大高崎建設論集』[関東日日新聞社、一九三一：五三七頁]。
(16)そのあたりを想像させる手がかりとして、明治三年閏一〇月に六一歳で亡くなった信州出身のひとの戒名を書いた書きつけの断片が、改名について記した断片と一緒に家に残されている。おそらく、こちらで葬った誰かの戒名かと思われるが、同郷の出身であるという事実が興味深い。母方の家にしても、高崎に出てきた初代と思われる先祖の、もともとの在方の寺を訪ねてみると、当該の先祖の墓石の隣のより古いもののなかに「A生町」の地名を文字に刻んだ別の墓石があり、すでになんらかのつながりが形成されていた可能性がある。
(17)もちろん中山道自体は滋賀県草津までつながっており、いわゆる近江商人の上州店の開設や買い付けへの進出なども一七世紀末頃から目立つという。
(18)『新編 高崎市史 資料編9』五〇九‐五一二頁より構成。小売・卸兼業は「諸営業人員調」に卸兼業とされているものと対応し、専業卸は「卸専業者」の表を対応させて作成した。小売・卸の別とは関係がないためにこの表には入れていないが、「飲食店」(一四六)、「金貸業」(一一六)、「旅人宿業」(七一)なども、営業者数が多い。
(19)天保時代(一八三〇‐四〇)の文献では、旅籠屋の数は新町四三、倉賀野三二、板鼻五四に比べて高崎は一五で、倉賀野宿の人口が二〇三二人、板鼻宿が一四二二人で、高崎が三三三五人であったことを考えると、比率としても少ない[根岸省三編『高崎の明治百年史』高崎市教育振興会、一九六九：一八二頁]。
(20)資料によっては一〇年早い一八九三年(明治二六)の結成を説いているものもあるが、主唱者である山田昌吉をはじめ主な参加者の年齢を考えると、早きに過ぎると思う。
(21)もうひとり「渋沢栄一」の役割を果たした人物に、第一次大戦の追い風もあって板紙会社を成功させる井上保三郎がいるが、井上はこの同気茶話会には参加していない。考え方が異なったというよりは、世代の違いではないだろうか。
(22)市もまたそれを「区」として市政のなかに組み入れようとしている。

III 社会への思考を流動化する

一九世紀／二〇世紀の転換と社会の科学

「社会学の誕生」をめぐって

佐藤 俊樹

1 実定性と実証性

「系譜学」や「考古学」と呼ばれる思考にとって、科学の営みは今も大きな課題になっている。系譜学や考古学の根底にあるのは実定性という概念だ。何が事実かを判定する基準は本来、複数で並列的にあるとする。それに対して、科学は実証的なものだと考えられている。何が事実かを判定する基準は基本的に一つとされる。もちろん、科学の内部でも具体的な基準は変動してきたが、それは一方向的に、より整合性のとれる方向へ「進歩」してきた。そう考えられている。

西欧語では同じ"positivity"だが、日本語では二つの訳語に分かれるため、この裂け目が特に強く意識される。そのどちらが正しいかを、ここで論じるつもりはない。それを判定する基準なり手続きなりを、私は今のところもっていない。むしろこういう問いは抽象的に、ではなく、どちらがより多くの資料をより整合的に関係づけられるかで争った方がよい、と考えている。より正確にいえば、それで最終的に決着がつくかどうかはわからないが、そういう作業をやらずに、理論的・抽象的に答えようとするのは無駄だ、と考えている（佐藤 2014 など参照）。

そういう意味で、以下で論じるのは、ある範囲の資料群とその位置づけ（関係づけ）の試みである。すなわち、実定性か実証性かを争いうる性格をもつ、具体的にいえば、当事者水準では何が事実かの判定基準が明確に食い違っており、同時に、現在からの回顧的な歴史記述では、一つの科学の誕生または成立として、すなわち単一の基準への「進歩」だと見なされている資料群をとりあげて、それを特定の視点から関係づけてみる。その視点が実定的か実証的かは、あえておいておこう。具体的な視点が提示できれば、それにどんなラベルを貼るかは二次的な意義しかない。すなわち、貼られるラベルが変わっても、視点や記述が大きく変容するわけではない。

通常の呼び方では、この資料群は「今の社会学《モダン・ソシオロジー》の誕生」と呼ばれる。呼び方は他にもいくつかあるだろうが、ここ五〇～六〇年間では、社会学で経験的な分析の方法や位置づけが論じられる際には、参照される最も旧い資料群にあたる。そういう形で同一性を仮留めできる。それらを、新たな視点で関係づけてみる。

わかりやすくいえば、『柳田国男と事件の記録』（内田 1995）と同じような作業を、「今の社会学《モダン・ソシオロジー》の誕生」という事件をめぐって試みる。その中身が「社会学史入門Ⅰ」（内田 1979）や『社会学を学ぶ』（内田 2005）と同じになるとはかぎらないが、社会学の歴史だけでなく、現在の社会学の経験的分析にとっても有意義な作業にはなるだろう。

2　「適合的因果」という概念

一九世紀以降の社会科学の歴史のなかで、因果性の判定基準のあり方には大きな変化が見られる。一九世紀の社会科学では、因果性の判定基準が複数並列していた。それが、二〇世紀の社会科学では統一される。正確にいえば、一つに統一されていく。

この基準の呼び方はいくつかある。“ceteris paribus”（仮想的）比較対照実験、「差異法 method of difference」、「適合的因果構成 adäquate Verursachung」などである。[1]厳密にいえば、定義の広い狭いはあるが、基本的な論理は同じだ。——二つの事例、事例1と事例2において、原因となりうる変数群のうち、ただ一つの変数X_1の状態だけがことなり、それ以外の変数X_2、X_3、……、が同じであるとする。この場合に事例1と事例2で結果にあたる変数Yの状態がことなるとき、X_1とYの間に因果関係があると判断する。

「差異法」という名称はJ・S・ミルによる。ミルは『社会科学の論理体系』のなかで、共変法、一致法、差異法など、複数の因果の判別規準を定式化した上で、差異法を最も優れているとした（Mill 1843=1949）。結論は二〇世紀の先駆だが、こういう語り方自体は一九世紀的でもある。優劣を比較することで、複数の基準の間に少なくとも一面での並列性、すなわち等価性を見出しているからだ。二〇世紀の社会科学ではこんな語り方はされない。唯一の正しい判定規準とそれ以外の「誤った」または「不十分な」判定基準、という形で位置づけられる。近年の有名な実例では、政治学でのＫＫＶ論争がある。

デュルケムの『社会学的方法の規準』にも「差異法」は出てくるが、社会学に最も関係が深い呼び名は「適合的因果構成」だろう。この名称に対応する概念群と手法を導入したのはウェーバーで、以後、社会学でも因果同定基準の事実上の標準《デ・ファクトー・スタンダード》になっていく。

ウェーバーの方法的検討でこの術語が明確に導入されるのは、一九〇六年の「文化科学の論理学の領域における批判的研究」（「マイヤー」論文、Weber 1906）である。ここではミルの差異法に近い意味で使われている。その後、「社会学の基礎概念」（Weber 1921=1987）ではより広い形に再定義されて「因果適合的」と呼ばれ、「意味適合的」という新たな規準が加わる。

科学における因果関係が因果適合性だけで必要十分なのか、それとも意味適合性や他の何かとあわせて必要十分になるのかは、現代の科学論でも大きな問題になっている。今なお明確な決着はついていない。因果適合的とちがって、意味適合的は操作的に定義するのが難しく、実際には慣例的に、すなわちウェーバー自身の表現を借りれば「経験規則にのっとって」判断される。(2) そういう面でも決着しがたい。

これは学説史的には「適合的因果構成」という語にもあてはまる。ウェーバーが導入する際に参考にした刑法学者のG・ラートブルフが論じているように（Radbruch 1902、宇都宮 2013）、意味適合性に近い内容が暗黙に含まれる可能性がある。けれども、社会科学の一九世紀から二〇世紀への転換では、焦点はもっと手前にあった。そもそも因果適合性が因果同定の必要条件かどうかで、大きく立場が分かれていた。

3　適合的／偶然的／必然的

適合的因果の概念を定式化したのはドイツ語圏の生理学者で統計学者、そして現在でいう科学論の研究者でもあったJ・フォン・クリース（一八五三～一九二八年）である。[3]『ロッシャーとクニース』Ⅱ～Ⅲ章でウェーバーが鋭く批判したK・A・G・クニース、すなわち歴史学派の経済学者のクニース（一八二一～一八九八年）とややまぎらわしいが、v・クリースの方がほぼ一世代若い。

v・クリースは先に述べた事例1と2が観察されれば、Yに対してX_1は原因として適合的だと呼ぶことにしよう、と提唱した（v.Kries 1888=2010-13）。v・クリース自身の定義はこれより少し広いが、わかりやすくするため、以下ではしばらく「適合的因果」を狭い意味で、すなわちミルのいう差異法による同定の意味で使うことにする。[4]正確な定義と相互関係は注4にまとめて述べてある。

しばしば誤解されるが、この「適合性」は、何らかの外部基準から見て適合的だ、という意味ではない。「因果があるというのが適切である」という意味である。それゆえ、「因果関係」ではなく「原因構成」と呼ばれる。

したがって、その反対概念の一つは「偶然的」になる。D・ヒュームの表現を借りれば、偶然的隣接と区別して、適合的と呼ばれる。上の事例でいえば、Yに対してX_1は適合的であるが、X_2、X_3、……については、適合的か偶然的か、この二つの事例だけからは判断できない。あるいは事例1に対して（事例2ではなく）、ただ一つの変数X_1の状態だけがことなり、それ以外の変数X_2、X_3、……が同じであり、かつ結果にあたるYの状態も事例1と同じ事例3が見つかれば、Yに対してX_1は偶然的となる。

もう一つ、反対概念がある。「必然的」だ。因果の必然性にも広狭いくつかの意味があるが、ここではX_1があればYが必ず生じ、Yがあれば必ずX_1が先在している、という関係性をさす。一九世紀後半の社会科学の多くは、こういう意味での必然的な因果もしくはその等価物の発見を主要な目標としていた（6節参照）。それに対して、経験的な観察によっては必然的な因果は同定できない。経験的に同定可能なのは適合的かどうかだけだ、というのが適合的因果の立場である。

つまり、適合的因果という概念は、偶然性／必然性の二分法から外れるものだ。裏返せば、少なくともウェーバーがこれを導入する以前は、社会科学では他の種類の因果も想定されていた。

4　デュルケムの共変法とリッカートの個性的因果

想定していた一人はいうまでもない。ウェーバーとならんで今の社会学《モダン・ソシオロジー》の創設者とされる社会学者、E・デュルケムである。

デュルケムは『社会学的方法の規準』の第6章でミルの議論をとりあげた上で、ミルの結論を退けて、差異法ではなく共変法の方が適切な因果判定基準だとした（尾高 1968 など）。その理由を彼は二つあげている。一つは因果の必然性を破る、すなわち「同じ一つの原因にはつねに同じ一つの結果が対応する」原則を破るからである（Durkheim 1895:127=1978:244）。実際、適合的因果ではこの点は保証されない。

より厳密には、共変法では、先行するX_1と後行するYの間に相関関係があれば（例えば相関係数がある程度以上大きければ）、因果関係があるとする。それゆえ、「因果がある」ことは、（「該当が1／非該当が0」などの離散量ならば）特定の値の組合せ（例えばX_1＝1かつY＝1）がある程度以上くり返し観察されることと同義になる。

つまり、X_1とYとの間の事実的定常性の高さが共変法の基準であるが、だからといって「同じ一つの原因にはつねに同じ一つの結果が対応する」、すなわち、他の変数の如何にかかわらず相関係数がつねに1になる、とはいえない。共変法の基準をみたすことは、必然的な因果の必要条件だが十分条件ではない（厳密にいえば、もう少し複雑になる。注4参照）。

したがって、デュルケムはさらに別の因果判定基準か論拠かを、すなわちX_2、X_3、……という他の変数がYの原因ではないといえる、経験的なデータ以外の何かの基準や論拠を、想定していたと考えられる。『方法の規準』第6章で具体的にあげられたのは、社会種とその発展法則である。「いくぶんとも複雑性をもつ社会的事実は、あらゆる社会種を通じて、その全体的な発達をたどることによってのみ説明される」。だから、比較社会学は「諸事実の説明に方向づけられる限り、まさに社会学そのものなのだ。だが、この広範な比較がなされる過程で、しばしば一つの誤謬が犯され、誤った結果が導かれることがある。すなわち、社会的な出来事の展開の方向を見定めるにあたって、たんにそれぞれの種の衰退期に生じる事態を後続の種の発端に生じるそれに比較することがよく行われる」(:137=:244)。

ただし、そうした誤謬を識別するには、種の特定が確定的にできて、それぞれの生成期と衰退期がどんな状態になるかをあらかじめ知っていなければならない。それゆえ「社会的な出来事の展開の方向」、すなわちどんな原因から何が生じてくるかは、この議論では結論であるとともに前提条件になる。

実際、『方法の規準』第6章はこの点で見事な循環をえがく。章の冒頭でデュルケムは、比較の前提に社会の発展法則をおくA・コントを否定するが、結局、ごく近い結論に帰着する。その語り方はミルとある意味で好対照だ。ミルは一九世紀的な議論の結果として二〇世紀的な結論に到達するが、デュルケムは一九世紀的な結論を否定しながら、最終的には同種の議論に還っていく。

同じように比較社会学を掲げながら、『方法の規準』でのデュルケムと「マイヤー」論文以降のウェーバーでは、むしろ正反対の位置にたつ。社会学の古典とされる文献群で、最も明確な不連続はおそらくここに見出される。なおデュルケムも『自殺論』では、差異法に近い形での同定も試みている。ただし、他の変数を体系的に統制することはせず、基本的には共変法を使い続けた。「道徳統計学」ではなく、コントに由来する「社会学」を自分の分野名に使った理由の一つも、そこにあるのではないか。[5]

一方、ウェーバーも「マイヤー」論文以前の、例えば一九〇四年のいわゆる『客観性』論文（Weber 1904）までは、別の因果判定基準を想定していた。候補になるのは自然科学に対抗して「文化科学」を提唱したH・リッカートのものだ。リッカートはウェーバーの幼馴染で、フライブルク大学時代の同僚でもあるが、G・ジンメルの議論を参考に（Simmel 1892:339-340）、次のような基準を提案した。

——結果にあたる歴史的な事象Wが個別的な概念Sにあてはまり、Sがa、b、c、d、eという一般的な要素から構成される、とする。また、原因になりうる歴史的事象Uは個別的な概念Σにあてはまり、Σがα、β、γ、δ、εという一般的な要素から構成される、とする。このときα→a、β→b、γ→c、δ→d、ε→eという要素間の因果的な対応があれば、UとWの間に因果関係が認められる（Rickert 1902: 430-2、なお一九二九年の第7版ではS.390-1）。

リッカートはこれを「個性的因果関係 individuele Kausalverhältniss」と呼び、法則科学である自然科学とは異なる文化科学独自の因果概念だと主張した（Rickert 1902, 1899→1926:109=1939:182-3 など）。

結論からいえば、現在の社会科学で彼の主張が受け入れられることはない。[6] この定義だとUとWの因果関係の成立／不成立は、α→a、β→b、γ→c、δ→d、ε→eという五つの一般的な要素間の因果関係の成立／不成立に帰着するからだ。言い換えれば、これは「個性的因果」ではなく、複数の一般的な変数間の因果の同時成立である。

ジンメルも『歴史哲学の諸問題（第二版）』に加えた補論で、この点を明確に指摘している（Simmel 1905/07:314-5=1977:125-6）。もしかするとウェーバーもα→aやβ→bが成立するかどうかの判定基準を探していて、v・クリースの適合的因果にたどりついたのかもしれない。

けれども、デュルケムの因果論と並べれば、リッカートの因果論も特に奇妙ではない。むしろ、両者は論理的な構造を共有する。最終的には経験的データ以外の手段で、おそらくはそれぞれの変数の同一性の措定を通じて、二つの変数の間の因果が同定される。だからこそ、経験的には不十分な同定基準でもかまわなかった。リッカートでいえば、U→Wという変化は最初からわかっていて（＝必然的にあたえられていて）、それが現実にどの程度実現されているかを確認する基準がα→a、β→b、γ→c、δ→d、ε→eの各対応の有無なのだろう。そう考えなければ、個性的因果関係という概念が論理的に矛盾するか、経験的な記述にあてはめられなくなる。

これに対して、適合的因果は徹底的に経験的に考えられている。事例1と2は、経験的に因果を発見する基準である。科学的な推論手続きを完全に経験的な形に変えていく。それがv・クリースの基本的な姿勢だった。そういう意味でも、ウェーバーがv・クリースの術語系を導入することで、社会学の因果のとらえ方と同定基準は大きく転換した。

5 ウェーバーの比較社会学と適合的因果

この不連続はウェーバーの比較社会学の展開にとっても、少なくとも二点で重要な意味をもってくる。

一つは、一九〇四〜〇五年に発表された「プロテスタンティズムの倫理と資本主義の《精神》」論文（「倫理」原論文）の位置づけだ。既に述べたように、適合的因果では複数の事例の比較と一般化が不可欠になる。したがって、この因果定義を採用した瞬間に、「倫理」原論文では宗教と経済との因果は示せていないことになる。西欧という、一事例しかあつかっていないからだ。言い換えれば、「世界宗教の経済倫理」連作、特に『宗教社会学論集1』の「儒教と道教」での比較分析への展開は、一九〇九年のF・ラハファールの批判がきっかけではない。[7] 適合的因果を導入した時点で、比較社会学的な検証は不可避だった。

詳しくみると、v・クリース由来の術語系への移行は、一九〇五年発表の「ロッシャーとクニース」Ⅱ章（「クニースⅠ」論文、Weber 1905）で始まっている。「倫理」原論文の第二章もこの年、発表された。これが因果の論証としては不十分なことを、ウェーバーは公刊直後にはすでに自覚していただろう。

もう一つは、法則科学／文化科学という区別への距離だ。二分法《バイナリ・コード》として現在でもしばしば使われるが、これは本来、一九世紀の科学全体の分類軸として提唱された。発想の元となったW・ウィンデルバントの表現を借りて、前者が「法則定立的」、後者が「個性記述的」とされることも多いが、簡単にいえば、法則科学は一般的な変数の間に必然的な因果を見出そうとするのに対して、文化科学は個体と個体の間に必然的な関係性を見出そうとする。

より正確にいえば、リッカートは自然科学を「法則科学」として再定式化した上で、歴史や文化をあつかう科学として、「文化科学」という独自のあり方を主張した。文化科学では個体間の因果が探究されるが、因果そのものというより、因果として解釈する「価値関係づけ Wertbeziehung」の方に必然性が見出される、とした（Oakes 1982:127-131 など）。言い換えれば、リッカートは必然性を導入する新たな水準を持ち込んだ。その点で、彼の文化科学は法則科学の「「客観性」の一段ずらし」（遠藤 2000:53）であり、だからこそ、ともに一九世紀の科学として並存しえたのだろう。

ところが、適合的因果はこうした区別自体を無効化する。適合的因果では、X_1とYの因果関係が一事例でしか観察できない場合でも、変数自体は一般的 general な形で定義される必要があるからだ。

なぜなら、くり返すが、この基準で変数X_1が変数Yの原因だと同定するには、二つの事例が必要になる。その場合、まず「他の条件」にあたる変数X_2、X_3、……は、必ず複数の事例に共通して存在していなければならない。さらに、結果にあたる変数Yは、複数事例で共通して定義できなければならない。

具体例で説明した方がわかりやすいだろう。――もし仮に、X_1を「一六～一七世紀西欧のプロテスタンティズム」、Yを「一九世紀西欧の資本主義」として定義したとする。その場合、まず定義によって結果Yは西欧にしか存在しない。「一九世紀西欧の資本主義」が西欧以外では生まれなかった、というのは単純な同義反復である。因果の言明として意味をもつには、Yは一九世紀西欧以外にもあてはまりうる資本主義の類型でなければならない。だからウェーバーもYを「近代資本主義」という一般的に定義されるものにして、その要件を『宗教社会学論集1』の「序言」などで提示した。

次に、原因候補のX_1も、「一六～一七世紀西欧のプロテスタンティズム」だと西欧以外には存在しない。だから、X_1が原因となりうるのも西欧の事例以外にはありえない。ただし、X_1に関してはそう定義しても、もし西欧以外でY＝「近代資本主義」が成立したとすれば、X_1が原因ではないと判断できる。

したがって結果変数Yとはちがって、原因候補の変数X_1は、定義自体が個別的であっても意味をもちうるが、その場合は反証にしかならない。裏返せば、因果関係を積極的に特定したければ、X_1もYと同じく、複数事例で共通して定義できる一般的な変数でなければならない。

まとめていえば、適合的因果では結果の変数Yを、例えば「一九世紀西欧の資本主義」のように、特定の時空に存在する個体の形で定義すれば、そもそも因果の論証の対象にならない。また原因候補の変数X_1を、「一六～一七世紀西欧のプロテスタンティズム」のように、特定時空の個体の形で定義するかぎり、因果の積極的な特定はできない。事例自体は仮想でもいいが、事例が複数あり、かつその間で各変数が一般的に定義されていることは不可欠である。

6　二〇世紀の社会科学へ

ここからさらに二つの帰結が導かれる。

第一に、適合的因果では、関わる全ての変数が一般的に定義されなければならない。資本主義経済も宗教倫理も、他の条件も、一般的にあてはめ可能な類型の形で定義する必要がある。その上で、各事例ごとに、具体的な出来事にその定義が該当するかを判定する。その点でも、適合的因果を採用した時点で、ウェーバーは「世界宗教の経済倫理」への途を踏み出さざるをえなかった。

第二に、適合的因果は個性記述的な文化科学を否定する。厳密な意味での個体と個体の間では、因果があるかどうかをそもそも判定できないからだ。「個性的因果関係」も成り立たない。

むしろこの点では、文化科学とデュルケムとの間に強い共通性が見られる。4節で述べたように、どちらも事例一つだけで、因果を同定できるとする。文化科学でいえば、U→Wの典型にあたるのは二つの個体というより、自己成長していく一つの個体である（Rickert 1899→1926:92-3,97-98=1939:158-9,166 など）。その意味で、文化科学は因果性を目的論に回収する考え方であり、UとWの間に「超《ハイパー》同一性」が置かれている（佐藤 2008,2011）。発展法則を否定しながら、少なくとも因果の解釈では等価に働くものが導入されている。因果同定の結論がやはり前提条件になっており、それゆえデュルケムと同じような循環を描く（Rickert 1899→1926:134-138=1939:219-224 など）。

それに対して、適合的因果は経験的な観察を超えることを自らに禁じる。だから、もちろん法則科学でもない。実際、v・クリースは法則科学／文化科学という区別自体に批判的だった。彼自身は「法則論的／存在論的」という区別を立てている（v.Kries 1986→1927,1988=2010-13,1916）。[8] これはしばしば法則科学／文化科学と混同されるが、「法則論的／存在論的」では科学は一つであり、適合的因果を前提とする。その上で、特定の事象において、一般的な変数間関係で説明できる部分やその説明の営みが法則論的、それ以外の個体性、統計学的にいえば残差 residual にあたる部分やそれに注目した記述の営みが存在論的、とされる（注12および佐藤 2014 も参照）。裏返せば、個体性は歴史や文化にかぎられない。[9]

統計学史では、v・クリースは「理由不十分の原理」の導入で知られる。それまでの統計的な推測では、現在でいうベイズ統計学の事前分布にあたる推論前提の位置づけが曖昧だった。当時は「等可能性＝等確率」すなわち「等しく可能なものは等確率で起こる」という形で事前分布をおいていたが、この命題は公理的に用いられることもあった。それに対して、v・クリースは、具体的な確率の値を想定する十分な理由がないと考えられる場合には、等確率だと仮定しておく、とした。想定できなさ自体は何らかの形で積極的に論証すべきだとすることで、等確率という仮定とそれにもとづく統計的推論の使い方を適切に限定しようとした。

これも法則論的／存在論的という考え方の一環である。杉森（1973）が指摘しているように、もともと等確率の仮定をどう適切に用いるかを考えるために、この対概念は考案された。それを応用することで、ウェーバーは社会科学の営み自体を、おそらくは（少なくとも部分的には）結果的に、新たな形で位置づけたのである。「マイヤー」論文では、ウェーバーも法則論的／存在論的を対概念として使っている。なお、この論文で導入される「客観的可能性」という概念もv・クリースの定式化による。

一九世紀の自然科学とはちがう形で社会科学を定義するという問題設定において、リッカートはウェーバーに深い影響をあたえた。特に対象同定を「価値解釈 Wert-Interpretation」として、社会科学内部の重要な操作として主題化させた点は大きい。けれども、ウェーバーはv・クリースの概念群を導入することで、社会科学の分析や推論の手続きを新たに位置づけ直した。「マイヤー」論文の題名、「文化科学の論理学の領域における批判的研究」はその経緯を直裁に表現している。

ここでいう「文化科学 Kulturwissenschaft」は文化をあつかう科学一般ではない。リッカートが定義した意味での、特定の形式化された formalized 科学だ（1899→1926:53,55=1939:101,104 など）。因果同定基準はもちろんその中心的な部品の一つである（注9参照）。その学の組み立て形式 formulation=「論理（学）Logik」をウェーバーは特に集中して批判的に検討し、v・クリースの概念群を使って組み立て直した（10節参照）。それによって、どんな意味で何を因果と考えるかが大きく変わり、「価値解釈」もリッカートの「価値関係づけ」とはことなるものになった（佐藤 2014:3-4 節）。

その意味で、ウェーバーの経験的な社会学の手法や構想に決定的に関わったのは、リッカートではない。v・クリースであり、ラートブルフであり、おそらくはジンメルである（佐藤 2014、特に注3と注7参照）。定義可能性と該当とを明確に区別する点でいえば、適合的因果構成論はG・フレーゲによる命題論理の（再）定式化とも並列的である。どちらもヘーゲル的な論理学への対抗でもあったのだろう。

7　不連続の見えにくさ

こうした点で、社会科学の一九世紀と二〇世紀の間には「〈知〉《エピステーメー》の転換」ともいえるような、大きな変化が見出される。しかし、実際にはウェーバーの学説研究や解説、あるいは社会学史で、このような形で転換が語られることはほとんどなかった。ウェーバーの比較社会学は長らく、法則科学／文化科学の二分法《バイナリ・コード》の延長上に、文化科学的な法則科学、もしくは法則科学的な文化科学だとされてきた。日本語圏だけではない。英語圏や独語圏でもv・

クリースの影響が再発見されるまでは、ずっとそうだった（注3参照）。不連続が不連続として見出されることはなかった。

社会科学の一九世紀／二〇世紀の転換において、本当に興味深いのはむしろそこである。厚東洋輔はウェーバーの死後、再発見と再解釈がかなりの振れ幅でくり返されてきたことを指摘している（厚東 2011:225-248）。厳密な定義が明示的に展開されるはずの方法論でも、実は同じ現象が見出される。

A・フォン・シェルティングの古典的な研究では「マイヤー」論文にも光があてられたが（1922→34=1977）、その後はK・レーヴィットの『マルクスとウェーバー』（1932=1966）のように、史的唯物論という、一九世紀の典型的な法則科学に近づける形で解釈され続けてきた。例えば、田中真晴は具体的な手法自体は的確に理解しながらも、それを法則科学的社会科学の予備作業として位置づけている（1949:235-6）。大塚久雄も基本的にはこちらの系統だ（例えば 1965）。

一方で、安藤英治やF・テンブルックによって『客観性』論文を中心とした研究も進められ（安藤 1965、Tenbruck 1959=1984 など）、文化科学との近さが次第に強調されていく。現在の日本語圏の学説研究の主流もこちらだろう。例えば折原浩は、デュルケムの共変法の解説として仮想的な対照実験、すなわち差異法にあたる内容を述べる一方で（1981:138-141）、ウェーバーの比較社会学を「「文化科学」的「法則科学」」だとする（2007:13、傍点は原著者）。デュルケムとウェーバーがほぼ完全に入れ替わっている。なぜこんな事態が生じたのだろうか。

理由はいくつか考えられる。一つは、現在では因果の形式的定義としては、適合的因果がほぼ自明化されている。だから、文化科学が本気で「個性的因果関係」を主張したことが見逃され、適合的因果をもちいた個別事象の研究と混同されてしまう。実際、そういう解説は少なくない[(10)]。

こうした面はたしかにあると思うが、それだけならば、法則科学／文化科学という一九世紀の用語法をわざわざ使う必要はない。旧い形容が使われ続けるのは、ウェーバー自身が不連続を不連続として明確に述べていないからでもある。v・クリースの術語系を知っていれば誤解は生じないが、知らなければ文化科学か法則科学に見える。

そんな書き方を彼は実際にしている。「マイヤー」論文も「社会学の基礎概念」も因果分析の方法論としては決して読みやすいものではない。あざやかな突破《ブレイクスルー》というより、苦渋の選択。そんな感じさえする文章だ。それは適合的因果に、少なくとも当時の感覚では大きな「弱点」があったからではないだろうか。

8 適合的因果の適用限界

実は、ここでもウェーバーは示唆的な考察を展開している。適合的因果の同定は、現実には、膨大な仮定を導入することになるのだ。「マイヤー」論文などでも、この点はくり返し指摘されている。(11)

先に述べたように、適合的因果では、事例1と事例2において原因となりうる変数群のうち、ただ一つの変数X_1の状態だけがことなり、それ以外の変数X_2、X_3、……が全て同じである場合に、結果にあたる変数Yの状態が事例1と事例2でことなれば、X_1とYの間に因果関係があるとする。

この基準を実際に用いる上で、大きな問題になるのは「それ以外の〜が全て同じ」の部分である。「……」という形からわかるように、「それ以外」を具体的に特定するのは困難であり、それゆえ「それ以外の〜が全て同じ」事例を見出すのはさらに困難になる。

それゆえ、例えば分析哲学の反事実的条件論が示すように（Lewis 1973→1986=2007、市井 1963:84-129 など）、この比較対照事例は現実には何らかの意味で仮想的にならざるをえない。実際、ウェーバーは「マイヤー」論文で、適合的因果における因果帰属のあり方を、上流階級の母親が子どもを叩いた（ことの原因を父親に説明する）という話を使って、具体的に例示している（1906:279-280=1965:197-8）。とてもわかりやすく、この論文の執筆時点では適合的因果をほぼ完全に理解していたのがわかるが、そこでも「それ以外の〜が全て同じ」は全て仮想的にあたえられている。

具体的にいえば、結果変数「母親が子どもを叩いた」の原因は（「子どもが悪戯をした」ではなく）「料理人の女性と口論した」に求められているのだが、その際に、(a)「料理人の女性と口論しなかった」でなおかつそれ以外の変数が全て同じ対照例（＝事例2）が観察されたり、実験されたりしているわけではない。また、(b)「子どもが悪戯をしなかった」場合でそれ以外の変数が（「料理人の女性と口論」もふくめて）全て同じ対照例（＝事例3）が観察や実験されているわけでもない。

その代わりに出てくるのは、「料理女との口論なんて、とんでもない出来事でもないかぎり、私が子どもを叩くような母親でないことは、父親であり夫であるあなたなら、当然知ってますよね！」という形で、（母親が自らに関する）経験的規則性を主張することである。

「社会学の基礎概念」でもウェーバーは、適合的因果が一定の規則性を前提にすることに注意を促している。適合的因果の定義から考えると、この規則性は第一義的には、原因と結果の間の規則性ではなく、「それ以外の〜が全て同じ」に関わる規則性だと考えられる。[12] 適合的因果の同定には最低限、事例1と2があればよい。厳密な論証は注4に述べてある。

9　科学の営みがおびる特性

いうまでもなく、社会科学や自然科学では、全てを仮想の形で主張することは認められない。少なくとも(a)にあたる対照例を見つけるか実験することが求められるが、全てのそれ以外の変数に関しても同じように対照例を見出すことまでは求められない。したがって、(a)でも完全な対照例は求められない。どんな因果の仮説であれ、原因候補以外の全ての変数について、逐一検証するのは実質的に無理だからだ。実際に求められるのは、経験的に対照例と見なしてよさそうな事例や実験を見出すことである。つまり、程度の差こそあれ、やはり経験的規則性に訴えることで困難が回避される。

おそらくその程度が最も低いのは自然科学での比較対照実験だろうが、この場合も少なくとも一つの変数に関しては「同じ」とはいえない。もし同じ実験装置を使うのであれば、比較対照実験は別々の時点で実施されるしかない。同時にやろうとすれば、同じだろうと仮定して二個の実験装置を使うことになる。どちらにしても、最低限一つの変数に関しては、変数の状態は厳密には同じではない。さらに実験室の外での事象に関しては、実験室の内部と外部では条件が全くちがうという反論がつねに成り立つ。

いうまでもなく、この、程度の差こそが現実の科学の営みではきわめて重要になる。と同時に、それでも程度の差でしかない。それも認めざるをえない。

そこまで考えると、デュルケムの方法論にも一定の合理性がある。適合的因果を採れば、因果関係の論証はつねに不完全にとどまる。何らかの形で仮定を導入せざるをえない。それに対して、共変法では二つの変数の挙動を継続的に観察するか、三つ以上のケースを集めてくれれば、因果の有無を判断できる。そこから必然的な因果を導くには他の基準や論拠が必要だが、少なくとも方法の内部では共変法の方が明晰に判断できる。実際、デュルケムは差異法を退けるもう一つの理由として、完全な比較対照例を見つけがたいことをあげている（1895:131=1978:250)。「形而上学者《メタフィジシアン》」と仇名されたデュルケムには、差異法の明晰でなさが受け入れがたかったのかもしれない。その意味でも彼の後継者をさがすとすれば、フーコーのあの「権力」や「規律訓練」の概念になるのだろうが、二〇世紀の社会科学の少なくとも主流にとっては、これらはもはや暴力的な断定か、想像力の産物になってしまう。そこには実証性ではなく、実定性の境位があるのかもしれない（内田 1979,1980)。

裏返せば、こういう因果同定規準をもつことで、自然科学であれ社会科学であれ、科学の営みはいくつか固有の特性をもってくる。

第一に、この基準は、科学の営みの内部に独自の不定性 Unbestimmtheit をつくりだす。この不定性は、いわゆる科学のパラダイム依存性とは別のものだ。パラダイム依存性は観察者水準での不定性である。それに対して、適合的因果を採れば、必ず因果の同定は不完全になるし、当事者水準でも不完全だといわざるをえない。もちろん比較対照実験ができれば不完全さの程度は下がるが、0にならない。

第二に、にもかかわらずこの基準が保持されている。とすれば、この基準にもとづく科学の営みは、やはり自然科学にせよ社会科学にせよ、因果同定の手法自体の正しさには根拠づけられない。

もしそこで科学の営みを支える何かがあるとすれば、それぞれの営みの事実的な持続性だろう。すなわち、不完全な、近似的な同定基準でやってきて、これまで大きな問題は生じてこなかった。だから、現状のやり方を大きく変更する必要がないだろう――。そういう意味での『現状維持』に支えられている。ウェーバーの表現を借りれば、そういう意味でも、適合的因果は経験的規則性に依存する。いうまでもなく、ここにも分野によって程度の差はあるが。

おそらくここで科学的実在論とも関わってくるのだろうが（Hacking 1983=86、戸田山 2015 など）、今はおいておく。

これは第一の点にも関わってくる。事実的な継続性、簡単にいえば『過去の実績』にもとづく以上、過去の同一性を内容面でも大きく壊すことはできない。したがって、科学の営みの成果は部分的には書き換え可能だが、全面的に覆すことはできない。事実的な継続性はむしろ不定性に一定の枠をはめる。

第三に、それゆえ、科学の営みへの全面的な批判の不可避性と限界が同時につくりだされる。因果同定が不完全にしかできない以上、科学の営みへの懐疑は必ず生じてくる。たとえ厳密な比較対照実験ができても、実験室の規模をこえた事態では何が起こるかわからない。懐疑は営み内在的につねに成立する。

けれども、同時に、そういう批判や懐疑が科学の営みを覆すこともない。絶対に正しいとはいいきれないという論理的な理由で、事実的な継続性は無効化できないからだ。わかりやすくいえば、「絶対に正しいとはいえない、そのことは認めよう。では、あなたはどんな具体的な代替案があるのか？」と再反論すれば、批判や懐疑の否定性はかなり減殺される。

ここにもやはり程度の差は存在する。事実的な継続性、すなわち『過去の実績』が薄い分野では、再反論による減殺も弱まる。実際、社会科学では十数年に一度、「パラダイム変革」が専門家の内部からも主張される。あるいは、そういう外部の声に同調する専門家が出現する。

けれども、それも嵐がすぎれば復元力が働く。適合的因果を唯一の因果同定基準とすることで、科学の営みはこうした意味システム論的特性をもつ。[13]ウェーバーの術語に戻せば、これこそが各領域の「内的な固有法則性 innere Eigengesetzlichkeit」(1920:541-2,544-5=1972:108-9,112-4など)だといえるかもしれない。

10　一九世紀の社会科学と〈社会〉の発見

こうした意味システム論的な考察を補助線にすると、社会学にとって一九世紀／二〇世紀の転換がどんなものだったのか、そして、現在の社会学にとってどんな意味をもつのかが、より明確に見えてくる。7節で述べた不連続の見えにくさの、もう一つの答えもそこにあるのではないか。

事実的な継続性に支えられるには、事実的に継続していなければならない。すなわち、科学の営みがある程度試行錯誤しつつも、継続していなければならない。適合的因果が自明な基準となりうるのは、科学の営みがある程度続いた後である。

裏返せば、その後から見れば、適合的因果への転換は大きな不連続ではない。適合的因果の大きな弱点、それゆえ適合的因果への転換を飛躍にさせたものが、もはや解消されているからだ。転換が結果的に成功したがゆえに、なめらかな移行に見えるようになった。苦渋の選択だったことが着実な「進歩」に見えるようになった。その意味で、7節で述べた二つの理由は実は一つである。

それればかりではない。転換の前の科学の営み、法則科学の展開も文化科学の提唱もデュルケムの比較社会学も、それによって意味を変えてしまった。一九世紀科学としての同一性を喪い、二〇世紀の社会科学の原初的な形態に見えるようになった。「ウェーバーとマルクス」や「ウェーバーとデュルケム」のような社会科学史や社会学史がその地平の上で語られる。

こうした形であの不連続をとらえ直すことで、さらにもう一つの問いが開かれる。転換後の、二〇世紀の社会科学が事実的な継続性に支えられるとすれば、転換前の、一九世紀の社会科学は一体、何によって支えられていたのだろうか。

もともと社会科学の営みは自然科学よりも歴史が短く、経験的なデータの対応も（現在以上に）はるかに弱かった。それゆえ、一九世紀の自然科学が一九世紀を通じて、事実的継続性に支えられた適合的因果へとゆっくりと移行していったのに対して、[14]社会科学は転換という形で変化せざるをえなかった。自然科学の方法論の輸入という形で新たな基準を立てざるをえなかったし、それゆえの抵抗も長く残り続けた。

　では何が当時の社会科学の営みを支えていたのか。あえて仮説を重ねれば、有力な候補になりそうなものが一つある。一九世紀前半の西欧で爆発的に発達した、国家社会単位での集計・個票データの収集とその解析である（Westergaard 1932=1943、Hacking 1982=2012、佐藤 2000 など）。

　急激に発展していく自然科学に歩調をあわせるように、自然科学に準えられるような、社会に関するデータが出現してきた。それはたんに法則科学的な社会科学を夢想させただけではない。データの爆発的出現の向こうに、それらを産出する国民国家《ネーション》という一つの超経験的《メタフィジカル》な実体が想像された。それが〈社会〉＝全体社会として、個々の「社会的な事実」を出現させる。そう信じられることで、法則科学的な社会科学だけではなく、文化科学的な社会科学もまた育まれたのではないか。

　簡単に図解すれば図1のようになる。詳しく論じる余裕はもうないが、ここでは、国民国家の社会は全ての原因として、必然的な因果の素とされる。それゆえ、この実体に言及することで、経験的なデータから必然的な因果も導き出せる。一九世紀の社会科学はそうした想像力の上に展開されたのではなかろうか。

　そんな熱狂と信仰の時代を通過した後で、社会科学の営みは事実的な継続性にもとづく科学になりえた。だとしたら、国民国家の熱烈な擁護者として、その実体を集合意識に求めたデュルケムと、熱烈な国民国家主義者《ナショナリスト》でありながら、その実体視には懐疑的な姿勢に転じたウェーバーとの間に、因果同定基準のちがいが見出されるのは自然なことだろう。

　いうまでもないが、だからといって、一九世紀の社会科学が科学の営みでなかったわけではない。因果同定基準とい

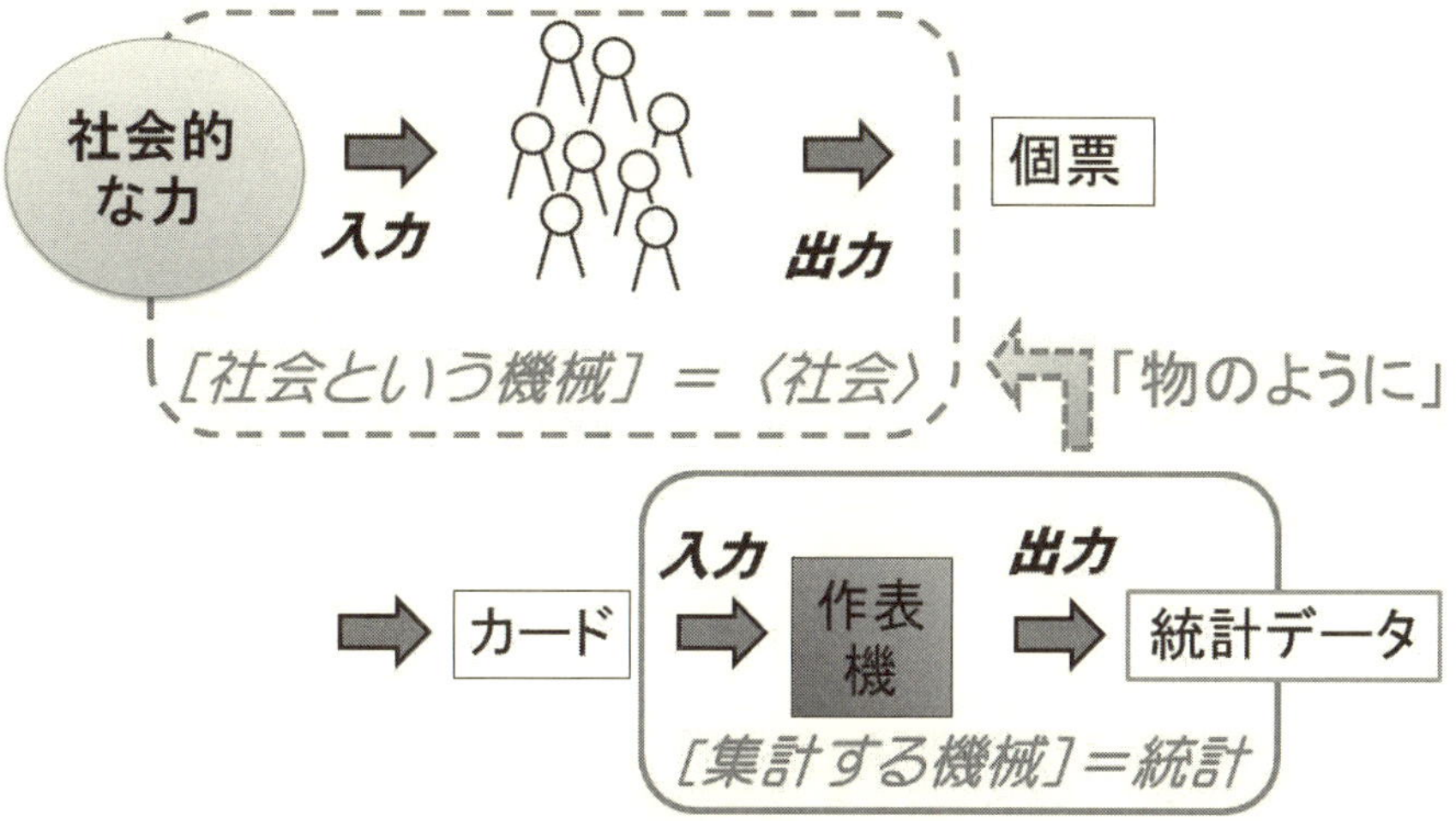

図１　一九世紀の〈社会〉と社会科学

う形で方法を形式化した上で、その方法論にそって科学全体が専門化されて、科学的言明が科学的言明によってのみ科学的言明と認められ（基底的自己参照 basale Selbstreferenz）、方法が方法に再帰的に適用され（Reflexivität）、営み全体も反省されていた（Reflexion）。リッカートの文化科学の構想は、その最終的な形態の一つだ。そうした、学の形式化 formalization に彼はともかくも成功した。ウェーバーが賞賛したのも、その力業に対してだと思う[15]。

リッカートもv・クリースも反省化された方法の形式で学の同一性（＝境界）を定義しようとし、その形式性にもとづく組み立てを「論理（学）Logik」と呼んでいる（6節参照）。その点で、どちらも等しく科学である。だからこそ、因果同定基準という中心的な部品を換えることで、全てが組み換わった。ウェーバーが「マイヤー」論文でやったのはそういう作業だ。無限の可能性を有限で近似する、というリッカートの問題提起に、v・クリースの概念群を用いて答えることで。

だからこそ、換装前のリッカート的な組み立て方（例えば Oakes 1982）と換装後のv・クリース的な組み立て方（例えば Heidelberger 2010）の両方から接近していかないと、作業の全体がつかめない。ウェーバー自身もその全体像を語らないので、なおさらそうなってしまう。純粋に学説研究的にいえば、あの不連続が見えにくい最大の理由はおそらくそこにある。

11　社会学の二〇〇年

あえて現在の視座から位置づければ、一九世紀の社会科学はむしろ、経験的な因果同定基準を複数用意して試すことで、必然的な因果性をうみだす〈社会〉とはどんなものかを、少しでも明らかにしようとしたのではないか。ただ、適合的因果を唯一の因果同定基準とする二〇世紀の社会科学にとっては、そういう試み自体がもはや科学的ではなくなった。

くり返すが、ここでも分野によって大きな差はある。例えば社会学では、この転換はいまだに進行中である。事実、適合的因果の不完全さにあきたらず、社会を完全に説明するとする『理論』や『方法』がその後もいくつも提唱されて、放棄されてきた。それだけではない。ウェーバーの方法が二一世紀の今日でも、法則科学や文化科学といった表現で形容されがちなのには、もう一つ、そういう文脈もあるのだろう。

これにも二つの面がある。一つは先に述べたように、適合的因果が自明化されている。もう一つは、適合的因果はやはり既に述べたように、つねに仮定をともなう。社会学は経済や法、公共機関といった個々の制度をこえて、それらをふくむ社会という形で、検討すべき変数のネットワークを想定できる。視野がほとんど限定されない分、導入される仮定も膨大になってしまう。

その意味では、あの一九世紀／二〇世紀の転換の、まさに当時と似た状況が、社会学にとっては（より弱い形だが）今もつづいていることになる。それに耐えきれなくなったとき、文化科学的な、あるいは法則科学的な視点が入り込んでくるのだろう。だから、文化科学や法則科学への先祖帰りが生まれ続ける。実際、因果を機能によって代替できるとし、全体社会システムを実体視した場合のN・ルーマンのシステム論は、因果を目的論に吸収し、自己成長する国民国家を価値関係づけの原点＝終点《テロス》とするリッカート的な文化科学と、それほど遠くはない。[16] 裏返せば、少なくともその程度には一九世紀の社会科学は立派に科学だった。それをウェーバーの比較社会学に強引に結びつけるのは、どちらにとっても矮小化になる。

そして、だからこそ、今の社会学《モダン・ソシオロジー》はくり返しマックス・ウェーバーを発見するのではなかろうか（厚東 2011）。あざやかな突破ではなく、苦渋の選択として適合的因果を選んだ彼を。法則科学や文化科学への回帰がどれほど誘惑的でも、そこに未来はない。だからといって、事実的な継続性の上に安住できるほど限定された視野にとどまれば、社会学である意義もまた失われてしまう。

それゆえ、くり返しくり返し、社会学はその成立の瞬間に立ち戻ってくる。いや、その原点を再発見し続ける。いつのまにか被せられた一九世紀の科学の装いの下から、あるいは二〇世紀の通常化された normalized 科学の仮面の裏から、それらのどれでもないウェーバーの社会学の姿を見つけ出す。たぶん、今ここに私が書いていることも、何か特別な発見というよりも、そうした反復の一つなのだろう。

そこには現代の社会科学のなかで社会学の占める特異な位置が関わっている（内田 2005:233-5）。社会学が「全体社会 Gesellschaft」を超経験的に語りたがるのも（佐藤 2008,2011）、さらには、そのなかでウェーバーが例外的に「全体社会を論じない ohne »Gesellschaft«」社会学者であることも（Tyrell 1994）、そこに繋がるのだろうと考えているが、これらに関してはまた別の機会に論じたい。

※この論考は日本学術振興会科学研究費助成（基盤研究C）「自己産出系の制度理論とその視覚的表現モデルの構築による機能分化社会の解明」および「ベイズ統計学的枠組みによる理解社会学と意味システム論の再構築」の成果の一部である。

注

（1）“Kausalverhältniss” と区別するために、“Verursachung” は「原因構成」と仮に訳した。ただし重要なのは論理的な定義なので、それを明確にした上で、どちらも「因果」と略称する。

（2）D・ルイスが当初、反事実的条件法による因果関係を循環的に定義したことは、その点でも興味ぶかい。おそらく、ここには隠れた自明性がある。簡単にいえば、論理的にはこれ以上遡れないのだ。この点を当時の社会科学で明確に意識していたのはジンメルだろう。4節および佐藤（2014）の特に注7参照。

（3）v・クリースの確率論に関しては杉森（1973）や Heidelberger（2001）などを参照。ウェーバーへの影響に関しては、Wagner & Zipprian（1985、1986）や Ringer（1997）などを参照。向井（1997）も参考になるが、同時代の確率論や道徳統計学、法学までふくめた包括的な位置づけでは、Heidelberger（2010）が抜きんでている。

　私自身の理解や位置づけに関しては佐藤（2014）でも述べた。いずれにせよ、ウェーバーの方法的検討への影響の大きさはリッカートと同程度かそれ以上であり、日本語圏でのウェーバーの方法の分析や学説研究が長い間、v・クリースの概念定義や議論に遡って検討してこなかったのは、少なくとも奇妙だといわざるをえない。もちろん、私自身の研究もふくめて。杉森（1973）参照。

（4）Heidelberger（2010）はv・クリースの適合的因果の定義をこう整理している。——原因となりうる各変数をX1、X2、……、結果変数をYとし、各変数における該当を1、非該当を0とすると、“観察または想定される全てのX1、X2、……とYの値の組合せにおいて、特定の変数Xiに関するYの条件つき確率がP（Y＝1｜Xi＝1）＞P（Y＝1｜Xi＝0）であれば、Yの原因としてXiは適合的である”（表現は一部変更）。当然、二つの条件つき確率が求まることは前提条件になる。

　これは、「社会学の基礎概念」論文での「因果適合的」の正確な定義にもなる。例えば4節の事例1と3では、P（Y＝1｜Xi＝1）＝P（Y＝1｜Xi＝0）＝1になるので、適合的ではない。こう定義した場合、差異法は特定の変数が唯一の適合的原因であると判断する基準にあたる。なお、この定義の形でも「観察または想定される」範囲を具体的に同定する段階で、意味適合性に類する基準が入りうる（Heidelberger 2010:259など）。

　条件つき確率の定義からわかるように、P（Y＝1｜Xi＝1）とP（Y＝1｜Xi＝0）の大小は、YとXiの積率相関係数の大小にほぼ対応する。より正確には、二つの確率は積率相関係数の分母が0になる場合でも計算できるので、くり返し観察が可能な場合には、因果適合的であれば共変法の基準をみたすが、その逆は必ずしも成立しない。

（5）他の変数を画一的に統制するという発想が当時なかったわけではない。例えば、「道徳統計学」という名称をつくったゲリーは、年齢を統制して地域と犯罪率との関係を見ようとした（Friendley 2008）。裏返せば、当時の道徳統計学からみても、データから推測するような内容を、デュルケムは理論的思弁によって導き出そうとした。『自殺論』はそういう研究でもある。

（6）現代の社会科学から見れば、そもそもこういう形でUとWを構成すれば、UとW自体が一般的な概念になる。「個性的」だと主張するには、例えばWの構成要素を{a, b, c, d, e, ……}という形で非限定化する必要がある。これは実はv・クリースの「存在論的」の考え方にあたる。リッカート自身はやはり「a, b, c, d, e」で構成されると考えていたのだろう。UとWの背後に「超《ハイパー》同一性」が想定される理由の一つでもある。6節参照。

（7）ラハファールの批判としては、オランダの問題の方が重要である。この地域でのプロテスタンティズムの定着は、経済の急激な成長の後に起きた可能性がある。「倫理」改訂版では第二章の終わり近くに、オランダでのプロテスタンティズムの位置づけがやや唐突に、かつかなり強引に論じられる。ラハファールの批判によって、ウェーバーはそういう再反論を迫られたのではないか。Rachfahl（1909）参照。

（8）ただし、ウィンデルバントが「法則定立的／個性記述的」を提唱した一八九四年の講演よりも、v・クリースの「法則論的／存在論的」の方が先に発表された。v.Kries（1927）はその点にも少しふれている。

（9）言い換えれば、個体を（特定の価値視点から）同定する操作は、法則論的／存在論的でも前提となる（v.Kries 1916: 510-4など）。それが何なのかはそれこそ分析哲学の大問題だが。したがって、リッカートの文化科学の特徴は、①個体性を歴史や文化に固有な事態とした上で、②個体間の因果関係をそれ自体として同定できるとした点にあるといえる。法則論的／存在論的という区別は、②だけでなく①も否定する。

（10）明確な例外は茨木（2003）である。これはウェーバーの方法論を本来の文化科学に近づける形で再構成している（特にその注7参照）。私の解釈とはもちろん正反対だが、茨木の試みは少なくとも一貫的で体系的だ。

（11）適合的因果の適用に関するウェーバーの議論を理解する上で、最も良い日本語の解説は市井三郎の「社会分析の基礎的諸問題」（1963:84-129）だと思う。市井自身が述べているように、この論考はウェーバーの論文に気づかず執筆されたので、議論の並行性と齟齬に注目すれば、批判的な検証にも使える。

（12）この点で私の理解は向井（1997:251-252）とはことなる。一九〇四年の『客観性』論文の段階では、ウェーバーはv・クリースの概念群を十分に理解していなかった、と私は考えている。例えば向井（1997:239）では『客観性』論文での“»nomologisch«”が「»法則定立的«」と訳されているが、前後を読むと、この»nomologisch«は実際に（v・クリースの「法則論的」より）ウィンデルバントの「法則定立的」に近い。

これにかぎらず、一般に（ウェーバー自身の著作もふくめて）»nomologisch«という用語がどう使われ、どう訳されているかは、議論の内容を知るよい手がかりになる。佐藤（2014）参照。

（13）科学の意味システム論的定式化については、Luhmann（1990=2009）、不定性などの位置づけに関しては Luhmann（1997=2009）などを参照。ただし、ここでの議論はあえて Luhmann 自身の理論化とはある程度切り離して展開した。意味システム論の洗練は、ルーマンの図式の機械的適用ではなく、複数の自己記述を並列的に展開しながら共通性を探る形で進めた方がよい、と考えているからだ。佐藤（2008）参照。

（14）逆に言えば、数学をふくむ自然科学もより長い時間幅でみれば、同じような転換を経験した。例えば、現在の意味での「証明」や「定理」が出現するのは一九世紀初め頃である。中根（2010）、岡本・長岡（2014）参照。

（15）言い換えれば、リッカートの文化科学の主張の内容にウェーバーが賛成したわけではない。リッカート自身のウェーバー理解は、その点では全く妥当なものだと思う。

（16）v・クリースの影響の「再発見」者の一人であるG・ワグナーとH・ツィプリアンは、ウェーバーの社会学とリッカートの文化科学のちがいを強調しているが（Wagner & Zipprian 1985,1986）、ルーマンの自己産出系論における同一性も批判的に検討している（1992）。

文献

安藤英治 1965.『マックス・ウェーバー研究』未来社。

Durkheim, Émile. 1895. *Les Règles de la méthode sociologique*, PUF. =1978. 宮島喬訳『社会学的方法の規準』岩波文庫。

遠藤知巳 2000.「言説分析とその困難」『理論と方法』15(1):49-60.

Friendley, Michael. 2007. “A.-M. Guerry’s moral statistics of France,” *Statistical Science* 22(3):368-399.

Hacking, Ian. 1982. “Biopower and the avalanche of printed numbers,” *Humanities in Society* 5:279-295.=2012. 岡澤康浩訳「生権力と印刷された数字の雪崩」『思想』1057:76-101.

———— 1983. *Representing and Intervening*, Cambridge University Press. =1986. 渡辺博訳『表現と介入』ちくま学芸文庫。

Heidelberger, Michael. 2001. “Origin of the logical theory of probability,” *International Study of Philosophical Science* 15(2):177-188.

———— 2010. “From Mill via von Kries to Max Weber: Causality, Explanation, and Understanding,” (Pp. 241-266 in *Historical*

Perspectives on Erklären and Verstehen, edited by Uljana Feest, Springer).
茨木竹二 2003.「マックス・ヴェーバーにおける独断論の克服と歴史社会学の生成」『歴史社会学とマックス・ヴェーバー 下』理想社。
市井三郎 1973.『哲学的分析』岩波書店。
厚東洋輔 2011.『グローバリゼーション・インパクト』ミネルヴァ書房。
Lewis, David. 1973→86. *Counterfactuals*, Basil Blackwell. =2007. 吉満昭宏訳『反事実的条件法』勁草書房。
Löwith, Karl. 1932. “Max Weber und Karl Marx,” =1966. 柴田治三郎・脇圭平・安藤英治訳『ウェーバーとマルクス』未来社。
Luhmann, Niklas. 1990. *Die Wissenschaft der Gesellschaft*, Suhrkamp. =2009. 徳安彰訳『社会の科学１、２』法政大学出版局。
——— 1997. *Die Gesellschaft der Gesellschaft*, Suhrkamp. =2009. 馬場靖雄・赤堀三郎・菅原謙・高橋徹訳『社会の社会２』法政大学出版局。
Mill, John S., 1843, *A System of Logic (Collected works vol.7-8)*, Routledge & Kegan Paul. =1949. 大関将一訳『論理学体系』春秋社。
向井守 1997.『マックス・ウェーバーの科学論』ミネルヴァ書房。
中根美千代 2013.『ε－δ論法とその形成』共立出版。
Oakes, Guy. 1982. *Die Grenzen kulturwissenschaftlches Begriffsbildung*, Suhrkamp.
尾高邦雄 1968.「デュルケームとジンメル」『中公世界の名著58 デュルケーム ジンメル』中央公論社。
岡本久・長岡亮介 2014.『関数とは何か』近代科学社。
折原浩 1981.『デュルケームとウェーバー 上』三一書房。
——— 2007.『マックス・ウェーバーにとって社会学とは何か』勁草書房。
大塚久雄 1965.『社会科学の方法』岩波新書。
Rachfahl, Felix. 1909. “Kalvinismus und Kapitalismus,”（Pp.57-148 in *Max Weber Die protestantische Ethik 2 Kritiken und Antikritiken*, hrsg. von Johannes Winckelmann, Güterloher による）
Radbruch, Gustav. 1902. “Die Lehre von der adäquaten Verursachung,”（Pp.7-74 in *Gesamtausgabe, Bd.7, Strafrecht I*, C.F. Müller による）
Rickert, Heinrich. 1902. *Die Grenzen der naturwissenschaflichen Begriffsbildung (1 Aufl.)* , J.C.B.Mohr.
——— 1899→1926. *Kulturwissenschaft und Naturwissenschaft (7 Auf.)* , J.C.B.Mohr. =1939. 佐竹哲雄・豊川昇訳『文化科学

と自然科学』岩波文庫。
Ringer, Fritz. 1997. *Max Weber's Methodology*, Harvard University Press.
佐藤俊樹 2000.「個別的にそして／あるいは全体的に」『現代思想』28(1):110-113.
——— 2008.『意味とシステム』勁草書房。
——— 2011.『社会学の方法』ミネルヴァ書房。
——— 2014.「『社会学の方法的立場』をめぐる方法論的考察」『理論と方法』29(2):361-370.
Simmel, Georg. 1892. *Die Probleme der Geschichtsphilosophie (1 Aufl., Gesamtausgabe Bd. 2)*, Suhrkamp.
——— 1905/07. *Die Probleme der Geschichtsphilosophie (2/3 Aufl., Gesamtausgabe Bd. 9)*, Suhrkamp. =1977. 生松敬三・亀尾利夫訳『歴史哲学の諸問題』白水社。
杉森滉一 1973.「『客観的可能性』としての確率」『岡山大学経済学会雑誌』5(1):1-28.
田中真晴 1949.「因果性問題を中心とするウェーバー方法論の研究」（安藤英治・内田芳明編『マックス・ウェーバーの思想像』新泉社、二一五－二四三頁による）。
Tenbruck, Friedrich. 1959. "Die Genesis der Wissenschaftslehre Max Webers," *Kölner Zeitschrift für Soziologie und Sozialpsychologie* 11:573-630. =1985. 住谷一彦・山田正範訳『マックス・ヴェーバー方法論の生成』未来社。
戸田山和久 2015.『科学的実在論を擁護する』名古屋大学出版会。
Tyrell, Hartmann. 1994. "Max Webers Soziologie – eine Soziologie ohne »Gesellschaft«,"（Pp.390-414 in *Max Webers Wissenschaftslehre*, hrsg. von G.Wagner and H. Zipprian, Suhrkamp）.
内田隆三 1979.「社会学史入門Ⅰ」『ソシオロゴス』3: 176-197.
——— 1980.「〈構造主義〉以後の社会学的課題」『思想』676: 48-70.
——— 1995.『柳田國男と事件の記録』講談社選書メチエ。
——— 2005.『社会学を学ぶ』ちくま新書。
宇都宮京子 2013.「マックス・ヴェーバーにおける「客観的可能性判断」をめぐる諸考察」『東洋大学社会学部紀要』50(2):57-70.
von Kries, Johannes. 1886→1927. *Die Principien der Wahrscheinlichkeitsrechnung* (2 Aufl.), J.C.B.Mohr.
——— 1888. "Ueber den Begriff der objektiven Möglichkeit und einige Anwendungen desselben," *Vierteljahrsschrift für wissenschaftliche Philosophie* 12:179-240,287-323,393-428. =2010-13. 山田吉二郎・谷口豊訳「客観的可能性という概念

とその若干の応用について（その1）〜（その3）」『メディア・コミュニケーション研究』59:137-189, 60:95-126, 64:39-65.

——1916. *Logik*, J.C.B.Mohr.

——1927. "Vorwort zum zweiten Abdruck," in v.Kries (1886→1927).

von Schelting, Alexander. 1922→34. "Max Webers logische Theorie der Historischen Kulturerkenntis," *Max Webers Wissenschaftslehre*, J.C.B.Mohr. =1977. 石坂巌訳『ウェーバー社会科学の方法論』れんが書房新社。

Wagner, Gerhard and Heinz Zipprian. 1985. "Methodologie und Ontologie," *Zeitschrift für Soziologie* 14(2):115-130.

——1986. "The problem of reference in Max Weber's theory of causal explanation," *Human Studies* 9:21-42.

——1992. "Identität oder Differenz?," *Zeitschrift für Soziologie* 21(6):394-405.

Weber, Max. 1904. "Die »Objektivität« sozialwissenschaftlicher und sozialpolitischer Erkenntnis," =1998. 富永祐治・立野保男訳・折原浩補訳『社会科学と社会政策にかかわる認識の「客観性」』岩波文庫。

——1905. "Roscher und Knies und die logischen Probleme der historischen Nationalökonomie II," =1955-56. 松井秀親訳『ロッシャーとクニース（II）』未来社。

——1906. "Kritische Studien auf dem Gebiet der kulturwissenschaftlichen Logik," =1965. 森岡弘通訳「文化科学の論理学の領域における批判的研究」『歴史は科学か』みすず書房。

——1920. "Zwischenbetrachtung," in *Gesammelte Aufsätze zur Religionssoziologie I*, Mohr Siebeck UTB1488.=1972. 大塚久雄・生松敬三訳「中間考察」『宗教社会学論選』岩波書店。

——1921. "Soziologische Grundbegriffe,"=1987. 阿閉吉男・内藤莞爾訳『社会学の基礎概念』恒星社厚生閣。

——1922→88. *Gesammelte Aufsätze zur Wissenschaftslehre* (hrsg. von Johannes Winckelmann), Mohr Siebeck UTB1492.
（Weber の方法論の原文は全てこれによる）

Westergaard, Harald. 1932. *Contributions to the history of statistics*, P.S. King & Son. =1943. 森谷喜一郎訳『統計学史』栗田書店。

アドルノの社会科学論

アクセル・ホネットのアドルノ批判への反証の試み

高橋順一

はじめに

フランクフルト学派の第一世代に属するテオドーア・W・アドルノに対して、フランクフルト学派の第三世代に属するアクセル・ホネットが行っている批判[1]からは、第二世代のハーバーマスから第三世代のホネットへと受け継がれた一つの強い志向性が浮かび上がってくる。それはフランクフルト学派の理論的パラダイムである「批判理論」を社会科学化しようとする志向である。この場合社会科学という言葉が意味しているのは、①経験科学としての条件を満たしていること、②社会の複雑性の拡大に見合う理論の十分な分節化が行われていること、③構造分析や現状分析に対応しうる理論の機能性を具えていること、④経験科学の諸分野の成果を組み込むことが可能であること、などになるだろう。理論的な系譜からいえばこれらの一部は、アドルノと同じ第一世代のホルクハイマーの初期批判理論に含まれていた要素と対応する。ハーバーマスに代表されるフランクフルト学派第二世代の理論的志向は、ある面からいえば戦後強まった批判理論に対するアドルノのメタ経験科学的な「哲学」的思考の影響力を弱め、初期ホルクハイマーにまだ存在していた実証的な経験科学への志向へと立ち戻ることであったともいえるであろう。ただホネットはホルクハイマーに対しても批判的だった。それは、ホルクハイマーの理論でさえも社会科学理論としての条件をまだ十分に満たしていないとホネットが判断しているせいである。とはいえ初期ホルクハイマーへの部分的な回帰を通してアドルノの理論的影響力を弱めようとするハーバーマスの理論的志向を、ホネットもある程度共有しているのは間違いないであろう。

こうしたホネットのアドルノ批判の持つ意味、その正当性を検証するために、ここでアドルノの「社会学と経験的研究」と「社会科学の論理に寄せて」という二つの論考の内容を見ていきたいと思う。(2) 前者の論考は一九五七年の三月に開催された社会研究所における討論会の冒頭で行われた講演がもとになっている。それがはじめて公刊されたのは同年のヘルムート・プレスナーに捧げられた記念論文集『人間の本質と現実』においてであった。さらにこの論考は一九六一年から始まったアドルノ、カール・ポパー、エルンスト・トーピッチュ、ハンス・アルバート、ハーバーマスらによる「実証主義論争」の記録『ドイツ社会学における実証主義論争』にも収録されている。後者の論考はその「実証主義論争」のきっかけとなった一九六一年十月のドイツ社会学会テュービンゲン研究集会における報告の内容がもとになっている。この論考もまた上記の『実証主義論争』に収録されているのはいうまでもない。この二つの論考はアドルノが実証主義的・経験的社会科学に対してどのような考え方を持っていたかを検証する最良のドキュメントといえるだろう。

1　実証不可能なもの

「社会学と経験的研究」の冒頭でアドルノは次のようにいっている。

「社会の理論は哲学から生まれたが、その一方で社会を、伝統的な哲学において永遠なる本質性ないしは精神を意味していた基体（Substrat）として定義することにより、同時に哲学の問題設定の機能を換えようとしたのである」(3)。

アドルノによれば、「社会の理論」によって「哲学」には出来なかった「社会」の「基体」化が可能となったのである。「社会」が「社会の理論」の言説および思考にとっての「基体」となることは、私たちの世界認識の中心というか土台の位置に「社会」の認識が位置づけられることを意味する。そして「社会の理論」に対しては、この「基体」として位置づけられた「社会（die Gesellschaft）」の——より正確にいうと「社会的なもの（das Gesell- schaftliche/das Soziale）」の——本質をどう捉えるかという課題が突きつけられるのである。この課題に対してアドルノは極めて印象的なかたちで応えようとする。

「哲学が現象によるまやかしに不信を抱きもっぱら解釈のみを目ざしていたのと同様に、この社会の理論も社会の外観が滑らかに示されれば示されるほどそれに対して不信を抱いていった。理論が名前を与えようとしているのは、社会の機構を秘かに束ねているものなのである」(4)。

ここにはアドルノの思考の持つ特徴的な傾向が看てとれる。「社会の外観が滑らかに示され」るのは、経験科学的なアプローチに対して、「客観的」であると自認するデータが何のひねりも顛倒もなくストレートに与えられるときである。たとえば今「二〇一四年度はGDPが二パーセント上昇した。これに伴って国民の可分所得も一パーセント上昇した」という客観的データが示されたとする。このときこのデータは経験科学的には、そのデータのもとになっている社会の状態が肯定的に捉えられるべきであるという判断の根拠になるであろう。だがこの数字の影で雇用の非正規化や賃金の切り下げといった事態が進行しているとすれば、そして上記の後者の数字がそうした事態によって生じる労働者へのしわ寄せや犠牲、つまりそこで生じている格差や不平等を平準化し平均数値にしたものにすぎないとすれば——所得上位層と下位層の数を無作為に合算して割り算をした上で平均値を出せば当然数値は高めに出る——、そんな社会を肯定的なものと判断出来ないことは明らかである。だが経験科学が依存する客観的データはそうした表層の下に隠れているコンフリクトの要因を考慮しようとしない。さらにいえば客観的データの算出の過程においては、なぜそうした所得格差や階層分裂が生じるのかへの問いは最初から除外されてしまっている。「社会の外観が滑らかに示され」ることが可能となるのはそうした条件の下においてである。

アドルノがこうした社会の客観的データを通じた認識に対して強い不信を抱いていたことはいうまでもない。ではアドルノにとって理論上重要であったのは何だろうか。アドルノはそれを、「社会の機構を秘かに束ねているもの」に「名前を与える」ことであるといっている。これは客観的データによってかえって隠されてしまっている社会の事実性そのものを明るみに出すことだ、といってよいだろう。このことから明らかになるのは、逆説的ないい方に聞こえるかもしれないが、社会の事実性を捉えることが経験科学的な方法によっては不可能であるとアドルノが考えていることである。というのも、この社会に潜むコンフリクトや対立、矛盾、さらにはねじれや顛倒をも含む事実性に迫るためには、客観的データに基づく経験科学ではなく、メタ経験的・メタ実証的な歴史哲学的解釈が、すなわちメタ実証的な社会哲学がどうしても必要だからである。

アドルノは続けて次のようにいう。

「かつて単純なもの〔滑らかなもの〕の無意味さを耐えがたく感じる思想への憧れが存在したが、それは脱魔術化への衝動のなかで世俗化されてしまった。脱魔術化は、秩序を逸脱・破壊する落花狼藉（Unwesen）がその下で孵ろうとしている石をはぎ取りたいと思っている。つまりこの落花狼藉の認識においてのみ脱魔術化の意味が保持されるのである。こうした衝動に対して社会学的事実探究は毛を逆立てて反抗する。マックス・ウェーバーがまだ肯定していた脱魔術化は社会学的事実探究にとっては魔術の一特殊例にすぎない。隠れたかたちで統括している、変革されるべきものを名ざすことは、明白に表に現われているものを変えるための〔社会学的事実探究の〕道においてはたんなる時間の無駄にすぎないのである」[5]。

アドルノらしい晦渋な語り口だが、ここでのポイントが「秩序を逸脱・破壊する落花狼藉」とやや冗漫な訳語を与えた「Unwesen」という言葉にあることはいうまでもない。この言葉の核心をなしているのは、社会的現実そのものに向かって決して実定化されえないにもかかわらず、社会的現実が形成されるためには不可欠な力である「非対象的な力」であると私は考える。そしてそれはおそらく、マルクスの「労働力能(Arbeitsvermögen)」やニーチェの「力への意志(Wille zur Macht)」、さらにはアドルノ自身の「ミメーシス的なもの(das Mimetische)」と相通ずるものである。そしてアドルノが「脱魔術化(Entzauberung)」とここで呼んでいるのは、この「非対象的な力」の境位《エレメント》を明るみに出すことに他ならない。いうまでもなくこの「非対象的な力」の境位を客観的データというかたちで把握することは不可能である。だが社会が存在し、そこで様々な実践や活動が行われている限りこうした力は確実に働いているのである。アドルノは、この「脱魔術化」という概念を最初に用いたウェーバーにはまだこのメタ実証的にしか把握しえない力を明らかにしようとする志向が残っていたという。つまりウェーバーの社会学は経験科学には完全に還元しえない要素をいまだ保持しているのである。

だが「社会学的事実探究」は、ウェーバーの社会学を平板な実証的科学理論にしようとしたその後の社会学の歴史が示しているように、ウェーバーの「脱魔術化」概念さえも「魔術の一特殊例」にしてしまう。つまりメタ実証的な歴史哲学的・社会哲学的問題意識を抱くことは「たんなる時間の無駄」にすぎなくなるのである。そこにあるのは経験的にのみ得られる客観的データへの盲信だけである。こうした経験的な客観性とメタ実証的な歴史哲学的・社会哲学的問題意識の関係についてアドルノは次のようにいっている。

「とりわけ今日一般的に経験的社会研究という名称によって想定されているものは、〔オーギュスト・〕コントの実証主義以来多かれ少なかれ自然科学をモデルにしてきた。二つの傾向〔理論的思考と経験的社会研究〕は共通の分母の上に立つことを拒否する。社会総体に関する理論的思考が全面的に経験的調査にとって代わられることはありえない。つまり理論的思考はちょうど超心理学探索機構から心霊現象が逃れ出てしまうように、経験的調査から逃れ出てしまうのである」(6)。

アドルノにとって真に問われねばならないのは「経験的調査から逃れ出てしまう」ものである。それはメタ実証的な歴史哲学的・社会哲学的問題意識に対応する「理論的思考」によってしか捉えることの出来ないものなのだ。ただ誤解のないようにつけ加えておくと、こうしたアドルノの考え方は決してヘーゲル流の理論〔論理〕と事実の一致を志向しているわけではない。アドルノは次のようにいっている。少し長くなるが重要な個所なので全体を引用しておこう。

「理論は、それがいわば外側から持ち込む諸概念を、事実が自分自身によって持っているあの諸概念へと、すなわち事実が自らそうありたいと願うものへと置き換えなければならない。そしてそれを事実がそうであるところのものと対決させなければならない。理論は今－ここに固定化されている対象の硬直性を可能なものと現実的なものが緊張しつつ対峙しあう場に向かって解消しなければならない。すなわち可能なものも現実的なものもそれぞれが存在しうるためにはただ互いに指示し合っていることが必要なのである。別な言葉でいえば、理論は絶対的な意味で批判的なのである。だがそれゆえにこそ理論から引き出される仮説や規則的に期待されうるものの予想が理論と完全に一致するというわけではない。たんに期待されうるものはそれ自体社会的営みの一断片であり、批判が目ざしているものとは共約的ではないのだ。半信半疑ながら理論が推測していた通りに期待されうるものが実現したことに安易に満足することで社会理論が、自らを仮説として登場させるやいなや自ら〔理論〕の内的な連関を変えてしまうということを見ないままにしてしまってはならないのだ。社会理論の検証を行う個別的な確認〔経験的調査〕は、それ自体すでに再び社会理論が打破したいと願っている眩惑連関の手に落ちているのである」(7)。

「社会理論」と「事実」は、「可能なもの」と「現実的なもの」のあいだの「緊張」に媒介されながらつねに相互に非同一的な関係を保ち続けなければならないのである。ホルクハイマーは「伝統的理論と批判理論」のなかで、理論もまた社会連関の一要素であるといっているが、そのことを理論が忘却するとき、言い換えれば自らの存立根拠を無媒介なかたちで経験的客観性、つまり実証性に委ねてしまうとき、理論は「眩惑連関（der Verblendungszusammenhang）の手に落ち」てしまうことになる。

2 「客観性」という陥穽

今見てきたことは経験的客観性の限界についての認識につながる。アドルノは、一見客観的に行われているようにみえる調査にもじつは主観性の契機が深く組み込まれていることを指摘する。つまり経験的客観性はそれ自体主観的なものなのである。そしてこのことは経験的調査が社会的事実そのものを見ていないこと、別ないい方をすれば社会的事実の生成に必ず伴っている顛倒や歪曲、隠蔽などを見抜くことが出来ぬまま、「事実」をありのままの直接的な事実と誤認してしまうのである。

「経験的方法の魅力はその客観性の要求から生じるのだが、その起源が市場調査であることからも明らかなように、じつは逆説的なことに主観的なものを優先させるのである。すなわち性、年齢、身分、収入、教育歴や類似意見のような国勢調査タイプのデータを除外すれば、立場といったせいぜいのところ主観の態度といったものを優先させているのである。（……）経験社会学は、同時代において流行してきた哲学的人間学に対する嫌悪にもかかわらず、それと次のような視線を共有していた。すなわち今日の社会化された人間をあらかじめ社会的総体性の契機として――それどころかもっぱらそうした総体性の客体として――規定する代わりに、今－ここにおいてすでに人間が問題になっているかのように見ようとする視線である。〔経験社会学の〕方法のモノ性、諸事態を固定化しようとする生まれつきの志向は、調査の対象となっている主観的事実にも伝染する。その結果これが物自体であって物象化されていないかのようになるのである。方法はその対象を物神化すると同時に自らも物神となるのである」[8]。

このことは、結局は経験社会学が、あるいはその基礎となっている経験的客観性、実証性といった概念が、「科学的精確性」[9]の名の下に社会の「盲目的な自然成長性を永遠化してしまう」[10]ことを意味する。そのことによってかえって経験社会学の客観性において、極めて主観的かつ抽象的なかたちでの事実と理論の一致が生じることになる。それは、社会的事実の生成において働いている「自然成長性」が物象化された顛倒＝倒錯形態として現われることを意味する。このことによって社会的事実が現状をイデオロギー的・理論的に肯定し正当化する根拠にふさわしいかたち、つまり事実と理論の一致にふさわしいかたちへと置き換えられることを意味する。アドルノはそのことを次のようにいっている。「科学はその一元的体系を通じて、不一致によって統一を保持しているこの世界から普遍的なものと特殊なもののあいだの緊張関係を除去したいと思っているのだ」[11]。

真に社会的事実を認識するためには「不一致」が求められるのである。ではこの「不一致」を理論化する道すじはどのようなものなのか。そこで基本となるのは「普遍的なものと特殊なもののあいだの緊張関係」、言い換えれば両者の齟齬である。いうまでもないことだがこの緊張関係、齟齬は量的なものではない。したがって経験的データの量を増やしたからといって「不一致」が見えてくるわけではない。あくまで質的な問題として捉えられなければならないのだ。「『量的一般化が妥当する普遍的諸規定の』カテゴリーはそれ自体つねに質的である。社会的個体に対して不正を働く方法、たとえば質的分析は多数領域の本質と一致しないと非難するような方法は、それが探究するはずのものに対して暴力を振るっているのである」[12]。

このことから本論考におけるアドルノの論旨の核心が一気に現れてくる。つまり社会の事実性において何が真の意味で本質的なのかに対するアドルノの認識が明らかになるのである。

「本質への問いが幻想として、方法によって解明しえないものとしてタブー化されることによって、本質諸連関——これが社会において本来の意味で重要な問題なのだが——はアプリオリに認識に対して遮断されてしまう。この本質諸連関が「現実に」存在するのか、それとも概念的な形象にすぎないのかを問うことは無意味である。概念的なものを社会的現実に数え入れようとする者は誰も観念論との非難を怖れる必要はない。ここで考えられているものは、認識主観によって構成される概念的なものというよりも事実それ自体を統括する概念的なものなのである。あらゆる存在者の概念的な被媒介性という教説においても〔事実それ自体を統括する概念性を捉えていたという意味で〕、ヘーゲルは真に決定的なものを見据えていたのである[13]」。

問題は、「観念論との非難を怖れ」ず「本質諸連関」の把握を目ざすことにある。そしてその「本質諸連関」は「事実それ自体を統括する概念的なもの」として存在する。概念性が事実それ自体の水準に定位されるところにこの「本質諸連関」の核心は存在するのである。

3 「事実それ自体を統括する概念性」

たいへん興味深いのはアドルノが、この引用箇所のすぐ後でこうした「事実それ自体を統括する概念性」、言い換えれば社会的事実そのものに定位される概念性の水準の例として「交換」の問題を提示していることである。

「人類の運命を左右する法則が交換の法則である。だがそれはそれ自体決して単純な直接性ではなく概念的なものである。すなわち交換行為は相互に交換されるべき財がそれらにとって等価なもの、抽象的なもの、従来のいい方に従えば決して物質的ではないものへと還元されることを含意しているのである[14]」。

このアドルノの記述はいうまでもなくマルクスの価値形態論を、さらにはそこから見通されるヘーゲルの概念論を下敷きにしている。もちろんそれはたんなる概念実在論でも普遍概念論でもない。この概念性が求めているのは、交換という社会的事実の本質でありながら、メタ経験的な概念性の媒介なしには言述することが不可能な価値形態の正体に迫ることなのである。しかもそこには物象化ないしは物神性とマルクスが呼んだ言説＝理論上の顚倒および隠蔽＝消去の機制が同時に働いている。それに対し素朴実証主義的なアプローチがまったく無力でしかないことはイギリス古典派経済学が証明している通りである。必要なのは、「媒介的な概念性」[15]なのだが、それは「それに社会も人間も従う、客観的な妥当性を有し、個々人の意識からも研究者の意識からも独立した、すべての社会的に本質的な出来事のモデル」[16]に他ならない。これに続いてアドルノは次のようにいう。ここにアドルノの社会理論とマルクスの「政治経済学批判」のもっとも深いレヴェルにおける共鳴・共振を見てとることが出来るであろう。

「肉体を具えた現実やあらゆるしっかりしたデータと比較して、この概念的本質が仮象と呼ばれるとすればそれは、それが等価交換の際に正しいかたちを取りながらも奇怪なかたちをも取るからである。だがこの概念的本質は組織する科学が現実を昇華して作り上げる仮象ではなく、現実に内在する仮象である。社会的諸法則の非現実性という言説もまた正しいのだが、それは商品の物神的性格を顧慮しつつそれに批判〔政治経済学批判〕を向けていることの正しさである。交換価値という、使用価値と比べれば思考の産物にすぎぬものが人間の欲求を支配し、それにとって代わる。つまり仮象が現実を支配しているのである〔仮象と現実の顚倒〕。その限りにおいて社会は神話であり、神話の啓蒙はかつてと同様今日でも要求されている。だが同時にあの仮象はもっとも現実的なものであり、世界を魔法にかける呪文である。この仮象の批判は科学による実証主義的批判とは無関係である」[17]。

ここでアドルノが、「仮象」と「現実」の顚倒というかたちでマルクスの言説＝理論革命の要となる認識＝批判の論理を極めて忠実なかたちで踏襲していることは明らかであろう。「現実」は無媒介に「現実」なのではなく、そこに内在する「仮象」との顚倒的な関係、言い換えれば「物神的性格」によってはじめて「現実」となるのである。この「現実」の現われの核心をなしているのが「商品」（価値）に他ならない。ここに本論考におけるアドルノの認識の核心が存在するといってよい。だがアドルノはそれを踏まえた上で、さらに最後に経験科学的方法と彼の理論的思考の出会う場所を確認しようとするのである。それは次のようなかたちを通してであった。

「もっとも控え目で、同時に内在的批判という意味で、したがって「客観性」に固有な活動法則に従えば、経験的社会調査にとってもっとも納得のいく要求というのは、人間および人間集団の主観的意識と無意識に向けられた経験的社会調査の言明を人間および人間集団の実在に対する客観的な所与性〔概念的本質〕と対決させることである。社会調査の領域でたんなる偶然的なものか、「背景研究（background study）」へと希薄化されてしまっているものが、社会調査一般が本質的なものへと到達するための可能性の条件を作り出すのである[18]」。

「経験的社会調査」にも理論的思考は結びつきうるのだ。ただしそれは「偶然的なもの」や「背景研究」といった「経験的社会調査」にとっては周縁的な要素を通じてのみ可能となるのである。それはいわば「経験的社会調査」のなかの、量に還元出来ない質的なものの契機ということになるだろう。こうして本論考におけるアドルノの経験科学批判の核心が明らかになる。問題は社会の事実性そのものに定位する概念的本質の把握なのだ。おそらく社会科学者たちがこのアドルノの発言を聞いて困惑したであろうことは想像に難くない。言説＝理論の水準が違いすぎるからである。とはいえ、ここでアドルノが意外なほどに忍耐強く丁寧に経験科学的方法と付き合っていることには留意しておく必要があるだろう。私自身はこれまで主としてアドルノの哲学・美学の分野を追ってきた。したがってこうした分野の仕事に通じていなかったせいか、正直にいって本論考におけるアドルノの姿勢に新鮮な驚きを禁じ得なかった。それを踏まえた上で、もう一つの論文「社会科学の論理に寄せて」のほうも見ておこう。

4　ポパーの批判的合理主義

この論考は、すでに述べたように一九六一年にテュービンゲンで開催されたドイツ社会学会研究集会の席上における批判的合理主義者カール・ポパーとの論争が元になっている。戦後ドイツの人文・社会科学の歴史においてひとつの劃期となった「実証主義論争」――この論争はその後ニクラス・ルーマンとハーバーマスとのあいだで展開された「社会システム論か相互コミュニケーション行為論か」という社会科学方法論をめぐる有名な論争へと引き継がれる――は、批判的合理主義の立場に立つポパーと社会的批判理論の立場に立つアドルノとのあいだで交わされた論争から始まったのである。

さてポパーはアドルノに先立つ報告のなかで、ある意味アドルノと共通するかたちで科学主義批判を展開している。

「――誤った、あるいは誤解に基く方法的自然主義ないし科学主義の立場があります。それは、社会科学においても、科学的方法とは何であるかについてとどのつまり自然科学から学ばねばならないと主張する立場であります。この誤った自然主義は次のような要求を掲げます。まず観察からはじめよ。例えば統計調査からはじめよ。その後で帰納的に一般化をすすめ、理論構成に至れ。こうして君は、およそ社会科学で可能な限度内ではあるが、科学的客観性の理想に近づくであろう。（……）私の考えでは、ここで私が誤った自然主義に基くとしている命題はすべて間違っております。それらの命題は、自然科学の方法の誤解の上に成り立っている、まさしく一つの神話――自然科学の方法の帰納的性格と自然科学の客観性についてのきわめて広範な影響力をもった神話――の上に成立しているものです[19]」。

このようにポパーとアドルノとのあいだで、科学主義批判という出発点は共有されている。だがその根拠をめぐって二人の議論は分岐していく。ポパーの批判的合理主義においては、客観的事実そのもの、あるいはそうした事実性の次元に根ざす不動の真理といったものは存在しない。したがって客観的事実の観察も、観察を通じた真理の発見も問題にならない。ポパーが問題にするのは、私たちの既成の認識がある問題に直面すること、そして私たちの認識能力がそうした問題の解決に成功しているか否かなのである。たとえば夕暮れ時になって陽の光が翳ってきて本がよく読めなくなってきたとき、もしそれを自分の目の視力の衰えのせいだと判断して眼科へ行ったとすればそれは問題の認識としては誤っており、本がよく読めなくなってきた状態を改善して再びよく読めるようにするという問題解決のためには何の役にも立たない。部屋の灯りをつけたり電気スタンドを持ってきて手元を照らしたりすることがこの場合の正しい問題解決の手段であることはいうまでもない。ポパーによれば前者は問題に対して無知な状態、後者はその無知を脱して問題解決が可能となった状態ということになる。このとき問題発見のプロセスは次のように整理される。

「知識なき問題はなく、また無知なき問題もない。なぜなら、どの問題も、われわれが思いこんでいた知識では何かが解決されないことを発見することによって生まれるからである。論理的にいえば、われわれの既得の知識と事実との間の内的矛盾を発見することによって生まれるのである。問題は、すべて、われわれの既得の知識とわれわれが考えた限りでの事実との間の外見上の矛盾に気づくことによって生まれる、と[20]」。

この問題発見のプロセスをうけて、社会科学の方法の核心は「問題解決の試みを吟味精査する点にある」[21]ことが明らかになる。そしてその「吟味精査」の際に「解決策は提案されかつ批判される。(……)もし解決策が事実によって批判しうるものであるならば、われわれはそれに反駁しようとする。なぜなら、すべて批判とは反駁の試みだからである[22]」。つまり問題とその解決というところに社会科学の方法的な要があるとすれば、それは社会科学の方法の核心が「批判」にあることを示していることになるのである。この「批判」がポパーの批判的合理主義の方法的基盤である「反証可能性（falsifiability）」を意味しているのはいうまでもない。そして重要なのは、こうした「反証可能性」としての「批判」を根拠づけている論理がポパーにおいては「演繹論理」であるということである。「第十五テーゼ　純演繹論理のもっとも重要な機能は批判の道具という機能である。第十六テーゼ　演繹論理は、論理的推理ないし論理的推論の妥当性の理論である。論理的推論の妥当性にとって必要かつ決定的な条件は次のことである。すなわち、もし妥当な推理の前提が真ならば、結論もまた真でなければならない[23]」。

かくしてポパーの批判的合理主義は事実そのものの事実性を離れて、リニアーで不可逆的な純粋論理の世界における演繹論理の整合性、無矛盾性に妥当性、つまり真であることの根拠を見出すことになる。これは、ホルクハイマーの「伝統的理論と批判理論」における科学理論の捉え方を想起させる。ホルクハイマーはそこで、批判理論による批判の対象となる伝統的理論としての科学理論の本質を演繹論理に求めていた。ポパーの批判的合理主義が演繹論理に依拠しているとすれば、それはまさにホルクハイマーにとになる。したがってポパーの理論は経験主義批判という契機を含んでいるとはいえ、その経験主義批判はすでに見てきたアドルノの批判理論に根ざした経験主義批判とは本質的に異質なものである。またポパーの論理的世界がアドルノのいう「事実それ自体を統括する概念性」とも全く異質なものであることも明らかであろう。

5　アドルノの科学主義批判

すでにいったように、アドルノもまたポパーとともに科学主義に対する批判から出発する。

「コント以来定着している見解に対抗して、ポパーは知と無知のあいだの緊張としての問題の優位を主張しています。ポパーが自然科学的方法の偽りの置き換えに反対し、「誤った、あるいは誤解に基く方法的自然主義ないし科学主義」に反対して語ることのすべてに同意します[24]」。

ではアドルノはどのような根拠でもって科学主義を批判しようとしたのか。その論拠、論理は明らかにポパーとはまったく異なったものである。アドルノが社会科学の課題として見据えようとしているのは、ポパーの場合のようにそのつど生じる問題ではなく、そうした問題の根底に横たわる社会そのもの、より正確にいえば社会という事実（Sache）そのものである。そしてアドルノにとってこの社会の事実性を捉えうる論理は、無矛盾性や整合性、言い換えれば反証不可能な論理的一貫性を具えた純粋にそれ自体として完結する論理世界から導き出される論理ではありえない。なぜなら社会を捉えるための論理は社会という事実性そのもののうちから紡ぎ出されねばならないからである。そして重要なのは、社会の事実性がポパーの想定するような論理的整合性によっては捉えることの出来ない矛盾や対立に満ち満ちているということである。したがってアドルノにそくせば、社会を扱う論理は矛盾を受け入れることが出来る構造を持っていなければならない。このことの意味を明確にするために、ここでひとつの類型的ないい方を用いることにしよう。それは、ポパーの批判的合理主義において想定されている論理が基本的にはカント的な論理であるのに対して、アドルノの想定している社会の事実性の論理はヘーゲル的である、といういい方である。もちろんこうしたカントとヘーゲルの類型的な対比にそれほど意味があるわけではない。ただここで想起されるのは、カント的論理が物自体と現象世界の一致の証明不可能性というアポリアに、さらにはアンチノミーにおける一義的決定の不能性というアポリアに乗り上げて座礁してしまった地点を、ヘーゲルが弁証法的矛盾の論理によって乗り越えようとしたという事実である。この対比はポパーとアドルノにもある程度当てはまるような気がする。ともあれアドルノが社会についてどのようにいっているかをもう少し見ていってみよう。

「しかし一義的で可能な限り単純な、数学的に洗練された説明という認識理想は、事象（Sache）そのもの、すなわち社会が一義的かつ単純に、また中立的なかたちで任意のカテゴリー形成に身を委ねるのではなく、認識理想の対象に関する論証論理学のカテゴリーシステムがあらかじめ期待しているのとは別なかたちであるところでは無力です。社会は矛盾に満ちていますが規定可能であり、合理的なものと非合理的なものが一つになっています。社会はシステムであると同時に砕け散っています。盲目的な自然であり、意識によって媒介されているのです。こうしたことに社会学の方法的態度は従わなければなりません。さもなければ社会学は矛盾に反対する純粋主義への熱中の余り、最も宿命的な矛盾へと陥ることになります。すなわち社会学の構造と社会学の対象のあいだの矛盾に、です。社会は合理的認識から離脱するわけではないし、社会の抱える矛盾やその条件は洞察可能です。こうした矛盾は、認識に対していわば無関係な素材、すなわち認識する意識にすんなりと適合するような科学主義的慣習に対し何の対立もきたさないような素材からいわば引き出される思考の要請という手品を使ったとしても消せるものでもありません。社会科学の営みは、その明晰性と精確性への愛ゆえに、自分が望んでいる対象を捉えそこなう危険につねに脅かされているのです[25]」。

アドルノの科学主義批判の矛先は、科学的認識が求める、ないしは依拠しようとする無矛盾性や整合性への志向に向けられている。すでにいったように無矛盾性や整合性に依拠する論理では社会の事実性を捉えることが出来ないからである。そしてこうした無矛盾性や整合性への志向への批判という点で、アドルノの科学主義批判が、「伝統的理論と批判理論」におけるホルクハイマーと同様に基本的に演繹論理と機能論理の違いを認めていないことには留意すべきである。つまりアドルノは、経験科学の帰納論理とともにポパーが反証可能性の論理として提起してきた演繹論理をも科学主義の一変種として批判しているのである。ポパー的な論理によっても矛盾・対立をうちにはらんでいる社会の事実性を捉えることは出来ないからである。では社会の事実性をそれ自体として捉えるためにどのような論理が必要なのか。それについてアドルノは興味深い議論を展開している。それは次のようなものである。

「いわゆる社会学的無知が示しているのは対象としての社会と伝統的方法のあいだのずれにすぎない場合が多いのです。したがってこの無知は、対象の構造を自分自身の方法論に都合がいいように否定してしまうような知によって埋め合わせることは出来ません。しかしその一方で――そしてポパーはそれを疑いなく同じ様に承認してくれるでありましょうが――通常の意味での経験主義がやるような理論に対する禁欲も貫き通すことなど出来る筈がありません。あの、個々の観察行為へと適切に置き換えられたことなどこれまでほとんどなかった全体（das Ganze）という構造的契機が先取りされなければ、個々の観察行為において自らの位置価が見出されることはありえません」[26]。

社会を観察《ベオバハテン》（認識）する上で求められているのは、自分の方法に対象のほうを合わせるのではなく、対象のほうから要請される方法に従って対象を観察（認識）することである。その際にポイントとなるのが「個々の観察行為における全体という構造的契機の先取り（Antizipation）」*なのである。はからずもここにアドルノの方法的要諦を見てとることが出来るとともに、先ほど触れたカント的論理とヘーゲル的論理の対比という問題への明確な解答もここで示されているのである。

*原文では"Antezipation"となっているが"Antizipation"の誤植と判断し訂正する。

6 「スコテイノス」論文

この条《くだ》りを読みながら私は、「社会科学の論理に寄せて」という講演が行われた一九六一年より少し後に書かれた「スコテイノスもしくはどのように読まれるべきか」[27]という論文のことを想い起さずにはいられなかった。アドルノの唯一のまとまったヘーゲルについての著作である『三つのヘーゲル研究』に収められているこの論文は、難解なアドルノのテクストのなかでもとびぬけて難解なものだが、ヘーゲルの思考構造を内在的かつ細密にたどることによってのみ把握可能となるヘーゲルの概念および論理のかたちや意味、さらには弁証法と一般的には片づけられるヘーゲルの言説戦略の構造や戦略を理解する上で、さらにはアドルノ自身のテクストがどう読まれるべきかを考える上でもたいへん示唆に富んでいる。

その冒頭近くの箇所でアドルノは、まずヘーゲルの『フィヒテとシェリングの哲学体系の差異〔いわゆる『差異論文』〕』からの引用を行う。「健全な人間悟性にとっては思弁の否定的側面だけが現われるとしても、人間悟性に対してこのような否定もまたその悟性の全範囲において現れるわけではない。もしこの悟性がその全範囲を掌握出来るとするならば、悟性は思弁を自らの敵とは考えないであろう。なぜなら思弁はそこにおける意識と無意識の最高度の綜合において意識自身の否定をも要求するからである。そして理性はこれによって絶対的同一性の反省、その知、そして自己自身を自分のなかにある深淵へと沈めてしまう。さらにこの、生命にとっては昼である、単純な反省および理路整然たる悟性の夜において悟性と思弁は出会うことが出来るのである」[28]というテクストである。このテクストを普通の意味での言語表現として読解した上でその内容を理解することはほとんど不可能といわざるをえない。ではどのようにこのテクストは読まれるべきなのか。アドルノは次のようにいう。

「この箇所はヘーゲルの全体傾向、とりわけ章の概念構成を知ることを通して解釈可能となるのであり、このパラグラフの字句からだけでは解釈することは出来ない。字句にしがみついたあげくに失望し、底知れなさゆえにヘーゲルに取り組むことを拒否した者には、ヘーゲル自身があの〔『差異論文』という〕著作において、彼の述語でいえばたんなる反省的な悟性が負っている不十分さとして非難した一般的なもの以上のものが答えとして返ってくることはありえないのである。取り上げている内容が宙ぶらりんのまま未解決であるからといって、その章句を無視してはならない。そうした章句の構造がヘーゲルの哲学の内容から導き出されねばならないだろう。宙ぶらりんになっているものの性格はヘーゲルの哲学と結びついているのである。つまり真なるものはいかなる個別的なテーゼによっても、限定された実証的な言明によっても把握されえないという教義と一致するのである。ヘーゲルの形式はこうした目論みに適っている。何ごとも分離されたかたちでは理解されえず、すべては全体のうちでのみ理解されうるのだ。だが困ったことに、全体もまた個的な契機においてのみその生命を保ちうるのである。だがこうした弁証法の二重性はもともと言葉による叙述をすり抜けてしまうものである。言葉による叙述が一義的に一義的なものを語る限りはそうならざるをえないのである」(29)。

アドルノはヘーゲルの哲学的論理が個別的なものにも、全体的なものにも一義的に還元出来ない構造を持っているといっている。したがって個々の字句や章句の理解をいくら算術的に加算していってもヘーゲル哲学の本質の理解に到達することは出来ない。だからといって「一般的なもの」にヘーゲル哲学の内容全体を解消することによって個々の言葉を無視してしまえばよいのかといえばそうではない。ヘーゲルを読むためには、ヘーゲルの思考のなかの、個別的なものと全体的なものがときには対立しつつ、またあるときには手を携えながら、相互媒介的に哲学的論理を紡ぎ構成していくそのプロセスを丁寧にたどっていくことが求められるのである。こうしたやり方を通じてしかヘーゲル哲学の本質へと迫ることは出来ないはずである。これが弁証法の論理であり、さらにはその根幹ともいうべき「限定された否定（bestimmte Negation）」の論理――この概念はアドルノの「否定弁証法」の根幹ともなっている――である。そしてこの論理がそのまま社会の事実性の論理と相重なっていくことになるのだ。社会の事実性はヘーゲル＝アドルノ的意味における弁証法の論理にそくして成り立っているのである。なぜアドルノにとって社会の論理を把握するモデルがカントではなくヘーゲルなのかの理由が今ここに明らかになる。

ちなみにヘーゲルの上記の引用では、形式的論理の一貫性に基づいて自我の統一性を確立したと確信している悟性と、その対立物である生命＝無意識とが、たんなる悟性論理の一貫性を超えて現われる思弁的理性の力によってそれぞれ否定の底へといったんは沈められ、その結果悟性と思弁がより高次な次元において総合されるという弁証法的過程が示されているのである。この過程を理解する上でポイントとなるのは個々の言葉（概念）の解釈とともに、ヘーゲルの弁証法の動的なプロセスをあらかじめ思考において先取りしておくことであろう。そして思考がそうした弁証法的過程をたどることが、あくまで悟性論理に従おうとするカントの形而上学の克服を意味するのである。

7　社会的総体性

「社会科学の論理に寄せて」に戻ると、アドルノは次のようにいっている。

「総体性（Totalität）は民主主義的に統治されている産業社会の諸国家においては媒介のカテゴリーであり、決して直接的な支配と服従のカテゴリーではありません。それには、産業的な交換社会においてはあらゆる社会的なものが単純にその交換社会の原理から演繹されるわけではないということが含まれています。この産業的交換社会の内部には無数の非資本主義的な飛び地が存在します。この社会が現代における生産関係の下でこうした飛び地、例えば家族という飛び地をその持続のために断固必要としていないのかどうか、ということは考慮にあたいします。そうした飛び地の部分的な非合理性がいわば全体構造の非合理性を補完しているのです。社会的総体性は自分固有の生を、社会的総体性によって統括されていると同時に社会的総体性自身を生み出すもととなっているものの上方において営むわけではありません。社会的総体性はそれを構成している個々の契機において産み出され再生産されるのです。これらの諸契機の多くは、原始の全体社会〔共同体社会〕が知らないか認めるわけにはいかなかった相対的な自立性を保持しています。しかしあの生の全体がその構成要素間の協業や抗争性（Antagonismus）から分離しえないのと同様に、どのような要素も個別的なものの運動のうちにその本質を持っている全体への洞察ぬきには、その機能においてさえも理解されることは不可能です。システムと個別性は相互に関連しており、この相互連関性によってのみ認識可能なのです（……）〔問題の〕解決が外から与えられることはほとんどありません。そのことには限定された否定という哲学的概念が関係しています[30]」。

ここで示されているアドルノの認識が、先ほど言及した「スコテイノス」論文におけるヘーゲル哲学の論理についての認識と正確に重なり合っていることは明らかであろう。相対的自立性を持った個々の諸契機と「社会的総体性」の関係、言い換えれば「システムと個別性」の「相互連関性」こそが社会の事実性の論理の要なのである。そして「社会的総体性」は、決して経験的には捉えることの出来ない「事実それ自体を統括する概念性」としてしか現れえないものなのである。このことをアドルノは別な個所で次のようにいっている。

「たしかにいかなる実験も各々の社会的現象が総体性に依拠していることを確固としたかたちで証明することとは出来ないでしょう。というのも把握可能な諸現象を前もって形成している全体がそれ自体として個々の「現象の」探求の秩序のなかへと入っていくことは決してありえないからです。しかしながら社会的に考察されるべきものの全体構造への依存は、個々のものにおいて抗いがたく証明可能な何らかの所見よりも現実にはより大きな妥当性を有しており、すべてのものがたんなる思考の織物に先んじているのです。しかしながらもし最終的に社会学を自然科学モデルと混同したくないとするならば、探求の概念は経験の力が充満しているとともに、経験の把握のために経験の彼方へと飛び出ていくような思考にまで拡がっていかねばなりません(31)」。

8 価値――アドルノとマルクス

「社会的総体性」という「全体」が、経験を通してそのつど具体的に確認することが出来るような「把握可能な諸現象」の「個々の探求の秩序のなかへと入っていくことは決してありえない」のである。アドルノの、素朴な実証主義や経験的客観性へと無媒介に依拠するような方法的態度とは根本的に異なるこのような発想は、イェーナ期のヘーゲルがすでに先駆的に把握していた、そしてそのヘーゲルの洞察を受け継いだマルクスがついに普遍的かつ原理的なかたちで捉えることに成功した価値形態、あるいはその根幹において働く自己‐物‐化＝物象化のプロセスに内在する、資本主義的生産様式の中核に潜みながら、商品や労働や貨幣＝資本の「個々の探求」、言い換えればそれらの諸現象をありのままに客観的に観察するだけでは決して認識へと至り着くことが出来ないようなメカニズムにこそ社会の、より正確にいえば近代市民社会の事実性の本質が存在するのだ、という確信から生じているといってよいだろう。「社会的総体性」とはこの本質のことに他ならないのだ。おそらくイェーナ期のヘーゲルは、それまでのいかなる思想家も学者も見たことのなかった――カントですらも――市民社会の核心を形づくっている最深奥の秘密というべき、この自己‐物‐化＝物象化のメカニズムを見出したとき慄然としたことであろう。そしてこのヘーゲルが感じたであろう戦慄をマルクスが引き継いだとき、あのマルクスの「政治経済学批判」の論理が誕生したのである。いうまでもなくアドルノもまたヘーゲル、あるいはマルクスとともにこの謎に対する戦慄を共有していたのである。そのことがアドルノのメタ実証的な社会認識の核心をなしていることを私はここであらためて確認しておきたいと思う。その証明というべき箇所を引用しておこう。

「価値概念は交換関係において形成されています。それは対他的な存在（Sein für anderes）なのです。すべてがこうした対他存在〔としての価値〕になり、相互に代替可能となるような社会〔近代市民社会〕においては――ポパーによって確証された真理の否定は明確に同じ事態を意味しているのですが――このような「対他（Für anderes）」は「それ自体（an sich）」へと、実体的なものへと魔法をかけられて変身します〔自己‐物‐化＝物象化〕。そしてこの「対他」は「それ自体」という実体的なものとしては真ならざるものとなり、〔対他のうちに潜む〕脆い真空を支配的利害にとって好ましいかたちで充填することにとって都合のよいものとなるのでした。後から価値として聖化されたものは事象に対して外的に振る舞うわけではないし、事象から離れて（χωρίς）いるわけでもありません。価値は事象に内在しているのです。社会的認識の対象である事象は、当為から解放されたたんなる存在者――事象は抽象の切断を通じてはじめてそうなるのですが――ではないし、価値は理念の天空という彼岸にくぎ付けされるのでもないのです。事象についての判断は（……）哲学の言葉でいえば、事象の自己自身についての判断なのです。判断が手元に引き寄せているのは事象の脆さ(Brüchtigkeit)です。しかし判断は、事象が、事象に対して直接与えられているわけではなく事実性も存在しないにもかかわらず事象のうちに宿っている全体との関係のなかで構成されるのです。このことを、事象はその概念において計測されねばならない、という命題は目標にしているのです」[32]。

「価値」におけるこうした「事象」と「事象」を超えるものの相互媒介的な結びつきこそが社会の事実性の本質に他ならない。すでに見たようにこの社会の事実性は同時に事実に定位される概念性でもあるのだ。そしてさらにつけ加えるならばヘーゲルが、イェーナ期以来の社会についての思考の集大成というべき『法哲学講義』でいっているように、そして何よりもマルクスの「政治経済学批判」がそうであるように、社会の認識は現にある社会の批判でなければならないのである。それはまさに「当為（sollen）」の問題であるとともに、社会の真理と非真理を峻別する語の真の意味におけるラディカルな社会認識そのものの問題でもある。「社会科学の論理に寄せて」の結尾でアドルノは次のようにいっている。

「いつも啓蒙が脱魔術化において成し遂げようと思っていることとは、本来の意味でいえば、かつてなら魔物が、今日では人間の諸関係が人間に対して及ぼしている呪縛から人間を解放することです。それを忘れてしまった啓蒙はそのことに無関心となって呪縛をそのままにしてしまい、利用可能な概念装置を作ることにもっぱら労力を傾けるようになるのです。その結果啓蒙は、ポパーが知識社会学に反対して異議を申し立てたあの真理の概念をも含めて自分自身のやるべきことをサボタージュするようになります。積極的意味での真理の概念においては社会の正しい構築がいっしょに思考されています。この社会の正しい構築を描き切ることは難しいにしてもです。すべての批判的啓蒙を触発する人間への還元（reduktio ad hominem）が実体として持っているのは人間、すなわちこの実体としての人間自身を自由自在に操れる社会のなかではじめて生みだされるあの人間です〔社会的事実としての人間〕。しかしながら現代の社会において実体としての人間の唯一の指標となるのは社会の非真理なのです[33]」。

ここで注目すべきなのは、アドルノが「啓蒙」の概念をポジティヴなかたちで打ち出していることである。それは、「啓蒙」が社会の不正や非真理を暴く指標となっていること、言い換えれば「この社会の正しい構築」が「啓蒙」においてつねに思考されていなければならないことを示すためである。現状が正しいことを弁証するだけの、本来の自らの課題を「忘れてしまった啓蒙」では啓蒙本来の役割を果たすことは出来ないのだ。さらにホネットは、アドルノが芸術を彼の批判理論における「認知的メディア」として用いたと指摘しているが[34]、ここまで見てきた限りでは、ホネットの指摘はアドルノの社会理論に――もちろんここで扱った範囲のなかでの、と限定しなければならないが――当てはまらないと思われることも確認しておきたい。ここでハーバーマスが「〔アドルノは〕ようやく『美学理論』において認識の権限を芸術に譲り渡すことを確定したのである。ミメーシス的能力は芸術において客観的内容を獲得することになる[35]」といっていること、つまりアドルノは最後の著作『美学理論』の段階になってはじめて認識の権限の芸術への譲渡を確定したのだった、といっていることを想起してもよいだろう。ハーバーマスもまた『美学理論』以前のアドルノにおいては、芸術はまだ「認知的・分析的メディア」になっていないと明言しているのである。この点も含めあらためてホネットの指摘の当否を検証しようとするとき、アドルノが「実証主義論争」のドキュメントが編まれたときに付した長大な序論のなかの註の次のような記述が重要な証言となるだろう。

「実証主義的な芸術概念においては重点が想像のなかで虚構の現実を自由にこしらえるというところに置かれる。〔だが〕この自由にこしらえることは芸術作品においては二義的なことであり、今日絵画や文学においては完全にとるにたらないものとなっている。その結果、芸術は科学の手から滑り落ちた本質的なものを表現することが出来るという、芸術の認識への関与〔の可能性〕が捉え損なわれてしまう」[36]。

ここでアドルノが否定形でいっていることの核心は「芸術の認識への関与」であって、芸術が認識にとって代わることではない。ホネットは肝心なところでアドルノを読み違えているといわねばならない。この点に関してはロルフ・ティーデマンとともに『アドルノ全集』の編集にたずさわったヘルマン・シュヴェッペンホイザーの次のような指摘が裏づけとなろう。

「――アドルノは彼の『美の理論』において諦念に陥り「認識の権限を芸術に譲り渡した」〔前に引用したハーバーマスのテクストの一節〕と言う者もあった。しかし、それは問題にならない。また流布している別の読み方もやはり間違っている。(……)つまり、彼は哲学と芸術の間の境界を溶解しようとした。彼のテーマは「理論そのものの美学化」〔二〇〇七年になくなった、解釈学・言語哲学・美学など幅広い分野にまたがる仕事を残している哲学者リューディガー・ブープナーの言葉〕であった、というのである。だが、そうではない。アドルノのテーゼのいわんとするところは、「認識に対する芸術の関与」〔先の引用参照〕は可能だということである。両者の間には内的な親縁性があるからである。とはいえ、それは区別されたものの親縁性に他ならない」[37]。

シュヴェッペンホイザーは、アドルノは最後の著作『美学理論』の段階になってはじめて認識の権限の芸術への譲渡を確定したのだった、というハーバーマスのアドルノの読み方さえもが間違いであると断じている。どうやらアドルノの読解にあたっては、社会科学的意味あいをも含む厳密な認識の契機の再評価が必要なようである。アドルノの思考を安易に美学的方法へと還元するのはたいへん危険であるといわねばならない。

注

（1）アクセル・ホネット『権力の批判』（河上倫逸監訳、法政大学出版局、一九九二年）。
（2）Adorno：Soziologie und empirische Forschung und Ders：Zur Logik der Sozialwissenschaften. Gesammelte Schriften. Bd. 8 Suhrkamp 1972
（3）Ders：Soziologie und empirische Forschung. Gesammelte Schriften. S. 196
（4）a.a.O.
（5）a.a.O.
（6）Ders. S. 197
（7）a.a.O.
（8）Ders. S. 199~201
（9）Ders. S. 201
（10）Ders. S. 202
（11）Ders. S. 205
（12）Ders. S. 204~205
（13）Ders. S. 208~209
（14）Ders. S. 209
（15）a.a.O.
（16）a.a.O.
（17）a.a.O.
（18）Ders. S. 212~213
（19）カール・R・ポパー「社会科学の論理」アドルノ／ポパー他『社会科学の論理　ドイツ社会学における実証主義論争』所収（城塚登他訳、河出書房新社、一九七九年）一一三頁。
（20）同上一一一頁。
（21）同上一二〇頁。
（22）同前。
（23）同上一二一頁。

（24）Adorno：Zur Logik der Sozialwissenschaften. Gesammelte Schriften. Bd. 8 S. 550
（25）Ders. S. 548
（26）Ders. S. 549
（27）Adorno：Skoteinos oder Wie zu lesen sei. In Drei Studien zu Hegel. Suhrkamp Taschenbuch Wissenschaft 110 1971
（28）Ders. S. 85
（29）Ders. S. 85~86
（30）Adorno：Zur Logik der Sozialwissennschaften. S. 549~550
（31）Ders. S. 556
（32）Ders. S. 560~561
（33）Ders. S. 565
（34）ホネット『権力の批判』九〇頁。
（35）Habermas：Theorie des kommunikativen Handelns. Bd. 1. S. 514
（36）Adorno：Einleitung zum》Positivismusstreit in der deutschen Soziologie《.Gesammelte Schriften. Bd. 8 S. 330
（37）ヘルマン・シュヴェッペンホイザー『アドルノ解放の弁証法』（徳永恂他訳、作品社、二〇〇〇年）七三頁。

（本論考は現在準備している『転回点―〈市民社会の弁証法〉の行方―』という論文の一部をなす予定です。）

自律していない者たちの社会契約

リバタリアン・パターナリズム論の射程

橋本 努

はじめに

リバタリアン・パターナリズムは、リベラリズムの論理を問い直す契機として、根源的な視点を与えている。リベラリズムの論理、とりわけロールズの社会契約論においては、前提として自律した判断主体としての個人が置かれていた。けれども個人がそれほど自律した存在ではないとすれば、私たちにはいかなる社会契約が可能なのだろうか。この問題の討究は、どんな政府介入を正統とみなすのかについての、重要な示唆を与えるはずである。リバタリアン・パターナリズムは、まだこの問題に正面から取り組んでいないが、リベラリズムに代替する規範理論として、新しい可能性を秘めている。本稿ではこの問題を考察したい。

自律していない人たちが集まった場合、諸個人はまず、自律するために必要な各種のサービスを政府に求めるかもしれない。あるいは、自律しなくてもよい社会（自律した人々が作る社会よりももっとよい社会）を築くことができるように、政府に何らかのサービスを求めるかもしれない。自律とはむろん程度の問題ではあるが、あまり自律していない人々、あるいは自律するために必要なミクロの規律訓練権力を根源的に疑う人々からなる社会契約は、どのような合意にいたるだろうか。こうした根本問題を考える上で、リバタリアン・パターナリズムが依拠する実験心理学のさまざまな知見は、参考になる。ここではダニエル・カーネマンの研究（『ファスト&スロー』早川書房）に依拠しつつ、自律していない個人が規範的に求める社会の構想について試論を試みたい。

1　システム1とシステム2の連携パタン

心理学者のダニエル・カーネマンは、人間行動の非合理性を捉えるために、「システム1／システム2」という単純な概念カテゴリーを導入している。「システム1」とは、反省的な理性をあまり働かせなくても、人々がふだん容易にこなしている行為をつかさどる原理である。例えば「1＋1＝」の答えを求めるとか、あるいは、親密な人の顔を識別するといったように、頭のなかでほぼ自動的に処理されるような活動である。これに対して「システム2」とは、例えばすこし難しい計算（「48×157＝？」）や、一、〇〇〇着の洋服のなかから最も自分の好みに適したものを探すといった問題を解く活動である。経済学でいう「合理的経済人」は、こうした問題を瞬時に解くであろう。しかし実際の人間は、十分な時間をかけなければ解くことができない。反省的な意識をじっくりとフルに働かせるような原理が「システム2」である。

「システム1」は高速であり、「システム2」は低速である。私たちはこれら二つのシステムを用いて、人間的に豊かな生活を営むことができる。もし「システム2」に頼りすぎるなら、私たちはドグマ化や粗野化、あるいは稚拙化などの欠点を避けることができないだろう。あるいはもし「システム1」に頼りすぎるならば、私たちは問題の解決に時間を取られすぎて、いつまでたっても行動することができないだろう。実際に「よい」とされる行為は、これら二つのシステムをうまく組み合わせたものであると考えられる。カーネマンは、二つのシステムの特徴をランダムに指摘するのみであるが、整理すると以下の四つのパタンに分けることができる。

［1-a］システム1は「情動」を生む機能をもつ。「情動」は、システム2と連携して「確信」や「意志」を形成し、人間の行動を有意義なものにすることができる。むろん「確信」や「意志」は、疑いを排除したり、信じていることを裏づけようとしない点で、ドグマ的な態度に陥りやすい。「情動」と「確信／意志」の連携は、シス

テム2における「批判的精神」によって、さらに制御されなければならない。

［1-b］システム1は、何かに注意を向けるという「関心」の機能をもっている。「関心」は、システム2によって事前にプログラム化したり、その都度モニタリングしたりすることができる。システム2と連携して、「関心」を「注意力」として有効に活用することができる。むろん関心のプログラム化は、他の関心を排除することで、人間の視野を狭いものにしてしまう。そうした欠点を補うために、私たちは関心がプログラム化されていない領域においても、システム2の探索機能を働かせる必要があるだろう。

［1-c］システム1は「直観」を生む機能をもっている。「直観」は、システム2によって洗練したり専門化したりすることができる。むろん、洗練化・専門化された直観は、そうでない直観よりも当てになるわけではない。専門家の直観は、素人の直観よりも平均して誤る場合がある。直観の洗練化・専門化は、実践的には両義的である。システム1とシステム2の連携は、この点で試練に立たされることになる。

［1-d］システム1は「想像」したものを整合的に組み立てていく機能をもっている。この「連想の整合化」機能は、システム2と連携して、因果関係を推定することができる。あるいはまた、システム1は、想像したものを整合させる際に、プロトタイプを用いてカテゴリーを代表させたり、異なる単位のあいだのレベル合わせをしたりすることができる。こうした機能を「システム2」は引き継いで、すぐれた論理的思考を展開することができる。むろん、複雑な問題の場合には、二つのシステムはうまく連携できない。システム1は、認知が容易な方が、真実であると錯覚してしまう傾向にある。またシステム1は、手元の情報を重視して、難しい問題を簡単な問題に置き換えてしまう傾向にある。二つのシステムがうまく連携するためには、システム2の働きによって、システム1のバイアスを制御しなければならない。

およそ以上の四つのパタンにまとめることができる。私たちはこれら四つの次元において、「システム1」と「システム2」の連携から、すぐれた実践を営むことができるだろう。ところがカーネマンが提起する根本問題は、「システム2」が基本的に怠けたいと思っている、という事情である。「システム2」は怠けたがっているため、私たちは二つのシステムをうまく連携させることができない。結果として不健全な行動に陥りがちである。こうしたいわば「怠惰な理性」の問題に対して、私たちはどのように対処すべきか、ということが問題になる。

ここで「怠惰」とは、必ずしも実際の心理傾向を指しているのではない。人々はシステム2の要求を十分に充たさなくても、主観的には「自分が怠けている」とはみなさないかもしれない。「怠惰」とは、超自我の要求を充たさないことである、とひとまず定義することができる。けれども、諸個人は自己のなかにどれだけ超自我を内面化しているのだろうか。超自我をまったく内面することがなければ、私たちは何も怠惰の意識をもつ必要がないだろう。しかしカーネマンにおいては、「システム2（合理的経済人）」の要求が、超自我であるとみなされる。例えばプロスペクト理論などに代表されるように、人々のリスクに対する判断は、システム2の確率計算と比較して、十分に合理的なものではないとみなされる。そのようなバイアスをもつ点で、計算において怠惰である、あるいはシステム2を十分に機能させていない、と判断されるのである。

このような怠惰によって自分に不利益が生じるとすれば、私たちはその不利益を避けるために、システム2を十全に働かせようとするはずだ、と思われるかもしれない。ところがそのインセンティヴを挫かれてしまう人は、自己の長期的な利益を誤って見積もってしまうか、あるいは正しく見積もったとしても、実践に移すことができないかのいずれかであろう。こうした振舞いはきわめて人間的である。けれどもこのような性癖を克服するために、私たちは次のようなことを他者に求めることができる。すなわち、自己の怠惰な習性を改善してもらいたい、あるいは自分が理性の怠惰に陥ったとしても、できるだけ人生に失敗しないように配慮してもらいたい、と。システム2は、システム1がもたらす不都合を制御する役割を担うけれども、それが怠惰に陥るとすれば、その役割を誰かに鍛えてもらいたい、あるいは代行してもらいたい、という配慮を個人は求めることができるだろう。そのような配慮の観点から政府のサービスを求める立場を、ここでは最近の研究動向に照らして、「リバタリアン・パターナリズム」と呼ぶことにしたい。

リバタリアン・パターナリズムとは元来、政府に頼らない行為を一つの選択肢として与えられた温情主義を意味しているが、しかしそのような行為が合理的経済人の自律的判断という理想と重ねあわされるために、定義上の混乱をもたらしてきた。ここでは、怠惰傾向のために自律できない人々が、自律に対する「規律願望（自律できるように鍛えてもらいたい）」や「代替願望（自律しなくても済むように代行してもらいたい）」という二つの方向性をもって、政府にサービスを求めることを正統化する立場であると理解したい。ここで「リバタリアン」とは、強制を嫌う自律意志をもった人を意味するのではなく、自己の怠惰から生じる不都合に対処したいという意志をもった人を意味する。すでに自律度の高い人たちが、自身の「理性の怠惰」に対処すべく政府を要請する場合、リバタリアン・パターナリズムはリベラリズムを補完する亜種として位置づけられるであろう。けれどもより根源的な思考として、リバタリアン・パターナリズムは、人々の自律度の高さというものが、実は人々のあいだでミクロに作用する「自己規律訓練権力」を前提としていることを問題視するであろう。

私たちはすでに、家庭や学校、職場や地域社会を通じて、自己規律訓練権力によって自己を主体化するように仕向けられている。けれどもそのようなミクロな権力を別様に作用させることが望ましいとすれば、どうだろうか。規律訓練権力から解放されれば、私たちはもっと自由に生きることができるかもしれない。自律した主体を陶冶することよりも、別の「生の理想」に近づくことができるかもしれない。リバタリアンは、そのような根源的な次元の問題を提起している。そのような根源から出発する場合には、前提として、自律度の低い人たちが集まったときに、いかなる社会を構築すべきなのか、また構築しうるのか、ということが問題になるだろう。リバタリアン・パターナリズムの問題設定は、自律した個人から成り立つ社会という前提を疑い、それ以前の段階から社会の成立を問うことができる。

問題は根源的である。私たちは、自律を可能にしているミクロの「自己規律訓練権力」が、はたして望ましいのかを問わねばならない。たとえそのようなミクロの権力がある程度まで内面化されているとしても、別のミクロ権力を発動したほうが「生の理想」としても「社会の理想」としても、望ましいかもしれない、と問わねばならない。

このような根本的懐疑のもとで、「システム2」の怠惰傾向をもった個人は、政府に対してどのようなサービスを求めることになるだろうか。

人々はおそらく、一方では、自己の自律を鍛えてもらうサービスを求めると同時に、他方では自己の自律を代行してもらうサービスを求めることになるだろう。いずれにせよ政府は、自らの慈悲心によって依存心の強い人々を救済してあげるのではない。自律した主体になることは骨の折れることだと理解する人々が、政府にその欠損に対する対策を依頼することになる。

自律の欠損に対する対策がなぜ必要であるかについての理由は、おそらく経済学の思考では次のように説明されるだろう。まず個人は、自律することと自律しないことの費用・便益を比較する。ところが個人の心理には、どうしてもバイアスがかかってしまう。自律することから得られる利益を低く見積もったり、自律しないことで蒙る不利益を低く見積もったりしてしまう。そうしたバイアスは、なかなか避けられないものであり、多くの個人はシステム2の怠惰傾向を許し、結果として不利益をこうむることになる。そのような不利益から身を守るために、すなわち心理的なバイアスを取り除くために、個人は政府に対して何らかのサービスを求めることになるだろう。

こうした発想は、政府の温情的政策を正統化するための一つの理路ではあるが、リバタリアン・パターナリズムは、必ずしもこのように発想するのではない。リバタリアン・パターナリズムは、自律をめぐる費用・便益計算に付随する恒常的なバイアスを取り除くサービスよりも、むしろ個人の自律を代行するサービスを、政府に求めることができるかもしれない。ある一定の費用を支払って政府に「自律代行サービス」を依頼すれば、自律しないことの費用・便益は、変化する可能性がある。自律しないことのメリットは、高まる可能性がある。そのような可能性を追求すると、そもそも費用・便益計算そのものを政府に依頼したほうが望ましいという、非自律的な生のモデルにいきつくかもしれない。こうしたモデル上の臨界をもった「自律代行サービス」の考え方は、最近の行動経済学や心理学の知見から導かれる興味深い規範的なアイディアであるだろう。カーネマン自身は、特定の規範構想にコミットメントしているわけではないが、以下では、怠けがちなシステム2を克服するための諸政策とその規範的な正統性について検討してみたい。

2　根源的な問題設定

根本的な問題とは、次のようなものである。私たちはシステム2の怠惰傾向を克服するさいに、規範的な理想として、システム2を十全に働かせる理性的人間を目標に掲げるべきだろうか。それともシステム2はあくまでもシステム1の活動を補助するものであって、むしろシステム1を活き活きとさせるような理想を掲げるべきだろうか。一見すると、システム2の怠惰傾向を克服するためには、それを鍛えることが解決になるようにみえる。だがシステム2を十分に鍛えなくても、私たちは「生の理想」に到達しうるかもしれない。

例えばカーネマンは、システム1の理想として、「チェスでうまい手を思いつく」という行為を挙げている。チェスの名手は、システム2を用いるものの、最終的にはその理性的能力を身体化して、ほぼ瞬時のうちに、しかも卓越した仕方で「手を打つ」こと（それによってゲームに勝つこと）を目指している。チェスにおける理想とは、システム2をシステム1の最高の実践に仕えるものとして鍛えることである。これはしかし、システム2の怠惰傾向を克服する目標とは別に、システム1の豊かな発揮をめざすものであろう。別の例を挙げると、「よい曲を作る」という理想がある。「よい曲を作る」際に求められるのは、システム2を十全に働かせることではなく、システム2の機能を、システム1の想像的な活動のために利用することである。作曲活動の理想とは、十全な反省的理性によって情動を構成することではなく、情動そのものを豊かに展開することである。システム2は、それが十全に働くとしても、システム1を補助する役割を担う場合に、作曲の理想は実現するだろう。

こうした「チェス・プレーヤー」や「作曲者」の理想は、「チェスの解説者」や「曲の解説者」の理想と比較してみると、分かりやすい。チェスの名手は、うまい手を思いつくというシステム1の理想を求めているが、これに対してチェスの勝負を解説する者は、システム2を最大限に活用して「プレーヤーたちの手」を批評する。また作曲者は、システム1を十全に用いて曲を作るという理想を求めるが、これに対して曲の解説者は、システム2を十全に用いて、作曲者たちの作品を解釈することを理想とするだろう。チェス・プレーヤーや作曲家は、システム1の十全な活らきを求めるのに対して、その解説者たちは、システム2の十全な活らきを求めていると言える。

むろんここで問題は、二つのシステムのいずれかに特化した理想を求めることではない。二つのシステムの連携において理想を求めることであり、いずれかに特化した理想は破たんしてしまう。例えば設計主義のように、社会をシステム2（合理的経済人）によって完全に制御するという考え方は、実際には人間の無知に対応する術をもたず、富を最大化したり、効率的な配分を行なったりすることができない。また、なんでも合理的に考える経済人は、自らの欲望や感情を洗練することに関心をもたず、愚かな欲求を効率的に満たすのみであるかもしれない。すべてをシステム2によって合理的に制御しようとする発想は、システム1の豊かな資源を利用することができず、結果として貧弱な成果しかもたらさない。反対に、人生あるいは社会の理想を、システム2を排したシステム1、すなわち「非理性的な野生人」の観点から追求する立場は、反文明的なものであって、実際には人間の理想を語る術をもたず、自己矛盾に陥るだろう。システム1のみでは、ドグマ化、粗野化、稚拙化などの欠点を避けることができない。問題はシステム1とシステム2の連携のあり方として、どのような方向性を掲げるかである。先に「チェスの名手」や「よい作曲」という活動の理想を示したが、こうした活動のほかに、「解説者」たちの活動においても、二つのシステムは連携している。争われているのはその連携のパタンである。私たちはどのような規範的観点から、システム2の怠惰傾向を批判すべきであろうか。ここでは議論を単純化して、「リベラルな啓蒙主義」と「成長論的自由主義」という二つの理想を対比してみたい。

3　リベラルな啓蒙主義vs成長論的自由主義

(1)「リベラルな啓蒙主義」とは、政府が人々に対して、自身のシステム2を自律的に用いるように要請するが、人々がある程度までシステム1のバイアスを自分で調整できるようになれば、あとは基本的に、各人の活動を、他者の諸権利に抵触しないかぎり認めるという寛容の立場である。またそのような各自の行為調整能力に期待して、社会の秩序を生み出そうとする立場である。リベラルな啓蒙主義は、システム2を集団的に用いるのではなく、その利用を各人に分散する点で「設計主義的合理主義」とは異なる立場であり、啓蒙の伝統をあくまでも個人主義の観点から継承しようとしている。

「リベラルな啓蒙主義」には二つの方向性がある。できるだけ諸個人のシステム2を鍛えて「自律主体」を養成するという方向性と、自律の機能不全に寛容で、問題が生じた場合には人道的に支援すべきであるという方向性である。例えばアルコール中毒症の患者に対して、前者の理想は、自律的に禁酒するためのプログラムを提供するであろう。これに対して後者の理想は、症状を緩和するための人道的な配慮を施すであろう。前者の理想、すなわち自律主体を養成する理想は、いわば人々がチェスや曲の解説者になるようなものである。できるだけ啓蒙されたシステム2を用いて活動することが奨励される。けれどもそのような卓越した自律主体の理想をどこまで社会的に追求すべきかについては、リベラルな啓蒙主義の内部で意見が分かれるだろう。リベラルな啓蒙主義のもう一つの特徴は寛容の精神であり、社会秩序が維持されるかぎり、あるいは人々がそれで満足するかぎり、人々の怠惰な理性を容認し、システム2を十全に用いない生を承認することである。

⑵これに対して「成長論的自由主義」とは、システム2に負担をかけるとしても、その負担をシステム1のために利用して、最終的にはシステム1のすぐれた発揮をめざす立場である。私たちの情動、関心、直観、あるいは想像といった諸機能を高めて、これらの能力が豊かに発揮されるような人生、あるいはこれらの能力を人々が互いに刺激しあいながら自生的に成長していくような社会を理想としている。この理想は、たんに人々が互いの権利を尊重しあうリベラルな社会とは異なり、すぐれたシステム1の発動を、個人および社会に求める立場である。成長論的自由主義には、二つの方向性がある。一つは、各人の人格に照準して成長を考える方向性であり、もう一つは、社会的に共有された制度や暗黙知などに照準して、社会全体の成長を考える方向性である。成長がどのようなもの

であるべきかについて、この立場の内部で意見が分かれるだろう。

成長論的自由主義は、システム2を十全に用いるとしても、それをシステム1の十全な活らきのために要請する。この考え方は、もしシステム2に怠惰傾向がある場合には、その機能を政府に代行してもらい、諸個人がシステム1を十全に機能させることができるような政策を求めることになるだろう。「リベラルな啓蒙主義」は、政府に自律の養成を求めるのに対して、「成長論的自由主義」は、政府に対して自律の代行を求めることになる。むろん以下にみるように、この対比は必然的なものではなく、成長論的自由主義もまた、システム2の十全な発動がシステム1の十全な発動に資すると考えられる場合には、自律主体の養成を、政府に求めることになるだろう。

以上の二つの理想のうち、「リバタリアン・パターナリズム」がいずれを求めているのかは、明らかではない。一見すると、リバタリアン・パターナリズムは、(1)のリベラルな啓蒙主義の担い手を想定した上で、その担い手たちの「システム2の怠惰」を補う政策を求めているようにみえる。しかし、怠惰に陥りがちなシステム2を補助するための政策は、結果としてシステム1を刺激し、(2)の理想を導くことにもなる。リバタリアン・パターナリズムは、システム2において自律した人間像を想定しているが、政策を導くアイディアにおいては、成長論的自由主義の人間観や社会観にいたる可能性がある。以下ではこの第二の方向性を、カーネマンその他の行動経済学研究を手がかりにして解明したい。

【注】以上の(1)と(2)について、これを「制度の問題」と「個人の問題」に分けると四類型を得ることができる。制度的には、リベラルな寛容の文化を求めるとしても、自己の生き方としてはシステム1を自動化するような生活を理想とする人もいるだろう。あるいは自分の生き方としては、できるだけリベラルな寛容文化のなかで暮らしたいと考える一方で、社会全体にかかわる問題については、卓越したシステム1の実践（制度の成長）を促すことに賛成する人もいるだろう。リベラルな啓蒙主義と成長論的自由主義は、組み合わせることができる。

4　理性の怠惰傾向に対処する政府

理性の怠惰傾向という事態を根本問題に据えるリバタリアン・パターナリズムは、みてきたように、およそ二つの理由から、政府に温情的な政策を求めている。第一に、諸個人から、システム2が健全に機能するように鍛えてほしい、という自律養成の依頼を受ける場合であり、第二に、そのようなシステム2の役割を肩代わりしてほしいという自律代行の依頼を受ける場合である（むろん、これら二種のサービスは、民間の機関によっても提供される場合もある。ただしサービスが私的に提供されるとしても、それが独占状態をもたらす場合には、そのサービスを公的なものと呼ぶことにしよう。もちろん独占状態の場合にも、つねに新しい専門サービスが生まれる余地がある。サービスの提供を政府にゆだねるのか、それとも公的な機関と私的な機関のベストミックスを探るかという問題は残るだろう）。こうした「自律養成」や「自律代行」のために求められる政府のサービスは、次のような論理によって正統化されるだろう。

⑴システム1は、「自己肯定原則」をもっており、安易な安定を好む傾向にある。人はシステム1の次元において自己を肯定し、存在の安定を得ようとする。しかしシステム1は、それ自体としてはドグマ化、粗野化、稚拙化などの欠点を免れず、実際には破たんする可能性があるため、システム2と連携する必要がある。

⑵ところがシステム2は怠ける傾向にあり、連携はうまくいかない。

⑶かりにシステム2が怠けずに、人々がそれぞれ自律主体になったとしよう。おそらくその場合にも、人々は自身の処理能力の限界から、あるいは時間の制約から、すべての問題について自己のシステム2を十分に発揮することはできない。個々の問題に応じて、人々はシステム2を十分に発揮する各種の専門家にサービスを依頼することでもって、自己のシステム2の限界を克服しようとするだろう。「専門家の分業体制」を構築することで、自己のシステム2が十分に発揮されない制約状況を克服するだろう。自律主体はこのように、分業による各種の

専門的なサービスを要請し、それぞれのサービスにおいて、その独占的な供給体制が望ましいと認めた場合には、政府によるサービス提供を認めるだろう。

(4)しかし、(3)における「専門家の分業体制」と「政府の正統化」は、(2)を前提にするならば、手放しに導出することはできない。システム2が怠けることを前提にするなら、人々はまず、（4－a）自己のシステム2の怠惰傾向を克服するためのサービス（自律主体の養成）を求めるか、（4－b）そのような怠惰傾向を克服しなくても、誰かにその機能を代行してもらい、人生に失敗しないための配慮を求めるか、いずれかのサービスを求めることになるだろう。自律主体を前提にしない場合、専門家の分業体制は、このように「自律養成」や「自律代行」の観点から求められることになる。怠惰な主体は、自らの怠惰に対応するための専門サービスを求める。その独占的運営が望ましいと認める場合には、政府によるサービスを認めることになるだろう。

およそ以上のような論理の道筋で、私たちは専門家の分業体制と、その自然独占としての政府を正統化することになるだろう。ここで用いられている論理は、「理性の制約状況を克服するための分業」ではなく、「理性の怠惰傾向に対処するための分業」であり、各人は必ずしも自己の理性を自律的かつ十全に働かせる必要はない。

かりにシステム2が怠けない場合、自律主体（合理的経済人）たちの集まりが政府を正統化する際の理由は、費用便益上の利点である。あるいはロールズ的な合理的主体間での合意である。理性的な主体たちが、自らの理性の限界を超えて利益を得ることができるとすれば、あるいはまた、その利益を最適化しうるとすれば、政府のサービス提供は費用・便益計算によって正統化されるだろう。これに対してシステム2が怠け癖をもっている場合、自律を怠る人たちの集まりが政府にサービスを依頼する際の根拠は、もはや合理的な費用・便益計算に基づくわけではない。そのような計算の自律性を十分に持たない（あるいは計算を怠けたいと思っている）人々が政府にサービスを求める場合、そこには心理的バイアスが含まれているはずである。それは人々が専門家の判断に帰依することから得られる安心感であるかもしれないし、あるいは計算を怠り、人生を貪ることから得られる快楽であるかもしれない。怠け癖のある個人は、あるバイアスをもって政府の介入を要請するだろう。

システム2の怠惰傾向を前提とした場合、政府のサービスはリベラルな啓蒙主体とは別の主体によって正統化される可能性がある。そこにおいて前提されるのは、自分よりも他者（あるいはそのサービスの独占体としての政府）のほうが、怠惰なシステム2に対処する能力がある、という非対称的な想定である（むろん二者モデルで考える場合には、この非対称性は、二者が互いに他者の怠惰傾向に対処するという営みとなり、結果として両者のあいだに対称性が生じるだろう。けれどもサービスをある機関に集約させる場合には、この対称性は崩れてしまう）。すると問題は、なぜサービスを提供する側が、自らの「システム2」の利用を怠らないのか、ということになる。理性の府（政府）といえども、怠ける傾向にあり、「システム2」を十分に働かせないかもしれない。そのような心理的傾向を、政府はどのようにして克服することができるのだろうか。

リバタリアン・パターナリズムにとってこの問題は、根本的である。リバタリアン・パターナリズムは、私たちの怠惰傾向を克服するための装置（その独占体としての政府）を要請するが、政府のシステム2もまた怠けるとすれば、私たちはどこまで政府のサービスを信頼しうるのか。この問題は、リバタリアン・パターナリズムが政府を正統化する際の論理に、重大な疑問を投げかける。

「自律養成」や「自律代行」のサービスを請け負う政府は、なぜ怠らずに人々の営みを配慮しうるのか。あるいは別様に問題を立てれば、政府はいかなる仕組みを通じて、人々の営みを怠らずに配慮するのだろうか。この問題は、専門家が自身のシステム2の怠惰傾向をどのようにして克服するのかという問題一般にかかわる。

高度に専門的な知識を身につけた人の判断も、あてにならない場合がある。専門家は例えば、しばしば自信過剰に陥ることがある。専門家といえども、しだいに安易な自己肯定によって、存在の安定を得ようとすることがある。こうした専門家の自信過剰リスクを避けるために、私たちは専門家たちのシステム2に対して、さらなる教育と試練を求めることができる。例えばライセンスの更新制度を導入したり、専門的地位を階層化したりして、システム2を鍛え続けるためのインセンティヴを与えることができる。あるいは専門家がシステム2を鍛えることとそれ自体に快楽を見出すように、訓練することができる。

けれども私たちは、専門家の判断そのものに負担をかけないようにすることもできるだろう。すなわち政府は、人々の「自律養成」や「自律代行」を、制度的なアルゴリズムによって引き受けることができるかもしれない。例えば専門家は、一定のデータを入力しさえすれば、コンピューターを用いて望ましい解決策を判断することができるかもしれない。あるいは専門家は、物理的な装置を用いて、諸個人の自律を支援することができるかもしれない（例えばシートベルトの着用サインの導入）。このような場合、専門家の地位は相対的に低くなる。

以上をまとめると、専門家のシステム2の怠惰傾向を克服するためには、(1)システム2を鍛えつづけるインセンティヴの構造、あるいは、(2)システム2に代替する制度のデザインが必要である。しかしいかにその怠惰傾向を克服したとしても、結果として専門家の判断が素人のそれとあまり変わらない場合には、専門家にサービスを求める理由はない。その場合には、たとえコストの面で専門家にサービスを依頼するとしても、リバタリアン・パターナリズムが政府を正統化する論理は失効してしまう。専門家の専門知や直感が自信過剰にすぎず、素人の判断とあまり変わらない場合は、専門家に高い給料を支払う必要がない。実際、アメリカでは専門職に代替するサービスとして、いくつかの仕事内容を別のもっとレベルの低い資格の人ができるようになってきた。専門家のサービスを求めるとしても、専門職の資格を取りやすくしたり、別の資格に代替したりするなど、制度的には別様の対応をすることができるだろう。

5　政府レベルにおける対応の対立

専門家のシステム2を継続的に鍛えていくのか、それともその機能を他の装置や制度によって代替していくのか。この問題は、統治上の技術的な最適化の問題であって、功利主義的に解決すればよいと思われるかもしれない。しかし問題が複雑すぎて、たんに功利的な基準でもって解決できない（事前に最適化できない）場合には、専門家のサービスというメタ・レベルにおいて、「リベラルな啓蒙主義」か「成長論的自由主義」か、という方向性が規範的に問題になる。

例えば、人々が自律した人生を営むために、年金の積み立てや健康保険の選択、家計の管理や事業運営上のリスク管理、あるいは体調管理やキャリア形成へのアドバイスなど、さまざまな点で政府にサービスを求めたとしよう。政府はこうしたサービスの提供に際して、専門家のシステム2を用いて、それぞれの場面でその都度、人々に反省的な検討を促すことができるかもしれない。その場合、専門家は、自らの理性を十全に用いて、人々の自律を促すと同時に、自らのシステム2の怠惰傾向に対処するために、システム2を継続的に鍛えることが求められている。むろん、実際のサービスはさまざまであり、専門家は理性を十全に働かせることもあれば、慣行的なパタンに従うこともあるだろう。けれども類型として、一方の極には、人々の「自律養成」のために、専門家もまた「自律主体」になることを自ら引き受ける、という方向性が考えられる。

これに対して別の方向性として、人々が自律を積極的に求めるのではなく、自身の怠惰傾向によって陥りがちな失敗から身を守るために、自律の機能を政府に代行してもらうという考え方がある。例えば、年金の積み立てや健康保険の選択、家計の管理や事業運営上のリスク管理、あるいは体調管理やキャリア形成へのアドバイスなどにおいて、人々が自律した選択をすることに負担を覚えるがゆえに、その選択を政府に代行してもらうサービスを求めたとしよう。こうした自律代行のサービスを、政府は専門家たちのシステム2を十全に用いて、自律的な仕方で提供することもできるが、政府は専門家のシステム2に頼るのではなく、その負担を減らすかたちで対応することもできるだろう。例えば、年金の積み立てや健康保険の選択において人々が最適な選択をするために、ある質問票を用いた分析やアドバイスをコンピューター上のソフトウェアによって提供することができるかもしれない。他にも政府は、専門家の地位を引き下げて競争メカニズムを機能させたり、専門家に関する情報提供のみを引き受けるなどによって、政府本体が専門家を抱えるのではなく、政府と市民（顧客）のあいだに民間の専門家を位置づけることによって対応することもできるかもしれない。このように多くの役割をコンピューターに任せたり外注したりす

リベラルな啓蒙主義（政府）	成長論的自由主義（政府）
専門家によるきめの細かいアドバイス	機械化されたサービスへの代替
専門家の免許システム	免許なしでもサービスを提供できる
専門家を批判的に監視する制度	専門家の数を増やして競争させる
専門家の地位の階層システム	専門家の資格をダウングレードする
専門家の職務に対する外部審査	個々の専門家に対する顧客の評価
専門家の養成と講習の継続化	専門家に代替する制度の継続的な創造
専門家の自浄作用を促す討論空間の設定	専門家以外の情報に信頼度の評価
・・・	・・・

ることになれば、政府本体のシステム2は、制度をデザインするという創造的な役割に専念することができる。その場合の制度デザインという創造的な仕事は、システム1を動員するものであり、システム1のすぐれた活用を理想としている。制度デザインの仕事に専念する政府の専門家は、その活動において、成長論的自由主義の理念にかなっているだろう。こうした政府の在り方が、もう一方の方向性である。

このように、自律養成や自律代行のサービスを引き受ける政府の側においても、「リベラルな啓蒙主義」と「成長論的自由主義」という二つの規範理念を対比することができる。それぞれの政策指針を整理すると、上のようになるだろう。

政府レベルにおける「リベラルな啓蒙主義」は、一方で人々の自律養成を引き受けつつ、他方でそのサービスを行う自身の自律養成を配慮する。そのためには、日々の仕事に対する批判的な監視を欠かすことができない。これに対して政府レベルにおける「成長論的自由主義」は、一方で人々の自律代行を引き受けつつ、他方でそのサービスを行う自身の側を、できるだけ自律的な理性に頼らずに、制度の創造によって対応しようとする。むろん理論的には、人々のレベルと政府のレベルに、それぞれ二つのモデルがあり、これらを組み合わせると四つの類型ができる。

(1)人々の自律養成願望→政府の自律的対応と自律の強化
(2)人々の自律養成願望→政府の制度的対応と制度創造の強化

(3)人々の自律代行願望→政府の自律的対応と自律の強化
(4)人々の自律代行願望→政府の制度的対応と制度創造の強化

これらの組み合わせのなかで、(1)はリベラルな啓蒙主義のモデルであり、(4)は成長論的自由主義のモデルである。成長論的自由主義は、自律の負担を必ずしも軽減するものではないが、自律が求められるときは、それがつねにシステム1の豊饒化に資するように制度をデザインするであろう。

ここで専門家の仕事は、ルーティン化によって、システム2にさほど負担をかけずに提供できると思われるかもしれない。実際、そのようなルーティン化がうまくいくかぎりにおいては、「リベラルな啓蒙主義」と「成長論的自由主義」の区別は必要ないであろう。しかし実際には、専門家の仕事がルーティン化されると、さまざまな問題が生じる。専門家の自信過剰化、仕事のずさん化、コストの増大、腐敗、等々の問題である。こうした問題を避けるために、一方には政府レベルの「リベラルな啓蒙主義」があり、他方には政府レベルの「成長論的自由主義」がある。

こうした二つの方向性は、規範的な選択に開かれていると同時に、ある程度まで技術の発展に依存している。例えば津波の予測や犯罪確率の予測のように、ある分析に基づいて事態を予測し、その予測を解釈して社会的に意味のある情報を提供する場合を考えてみよう。専門家は、ある事態が起こる確率をそのまま提示するだけでなく、警報を出したり、政策者に助言したりする。この場合、専門家は予測と判断の二点において、それぞれ誤るリスクを抱えており、つねに批判的な理性を用いて予測と判断の方法を検討しなければならない。しかし技術が進歩すれば、予測とそれに基づく判断の多くは、コンピューターに代替できるかもしれない。すでに犯罪予測においては人間の判断よりもコンピューターによる判断のほうがすぐれていると言われるが、そのような予測技術が発達すれば、政府レベルの対応は、「リベラルな啓蒙主義」から「成長論的自由主義」へと移行していくだろう。専門家の仕事はすぐれた予測と判断をするためのコンピューター・ソフトウェアをデザインすることであり、それ自体は極めて創造的な仕事であるといえる。このような仕事は、従来の専門家の仕事を代替し、専門家の専門性を不要にする契機をもっているだろう。

みてきたように、政府レベルにおいて「リベラルな啓蒙主義」と「成長論的自由主義」のいずれを採用すべきかについては、専門サービスの性質のみならず、技術の発展にも依存している。いずれにせよ、もし「成長論的自由主義」の方向で政府のサービスを提供する場合には、政府が雇う専門家の質も変化するであろう。専門家は、たんなるルーティン・ワーカーではないが、批判的理性によって自分の仕事を管理する人でなくてもかまわない。求められる専門家とは、制度の設計者であり、また設計された制度を実現するための企業家精神をもった人でなければならない。例えばＣＦＯ（最高財務責任者 chief financial officer）のように、ある事業を成功させるために、さまざまな専門知を動員して活動することができる人でなければならない。

そのような仕事は、災害対策本部の運営や、各種ＮＰＯの運営などにおいても求められている。「成長論的自由主義」の政府が雇う専門家とは、制度の創造的なデザイナーであり、あるいは実践的な改革家である。そのような活動のためには、専門家は自身のシステム２を、たんに批判的な理性として用いるのではなく、システム１に仕えるものとして用いなければならない。創造的な仕事に仕えるものとして、システム２を動員できなければならない。システム２の強い意志が必要である一方で、自信過剰や将来に対する楽観主義といった、システム２を否定するようなコミットメントの要素も必要である。ＣＦＯに関する心理学研究の成果によれば、ＣＦＯには実際、そのような傾向が認められる。自身過剰と楽観主義の資質をもって任務を遂行するような専門家が、求められることになろう。こうした専門家を雇う政府は、いわゆる「鉄の檻」（即事的に合理化された業務の体系）としての官僚システムとは異なるイメージをもつであろう。

6　リバタリアン・パターナリズムの要求を超える

以上の立論を振り返ってみよう。リバタリアン・パターナリズムとは、怠惰傾向をもった人々が、自律に対する規律願望や代替願望をもって、政府にサービスを求めることを正統化する立場である。ここで「怠惰」とは、超自我としての合理的経済人の視点からみると不合理な振舞いを、人々が実際に選択してしまうことを意味する。人々は、合理的経済人の視点を十分に内面化して実践することができないので、バイアスのかかった行為をしてしまう。このようなバイアスないし怠惰傾向を克服するためには、人々は政府に対して、自己の自律養成を依頼するか、それとも自律しなくても失敗しないように、自律代行の依頼をするかのいずれかであろう。

ここで「リバタリアン」とは、強制を嫌う自律意志をもった人ではなく、自己の怠惰から生じる不都合に対処したいという意志をもった人を意味している。リバタリアンは、もし合理的経済人のようにふるまうことができれば、政府に頼る必要がない。しかしシステム2はそのための計算を怠ける(言い換えれば実際の判断にはバイアスがかかる)がゆえに、人々はそのバイアスに対処するための介入を政府に求めることになる。しかしその場合、(1)バイアスを矯正して、人々の行動を合理的経済人に近づけるのか(リベラルな啓蒙主義)、(2)それともバイアスを矯正せずに、システム1のすぐれた実践を促すのか(成長論的自由主義)、という二つの方向性がある。

リベラルな啓蒙主義は、次のように発想する。諸個人は、自分がなしうる能力の一部を、他者(政府)に代行してもらうほうが低コストである。人々が主体的・自律的に判断するとしても、人は自分が弱いこと(怠けがちであること)を自覚しており、その弱さを克服するために、政府に対応を依頼したいと考える。人びとは主体的・自律的であると同時に弱さを認識するがゆえに、コスト計算を考えたうえで、その活動の規律化あるいは代行のいずれかを政府に依頼する。

これに対して成長論的自由主義は、次のように発想する。人々は自律した主体になることよりも、システム1を豊かにする生活者になることを求めており、そのような生活者になることのリスクに対応するために、政府のサービスを求める。システム2のバイアスを前提としたうえで、合理的経済人のモデルを規範化せず、人々に自由の理想を条件化するというサービスを求める。この依頼に応じて政府は、何らかの制度デザインを提案し、実行に移す。そのような制度の創造的な再生産が問題をうまく解決する場合に、人々は政府の介入を正統であると認めるだろう。

むろんこうした成長論的自由主義の発想は、合理的経済人のモデルとシステム1の理想を天秤にかけて後者を選ぶのであり、その魅力は、システム1の理想がどのような内実をもったものであるのかに依存している。リバタリアンないしリベラルであれば、システム1の理想は個人の自由であり、個人の意志と選好に任せるべきであると発想するだろう。しかし成長論的自由主義はこの点で、いわゆる「リバタリアン」なパターナリズムを超えて、あるいはまたリベラリズムの要求を超えて、諸個人のシステム1の可能性が、さまざまに展開していく状態を「善」とみなす立場へと踏み出している。成長論的自由主義は、自己の怠惰から生じる不都合に対処したいという意志をもった人を想定する点ではリバタリアンであるが、どのように対処すべきかをめぐっては、個人の意志を尊重せず、パターナリズムにコミットメントするだろう。

個人の独創性を高めたり、あるいは制度として進化的な合理性を高める（促進する）には、反省の高度化よりも、それを制度によって代行したり、無反省的実践化を促したり、自動化・慣習化するということが必要である。この場合、そもそもの出発点として、「悪しきバイアス」を個人ないし国家の「システム2」によって制御すると発想するのではなく、システム1がもつ潜在的可能性とその豊饒性を、個人ないし国家が引き出すべきである、と発想する。「システム1」がうまくいく、ということは、その潜在能力がうまく発揮されている、あるいは醸成されている状態である。この立場は、なにをもって「システム1」の理想とするのかについて、踏み込んだ理解を示すであろう。

おわりに

本稿ではカーネマンの「システム1／システム2」の区別に導かれて、リバタリアン・パターナリズムの議論のなかから、成長論的自由主義の規範構想が一つの選択肢となりうることを示してきた。システム1の理想は、社会を構成する諸個人にとっての理想であると同時に、政府を運営する個人の理想でもあると想定された。システム1の理想とは、システム1がもたらすバイアス（およびそのリスク）を、個人あるいは政府が客観的に見定めたうえで対処するという考え方とは異なり、たとえそのようなバイアス（およびリスク）があるとしても、システム１の豊かな生成を通じて、よりすぐれた理想に向かうことができる、と発想する。いわばシステム１の便益によって、その費用を賄おうと発想する。しかしモデルの前提上、自律していない個人は、そのような費用便益計算を合理的になしうるわけではない。はたして成長論的自由主義の方向性が、どこまで望ましいのかについては、本稿ではそれに対抗する「リベラルな啓蒙主義」との対比によって示したのみである。より根本的な次元で、「自律していない個人の社会契約論」を展開することは、別稿を期したい。成長論的自由主義の社会契約は、進化論的な企てであり、比較文明的な帰結を予期した賭けであるだろう。それが賭けでなくなるためには、契約する者たちの歴史的英知が想定されなくてはならない。

（研究課題番号 26380254）

市民社会の記述と市民/国民の戦争

野上元

完璧な理想社会の夢想をば、好んで思想史家たちは十八世紀の哲学者たちと法学者たちに帰しているが、他方さらに、現実には社会の軍事上の夢も存在したのである。

（M・フーコー『監獄の誕生』一九七五年）

1　戦列歩兵たちの戦場——あるいは「軍事＝社会」という理想

当然のことながら、映画技術の誕生以前の一八世紀の戦争を記録した映像はない。しかし『監獄の誕生』第Ⅲ部第一章「従順な身体」でも強調されているように、戦場における動き（の管理）こそ、一八世紀の戦争における決定的に重要な革命であった。戦闘で必要とされる動作を細かく規格化して分類し、徹底的に反復させて、管理・統制する空間である兵営は、近代の規律・訓練の源流の一つである。逆にいえば、映像資料がなく絵画や文書資料でしか扱えないような時代を扱いながら、兵営における訓練や戦場における動作について事細かに言及できること自体が、歴史的なのだ。それはつまり、「歩兵操典（Field Manual）」という資料である。フーコーはプロイセンのフリードリヒ二世（大王）の操典を引用する。(1)

『監獄の誕生』とちょうど同じ年に公開されたS・キューブリックの映画『バリー・リンドン』は、一八世紀半ばの七年戦争（一七五六－六三年）における「戦史にも残らないような」戦い（skirmish）を映像で再現しようとする。

それは次のようなものである。
筒先に銃剣を装着した小銃を構えた歩兵たちが幅広い隊列（横隊）を組み、軍楽隊の軽快な行進曲（「英国擲弾兵行進曲」）に乗って前進してゆく。他の兵士たちと見事に歩調を合わせ、等速度で進むのである。兵士たちの服装はあまり実用的には見えない派手なものである。前進中も敵の射撃は始まっており、幾人かの兵たちが無言のまま倒れていく。が、立ち止まって応射することはない。隙間は後ろの列の歩兵によってすかさず埋められる。行進曲は決して中断せず、歩兵たちはひたすら隊列を崩さないよう前進するが、それが多少の犠牲よりも重要なようだ。銃弾を胸に受けた指揮官を介抱するために戦列を離れた主人公は、やがて背後に突撃の喊声を聞く……。

今日の眼でみれば、ひどくのんびりとした戦闘ではある（兵士たちが簡単には「突撃」しないからだ。だが何故、突撃するほうが自然だと私たちは考えているのだろう？）。あまり説明的な描写がされない一方で、どこかコミカルにもみえる。それがかえってこの戦場の酷薄さを不気味に描き出している。

それからほぼ一〇〜二〇年後にあたるアメリカ独立戦争（一七七五－八三年）でのカムデンの戦いやカウペンスの戦いを再現しようとする映画『パトリオット』（ローランド・エメリッヒ監督、二〇〇〇年公開、米）でも、こうした歩兵たちの戦いが詳しく描かれている（大真面目なこの映画の描写にコミカルさは全くなく、描写はくどいほど説明的だが、やはり聞こえてくるのはあの妙に軽快な「英国擲弾兵行進曲」である）。

大砲による散発的な砲撃のなか、歩兵たちはやはり横隊を組んでゆっくりと前進し、敵の顔が明確にみえるほどの距離（一〇〇メートル以内）に至って立ち止まり、指揮官の号令のもと射撃準備を整える。すぐにまた号令がかかり、一斉に射撃を開始する。双方多数の犠牲者が出るが、それでもその場に立ち続け、ひたすら弾丸を装填し、銃を撃ち続けなければならない。密集した部隊に撃ち込まれる大砲の砲弾が仲間の体や頭部をもぎとってゆく。ひとたび密集隊形が崩れれば、歩兵銃の一つ一つの威力は乏しく、やがて壊走が始まれば、敵の銃剣突撃を背後から受けることになるし、あるいはそこから逃げおおせても、機会を待っていた敵騎兵の追撃をさらに受けることになる（逃げる自分に向けて騎兵が振り回す剣の高さはちょうど自分の首の位置なのである）。だから仲間と密集して身を守るための弾丸の壁を作るしかない。立ったまま敵の顔が見えるほどの距離で撃ち合う銃撃戦は、壮絶な我慢比べとなる。また、銃歩兵は伏せることもできなかった。この時代の主力銃は「前装銃」（前込み式）で、一回の射撃ごとに銃口のほうから弾丸を込めなければならないからである。ゆえに射撃準備のすべては立ったまま行わなければならない。敵前逃亡ももちろん不可能である。それを防ぐためにも密集しているのだし、指揮官や副官がサーベルを持っているのは、敵と戦うためであると同時に、戦列を離れようとする兵士をその場で即座に処刑するためなのだ。そして彼ら歩兵自身もまた、密集してひたすら我慢しながら撃ち続けることこそが、かろうじて生き残る可能性であることを知っている。敵が先に崩れてくれれば、指揮官の号令のもと、こちらから銃剣突撃に移る。

絵画や再現映像で見る限りにおいても、こうした銃歩兵たちの姿は痛ましいばかりである。私たちの知る二〇・二一世紀の戦場とはまた異なった悲惨さをこの時代の戦いは持っている。また、それは一七世紀以前の流儀とも異なっている。それこそ徹底した規律・訓練の成果であった。その技術的条件となるのがこの時代の歩兵銃であり、この戦いの流儀は、その有効射程と発射間隔を重要な関数として導き出された、ひとつの合理性に支えられている。発射間隔を短くできればちょうどそのぶんだけ、縦の列の数を減らし横隊となって時間あたりの火力を増すことができる。こうした歩兵たちを「戦列歩兵（line infantry）」という。フーコーのいう一八世紀の兵営は、こうした兵士たちを訓練する場なのである。

『戦争論』（一九六三年）を書いたカイヨワは、二〇世紀前半の軍事評論家ジョン・フレデリック・チャールズ・フラーの「マスケット銃が歩兵を生み、歩兵が民主主義を生んだ」という言葉を引いている。(2) 銃という武器の発達を通じて、戦場における騎兵の地位が低下し、一八世紀には戦場の主役は完全に歩兵に移っていた。その二〇〇年以上の歩みは、ちょうど近世から近代にかけての時代に重なる。自由や平等、民主主義を謳う「啓蒙」があり、「革命」が起こる時代である。フラーの言葉は、そうした輝かしい達成が、歩兵たちの血まみれの活躍によって担われたという、元軍人らしい逆説の提示とみることができる。

フーコーの主張も、いささか逆説的である。つまり、啓蒙の時代は人びとをたんに「自由」へと解放したのではなく、自らへの参照を極度に強めて自らを律し訓育する身体を作り上げたのだと。それは教育（学校）、医療（施療院）、労働（工場）などのさまざまな領域に及ぶ。

軍事史を参照してフーコーは、人びとの身体を自ら軍務に適応させる主体化の場に、フリードリヒの時代（一八世紀）の『人間機械論』（ラ・メトリ、一七四八年）に基づく知＝権力を見いだした。(3)

十六世紀には、軍事教練はとりわけ戦闘の全体ないし部分を模することに、そして兵士の腕前や力を一括して増大させることに存していた。が十八世紀になると、《手や足》を中心とする教育は、もはや《模範例》重視の原則ではなく、《基本の諸要素》の原則に従うのである。つまり、有効な行動をもたらす基礎的な部分を少なくとも構成していて、しかも、力と腕前と従順さに関する全般的な訓練を確保する、そうした単純な身振り——指の位置、脚の屈曲、腕の動き——である。

歩兵銃と人の身体の接触面に、規律・訓練を内面化する主体性の政治学が滑り込む。銃砲術こそ、「人間＝機械論」がその政治学を展開する絶好の領域なのであり、もはや軍隊は個々の兵士の超人的な膂力や達人的な戦闘術、あるいはその伝承に頼る必要がない。

そして各兵士のよく統制された個別の動きが密集隊形のなかで有機的に結びつき、部隊の運動や展開を実現してゆく。つまり軍隊という「ある配置のかたちに達して特定の成果を入手するために、相互の関係で移しかえられる多様な部品からなる一種の機械装置」（フーコー）が完成してゆくのである。

というよりそれは、一つの生命体のようだった。オーストリア継承戦争や七年戦争における大王の戦いぶりにあるように、この時代以降、規格化された軍事単位とその配置・運動が戦場を彩るようになる。「戦闘展開」「陣地転換」「斜行戦術」「中央突破」「半包囲」「迂回奇襲」……。というか、そうした用語や記述法自体が軍学校、軍事学・戦史学の発展に伴ってこの時代以降開発されてゆくのである。こうして軍隊は「一つの技術であり一つの知であって、この技術と知が自らの図式を社会の構成員全体に投影できる」ようなものになった。それは「人間／社会」という、部分と全体を区別しつつ連携させる知の模範例だともいえる。

では、「彼ら」はどのように集められたのだろうか。七年戦争の頃のあるスイスの農民の日記がそれを垣間みせてくれる。名をウルリッヒ・ブレーカーといい、一七三五年に生まれ、一七九八年に没した人物である。リクルート担当の少尉の「私的な従者」に応募したつもりのウルリッヒは、訪れたベルリンにて半ば強制的に兵士として徴募されてしまう。訓練を受け、やがて始まる七年戦争に参加する。開戦直後のロボジッツの戦いで脱走し、帰郷を果たすことができた。それはまずウルリッヒの父親がある職人にそそのかされたことにある。

「お前のとこには随分と沢山の子供がいるわな。この子たちをどうするつもりかい？　だってお前には土地もないし、手に職をつけている子供もいないしな。……ハンス・ヨッゲリスの子供たちを見てみろよ。やつらはベローナに行ってすぐに軍隊に入り、一年もたたないうちに、お偉いさんのようなピカピカの服を着、金縁の帽子をかぶって見せびらかしのためにご帰還だ。そして、もうこの土地で金を稼ぐ必要はないんだってさ」(4)

狭隘なスイスにはめぼしい産業もない。当時の各国常備軍は国籍不問であり、歩兵への応募は、貧しい人びとにとって食い扶持を得るための重要な手段であった。ただその様子は体のよい身売りにみえなくもない。大都市にはリクルート担当の士官（募兵将校）がうろうろしており、希望者はまず、葡萄酒をはじめとする数々の「もてなし」ですっかり楽しい日々を過ごすのだ。そしてそのうちいつの間にか入隊が決まってしまっている。さらにこのウルリッヒの場合、その事実を知るのはベルリンに到着してからである。

……兵士がやってきて、私を自分の部屋に連れていった。そこにはすでに、他の兵士たちが二人ほどいた。そこで、好奇心に満ちた質問攻めが始まった。……私は手短にこう答えた。「私はスイスの出身で、マルコーニ少尉閣下の従者であります。ヘーベル軍曹殿たちがここまで私を案内して下さった。わが主人は、もうベルリンに到着しているのかどうか、そして彼はどこに住んでいるのかを教えていただきたい」。このとき兵士たちは、私が泣きたくなるくらい大爆笑し始めた。

与えられたのは、軍服とわずかな給金である。そんな状態だったから、もちろん脱走者も相次いでいる。それを防ぐため、兵営や陣中ではいつでも、脱走失敗者を使って見せしめの鞭打ちや引き回しが行われている。

このように、戦列歩兵を構成するウルリッヒは一種の傭兵ではあったが、その姿は、ならず者や犯罪者によって構成される、中世末期の悪名高き傭兵のイメージとは重ならない。プロイセンでも一八世紀半ばには、農村や都市下層民を対象とした徴兵制度（地区ごとに割り当てを決めて徴募するカントン制度）があったが、常備軍が巨大化していったのは、両者が合わさってのことだった。国内出身の兵士と国外出身の兵士の割合は半々であったという。(5)

そして、そうして集められた「彼ら」こそが、「規律・訓練」にマッチしてしまう。

> そこ［経済的な安定や成功――引用者注］から落ちこぼれた男たちが軍隊のうちに名誉ある避難所をみいだしたのである。官僚的手法によって組織され統制されていながら、他方で、心の深層に発する、安定した、非常に強力な感情によって支えられた人工のコミュニティが誕生した。
>
> ……わずか数十メートルを隔てて相対した敵味方が、どちらもがっちり横列を組んで、お互いにマスケット銃をうちあい、まわりじゅうで戦友がばたばたと死んだり傷ついて倒れるのに、その横列をくずさずにがんばっているのである。そのような行動様式は、本能からしても理性からしてもひとしく説明がつかない。だが、十八世紀のヨーロッパの軍隊はそれをあたりまえにこなしていたのである。（マクニール『戦争の世界史』(6)）

軍隊こそ「旧約聖書のレビヤタンにもたとえるべき新しい巨獣」だったとマクニールはいう。「市民革命」や「産業革命」のほかに軍事上の革命（「軍事革命」）もあったのだと。一方フーコーは、そこにかつてのローマ帝国に対する「市民／兵士」そして「（市民の）法典／（歩兵）操典」という「二重の参照関係」が存在するという。近代の「夢」を描く社会思想史は、しばしばそれぞれの後者のほうを忘れてしまっている。

しかし、これらは誤解を招きやすい命題でもある。銃歩兵の戦いの流儀のどこに、民主主義やそれを支える理念が生まれるきっかけがあったというのだろう？

また実は、兵舎は社会から隔絶した空間ではなかった。この時代の軍隊は主に都市に駐屯していたが、訓練はともかく、兵士たちの宿泊場所は普通の市民の家であり、もちろん住民との交流も盛んだった。だから兵士たちが、衣食住は提供されてはいるものの可処分所得の少ない、一種の都市生活者だったことにも留意しておきたい。(7)

以上を踏まえ、以下で試みられるのは非常にシンプルなことである。すなわち、軍事史・戦争史の視点から市民社会論を解読すること。その作業によって、「市民」と「兵士（歩兵）」の形象を重なり合わせようとするときに、その輪郭に滲むものを描くこと、である。

それは「近代の夢」を語る市民社会論のなかに想定されている軍事的・戦争論的な前提を改めて浮き彫りにすることである。フーコーは市民社会論がそれを忘れてしまっているといいたげだが、市民社会論にはそれなりに注意深く、軍事的理想のほうも書き込まれている。ただそれを明示的に書けないのも事実なのだ。そこで本論では、一七－一九世紀のヨーロッパ人の思考に強烈に前提されており、彼らにとって歴史的にあたりまえすぎて説明する必要がない（・したくない）とされている軍事史・戦争史上の諸条件を改めて強調することにしよう。

また本論は、「消費者」の形象と消費社会論の記述に軍事的な含意を読み取ろうとした作業(8)に続くものとして、さまざまな社会記述を戦争史・軍事史的な視点から読み直す一連の作業のひとつである。

2「市民社会」の論理と戦争——戦争状態論としての市民社会論

一七、一八世紀の市民社会の理論のなかでも、社会契約論はその枢要部分である。当然のことながら、社会契約もまた、人間が歴史上なしてきた様々な種類の契約の一つである。歴史的には何よりも、「神との契約」があった。ただそこには運命や「導き」こそあれ、それは自由に選択されたものではない。ましてやその破棄は、かなり破滅的なできごとである。これに対し社会契約論は、人びとが自由な選択として水平的な契約を取り交わす器として「社会」をみいだすのである。

そこではたびたび「戦争状態」が論じられる。例えば一七世紀のホッブズ『リヴァイアサン』(一六五一年)であれば、次のような部分だ。

自分たちすべてを畏怖させるような共通の権力がないあいだは、人間は戦争と呼ばれる状態、各人の各人に対する戦争状態にある。なぜなら《戦争》とは、闘争つまり戦闘行為だけではない。闘争によって争おうとする意志が十分に示されていさえすれば、そのあいだは戦争である。……戦争の本質は実際の戦闘行為にあるのではない。(9)

人が自由に生きようとすると、必ず他の誰かの利害と衝突する可能性が生まれる。逆にいえば、私たちの社会にみられる競合や衝突は、それだけ人々が自由であることの表れでもあろう。ただ私たちは、自由であることを望むとともに、安心して暮らしたいとも願っている。自由との関係で、その願いはどのように実現しうるだろうか。神の力を前提にできないというときでも、共通する利害の存在を共同で確認する作業には、「契約」という儀式めいたものが必要となる。そして「共通の利害」の最大のものは、共同体の安全保障、つまり外敵の脅威に対する防衛戦争であろう。それを執り行う「主権」を誰が・何が担うかはあまり重要なものとはされなかった。ただ、ホッブスにおける主権とはなによりも軍事権であり、特に軍を維持するための徴税権は、そこに含まれる。(10) それで傭兵を雇ってもよいわけである。

ところで「各人の各人に対する戦争」とは、いかなる意味で「戦争」たりうるというのだろうか。私たちの知る「戦争」の定義では、その遂行者はあくまで「国家」である。けれども、この時代、国家の輪郭は私たちが考えているよりもずっとあいまいだった。「各人の」とあっても「戦争」という以上、単なる個人間の対立や緊張関係だけでもないだろう。「個人」から「国家」までを跨ぐようにして戦争が論じられているのである。

ウチとソトの区別をあいまいにしてしまう宗教戦争の時代を終わらせ、近代国民国家の枠組みを作ったといわれるウェストファリア条約（三十年戦争の講和条約）が締結されたのが、『リヴァイアサン』刊行の三年前の一六四八年のこと。一八世紀になっても他国の王位継承権を主張して行われる戦争があった。行為主体の規格があいまいな「戦争」は、ときに何を争っているか自体も分からなくしてしまい、多様な思惑を集めていっそう「自然状態」の様相を呈することにもなろう。そうしたなか「国家」は、戦争の規格を明確にするために求められる、共通かつ対等の形式を備えた一種のモジュールとして用意されていくのである。

ホッブズと同時代人であり、「近代自然法の父」と称され、その考察を進めて『戦争と平和の法』（一六二五年）で国際法の基礎を作ったグロティウスも、私戦と国家の戦争とを強く区別しないで論じている。グロティウスは、自然状態としての戦争の存在や必要を認め、そのうえでそれを抑制するための国際法を構想した人である。彼の思索の特徴は、公海上における「自由」の問題から入っていることだ（『自由海論』一六〇九年）。海上という自由な空間は、その土地や人間の来歴に根付いた規範に縛られにくい、自然状態をめぐる広大な実験室である。海上で遭遇するのは市民法やそれを支える価値を共有する人々であるとは限らないうえ、水も食糧もスペースもない。

そこでは「自己保存」のための防衛や攻撃、権利・財産の「回復」、あるいは「懲罰」としての戦争が自然なものとして認められる。彼のいう「たとえ神が存在しなくても」という認識は、宗教対立による戦争の時代を目の当たりにしての重要な前提だ。グロティウスは、懐疑主義的な見方をいったんは極限まで推し進め、利己的な人間像を前提にしてもなお成立しうる戦争のルール（正当な戦争の条件と戦闘における合法性の規準）を定めようとする。(11)

ホッブズの念頭にあったのはグロティウスと同じ情況だが、無秩序な戦争を正当な戦争へと制限してゆくことに関心があったグロティウスに対し、ホッブズは「戦争」の条件としての「主権」の根拠、そしてそのための社会契約の成立に議論のポイントがあった。戦争状態を所与としつつ、戦争の戦争たる規格を考察するために、「社会契約」による「主権」を考えたのである。ここに市民社会論＝社会契約論の戦争論としての枢要な問題がある。

また、ロック『統治二論』（一六九〇年）における「戦争状態」は、次のようなものである。

戦争状態とは、敵意と破壊との状態である。……他人を自分の絶対的な権力の下に置こうと試みる者は、それによって、自分自身をその相手との戦争状態に置くことになる。[12]

ロックは「戦争状態」を特に自由との関係で規定している。それは財産を脅かし、その生命そして自由も含めて一切を奪おうとすることだ。

彼の議論では、単なる自然状態と戦争状態とのあいだの「明白な相違」も強調される。自然状態が単に人々のあいだに権威を備えた共通の上位者がいないばあいを指しているのに対し、戦争状態は、それをめぐって実力行使やその企図が存在しているにもかかわらず、それが調停不能になっている状態をいう。両者の区別は、明らかにホッブズを意識してのことだが、[13]これにより、戦争状態と自由の関係も、いっそうスリリングなものになる。

そうやって市民社会論を読み進めようというとき、ひとつの重要な形象がそこに滑り込んでいるのをみつけることができる。それは「奴隷」である。例えばロックは「私を奴隷にしようと試みる者は、それによって、私との戦争状態に身を置くことになる。自然状態において、その状態にあるすべての者に帰属する自由を奪おうと欲する者は、その他の一切のものを奪おうとする意図をもつと見なさなければならない。自由こそが他のすべてのものの基礎であるからである」と述べる。そしてロックは章を改め、「自由」と「戦争」に関わる重要な形象である「奴隷」について論じるのだ。

そもそも彼らが参照しているはずの古代の市民社会は、奴隷に支えられた社会であった。ギリシャ人やローマ人が数々の娯楽や知的な討論に熱中でき、政治的・文化的な繁栄の遺物を数多く残すことができたのも、その基礎的な生産活動を奴隷が支えていたからだ。奴隷とは、市場で自由に売買することができる、所有の客体として扱われる人間のことである。その供給源は、異民族・他国との戦争であった。つまり戦争の敗北そして降伏とは、生殺与奪の権利を相手に全面的に委譲することであり、勝者の側は、敗者＝捕虜の殺害を留保することの引き換えとしてその自由を奪うことができるということを意味していた。自由にたんなる命の保全以上の価値を認めるのであれば、自由か死か隷属かを問われる戦争は、それが試される最大の場ということになる。

一方、捕虜を助命し奴隷とすることは、(殺すより)むしろ人道的なことだと当時そしてキリスト教でも認められていた。逆にいえば、それを避けたければ、あくまで(死ぬまで)抵抗するしかない。つまり、奴隷となった人というのは、自由よりも自らの生命を優先した人だとみなされた。戦争とは、そういうものとして考えられていた。

近代の社会思想は、ギリシャ・ローマ的自由の暗黙の前提になっていた奴隷の存在を許さない。けれども、「奴隷」の形象を足がかりに「戦争状態」そして「自由」を考える、という思考の形式は残っているということだ。

また、ここで扱っている市民社会論との関連でいえば、そこで「奴隷」の形象は、自由意志と分かちがたく結びついている「契約」とも関係づけられている。「契約によって、あるいは自分自身の同意によって、自分を他人の奴隷にすることはできない」とロックはいう。つまり逆にいえば、隷属状態とは「合法的な征服者と捕虜との間に続いている戦争状態以外の何ものでもない。というのは、もし両者の間に契約が入り込み、一方の側が制限された権力をもち、他方の側が服従するという同意がなされれば、その契約が続く限り、戦争状態と隷属状態は終わるからである」。社会契約論は、戦争状態を終わらせる「契約」を必要とするが、「奴隷」はそれができない存在である。だから「社会契約」が「市民」であることの証しとなるのである。つまり、「奴隷」を排除することで古代においては明快であった「自由」と「市民」の関係と対照的に、社会契約論における「市民」の形象には、わざわざ言及されながらも契約の関係性から排除される必要のある、いわば異人のような「奴隷」が陰のようにつきまとっている。

彼ら［＝奴隷］は、正当な戦争において捕らえられた捕虜に他ならない。彼らは、自然権によって、主の絶対的な統治権と恣意的な権力とに服従せしめられる。私に言わせれば、彼らは、生命とそれに伴う自由とを喪失し、その資産を失った存在であり、いかなる意味でも、固有権《プロパティ》をもつことができない隷属状態にあるのだから、そうした彼らが、およそ、政治社会の一員をなすとは考えられない。政治社会の主要な目的は、固有権を保全することにあるからである。

ロックにおいて「契約」とは、自由の根本条件である。それは一回きりのものではなく、更新や破棄が可能であり、社会契約の全面的な破棄は、革命である。もちろん革命からも奴隷は論理的に排除される。

ルソーも奴隷について論じている。「人は自由なものとして生まれたのに、いたるところで鎖に繋がれている」という『社会契約論』の冒頭部分も有名だろう。[14] ルソーもまた、「奴隷」を戦争状態の考察のなかに位置づける。けれどもルソーは、奴隷制度に反対しながら個人的には奴隷貿易に投資していたというロック[15]より先鋭的なかたちで、「奴隷」を自由や平等といった理念との関係で論じている。

確かにグロティウスのいうように、捕虜の生殺与奪は勝者の正当な権利のもとにあるようにみえる。が、戦争状態が解消されれば、敵対関係じたいが消えるのだから、奴隷を奴隷として扱う根拠がなくなるはずだとルソーはいう。戦争による（一時的な）捕虜と（結果としてその人の属性となる）奴隷とが区別される。同時に、戦争を「人と人との関係ではなく、国家と国家の関係であって」とするルソーは、個人間の私闘と国家による戦争を明確に区別することで奴隷をまず理念的に解消しようとするのだ。

ただグロティウスが考察したような、どうしても自然法が要請されてしまう条件、例えば例の「海上」の自然状態のような緊迫した状態は考えられていないようにみえる。ルソーの見解は、奴隷が誕生してしまう戦争の条件に関しては、「市民」の一般性を掲げながら、「ギリシャの国々がギリシャ人を奴隷にすることは許されない」（プラトン『国家』）や中世の「キリスト教徒同士の戦争の捕虜は奴隷にしてはいけない」に沿っているだけのようにもみえる。

ともあれ、以上みてきたように、社会契約論の前提として論じられる「戦争状態」論には、さらにその議論を組み立てるための重要な形象である「奴隷」「隷属状態」への強い参照が含まれている。つまり「奴隷」という形象を観念的に操作することによって「社会契約」そして「市民」がかたどられているのである。「奴隷」の描写に具体性こそないが、それはむしろその意味論的な資源としての潜在力を高めるためなのであろう。

社会史的な事実でいえば、近世以降、異教徒との戦争が少なくなったヨーロッパ内において、農奴はともかく、戦争状態論で語られるような「奴隷」の存在は眼にみえにくいものになっていた。一方で、東アフリカから新大陸に奴隷を送り込む、いわゆる奴隷貿易はこの時期まだ盛んに行われていた（ヨーロッパ人たちは、アフリカ人同士で起きた戦争が奴隷を生み、自分たちはそれを取引しているに過ぎないとしていた）。新大陸において「市民社会と奴隷」の関係が戦争にまで至るのはもちろん一九世紀の南北戦争（一八六一－一八六五年）でのことである。それもまた、「誰が戦うのか」という問題を伴っていた。リンカーンは当初、当地において奴隷を解放するのではなく、解放により「アメリカ国外への退去」を望んでいたというが、そこでは「市民と奴隷」の相剋が現実的な課題として問題化されていたのだった。[16]

それに比べ、社会契約論における「奴隷」の形象はやはりひどく思念的なものだった。例えばルソーの「奴隷」に関しては、『エミール』（一七六二年）の未完の続編で、死後公刊された「エミールとソフィまたは孤独に生きる人たち」をみてみればよい。

家族を捨て祖国を離れ、遍歴の旅に出たエミールは、海賊船に捕らえられ、奴隷として売られる。しかし、すべてを失ったことで奇妙な身軽さを得たことも確かだ。やがてエミールは奴隷たちをとりまとめる奴隷頭になり、奴隷の身分のままアルジェの太守の相談役にまで出世していく。『ルソー全集』の解説によれば、『エミール』の続編を楽しみにしていた友人らにも断片的に語られながら、ついに生前公刊されることのなかった小品である（公刊は一七七八年のルソーの死後、一七八一年）。そこでエミールは次のように自問自答している。

……この事件のせいで、己れからなにが奪われるのか、ばかなことをしでかす力だ。己れはまえよりも、もっと自由になったんだ。エミールが奴隷だって、と私は続けました。それはいったいどういう意味か。己れはもともとの自由のうちからなにを失ったというんだ。己れは必然の奴隷として生まれたのではなかったか。人間どもが己れにどんな新しい軛を課すことができよう。(17)

「情念からの自由のもと、「必然」にのみ依存する存在としての奴隷」が肯定的に描かれる。とすれば、さかのぼって『社会契約論』における「奴隷」の形象もすでに分裂していた可能性すらあるという。(18) 晩年のルソーに一筋縄ではいかない「自由と隷属」の関係をみいだせたというのであれば、そのすぐ先には、そうした関係性の主体であり客体である「人間」への言及も可能性としてあるだろう。あるいは「主人と奴隷の弁証法」（ヘーゲル『精神現象学』一八〇七年）のような発想にもあと少しだ。

前節で引用した、詐欺同然で徴募された哀れなプロイセン兵士である農民ウルリッヒは、スイス東部で一七三五年に生まれた。フランスに近いジュネーブで一七一二年に生まれたルソーより二〇歳ほど若いが、ほぼ同時代人であるといってよい（そしてカントは一七二四年生まれである）。ウルリッヒは奴隷ではなかった。食料も与えられたし、その軍務に対して給金もされていた。けれども、彼に除隊する自由はなく、脱走には重い懲罰が加えられると脅されていた。いわば甘言によって欺されて兵士となったわけだが、誘拐されたり強制連行されたりしたわけではなかった。奴隷ではなく、あくまで奴隷同然の傭兵（職業兵士）なのであった。

もちろん、そういってしまえることも含めて、ここにはあの「戦争状態」の問題が含まれている。重要なのは、ルソーが「奴隷」の形象を動揺させながら思考しようとしたもの、そしてウルリッヒが（「国民の義務」としての兵役ではなく）奴隷同然の傭兵（＝職業軍人のはしくれ）であったこと、この時代の戦争の流儀の変化、あるいは近世から近代にかけて戦争そして戦場に何が起こっていたのか、である。

3　戦場の平等と不平等——捕虜／奴隷／傭兵の近世・近代

騎士が世襲的な身分社会の象徴であったとしても、近代の軍事上の理想とは、必ずしも騎士＝貴族の排除ではなかった。自由と平等が理想とされる時代にあっても軍隊が強固なひとつの「階級社会」であることはどうしても変えようがなかった。例えば多くの常備軍そして国民軍の時代に至ってもなお、貴族階級は多くの場合、軍の士官階級を構成していた。それはフランス革命期の国民軍でさえそうであった。例えば没落貴族のナポレオンは士官学校の砲兵科——旧体制下では平民に開かれた唯一の士官への道——を卒業し、やっとのことでその野望への足がかりをえている。更にいえば、現在でも軍士官の世界には、貴族主義的な風習が数多く残り、それは各国の軍隊やそれら相互の交流において機能している。

そうではなく、近代社会における市民軍・国民軍という軍事上の理想とは、まず何よりも、特定の国家に所属しない「戦争の自由契約者」である傭兵（mercenary）の排除であった。傭兵の排除による「市民＝兵士」という理想は一六世紀のマキャベリにまでさかのぼることができる。

傭兵隊長とは、軍備に卓越した人物たちであるか、そうでないかである。もしそうであれば、あなたは彼らを信頼できない。なぜならば主人であるあなたを圧迫したり、あなたの意図を越えて他者までも圧迫して、つねに自分の偉大さを誇示しようとするから。しかしもしも傭兵隊長に力量がなければ、当然の結果としてあなたを破滅させてしまう。(19)

傭兵とは、危険であるか無能であるかのどちらかであり、いずれにせよ有害である。また、彼らは「政体がなく術策だけで暮らしを立てていたので、少数の歩兵では自分たちの名声が築き得ず、さりとてあまりの多数では養いきれな」い、というジレンマのなかにある。別の言い方をすれば、彼らによって、戦争に軍事とは別の種類の合理性――最小限の損失で最大の利益を得ようとすること、つまり戦争の勝敗それ自体だけが目的とされるわけではない――が持ち込まれるわけだ。

それに代わって「市民による歩兵隊」が理想とされる。彼らは、他に職業があるという意味では、戦争ではなく平和を望んでおり、戦争が終われば喜んで本業に復帰するだろう人々である。ただ、戦争の専門家ではないという意味では、経験に乏しく戦争に慣れていない人びとである。つまり、祖国防衛への意志が確保しやすいけれども、かような人びと（戦争の素人）を率いてうまく戦えるのかという問題があり、それがマキァヴェリの『戦争の技術』（一五二〇年）のテーマだった[20]。

傭兵たちには、一次的な紐帯によって構成員相互が結びついている「中隊（company）」、それらを数個まとめた経営的な集合としての「連隊（regiment）」以外に所属するものがなく、その意味では彼らは決して「市民」ではない。むしろ都市や農村といった共同体からのあぶれ者で構成されている。そして彼らを直接取りまとめる中隊長の上にいる連隊長は、一種の企業家として国王や大貴族たちと契約を結ぶ。彼らにとって戦争とは、契約を結んだ上で行われる経済的な行為であった。契約における兵力の水増しも頻繁に行なわれたが、逆に言えば、食い扶持が増えるため、いたずらに兵力を蓄えることを傭兵隊長は好まないということである。そうした経済性と戦争の関係は、近世の戦争を限定的なものにする条件でもあった。

中世から続く戦争の流儀が、傭兵たちの生活を支えていた[21]。つまり、戦場における掠奪の自由である。彼らは、掠奪の許可をその契約相手から得ることができた。契約に伴う報酬の一部がそれで賄われることもあった。落城後の三日間の掠奪の自由は、傭兵契約に基づく正当な権利の執行だったのである。また、そこで捕虜を確保すれば身代金を得ることができたし、その価値のない捕虜は奴隷として売ることができた。抑留中の待遇や身代金の額の違いは、そのまま人間が平等な存在ではないということの表象だった。そして補給は軍全体でなされず、各部隊の自前で行わなければならなかった。大軍の駐屯するところ、必ず従軍商人がいた。彼らに可能な取引のなかには、よく調理された食糧の提供やまぐさの補給、武器の補充や各種サービスの提供のほか、略奪品や奴隷の買い取りもあった。国王や大貴族たちは従軍商人・糧秣供給人たちの経営を保護し、あるいは認可を与える存在である。

鼻つまみ者だった彼ら傭兵こそ、戦争における「自由人」であった。なにかとメンツに拘り自由に振る舞えない国王たちと違って、掠奪や捕虜の確保などやりたい放題、まさに市民社会論が前提にしていた「戦争状態」の体現者たちなのである。ドイツ傭兵のランツクネヒトたちに見られるように、ど派手な格好をし、居丈高に振る舞って、虚仮威しも含めてその武勇を誇って契約の値段をつり上げもした。そして彼らの「自由」は、国王たちとの「契約」によって支えられている。契約が切れれば、これまたいっそう自由に彼らは追いはぎや強盗をして暮らした。

けれどもこうした傭兵たちは、常備軍からは次第に排除されてゆく。これはウェーバーが教えてくれたことだが、その最も早い例として、一七世紀オランダのマウリッツ公の傭兵に対する命令がある。彼は従来「奴隷的労働」だとして傭兵が免除されていた土木作業への拒否特権を認めなかったのである。(22) マウリッツも熟読していたローマ時代の戦史において、歩兵にあくなき土木作業が求められていたことを思えば、傭兵が、土木作業を拒否し、その面子にかけて奴隷との区別を重視していたことには注意しておきたい。そうでなくても、「市民」の〈外〉にあって、自らの生命を危険にさらす対価として報酬を得ている傭兵と、その存在のまるごと売り買いされてしまう奴隷とは、静かな競合関係にある。「契約」は、その区別のあかしなのであった。

マウリッツが行ったことのなかには、「給料をきちんと払う」というのもあった（要するにそれが常備軍ということである）。その意味するところは、掠奪の禁止（による規律の維持）である。常備軍が整備されるに従って、それまで自前で用意していた武器や軍服も給付されるようになってゆくが、それも掠奪の制限へと繋がると同時に、傭兵の独自性を奪った。彼こそ、戦場での流麗な部隊運用による「軍事革命」の源流にいる人物である。(23)

傭兵団はあくまでも私的な経営体であり、王や貴族たちの家産的な絶対主義国家から独立した存在であった。その国籍はもちろん、信仰すら契約において問われることはなかった（そしてその双方とも文面に拘束されるという点では、「契約」は両者を形式的に対等にする）。家産官僚制がその勤勉さでもって徹底させていった常備軍の兵士たちの規律・訓練や、その結果得られた全体の統一性や各部分の計算可能性・操作可能性は、彼らと相容れない。「国家」の輪郭があいまいであればこそ、彼らのような存在が戦場を駆けることもできたのである。

しかし近世も後半になれば、傭兵も変わってゆかざるを得ない。戦列歩兵の戦場ではとにかく「数」が必要とされるようになるのだ。スイスの農民ウルリッヒがその対象になったように、傭兵隊長の仕事は、その自慢の兵団を売り込むことではなく、いかに多くの歩兵を徴募するかになっていった。各大都市には募兵将校がばらまかれたが、かつての傭兵の応募層、人々から鼻つまみ者として扱われていた力自慢の「ならず者」では到底数が足りない。応募したのは、むしろ希望を失い、うちひしがれた大量の人々だったのである。

一方で、傭兵たちのなかには、そうしたコストの「安い」部隊とは違う、国王直属の精鋭として地位を築こうとするものもあった。彼らは絶対王権を直接守護する精兵の地位を築き上げた。それゆえ例えばフランス革命で武装蜂起した市民の集団は、スイス傭兵たちを打倒すべき王権の象徴として虐殺したし、彼らも全滅するまで戦ったのである。

このように、「傭兵」はいつでも「市民軍」そして「国民軍」という理想と相容れないにもかかわらず、その形象は「自然状態」「捕虜・奴隷」や「自由・契約」との強い意味論的な関連性を持たされており、「市民」をいわば陰の側から象る存在となっている。

一方、常備軍は、彼らを取り込みながらこれを変質させ無害化することで、巨大なものになることができた。外国人やならず者や浮浪者、貧困層・低所得者たちが一緒くたにされ、訓練の反復を通じて一人前の兵士になり、集団としての紐帯を獲得してゆく。

4　市民社会論の完成と世界戦争の挫折、戦争状態論の終焉

フランス革命後の一七九三年、国民総動員令が国民公会で可決されると、以後（特に一七九八年以降）、膨大な兵

力が戦場に投入されるようになる。代わりに「傭兵」が全く不要になったが、それこそ「市民＝兵士」の実現であった。

ただし、国民総動員がうまくいった理由は、ひとびとによる政治的な理想の実現というよりも、人口増が進むなかで、フランス社会がインフレーション、不況・不作に見舞われていたためであった。「失業がひろがっていたために、若者たちが陸軍の兵籍に入るように招集されたとき、かれらのうち最も貧しい階層の者はむしろ進んで徴兵に応じた」[24]。

諸国の内政干渉を排除するためのフランス革命防衛戦争は、国境を越えて、しだいに侵略戦争となったが、むしろその本質は、巨大な軍を維持する（食わせる）コストを外国（の住民）に押しつけることにあった。進軍する先々でこの軍隊は物資の現地調達を行ったが、それは無秩序な「掠奪」ではなく、「解放軍」による「徴発」なのであった。徴発においては、引き替えに必ず政府発行の領収書が渡されたものである。むしろ「徴発」の巧拙が軍の進軍速度を決めたのであった[25]。

それが反発を生まないわけがない。ルソーはこれを予想していたかのような文章を残している。

最初の社会ができると、これに続いて必然的に他の諸社会も形成される。［後にできた他の諸社会は］最初の社会の一部になるか、それともこれに抵抗するために団結しなければならないのだ。最初の社会を模倣するか、それともこれに併呑されるかである。（「戦争法の諸原理」一七五六年頃）

社会契約における「社会」は結局「諸社会」とされざるをえない。ちょうどその分だけ、その外貌としての国家が、むしろ各国の自衛戦争の可能性によってあらわになってゆく。「自衛」が孕んでいる潜在的／顕在化された対立関係としての国家の国家に対する「戦争状態」「自然状態」が問題となる。

ただ国家間の戦争状態、国際関係という自然状態については、ルソーは理論体系を完成させることができなかった。「戦争法の諸原理」と題するこの論文は、ウルリッヒたちの七年戦争とちょうど同じ時期に書かれたが、結局公刊されなかったのである。本当なら「政治的権利の諸原理」という副題のついている『社会契約論』とセットになり、『政治学概論』という大著の一部をなすはずだった論文である。[26]

それでも戦争が、私人のあいだで行われるものではなく、国家の構成員として行われること、そしてその戦争は自衛戦争に限定されていることなどは『社会契約論』にも書かれている。もちろん、すべての国家が防衛戦争のみを行うのであれば、論理的には戦争は地球上からなくなるはずである。だが、歴史はそうならなかった。

だから市民社会論の軍事史的な読解にとって次に重要なのは、「世界市民という視点からみた普遍史の理念」論文（一七八四年）や「永遠平和のために」論文（一七九五年）を著したカントだ。[27]「完全な市民的な体制を設立する課題は、諸国家の対外的な関係を合法的なものとするという課題を実現できるかどうかにかかっている」とするカントは、常備軍の廃止や国家間の戦争状態を調停する国際的な連合の樹立を求めている。

ルソーの予言を鑑みれば、そこに浮かび上がる「世界市民」の形象は、「社会」が「世界」をあきらめ諸「国家」とならざるをえなくなった結果生じるものである。国際社会に対する「国際」契約。そんなものが可能だろうか。「世界市民」の形象は、むしろ普遍的な「市民」が個別的な「国民」へと引き裂かれた傷をあらわにする。

ただ「世界市民」の輪郭にも「傭兵」の形象が必要とされている。国際法は（ゲリラ兵と同様）傭兵の存在を戦争遂行において認めない。つまり、戦場で「市民＝兵士」が敵兵を殺した場合に殺人罪は適用されないが、報酬を目的にしてそれを行っている傭兵にはそのような正当性がないからである。それは「他国の戦争」に参加してはならないことを意味する。だから傭兵は、国際法の捕虜規定から外される存在でもある。加えていえば、個人が戦争を仕掛けることも刑法上の犯罪として禁じられている（私戦の禁止）。もちろん捕虜を奴隷として売買することは現在も厳禁されているだけでなく、報酬なく捕虜に労務を提供させることも国際法違反である。

一方、一八世紀後半にむけて戦場も様変わりしていく。戦列歩兵戦術は廃れ、密集隊形を維持するためにのみ注がれていた配慮は、さまざまな戦い方へと変化していった。

その最大のものは、密集することのない兵士、「散兵」である。すでにフリードリヒ大王の時代から、戦列歩兵と併用して散兵戦術が採られ始めていたが、それは逃亡の危険性のない一部の兵士にのみ可能なことだった。これを大規模に運用できたのはナポレオンだったが、彼の軍が愛国心に燃えるフランス国民によって構成されており、革命前にアメリカ独立戦争を支援していたことで、その戦闘経験が継承されていたことがあった。独立戦争のアメリカ民兵こそ、非常に高い志気を保ち、ゲリラ的に（この言葉が生まれたのはナポレオン戦争だが）散兵戦術をよく採って、よく訓練されたイギリスの常備軍と互角の戦いをしたと神話化される存在である。

また、ひたすら密集隊形を維持するために注がれていた配慮は、前方への「突撃」へと解放された。火力の効率性から横に広くとられていた隊形（横隊）も突進力の観点から見直される。仲間の屍を乗りこえてゆく縦に長い縦隊こそ、愛国心に燃える「国民」の戦い方だというのである。

数あるナポレオンの神話のなかでも、例えば彼の有名な肖像を生み出した一七九六年のアレコレ橋の戦いがそれを象徴する。フランス国旗を握ったナポレオンが部下を率いて敵の銃火に晒された橋を「突撃」したというのである。ここで兵士たちが突撃にしたがったのは「自由」な選択だったのだろうか。それを「神話」だとするのはたやすい。ただ知りたいのは、戦場の「自由」のゆくえだ。

それから一〇〇年もたたずして「突撃」はどの戦場でもみられるようになる。一九世紀の戦争のうち、どれでもよいが、例えば普仏戦争（一八七〇–一八七一年）を描いた小説でよければ、自然主義文学のエミール・ゾラ『壊滅』（一八九二年）がある。(28)

そして彼［＝連隊長–引用者］は出発した。するとあれほどまでに勇敢な慈父のように言ったことから、よっぽどの者でない限り、彼を見捨てることはできず、実際に全員が従った。……兵士たちは散開し、少しでも身を隠せるものを利用し、射撃できる体勢を取った。大地は上り勾配になり、丘に達する手前には五百メートル以上にわたって、切り株畑やビート畑が続いていた。演習でやるような正確な隊列という決まりきった攻撃態勢の代わりに、兵士たちはそれぞれ別に、あるいは小さなグループになって、地に沿うように背を丸めて急ぎ、昆虫のように這ったり、いきなり飛び上がったりして、身軽さと機転をきかせて丘の頂に達した。……五人の兵士が殺され、一人の中尉は身体を二つに割かれた。〔傍点引用者〕

もちろん彼らは「奴隷」ではない。そしてまた、見栄と損得、そして自由と不安を抱え込んでいた「傭兵」、あるいはウルリッヒのように欺されて徴募されたもう一種類の「傭兵」でもなかった。彼らは「自分自身の主人たる人間」であり、その実現としての自由と抑制をわきまえ（させられ）た「国民」なのである。彼らは、兵舎で「正確な隊列」を学び、戦場ではそれを忘れて突撃する！(29)

5　戦争史記述の社会学的規準のために

以上みてきたように、近代の夢とは、自由と平等と安寧を可能にする理想社会の実現であると同時に、軍事上のものでもあった。両者の対比や参照関係こそ、重要である。戦争状態を終わらせるために人間同士で結ばれる新しい契約である社会契約論は、その主体である「市民」の形象に、契約から排除される「奴隷」の形象を理念的に必要とした。ただ現実的な面でいえば、戦争の戦争たる規格を自由に逸脱していたのは「傭兵」たちであった。

それゆえ、社会契約のもとにある市民が現実に否定したのは、傭兵の戦い方であった。つまり捕虜の換金や奴隷化を拒否しながら、自らは無償で戦争に参加することが求められる市民。兵役は税（労務の提供）の一種ではない。銭納や代理人が許されていたのは常備軍の時代までであった。

常備軍に組み込まれてしまった奴隷同然の傭兵たちによる、わずかばかりの給金と引き替えの無言の行進、そして今や「国民」となった「市民」たちによる、「人間」たろうとして行われる無償の突撃。それらを理解することはたやすくはないが、ホッブズからカントまでの市民社会論の行間にそうしたことが書き込まれ、説明上一応の決着がつけられていることは確認できた。

市民社会論の戦争記述はかくも異様だが、あるいは社会科学も、そこに内包されるこうした「戦争と社会」論を前提にして理解されなければならないのであり、逆にいえば、戦争状態を念頭に置かない解読には意味がない。これが、戦争史記述の社会学的規準のなかでも最も重要なものである。

もちろん、戦争・軍事を社会の発展史的説明に利用するのは、初期社会学の伝統にあった。サン・シモンは「軍事的な段階」のあとに到来する「産業的な段階」において戦争は減少するだろうと述べた。オーギュスト・コントは、有名な「三段階の法則」に対応させて、戦争の進化法則（「必然性に基づく戦争」（＝戦争を必要とする社会）、「産業主義に従属する戦争」、「産業化の完成による戦争の廃止」）を立てた。ハーバード・スペンサーにおける軍事型社会の重要性は、産業型社会の発展に必要な、武器すなわち道具の発明を促したところにあるという。社会における戦争や軍事の逃れがたさを忘れ、これを「歴史」としながら、社会学が誕生している。戦争についての社会学が可能なのだとしたら、「社会」や「市民」に含まれる軍事的な起源を再び呼び起こすところから始めるべきだろう。

もちろん、名もなき銃歩兵たちの姿が市民社会論に刻み込まれているとする本論は、その出発点の一つである。

注

（1）Foucault, Michel, “*Surveiller et punir : Naissance de la prison*”, Gallimard, 1975.（＝田村俶訳『監獄の誕生——監視と処罰』新潮社、一九七七年）。

（2）Caillois, Roger, “*Bellone ou la pente de la guerre*”, La Renaissance du Livre, 1963.（＝秋枝茂夫訳『戦争論——われわれの内にひそむ女神ベローナ』法政大学出版局、一九七四年）。

（3）de La Mettrie, Julien Offray, “*L'Homme Machine*”, 1747.（＝杉捷夫訳『人間機械論』岩波文庫、一九三二年）。ラ・メトリはオーストリア継承戦争に従軍した軍医であった（「訳者解説」による）。

（4）Bräker, Ulrich, “*Lebensgeschichte und natürliche Ebentheuer des Armen Manes im Tockenburg*”, 1789.（＝ウルリヒ・ブレーカー／阪口修平・鈴木直志訳「あるプロイセン兵士の軍隊日記」『中央大学文学部史学科紀要』四〇号、一九九五年）

（5）阪口修平「常備軍の世界——一七・八世紀のドイツを中心に」阪口修平・丸畠宏太編『近代ヨーロッパの探究12

軍隊』ミネルヴァ書房、二〇〇九年。

(6) McNeill, William H., "*The Pursuit of Power: Technology, Armed Force, and Society since A.D. 1000*", Chicago University Press, 1982.(＝高橋均訳『戦争の世界史』刀水書房、二〇〇二年)。

(7) McNeil 前掲書、阪口・丸畠前掲書参照。

(8) 野上元「消費社会の記述と冷戦の修辞」福間良明・野上元・蘭信三・石原俊編『戦争社会学の構想——制度・体験・メディア』勉誠出版、二〇一三年。

(9) Hobbs, Thomas, "*Leviathan, or the Matter, Forme, and Power of a Commonwealth, Ecclesiasticall and Civil*", 1651.(＝永井道雄・上田邦義訳「リヴァイアサン」『世界の名著23ホッブズ』中央公論新社、一九七一年)。

(10) 同18章。また、梅田百合香「ホッブズの軍事論とリアリズム——戦争拒否の自由と国家防衛義務」『思想』一〇〇五号、二〇〇八年。

(11) 太田義器『グロティウスの国際政治思想——主権国家秩序の形成』ミネルヴァ書房、二〇〇三年、柳原正治『グロティウス』清水書院、二〇一四年。

(12) Locke, John, "*Two Treatises of Government*", 1960.(＝加藤節訳『完訳 統治二論』岩波文庫、二〇一〇年)

(13) 同訳注による。

(14) Rousseau, Jean-Jacques, "*Du Contrat Social*", 1762.(＝中山元訳『社会契約論／ジュネーブ草稿』光文社、二〇〇八年)。

(15) 高田紘二「ジョン・ロックと奴隷制にかんする諸問題」奈良県立商科大学『研究季報』第四巻第四号、一九九四年、高田紘二「ジョン・ロックと奴隷制にかんする諸問題(続)」奈良県立商科大学『研究季報』第五巻第四号、一九九五年。

(16) アメリカ合衆国における市民権と黒人奴隷と武装の関係については、小熊英二『市民と武装——アメリカ合衆国における戦争と銃規制』慶應義塾大学出版会、二〇〇四年。参照している事例や議論など、本論と重なる部分も多い。ただし、アメリカにおける市民の武装権は、極めて強く前提されている権利である。引き替えに、そこでは自然状態論・戦争状態論の考察が深くない。市民社会論を検討する事例としてはその特殊性を強調せざるをえないだろう。また、Arendt, Hannah, 'Civil Disobedience' in "*Crises of the Republic*", Harcourt Brace Jovanovich, 1969.(＝山田正行訳「市民的不服従」『暴力について——共和国の危機』みすず書房、二〇〇〇年)。

(17) Rousseau, Jean-Jacques, "*Émile et Sophie, ou les Solitaires*", 1781.(＝戸部松実訳「エミールとソフィ　または孤独に生きる人たち」『ルソー全集 第8巻』白水社、一九七九年)。

(18) 本郷靖江「『エミールとソフィ』からみたルソーの教育論——「奴隷（状態）」の概念を手がかりに」『東北福祉大学紀要』一五号、一九九〇年、井上のぞみ「ルソーにおける自由と隷属のパラドクス」『日本フランス語フランス文学会関東支部論集』一二号、二〇〇三年。
(19) Machiavelli, Niccolò, "*Il Principe*", 1532.（＝河島英昭訳『君主論』岩波文庫、一九九八年）。
(20) Machiavelli, Niccolò, "*Dell'arte della Guerra*", 1520.（＝服部文彦訳『戦争の技術』ちくま学芸文庫、二〇一一年）。
(21) 山内進『掠奪の法観念史——中近世ヨーロッパの人・戦争・法』東京大学出版会、一九九三年、菊池良生『傭兵の二千年史』講談社、二〇〇二年、鈴木直志『ヨーロッパの傭兵』山川出版社、二〇〇三年。
(22) Weber, Max, "*Soziologie der Herrschaft*", 1922.（＝世良晃志郎訳『支配の社会学』創文社、一九六〇年）。
(23)「かれ［マウリッツ］は火縄銃の装填と発射に必要なかなり複雑な一連の身体運動を分析して、四二個の別々の継起的な動作に分割し、それぞれに名前を付け、その動作を命令するための適切な号令を決めた。そうすることで兵士たちに、大声で伝えられる命令に反応して、全員が一斉に各動作を行うように教えることができた」（McNeil 前掲書）。
(24) 同前。
(25) van Creveld, Martin, "*Supplying War*", Cambridge University Press, 1977.（＝佐藤佐三郎訳『補給戦——何が勝敗を決定するのか』中央公論新社、二〇〇六年）。
(26) Bruno Bernardi, "*La philosophie politique de Jean-Jacques Rousseau*".（＝ブリュノ・ベルナルディ／三浦信孝編訳『ジャン＝ジャック・ルソーの政治哲学 一般意志・人民主権・共和国』勁草書房、二〇一四年）、特に第4章「『戦争法の諸原理』と政治体の二重の本性」参照。
(27) Kant, Immanuel, "*Zum Ewigen Frieden*", 1795.（＝中山元訳『永遠平和のために／啓蒙とは何か』光文社、二〇〇六年）。また伊藤貴雄「永遠平和論の背面——近代軍制史のなかのカント」『東洋哲学研究所紀要』二七号、二〇一三年。
(28) Zola, Émile, "*La Débâcle*", 1892.（＝エミール・ゾラ／小田光雄訳『壊滅』論創社、二〇〇五年）。
(29) 次のようなカント理解と結びつけるのは強引だろうか。「カントにおいては、自由と強制は、相互に対立する（近代的自然法）のでもなく、また市民社会によってもたらされた奴隷制との区別を根拠に正当化される（古典的政治学）のでもない。自由と強制は、「アプリオリに統一された万人の意志」（ルソーの一般意志）、すなわち実践理性による規範措定そのものから生ずる正当な（ひとりひとりの自由を可能にする）強制力という概念のもとに結びあわされている」（Riedel, Manfred, 'Bürgerliche Gesellschaft'.（＝「市民社会」河上倫逸・宗像宗三郎編訳『市民社会の概念史』以文社、一九九〇年）。

自然、文化、社会

あるいは、〝社会の〈それ〉〟

若林 幹夫

1 「社会の学」の根本的問題としての「自然」

社会科学 social science が自然科学 natural science の一分野ではなく、「自然の科学」から区別される「社会の科学」であるとすれば、「社会」(より正確には「人間の社会」)を「自然」から何らかの意味で区別することは、社会科学全般の存立の条件である。(1)

生物としてのヒトは、地球上の自然環境を生存・存続の条件とし、生物としての身体組織とメカニズムにその存在が条件づけられている。自然人類学や生理学、医学などは、そうした生物としてのヒトを主要な対象とする自然科学である。(2) それに対して社会科学は、自然内在的な生物としてのヒトとその集団がもつ、自然性、生物性に還元できない存在の水準――それを「社会性の水準」と呼ぶことができよう――に成立するとされる共同生活のあり方と、そこにおける人間の行動や意識を対象とする。人間が、ヒトとしての自然とは区別される、生物的存在に対して過剰な社会性の水準を生きる存在であることが、「自然の科学」から区別されるものとしての「社会の科学」が存在しうる条件である。(3)

自然性や生物性に還元できない、社会性の水準を構成するとされる人間の共同生活や行為や意識は、「文化 culture」と呼ばれることもある。そうした自然性や生物性に還元されない思考や行為の型と、それらが生み出した関係や表象や事物である「文化」こそ——とはいえ、「文化」の定義も多様かつ複雑である——、「自然状態」から区別される「社会状態」を構成しているというわけだ。(4)

このように考えるならば、何が社会や文化を自然から差異づけるのかという問いは、社会科学の（そしてまた文化を対象とする学の）(5)根本をなす問いであるということになろう。ここで「根本をなす」というのは、その問いが、「社会の学」が「社会」という存在を解明するためのもっとも重要な問いのひとつであるのみならず、「社会の学」が成立するための条件ともなっている、ということだ。(6)この問いに対する答えによって、「社会が社会である所以」が説明されると同時に、「社会の科学」が「自然の科学」とは異なるものである根拠が与えられるのだ。(7)

こうした問いに答えるひとつの方法は、人間を自然から差異づける決定的なものが何であるのかを示すことだ。道具の製作と使用、言語、近親相姦の禁忌、社会生物学的に説明可能な利他的行動を越えた〝過剰な〟利他的行動などに、社会や文化の自然からの決定的な差異を求めようとするのが、そうした答え方に当たる。(8)だがここでは、この問いに対してそのように〝正面〟から答えるのではなく、それをいわば〝斜め〟にずらした方向から社会や文化と自然の関係を問い、そこからさらに現代の社会と文化、そして人間について考えてみたい。それは一見すると迂回するように見える試みだが、そうすることによってしか考えられないことも、人間の社会と文化にはあるのである。

2　斜めから問う——社会は自らを自然からどう差異づけるか？

人間とその集団が自然状態とは異なる社会状態あるいは文化状態を生きるとしても、それらは依然としてヒトという生物の個体とその群れとして、自分たち以外の他の生物や、様々な無生物からなる「自然」を、自分たちにとっての環境（の一部）としている。(9)人間とその集団は、社会的・文化的状態においても自己の内部の身体組織と生命過程という「自然」を内在させており、かつ、その生活環境としての「自然」に内在している。社会も文化も内的・外的な自然を物質的な素材としつつ、そこから自らを作り上げる。自然への内在は、社会と文化が存在する条件である。

人間は、意識によって、宗教によって、その他お望みのものによって、動物から区別されうる。人間自身は、自らの生活手段を生産し始めるや否や、自らを動物から区別し始める。一歩の踏み出し、これは〈まさに〉彼らの身体組織によって条件づけられている。人間は自らの生活手段を生産することによって、間接的に自らの物質的な生そのものを生産する。(10)(傍点は原著の強調部分)

『ドイツ・イデオロギー』のこのよく知られた一節で、マルクスとエンゲルスは、物質的な自然を存在の条件とする人間が、生物としての身体組織に条件づけられつつ、自然に働きかけるための手段を生産し、それを用いて自然に間接的に働きかけることが、人間を動物から――それゆえ自然状態から――差異づけるのだと述べている。これは、「社会や文化と自然を差異づけるものは何か」という問いに対する正面からの答え方だが、そうした正面からの答え方に還元しつくされない、いわば「余剰」のような表現もそこには書かれている。「人間は、意識によって、宗教によって、その他お望みのものによって、動物から区別されうる。人間自身は、自らの生活手段を生産し始めるや否や、自らを動物から区別し始める」(傍点は引用者)という前半部がそれである。ここでは、史的唯物論によれば人間の動物からの差異化がどう理解できるのかが述べられていると同時に、そのような動物との差異を生きる人間が、自らを動物とどう区別するのかが述べられている。(11) 外部から客観的に見たときに社会や文化が自然状態とはどう異なるものとして理解されるのかということではなく、社会に内在する人間から見たときに自分たちの状態が、動物が生きる自然状態とはどう異なるものとして理解されるのか、ということである。

「外部から客観的に見て」と述べたが、人間が社会と文化に内在し、社会と文化が自然に内在するものであるならば、人間は、社会や文化と自然との関係を文字通りの「外部」から、「客観的」に見ることはできない。それは正確には「外部から客観的に見るかのように」と言うべきものであり、あるいは「反省的 reflexive に」と言うべきものだ。そしてそのように考えるなら、『ドイツ・イデオロギー』におけるマルクスとエンゲルスの〝科学的〟な理解もまた、社会に内在する人間が反省的に、自らを社会と文化に外在するかのように思考したものとして読むことができる。そして彼らが「お望みのものによって」と述べるように、人間の社会や文化と自然の区別は、様々な社会で、様々に異なる仕方で語られてきた。そうだとすれば、人間の社会と文化は、自らを動物やそれ以外の自然界の事物から区別し、そのような区別において自分たちを了解しようとする存在なのだ。

レヴィ＝ストロースは、『親族の基本構造』再版の緒言で、「文化と自然はどこまで本当に対立するのか」と問うて、次のように答えている。

……、文化と自然との対照ということは、原初的な所与の事実でもなければ、世界秩序の客観的な局面でもないであろう。それは、文化が人為的に創造したもの、つまり、いわば文化がその周囲に掘りめぐらした防禦的な構築、と見るべきであるかもしれない。何となれば、文化が自己の存在と独自性を主張するためには、生命の他のさまざまな現われと自己との黙契を証明すべき本来の通路すべてを断ち切ることによってのみ可能であると、自ら感じたからである。そのような次第であるから、文化の本質を理解するには、その本源に遡り、進行とは逆の方向を辿り、人間以外の諸種の動物、さては植物の間にまで放《はな》たれた［糸の：訳者補足］末端を探して、すべての切れた糸を再び結び合わせねばならぬと思う。自然と文化との分節とは、他方を下位において、しかも還元不可能というような、ヒエラルキー支配の自己中心的な体裁《ていさい》を付与するものでないことが、究極には恐らく発見されるであろう。(12)

文化と自然の差異は、自然に内在する社会と文化が、自らを自然から差異化して了解するところに自己準拠的に現れる。(13)社会と文化は、自らが自然とどのように異なるかを思考し、語ることで、自らについて思考し、語るのだ。

自己と他者を区別し、自集団と他集団を区別し、同一の種の成員と他種の成員を区別することは、免疫系といった身体組織のレヴェルから始まって、攻撃行動や繁殖行動などの形であらゆる生物に見いだされる。ここで述べているのはそうした生物一般に見られる自他の区別ではなく、自らの集団とそれが生きる社会的・文化的世界を、それ以外の動物や自然界の事物から差異づけられたものとして考え、語ることだ。

　このように「社会や文化と自然との差異」と言うとき、私たちは一方に「社会及び文化」があり、他方に「自然」があるかのようにしばしば考える。あるいは、一方に「人間」がいて、他方に「人間以外の動物」がいると考える。そのような考え方が仮におよそあらゆる社会に何らかの形で見いだされるとしても、人間の社会と文化は、自然界の事物との関係をそのような形でのみ考えるわけではない。たとえば、広く「トーテミスム」と呼ばれてきた、特定の動植物や自然界の事物と氏族や個人とを関係づける文化[14]において、自然と文化は差異づけられ区別されている一方で、トーテムとされる特定の自然界の事物と特定の氏族や個人とが結びつけられ、それによってその氏族や個人は他のトーテムをもつそれ以外の氏族や個人と区別される。また、現代における犬や猫などのペットは、人間と同じような名前をつけられ、「うちの子」や「家族の一員」と呼ばれ、そのような「子」や「家族」として扱われることで、動物として人間から区別されながらも、そうした名前をもたない他の動物とは区別されて、社会や文化に組み込まれている。[15]こうした事例では、「自然」は社会や文化と区別されていると同時に、特定の仕方で社会や文化と関係づけられるばかりか、それらもまた社会や文化の一部となっている。

　社会や文化からの自然の差異化は、必ずしも自然を社会や文化の「外」の存在とすることではない。社会や文化と自然を差異化し区別したうえで、社会や文化と自然との間には、「異種混合的な諸結合における組織化、自己組織化、そして解体の諸過程[16]」が、さまざまな形で見いだされる。人間の社会と文化は、自らを自然から差異づけ、区別しつつ、それらと様々な形で関わるものなのだ。その関わり方は、ある社会や文化が自らと自然をどう差異づけ、区別するかということと相関しており、それ自体がその社会の文化の一部をなしているのである。

　先に私は「社会や文化と自然とを差異づけるものは何か」という〝正面からの問い〟に対して、ここではそれを

〝斜めにずらした〟方向からの問いによって人間の社会と文化について考えたい、と述べた。それは「人間の社会や文化と自然とを差異づけるものは何か」という問いに対する答えを求めることによってではなく、人間の社会や文化を「自らを自然から差異づけ、区別するもの」として対象化し、そうした差異化や区別による社会の自己了解を通じて、社会が自然との間にどんな関係をかたちづくるのかという点から、人間の社会と文化について考えたいということだ。

3 「友」としての動物

「トーテミスム」的な思考においては、人間以外の動植物や無生物は人間の祖先として語られたり、人間とともに神話的世界を生きる登場人物となったりする。そこでは、人間以外の自然界の事物相互の関係が、人間の社会における集団間の関係を説明する隠喩、人間の世界と互いに照らし合う参照の枠組みとして用いられる。(17) そうした社会では自然界の事物は、社会生活の経済的な基盤であると同時に意味論的な基盤でもある。

柳田國男は『明治大正史世相篇』で、明治以降に人間と動物の関係が疎遠になったとして次のように述べている。

人と動物との間柄がやや疎遠になって、かえってその噂は高くなったようである。猟して捕るということは一つの戦闘であったが、その結果はほとんど全部が勝利談、そうでないまでも敵方の敗北談であった。これが往古以来単純なる人々の、最も聴くことを悦ぶ歴史でもあった。しかしそれ以外にも友としての動物の話は多い。たとえば狼は野獣のことに兇暴なるものであったが、これすらもかつては夜路に人を送り、産の時に見舞いを遣ったら礼に来たという話も多かった。猿は敏捷であるがよく人の真似をして失敗し、兎は知慮が短く鼬《いたち》は狡猾《こうかつ》でよく物を盗んだ。狐は陰鬱で復讐心が強く、狸も悪者ながらすることがいつもとぼけているという類の概括も、決して昔話の相続ばかりではなかった。誤っていたにしてもとにかくだれかの実験〔＝実際の体験：引用者注〕であった。[18]

『遠野物語』に収められた伝承譚が示すように、カッコウとホトトギスがかつて人間の姉妹であったり、河童と人の間に子が生まれたり、年を経た猿の経立《ふったち》が人間の女をさらったりする世界を人は生きていた。[19] そうした社会においては、野獣や野鳥は〝異類〟として人間から区別されるが、「社会的」と呼ぶことのできる交渉を人間との間にもちうる存在であり、それゆえ人の生きる社会や文化はそれらの存在を、その周縁にではあれ組み込んだものとして了解されていた。さらに、人間の生活圏により近い領域には、定まった飼い主をもたずに村に暮らす犬や、家庭に飼われる犬がおり、「一種の家族」としての鶏や牛馬や、悪戯な同居者としての鼠がいた。

正月だけはねずみという語を忌んで、よめ子といっている土地も多い。普通は五日か六日の日の晩に、よめ子にも年を取らせると称して、節《せち》の食物を器に入れて、鼠の通路において食べさせる習慣もある。犬猫のすでに家庭に属しているものはもちろん、鶏にも牛馬にもこれと同じことをするのを考えると、最初は家畜と家にいる動物との間に、そう大した分け隔てはしていなかったのである。これが屋上の烏や軒覗く雀、鳶や梟《ふくろう》どもにも明日の天気を相談しようとした理由であって、こういう鳥は別に美しい羽の色でもなく、声とても決して好い音楽とも思われぬにもかかわらず、来ると嬉しく影を見ないと何となく淋しく思われた因縁は、一言で言うならば彼らがわれわれの友だちであったからである。[20]

先に引用した文章で柳田は、狩猟の勝利談について述べていた。そうした物語においても動物は、一方的に捕らえられたり殺されたりする対象ではなく、互いに知恵と力をくらべ合う「勝負の相手」として現れる。『遠野物語』で動物との交流の物語と共に狩猟の物語が語られることや、人が動物を狩るだけでなく、動物もまた人間をさらったりすることは、それらが語られる世界では人間が自然に外在せず、動物と相互的な関係にあるものとして了解されていたことを示している。

だが明治以降になると、動物たちは社会の〝周囲〟に生きる仲間ではなく〝外部〟に生息するものとみなされるようになっていった。

野獣野鳥の物語のローマンスに化したということは、われわれにとって大きな事件であった。(21)

「ローマンスに化した」という言葉で柳田が言いたかったのは、野生動物との交流がもはや社会のなかで生きられる現実ではなくなって、架空の物語として語られ、読まれ、消費されるものになっていったということだ。現在の私たちは『遠野物語』をそうした「ローマンス」として読み、そんな「ロマン」を求めて遠野を観光する。だが、そこに収められた物語は、私たちがそれを「ローマンス」として読むのとは異なる自然と人間の関係のなかで語られていたのである。

4 分水嶺――宮沢賢治のふたつの〝童話〟

「トーテミスム」的な文化や、柳田が語る野獣野鳥を友とする社会では、人間とその他の動植物や無生物の間に差異や区別は存在するが、それらは同時に社会や文化の中に織り込まれている。社会や文化が、人間以外の生物や無生物からなる世界に織り込まれていると言ってもよい。それらが一枚の布をなす縦糸と横糸のように緊密に織り込まれているのであれば、人間の社会や文化と自然を相互に外在するものとして単純に対置することはできない。「トーテミスム」的な思考や神話、『遠野物語』のような説話は、社会・文化と自然を相互に参照し合い、互いに折り合わされたものとして表象する言説の秩序のうちにある。

他方、「ローマンスに化した野獣野鳥の物語」は、それらとは別の表象と言説の秩序に属している。そこでは野生の生き物は、現在において生きられる人間の社会や文化に織り込まれているのではなく、「昔々……」と語り起こされるようないつとも知れぬ過去や、決して現実ではありえない虚構として記されるようなものとされているからだ。野生の生き物たちとの交流をそのようなものとしてしか語れないのは、人間の社会や文化とそれ以外の生物や無生物との関係が〝現実には不可能なこと〟であるような現実を、その社会と文化が生き始めているからだ。

「注文の多い料理店」や「なめとこ山の熊」のような宮沢賢治の〝童話〟を、私たちはこうした表象と言説の秩序の移行の分水嶺に立つものとして読むことができる。[22]

「注文の多い料理店」は、東京から来て山奥で道に迷ったハンターが、山猫が営む料理店で料理されそうになる話、[23]「なめとこ山の熊」は東北の山で生活のために熊を撃つ猟師の小十郎の、熊との交流と死を描いた物語である。これらの物語を、私たちの多くは〝童話〟として読む。[24]けれども賢治自身の資質からすれば、これらの物語は「虚構」として作られたものというよりも、岩手の山野で賢治が動植物や無生物と交流・交感するなかで得られた「田園の新鮮な産物」である「心象スケッチ」[25]なのであって、けっして単なる作り物の虚構ではなかったはずだ。[26]だがその一方で、それらがもはや「ローマンス」としてしか読まれえない時代と社会に送り出すことへの賢治の自覚がこの二篇の作品の根底にはあって、そのことが単なる童話やローマンスに還元されない意味論的な構造を、それらの物語に与えている。

「注文の多い料理店」の二人のハンターは、鳥や獣を狩猟という娯楽の「獲物」としか考えず、獲物がいなければ「山鳥を十円も買って帰ればいい」と言う「若い紳士」である。自分たちが連れてきた二匹の「白熊のような犬」がめまいを起こし、泡を吹いて死んだようになっても、「じつにぼくは、二千四百円の損害だ」、「ぼくは二千八百円の損害だ」と金銭に換算して値段の高さを自慢する彼らは、動物を友とする世界に住んではいない。他方の山猫たちは、狸が狐が人をばかすような説話的世界の住民だが、物語の最後に、息を吹き返した二匹の猟犬に蹴散らされてしまう。おそらくは洋犬であろう「白熊のような犬」は、山の生き物たちと村人が交流しつつ暮らしてきた民俗的世界の外部から来た動物である。ここで山猫は人と〝交流〟しようとするが、東京から来たハンターも彼らの猟犬も、山猫と同じ世界には属しておらず、二人の紳士は恐怖で顔をくしゃくしゃの紙くずのようにしながら、山鳥を十円だけ買って東京に帰っていく。山猫と紳士・猟犬の間のこの隔たり、そしてそれが含意する土着的な習俗の世界と東京の市場経済化された世界の隔たり、山鳥という生き物と十円というその商品価値との隔たりが、たとえば山猫と少年の交流を描いた「どんぐりと山猫」とは異なる、内田隆三なら「曲率」と呼ぶであろう[27]、近代化された自然と社会・文化の差異にもとづく意味論的な構造の特性を物語に与えている。

もう一方の「なめとこ山の熊」の小十郎は熊捕りの名人で、「もう熊の言葉だってわかるような気がする」男である。そしてそれに呼応するように、「なめとこ山あたりの熊は小十郎をすき」で、「小十郎の犬さえすきなようだった」。にもかかわらず小十郎は、「ほかの罪のねえ仕事をしてえんだが畑はなし、木はお上のものにきまったし、里へ出ても誰も相手にしねえ。仕方なしに猟師なんぞして」いるのである。資本主義的な貨幣経済と山林の国有林化のなかで小十郎は、毛皮と熊の肝を売って現金を得るための「労働」として、山に入って熊たちを殺さなくてはならず、また町に出ては毛皮と胆を買ってもらうために荒物屋の主人に頭を下げなくてはならない。人と獣が友だちとして交流し、一方が他方を殺すこともそうした交流の一環であった世界と、そうした交流なしに一方が他方を対象化し、殺し、商品とする世界の分水嶺の上に小十郎がいることが、この物語の世界に民俗的世界の説話とは異なる意味論的構造を与えている[28]。

これらの物語が表象しているのは、一方では、社会や文化から切り離され、対置されるものとして差異化された「自然」、そうした対置を前提として社会との関係を私たちが考える「自然」である。だが他方では、山猫が人をだまそうとし、熊と人間が言葉を交わすような、社会や文化と自然が互いに交流し、交渉しあう世界もそこには表象されている。後者の世界では、社会や文化と自然は差異づけられながらも相互に織り込まれてひとつの世界を作るものとして了解されているが、前者の世界では両者は切り離され、対置されている。後者の関係における自然は人間にとって完全な外部でも客体でもないが、前者の関係における自然は社会や文化に外在し、対象化され、所有されたり商品化されたりする。そして前者の世界では、後者の世界のような自然と人間との交流は、ありえない「ローマンス」としてしか表象されえない。

私たちが今日ごく普通に考える「社会」も、そしてそのような「社会」や「文化」を対象とする社会科学も、そんな「自然」との分離を歴史的前提としている。

5 内在／超越

真木悠介は『現代社会の存立構造』で、『資本論』におけるマルクスの労働論をもふまえつつ、『ドイツ・イデオロギー』でマルクスとエンゲルスが述べたことを展開させて、人間と自然の関係について次のように述べている。

> 自然内存在としての人間は、その残余の自然との物質代謝を、〈労働をとおしての享受〉という回路として媒介化することによって、直接的な自然的諸条件へのまったき隷属から解放される。この時いらい人間は、自己自身の現実的な存立の前提であるその自然的な素材を、労働を媒介として獲得する。この第一次の主体化において人間は、自己の目的意識的な活動のもとに、外囲の自然を従属せしめ、加工し、変革し、支配する主体としてたちあらわれる。ここにはじめて人間は、「物質性の囚人」としての、単純な自然・内・存在ではなく、物質性の宇宙のさなかの内在的超越者として、自己の精神を獲得する。(29)（傍点は原著者）

労働を通じて自然を従属させ、自然を支配する主体としての人間というのは、近・現代の社会の反省的自意識である社会科学が、社会と自然の関係を了解してきた語り方の一つの典型である。二一世紀の今日、こうした人間観・社会観は環境問題とエコロジー意識の高まりによって相対化されつつあるが、そうした相対化の動き自体が、そうした社会観と自然観が今日でもなお支配的であることを示している。

「支配」の語を社会学的に厳密に用いるなら、「人間が自然を支配する」と言うことはできない。「一人または数人の「支配者」の表示された意思（「命令」）が、他の（一人または数人の「被支配者」の）行動に影響をおよぼそうとし、また事実、この行動が、社会的にみて著しい程度に、あたかも被支配者がこの命令の内容を、それが命令であるということ自体の故に、自分たちの行動の格率としたかのごとくに、おこなわれる（「服従」）というほどに、影響を及ぼしているという事態[30]」というマックス・ヴェーバーの古典的定義が示すように、社会学的な意味での「支配」とは人と人との関係において成立する状態であって、人と人以外の自然との関係に見いだされるものではないからだ。

「領土の支配」や「領地の支配」のように、社会科学でも人と人以外の事物との関係に「支配」の語が用いられることはあるが、それは国家や領主や地主が、みずからの領土・領地である土地とそこに存在する人間以外の生物・無生物に命令を下し、従わせる事態が成立しているということではなく、領土・領地内の人びとや集団に対して国家や領主や地主が排他的な（＝他の国家や団体や個人を排除する）支配権をもち、彼らの意思や行為に対して権力や武力による制限を加えることができるということである。支配はコミュニケーションを前提としているが、土地や人間以外の生物・無生物はコミュニケーションの相手とならず、だから命令することも従わせることもできない[31]。

さらにまた人間は、自然に内在するヒトという生物として、周囲の環境との関係においても、自らの身体の内的組織においても、自然法則に従う存在である。人間に可能なことはそれらについて理解し、利用することだけで、それらを従わせることも支配することもできない。

では、人間が外囲の事物を従属させる支配者としてあらわれるという真木の言葉は、単なる比喩か〝筆の滑り〟なのだろうか。先の文章の後半をもう一度よく読んでみよう。

この第一次の主体化において人間は、自己の目的意識的な活動のもとに、外囲の自然を従属せしめ、加工し、変革し、支配する主体としてたちあらわれる。ここにはじめて人間は、「物質性の囚人」としての、単純な自然・内・存在ではなく、物質性の宇宙のさなかの内在的超越者として、自己の精神を獲得する。[32]（傍点は引用者）

人間は外囲の自然を従属させ、加工し、変革し、支配する主体に「なる」のではなく、「たちあらわれる」ところでは述べられている。「たちあらわれる」とは、それを見たり了解したりする存在に対して現象する、ということだ。では、誰に対してたちあらわれるのか。それが人間以外の生物や無生物に対してではないことは、右に考察した通りである。とすればそれは、この文章の最後に述べられている「自己の精神」に対して、ということになろう。そしてこの「自己の精神」に対してたちあらわれる主体もまた、労働を通じて獲得される「自己の精神」である。だから、自然を従属させ、支配する主体としての人間とは、自然に内在し従属した人間の精神に対して労働を通じて現れるその精神自身、つまりは人間の自意識なのだ。

そうした自意識の成立する契機を、マルクスとエンゲルスも真木も、労働、とりわけ生産手段を生産する労働であると考える。生産手段の生産では、労働の対象である自然も、その労働の産物も、直接の享受の対象ではなく、それを用いて労働し、生産するための手段となる。この手段性の回路において人間と自然の関係は距離化され、間接化されて、人間は自然に完全に内在化した存在ではなく、そこから自立してそれに働きかける存在であるかのようにあらわれる。けれどもそれは、そのような営みのなかの自意識においてのみ、人間は外囲の自然を従属させ、支配する者であるかの如くに現れる（＝了解される）ということでもある。

さらに言えば、労働一般というよりも、労働とその技術の特定のあり方、それらを組み込んだ社会や文化の特定のあり方、そしてその下での特定の活動においてのみ、人間とその社会は自然を従属させ、支配する存在であるかの如き意識をもつと言うべきだろう。たとえば「なめとこ山の熊」の小十郎は、熊もなめとこ山も支配しているという意思をもたない。むしろ対等な相手として彼らとわたりあう存在だ。狩猟は採集と並んで原初的な労働の形である。だが、この労働において人は、必ずしも自然を従属させ、支配する存在ではない。すぐれた釣り人が河川や周囲の環境を読み解き、釣ろうとする魚の習性を知り尽くし、自分の身体や道具をそれにあわせて使うように、人間はそこで自然に従うことによって自然とわたりあい、その一部を手に入れる。[33]

歴史を通じて人間は、自然に働きかけ、利用し、加工する技術と能力を向上させてきた。農耕においては植物の生育や土壌・水利を管理する。鉱業や工業では、地中から資源を掘り出して、そこから金属や合成樹脂やエネルギーを取り出す。そうした技術と能力が向上し、その手段としての知と道具や機械とそれらの生産物が集積され、蓄積され、体系化されて社会と文化の領域を構成していくと、人間と他の生物や無生物からなる世界との関係はより距離化され、間接化されていく。

そのような技術と能力の増大は、農耕の開始や都市文明の成立などのいくつかの画期をもちつつも、人間の長い歴史のなかで比較的ゆっくりと進んできた。だが、近代における科学技術の発展と、それにもとづく産業化と近代化によって、人間が自然に働きかけ、利用し、加工する技術と能力は飛躍的に増大する。近代の科学と、その科学にもとづく科学技術も、自然に従い、それを利用する知と技術の体系であるという点では、原初的な狩猟や採集の知や技術と変わりはない。だが、それらが自然に働きかける力の巨大さと、そこから引き出される物質とエネルギーの巨大さが、自然を恣《ほしいまま》にしている主体であるかのような感覚と意識を近代の人間たちのなかに生み出すのだ。

6　超越的内在と〝社会の〈それ《das Es》〉〟

内田隆三は『国土論』で、諫早湾の干拓事業について考察している。

日本の海は近代以前から干拓されてきたが、その手法は時代と社会によって一様ではなかった。江戸時代に行われていた、干潮時の水際に柴や竹を立てて数年間放置し、そこに自然にできる「ガタ」に時機を見計らって盛り土をし、部落総出で足で踏み固めて干拓する「地先干拓(34)」は、「野鳥を頂点とする生態系を維持し、その生態系のうえに乗った小さな生活の風景を崩さず、干潟を徐々に前進させていくという緩慢な手法(35)」によって、陸地と小規模な干拓地と干潟とその先の海洋とが連続し、そこに暮らす人びとの営みと魚介や水鳥たちの暮らしとが織り込まれた地域的《ローカル》な世界を作り出すものだった。だが、二〇世紀に入ると「干拓は積極的にある程度の広さを求め、干潟の低い部分にまで及ぶ大規模なものになって」[36]いき、とりわけ戦後には一挙に広大な面積を干拓する大規模干拓が、国家的事業として構想されるようになる。

近世の地先干拓と現代の大規模干拓の違いは、社会や文化と自然との差異化と関係づけの近世以前のあり方と、近代化以降のあり方の違いを象徴的に示している。前者においては、人間の生態系に対する負荷が高まったとしても、習俗のなかの規範による調整作用や生態系の機能によって、社会・文化と自然の様相も、それら相互の関係も当該の地域のなかで緩慢に変動していくことも多かった。[37] だが、「近代の工業文明では、こうした調整や持続が成り立たない不可逆的な負荷の蓄積が進行していく」[38] のであり、それによって破局的《カタストロフィック》な〝環境の破壊〟や、人間の社会や文化への予期せぬ負のフィードバックがより大規模かつ頻繁に生み出される。ニクラス・ルーマンも指摘するように、近代に先立つ社会も森林の伐採や土地のカルスト化などの大々的な環境の変化を引き起こしてきたのだが、近代化の過程で「環境に働きかける諸能力と、その諸能力を利用し尽くそうとする社会的圧力の規模が、桁違いに増大し」、開発を抑制してきた宗教などによる「社会の自己統制のための諸前提」も消滅していったのである。[39]

長大な堤防と水門による湾の締め切りによる陸地の造成は、自然と社会・文化を切り離し、外囲の自然を従属させ、支配する、近代的な人間とその社会のあり方を象徴的に示しているように見える（少なくとも、科学技術とそれが生み出す未来を信じる近代人には、そう見えるだろう）[40]。近代の科学技術史や産業史や開発史はそんな「象徴的事例」に事欠かないし、実際そんな出来事の記念碑が世界各地に存在する。

こうした開発は、それによって人工的な世界としての「社会」と「自然」との差異をより明確なものとして産出し、「社会」の領域を拡張していこうとする集合的な行為である。そこでは地形や水、大気の流れが変えられ、絶滅や特定の種の増殖など生物の生息状況が変わり、土木的・建築的なさまざまな構築物が建設され、人間や人間の操作する道具・機械が数多く活動するようになる。だが、社会や文化から自然を切り離し、客体化された自然を人間の恣に操作したり改変したりしようとするこうした企ては、それによって人間の社会をこれまでとは異なる仕方で、けれどもかつて無いほど動態的《ダイナミック》に、外囲の自然と関係づける。産業化と消費社会化のなかで、大量の資源を採取し、加工し、消費し、廃棄する現代社会は、これまでのどんな社会よりも大きな規模と強度で外囲の自然と関わり続ける社会である。それはまた、かつてのどんな社会よりも自然環境に大きな負荷をかける社会であり、そうした負荷が生み出す多くの諸結果にさらされ、それらに対して対処しなくてはならない社会である。科学技術によって改変され人工化された世界は、それによって自然から自立するのではない。それはその人工化された環境と社会を維持していくために、きわめて遠隔の地を含む地球上の自然に強く依存し、それによってその近傍を越える外囲の、ときに地球規模に広がる自然に大きな影響を与える。

そうした社会では、大都市の電気をまかなうために国土内の他の地方を流れる河川の水が利用され、遠い外国から石油や天然ガスが運ばれ、原子力発電所が僻遠の地に建設される。都市を中心に増加した人口を支えるために大量の食糧が世界中で生産され、その生産のために農地が拓かれ、それによって地球上の様々な場所の環境が変容し、それが気象にも影響を及ぼす。石炭、石油、天然ガスといった化石燃料への産業活動や日常生活の依存は、現代の社会生活が空間的には遠隔地の、時間的には遥かな過去の自然に深く依存する関係のなかに成立しているということだ。かくして、外囲の自然を従属せしめ、加工し、変革し、支配する主体としての自意識をもった、物質性の宇宙のさなかの内在的超越者は、自ら意識しないまま周囲の自然に深く依存していき、自然との間のダイナミックな関係に入りこんでいく。

科学技術が作りだした機械や装置と人間が協働連関する「社会的身体 social body」である現代的な大都市は、地上も地下も人工的な構築物で覆われた「人工環境」である。[41] だがそれは、コンクリートで改修された河岸や港湾の内側に河川や海という「自然」を抱え、公園や庭園などに人為的な植生と非人為的な植生をもち、下水道や建物のすき間には様々な動植物が生息する環境でもある。都市化が生み出すビル風やヒートアイランド現象など、自然の気象と人工的な装置や環境の相互作用が生み出す新しい環境の条件もある。人口の集中や国際的な移動の活発化による新たな感染症の危機や、居住環境の変化によるアレルギーの増加などもある。これらはいずれも、都市という現代的な環境と人間以外の生物や無生物、気象現象などが関係するところに現れるものだ。ペットや観賞用の植物などが、そうした「人工環境」のなかの「人工化された自然」であることはいうまでもない。現代の都市は確かに人工的な構築物を主要な構成要素としているが、そのなかに様々な「自然」を内包しつつ、先に述べたように地球規模で外囲の自然環境と緊密な関係にある。

同様のことは、人間の内的自然と社会の関係に関しても言える。かつて、二〇世紀の半ばにハンナ・アレントは、当時の生命科学・生命工学の動向について、そうした研究・開発が「生命をも「人工的」なものにし、人間を自然の子供としてその仲間に結びつけている最後の絆を断ち切るために大いに努力して」おり、そこには宇宙開発と同じ「地球の拘束から逃れたいという欲望」が働いていると指摘した。[42] だが、その後の半世紀以上にわたる生命科学や生命工学、それらを利用した医学の進歩は、人間を自らの内的自然から解放するどころか、科学や医療をより深く人間の内的自然の組織や過程に関わらせ、そのことが倫理や道徳や法が関与する社会と文化の領域の新たな拡張をもたらした。現代の社会と文化は、科学技術を仲立ちにして、かつての呪術や伝統的な身体観とは異なる形で人間の内的自然と関わっている。さらに、遺伝子組み換えやクローン技術などによる人間以外の生物の生命過程への介入は、社会や文化と自然とのこれまでにない関係を生み出している。そこでは生命過程への人為的介入によって、他の生物種が人間の社会と文化に組み込まれているのである。

もちろん、どんな社会や文化もその内外の自然に内在し、自然との相互関係にあったのだが、近代の科学技術とそれに仲立ちされた人間の、資本や国家によって編成された営みは、自然に対して外在し、超越するという意識の下、かつてないほどに内外の自然と深く、動態的な関係に入りこんでいった。内在的超越者としての自意識に媒介された自然への新たな内在という意味で、それを、人間とその社会の自然への「超越的内在」と呼ぶこともできるだろう。

われわれはただ一つの学、歴史の学しか知らない。歴史は二つの側面から考察されることができ、自然の歴史と人間の歴史とに区別されることができる。しかし両側面を切り離すことはできない。人間が生存する限り、自然の歴史と人間の歴史は相互に条件づけあうのである。自然の歴史、いわゆる自然科学には、われわれはここでは関説しない。しかし、人間の歴史には立ち入っておくべきであろう。というのも、ほとんどすべてのイデオロギーは人間の歴史の歪んだ把握か、あるいは人間の歴史からのまったくの抽象か、どちらかに帰着するからである。イデオロギーそのものは、この人間の歴史の諸側面の内の一つにすぎない。[43]

この論考のはじめ近くで人間と動物の差異化をめぐる『ドイツ・イデオロギー』の言葉を引用したが、それに先立つ手稿で抹消された部分で、マルクスとエンゲルスはこのように述べている。社会・文化と自然についてここまで考察してきた私たちは、ここで述べられていることに修正を加えつつ、そこから示唆を引き出すことができる。ここで述べられているように、自然の歴史と人間の歴史は切り離すことができず、それらは相互に条件づけあう。そしてそうであるからこそ、私たちは人間の歴史について考えるために、自然の歴史にも立ち入らなくてはならない。なぜなら、自然と人間の歴史を切り離せると考えることは、人間と自然の歴史の歪んだ把握であり、それらからのまったくの抽象だからである。

「自然と差異化されたものとしての社会」の存在が、「社会の科学」の成立の条件である。だが、その社会は自らを自然から差異づけ、区別しつつ、自らの外部と内部の自然と関わり、それによって自らとその内外の自然の双方のあり方を変えながら、自身を存続させようとする存在である。社会の学が対象とする「社会」とは、このように内外の自然との「異種混合的な諸結合における組織化、自己組織化、そして解体の諸過程[44]」を孕んだ歴史的存在なのだ。社会や文化と自然の生態系の関係を問い直し、その共生の途を探るエコロジー的な知の台頭や、医療における生命倫理の重要性の増大などは、自然への超越的内在のなかにある現代の社会と文化、そしてそれらを生きる人びとが、そうした諸過程を、不安や危機の感覚とともに意識し始めたことを示している。

かつてジークムント・フロイトは、「私というもの das Ich ＝自我」が人間の精神のごく一部に過ぎないことを見いだしたとき、「私というもの」もそこから現れてくる、動物性や物質性に由来する精神の意識されない巨大な広がりと過程を、人称をもたない「それ das Es」と呼んだ。[45]「自然に対して超越する存在」であることが、自然と人間の間の近代的な関係のなかで人間の精神にたちあらわれた自意識ならば、その自意識に対して「それ」としか呼びえないような領域が、その自意識によって生み出され、その内外に広がっている。現代の社会科学が〈社会〉として対象化し、思考すべきものは、私たちが「社会」と呼んできたものを可能にし、いまやその「社会」をより深く「自然」へと埋め込んでいる、〝社会の〈それ〉〟とさしあたり呼ぶべきものだ。(46) 〈それ〉は水であり、風であり、ビルである。犬であり、蜜蜂であり、薔薇である。そして〈それ〉は熱であり、砂漠であり、……、それらを不可欠の要素として組み込んだ私たちの〈社会〉なのだ。

〝社会の〈それ〉〟をも含むもの、〈それ〉に条件づけられつつ、〈それ〉を意識的・無意識的に生み出し続ける社会と文化について考えること。それは、たとえばラディカルな環境主義が主張するように、「人間中心的な社会観と自然観」から「脱人間中心的で自然中心主義的な社会観と自然観」へと移行するということではない。また、ロマン主義的に懐古——あるいは想像=創造——される、「自然と共生していた伝統社会」への回帰をめざすべきだということでもない。自分たち以外の生物や無生物に超越するものという意識をもって、歴史上かつてない強大な知と技術を生存の術とし、それによってかつてない大量の同族達を存続させようとするヒト=人間の集団のあり方を、〈それ〉らとの関係を抽象することなく問うこと。(47) そして、それをどのような言葉で表象し、思考するとき、〈それ〉をも含んだ私たちの集合的な生の現在をよりよく理解できるかを問うこと。(48) これらの問いと、それに応えようとする記述と分析と思考の試みが、「現代社会と人間への問い」の不可欠の部分をなしている。

注

(1) ここではまた、社会科学が自然科学と同じ意味で「科学」なのか、さらにまた「科学」とは一つのもの——the science——なのか、それとも複数の科学——sciences——が存在するのかという問いもあろうが、それらの問いにはここでは立ち入らない。

(2) ただし、精神医学や生活習慣病などの研究においては、ヒトが人間として社会を生きることのあり方もまた問題となる。精神病理学が自然科学としての医学であるかどうかについては、このような条件は廃棄される。渡辺哲夫『二〇世紀精神病理学史』ちくま学芸文庫、二〇〇五年が示唆に富む。

（3）もちろん「社会科学」が自然科学の一分野だとすれば、このような条件は廃棄される。

（4）クロード・レヴィ＝ストロースは『親族の基本構造』で、一七、八世紀の著述家たちが「自然状態」と「社会状態」を区別しようとした試みに言及した部分につけた注で、「われわれはいまでは、自然状態と文化状態という言い方をするほうをより好むだろう」と記している（Claude Lévi-Strauss, *Les structures élémentaires de la paranté*, P. U. F., 1949. → Deuxième édition, Mouton, 1967.＝馬渕東一・田島節夫監訳『親族の基本構造（上）』番町書房、一九七七年、六七頁）。

（5）ここで「文化を対象とする学」というのは、広く「人文科学」と呼ばれるものだが、それらは社会科学ほどには「科学」たろうとすることが多くはないので、ここでは「科学」ではなく「学」の語を用いている。

（6）真木悠介『自我の起原——愛とエゴイズムの動物社会学』岩波書店、一九九三年や、大澤真幸『動物的／人間的——1．社会の起源』弘文堂、二〇一二年は、そうした問いをめぐる探究である。

（7）この問いは、社会諸科学のなかでもとりわけ社会学にとって重要な問いとして現れる。他の社会諸科学が政治や経済や法といった、社会の他の領域から制度的に差異づけられた特定領域を対象とするのに対して、社会学は「社会そのもの」や「さまざまな社会的なもの」を対象とするからだ。もっとも、いわゆる連辞符社会学の多くにおいては、この根本的な問いは特定の対象＝専門領域の下に忘却されていることが多い。

（8）Lévi-Strauss 前掲書、大澤真幸前掲書、Arnold Gehlen, *Urmensch und Spätkultur: Philosophische Ergebnisse und Aussagen*, Athenäum, 1956. → 1975.＝池井望訳『人間の原型と現代の文化』法政大学出版局、一九八七年など。

（9）「（の一部）」と述べたのは、人間の社会は「自然環境」と区別される「人工環境」を作り、それを自らにとっての環境とするからである。ただし、本論の後の部分で示されるように、環境に関する「自然／人工」という区分の有効性と限界も、社会学的に重要な主題である。

（10）Karl Marx & Friedrich Engels, *Die Deutsche Ideologie*, 1845-1846.＝廣松渉編訳・小林昌人補訳『新編輯版　ドイツ・イデオロギー』岩波文庫、二〇〇二年、二六頁。

（11）もちろん、「意識や宗教」などの「上部構造」が経済的な「下部構造」に規定されているのなら、「お望みのもの」によって区別されても、結局は人間と動物を区別させるのは労働なのだということになろう。『ドイツ・イデオロギー』でのマルクス（とエンゲルス）は、そのように考えていたのだろう。「これらの諸個人が自らを動物から区別することになる第一の歴史的行為は、彼らが思考するということではなく、彼らが自らの生活手段を生産し始めるということである」（同訳書、二五頁。傍点は原著の強調部分）と、彼らは述べている。だが、現代のオートメーション化された工場で働くならともかく、自らが用いる生活手段を自らの手で生産するような条件において、思考することなく生活手段を生産できる人間などいるのだろうか。

（12）Lévi-Strauss 前掲訳書、二九―三〇頁。

（13）ニクラス・ルーマンであればそれを、「オートポイエティックな社会の産出」とでも呼ぶであろう。

（14）レヴィ＝ストロースはそうした思考を「トーテミスム」という一つの現象として理解することには反対している。Claude Lévi-Strauss, *Le totémisme aujourd'hui*, P. U. F., 1962. ＝仲澤紀雄訳『今日のトーテミスム』みすず書房、一九七〇年を参照。ここで「トーテミスム」とカギ括弧にくくっているのも、そのことによっている。

（15）ここで当の犬や猫――ゴン太やココ――が、自らを社会や文化の側に属すものとして意識しているかどうかは問題ではない。人間がそれらを「ゴン太」や「ココ」と考え、その名にふさわしいものとして遇することが重要なのだ。

（16）Joachim Radkau, *Natur und Macht: Eine Weltgeschichite der Umwelt*, C. H. Beck, 2000.＝海老根剛・森田直子訳『自然と権力――環境の世界史』みすず書房、二〇一二年、二〇頁。本論考は全篇にわたりラートカウのこの本から大きな示唆を得ていることをここに明記しておく。

（17）Claude Lévi-Strauss, *La pensée sauvage*, Plon, 1962.＝大橋保夫訳『野生の思考』みすず書房、一九七六年、第三章を参照。

（18）柳田國男『明治大正史世相篇』朝日新聞社、一九三一年。→『明治大正史世相篇　上』講談社学術文庫、一九七六年、一六四頁。

（19）柳田國男『遠野物語』聚精堂、一九〇〇年。→『遠野物語・山の人生』岩波文庫、一九七六年の四五、五三、五五などの説話を参照。

（20）前掲『明治大正史世相篇　上』一六二頁。

（21）同書、一六五頁。

（22）以下、「注文の多い料理店」の引用は谷川徹三（編）『童話集　銀河鉄道の夜　他十四篇』岩波文庫、一九五一年に、「なめとこ山の熊」の引用は同（編）『童話集　風の又三郎　他十八篇』岩波文庫、一九五一年による。

（23）物語の舞台と考えられる本州には山猫は生息していないから、この物語は自然科学的には〝間違い〟である。だが、重要なことは自然と社会・文化が相互に織り込まれている世界では、山男や河童と共に山猫が、村人たちの共同幻想のなかに存在しているということだ。

（24）ここで「童話」とは何か、それがいかなる歴史性と社会性をもった言説であるのかが問われなくてはならないが、ここではそれに立ち入っている余裕はない。
（25）『注文の多い料理店』広告文より。
（26）宮沢賢治のそうした資質については、見田宗介『宮沢賢治——存在の祭りの中へ』岩波書店、一九八四年、第三章などを参照。
（27）内田隆三『国土論』筑摩書房、二〇〇二年等を参照。
（28）さらに賢治は、「ほんとうはなめとこ山も熊の胆も私は自分で見たのではない。人から聞いたり考えたりしたことばかりだ」と物語の語り手に語らせることで、それがもはや「ローマンス」としてしか語りえぬ言説であることを、作品自体に書き込んでいる。
（29）真木悠介『現代社会の存立構造』筑摩書房、一九七七年、九〇頁。ここで「第一次の主体化」と述べているのは、それが「共同態からの個の自立」という「第二次の主体化」と対照されているからである。なお、「自然／社会」の差異の真木のこの理解は、現代生物学の成果にもとづく『自我の起原』において、理論的にさらに深化した展開を見せている。だから、「自然／社会」関係について真木の思考を媒介にして今日考えようとするのなら、大澤真幸が『動物的／人間的』で着手しているように、『自我の起原』から考えるのがひとつの行き方だろう。私がここでそうしないのは、それらの書物で真木や大澤が、「社会／自然」関係における人間とそれ以外の動物の差異に「人間性＝社会性の起原」を探ろうとしているのに対して、ここでは、そのような差異をもちつつも自然に内在し続ける人間とその社会が、自然との間にもつ関係のあり方から、人間とその社会について考えたいからである。
（30）Max Weber, *Wirtschaft und Gesellshcaft: Grundriss der verstehenden Soziologie*, vierte, neu herausgegebene Auflage, 1956.＝世良晃志郎訳『支配の社会学Ⅰ』創文社、一九六〇年、一一頁。ここで支配は、支配者・被支配者双方の了解を経由して成立している。
（31）人間の命令に従うよう訓練された犬や馬は支配の対象と言えるかもしれないが、人間と同等に支配することはできない。
（32）前掲『現代社会の存立構造』九〇頁。
（33）内山節『内山節著作集2 山里の釣りから』一般社団法人農山漁村文化協会、二〇一四年を参照。
（34）内田、前掲『国土論』四〇六頁。
（35）同書、四〇九頁。

(36)同。
(37)もちろん、つねにそうであったわけではないことを示す事例にも事欠かないが、その規模と展開の速さにおいて、近代以降の社会は際立っていると言えるだろう。
(38)『国土論』四〇四頁。
(39)Niklas Luhmann, *Ökologishce Kommunikation: Kann die moderne Gesellschaft sich auf ökologische Gefährdungen einstellen?*, Westdeutscher Verlag, 1986. =庄司信訳『エコロジーのコミュニケーション』新泉社、二〇〇七年、六七―六八頁。
(40)「科学技術とそれが生み出す未来を信じる近代人」については、若林幹夫『未来の社会学』河出ブックス、二〇一四年、第三章を参照。
(41)これについては、若林幹夫「20世紀の都市と身体――荒野と機械のあいだ」見田宗介・内田隆三・市野川容孝編『ライブラリ相関社会科学8〈身体〉は何を語るのか――20世紀を考える(Ⅱ)』新世社、二〇〇三年。→若林幹夫『熱い都市 冷たい都市 増補版』青弓社、二〇一三年、第二部第三章も参照。
(42)Hannah Arendt, *The Human Condition*, University of Chicago Press, 1958.=志水速雄訳『人間の条件』中央公論社、一九七三年→ちくま学芸文庫、一九九四年、一一頁。ただし、「」内の引用は表現を若干改めた。
(43)Marx & Engels『ドイツ・イデオロギー』前掲訳書二四頁。
(44)Radkau『自然と権力――環境の世界史』前掲訳書、みすず書房、二〇頁。
(45)Sigmund Freud, *Das Ich und das Es*, Internationaler Psychoanalytischer Verlag, 1923.
(46)この〝社会の〈それ〉〟はこれまで社会科学よりも、たとえばJ・G・バラードの諸作品のような、すぐれたサイエンス・フィクションによって思考され、表象されてきた。
(47)それゆえ、「人間と動物の差異」、「社会や文化と自然の差異」は依然として根本的な問いであり続ける。
(48)たとえば、この論文で仕方なしに使い続けてきた「社会」や「文化」や「自然」の語の慣習的用法は、こうした問題を考えるときにしばしば桎梏となる。この点に関して本稿の考察はブルーノ・ラトゥールの科学人類学とアクターネットワーク論と関わりあうが、それについては別途また検討することとしたい。

言語の何が問題なのか？

遠藤 知巳

1 言語という主題

二〇世紀以降のいわゆる現代思想にとって、言語をいかに把握するかは核心的な問題だった。一九世紀の終わりから世紀の変わり目にかけて、言語学のみならず、哲学や文学、心理学をはじめとする諸領域で、言語の身分を賭金とした人文学的知の革新が一斉に発現する。そしてそれは、二〇世紀後半の構造主義以降の意味空間のなかで、相互参照しあう知の連合＝配列《レジメンテーション》として緩やかにかつ大規模に組織されていった。

それより少し遅れて、社会学の世界においても言語／意味の作用が注目されるようになっていった。近現代社会は、言語を介した社会的な諸手続きを、諸制度の運営において不可欠かつ中核的なものとしている。人々の自由で散漫なコミュニケーションの姿を、かつてないかたちで可視的にした社会空間でもある。社会学という営みも、当然そうした社会の様相をなぞることになる。社会を研究するとき、人は性質やジャンルの異なる多様な言語資料を扱うのだし、録音機器をもって調査に出かけたら、人々の語ったことを文章に起こすことになる。統計処理においても、質問票に対する解釈の作業は必須である。社会それ自体はモノでないのと同じように言葉でもないが、社会学はどこまでいっても言葉の連環から逃げることができない。

とはいえ、人文学と社会学とのあいだには無視できない差異があった。哲学・思想系や文学系の研究を代表として、人文学は文献やテクストといった言語（的）構成体をめぐる学として自己限定する。少なくとも、そこに自然によりそうことができる。そこでは、ある「開き」と「閉じ」が作動している。言語の身分変更への要求は、人文学的知の徹底的な再検討を迫るが、その検討は、言語構成体をあつかう知の内部に回収される。より正確には、人文学的知の定義上、必ず回収されなくてはならない。言語への開きという深刻な「挑戦」に、どこかで自足できる。言語の編み物としてのテクストは、素朴な意味で観察対象《オブジェクト》であると同時に、そのリミットが知のリミットであるような、一種の位相空間として機能してきた。

その内部で、特異な自由度を享受した思考の運動が展開される。治療実践としての精神分析の受け入れとは無関連にフロイトやラカンを読み、言語学そのものとは必ずしも付き合うことなくソシュールに言及し、思想的文脈を自由化しつつウィトゲンシュタインやフッサールを引用する。多くの領域や人名を通底するとされる「言語」とは、しかし何なのか。語ることや書くこと、もしくは、語りを偽装し、語りの現場に送り返すようにして書くこと、会話や独り言といった多様な諸形態を包括する「言語」とは、どのような場所なのか。言語学や社会言語学をもってきても、たぶん答にはならない。「言語」というくくりそれ自体が、さまざまな言葉の営みに対する意味論《ゼマンティーク》として機能している。言語というメタレベルあるいは超文脈によって知を基礎付け直すことと、言語概念の侵入による内的解体と動態化が遂行的に人文学的な知の形式を構成することと。人文学的思考は、この両者のあいだで振動しつづける。

2　人文学と社会学：言語をめぐる対峙

一方、社会学は、そのジャンル的・メディア的特性が知の輪郭と重なるような、安定した憑依先をもちにくい。それに代わるのは、「社会」という巨大な超位相空間に回収するという強固な手続き形式である。「社会」から要素xを抽出しておいて、そのxの位置なり機能なりそれらの変動なりを「社会」に帰着させ、それによって「社会」

が説明できたことにする。裏返せば、観察の一時的な繋留点がその都度「社会」へと解消される。

言語概念は何よりもまず、「社会」というこの超位相空間自体をめぐる反省の梃子として出現した。社会学の世界では、言語がしばしば、かなり無造作に意味（作用）と等値されてきたが、それもこのことと関係している。じっさい、言語／意味概念の導入以前の社会学においては、意思をもった行為者が実在しており、諸制度を介した行為者の結合様式としての社会もまた実在すると考える態度が幅をきかせていた。社会／行為者の両者に対して客観的にアクセスできることを装うこの文体は、一九八〇年ごろを境に、複数の地点で破綻していった（内田［1980］）。ブルデューやギデンズ、そして何よりもルーマンの仕事のなかで、社会学的知の位置づけは、社会に対する反省＝自己観察へと変更されていく。観察の内在性を、その深度はどうであれともかくも繰り込むこと。観察主体への自己言及を何らかのかたちではらんだ記述でないと、リアルとは見なされなくなっていった。明らかにそれは、以下のような一連の問題意識と深く連動していた。どこからどこまでを行為や言葉の意味とみなすか。それは誰によって意味づけられ、意味を受け取る／受け取らない者はどんな存在か。当事者にせよ観察者にせよ、語られ、あるいは書かれた言葉をどう解釈するのか。社会や現実をめぐる表象の水準が人々のコミュニケーションをどのように編成しているか。そしてまた、社会学者がこれらの論点を切り出すとき、それは自己の暗黙の立場性や前提といかに共振しているか。社会学的記述もまたある種の表象制作の側面をもつことをどう考えるのか。こうした事態がしばしば、社会学における言語論的転回（linguistic turn）と呼ばれている。

だが、言葉を資料あるいはセンス・データとして道具主義的に扱うかぎり（それは特定の方法論の枠内ではつねに可能である）、「言語」にそれ自体として着目する意味はない。社会学的記述の位置が問題化されるときにも、イデオロギー的歪曲と類同的に扱われることがほとんどである。しかし、言葉の権力効果が計れるとすれば、言葉がそれに対して接続される、そこから先は言葉ではない、言葉に汚染されることもない領域を想定していることになる（佐藤［2006］）。「誠実」な方法的留保にもかかわらず、当の言葉の素朴な実在が密輸入されているのだ。それでは、結局のところ「正確に（客観的に）記述する努力をしましょう」という話になるか、それともすべての言葉を政治効果をもった政治的そして／あるいは主観的な言葉と見なして――「主観」はしばしば党派の極小形態となる――単層化するか、どちらか、もしくは両方になる。あらゆる歪曲から免れた記述のゼロ度を想定しても、政治的効果の平面上に言葉を引き剥がせると考えても、言葉それ自体の不透明な作動、あるいはそのことの出来事性は、視線からそれつづける。それが、社会学における「言語論的転回」なるものを、あまり信用できない理由なのだ。

もしかしたら、社会学は、どこかでデータの所与性を置きつづけずにはいられないのかもしれない。時間は無限ではないから、あつかうデータの範囲を限定し、「ここから先は無関連とみなす」ことを方法論的権利として確保せざるをえない。その自覚的停止はしかし、「ここにこう書いてあるから」、「この人がこう述べているから」、「○○という言葉がよく用いられているから」、「だから社会はこうなのだ」という不思議と粗大な実体的把握へと、いつのまにかすべりこんでいく。語られ／書かれたことにはそれなりの至近距離的手応えがあり、それをなぞることで、何かを示そうとする。しかし、それだけでは、局所的対象に憑依して「社会」を描くなかで当初の対象が消去されるという、社会学についてまわるあの呪われた「説明」の物語を突き抜けることはできない。

だから、人文学と社会学のどちらがより「正しい」かという問いには意味がない。人文学における言語概念の「恰好よさ」に眩しさを覚えながら（それを否認するのは不正直である）行われてきた、社会学における言語概念の受容が、非常に豊穣なものだったとはいいにくい。一方、言語的テクストの内部空間に内在する人文学が、ときに無防備にテクストの外部をもちこむことがあり、奇妙に社会学っぽいと感じさせられる瞬間がある。「言語」とは、むしろ、社会学と人文学がねじれたかたちで相互依存する、現代的な知の制度性がかいま見える場所なのかもしれない。

その意味で、近代における言語科学という視角の成立の効果が興味深い。人文学が、言語に対して観察者が外在する／できることを方法論的に前提する言語科学に、あるときには依拠して何かを語ってしまうとすれば、それは、言葉だけでできている位相空間に内在することを、どこかでやめていることを意味する。社会学における風景については、すでに論じたことがある（遠藤［2006］）。人文学的な知が言語「科学」と連動する形式と、その歴史的変形を考える必要がある。(1)

3　歴史言語学の地平

紙数の都合上、一九世紀以前の言語思想については省略せざるをえない。ここでは、体系的音推移（Lautverschiebung）の発見以降を見てみよう。サンスクリットとゴート語やケルト語との親近性に対する直観を最初に表明したのはイギリスのウィリアム・ジョーンズ卿だったが、ボップ、グリム、ラスクらは、さまざまなヨーロッパ語のあいだで、そしてまたそれらとサンスクリットのあいだで規則的な音韻（を表示する文字）の入れ替えを体系的に観察した。この音推移の発見から、まず①語の意義にしたがって単語の機能を分類する伝統的な文法学を越えて、語を語幹（語根）と語尾・語頭の屈折とに分割する態度が生まれた。それにより②比較文法というプログラムが成立した。

比較文法は、複数の言語を同一平面上で比較観察するものだったが、音推移という事実は歴史的変化を意味している。シュライヒャー以降、③屈折の系統的変化を歴史的に追尾することができるという考えが生まれた。裏返せばそれは、個々の言語主体によっては意識も制御もできないような、超長期的にわたる不思議な音声の変容が実在するということの発見だった。すべての言語主体は終わることのないこの変容のなかにいるが、特定の歴史的時点においては、あるやり方で話す（書く）ことを自動的に決められている。この過程の追求は、最終的に④起源への遡行という課題へと至る。ヨーロッパ諸語とサンスクリットの両者が分岐する以前の原初的言語が存在するはずという、いわゆるインド＝ヨーロッパ祖語仮説である。

ヨーロッパの外部にヨーロッパと同型的な「内部」を見いだすことから始まったこの思考には、一九世紀の言説的運動のひとつの典型が見いだせる。音韻変化の法則は人間に外在しており、同時に、まさにそのようなものとして観察できるとする。そのような言葉の水準を取り出すことができれば、科学としての位置を確保することができると彼らは考えた。正確には、シュライヒャーを分水嶺として、言語科学に対する態度は大きく二分される。初期の歴史言語学は、そこに説明不能な音（の文字）の推移が「ある」と指摘するだけで、その原因には無関心であり、むしろ言語の本性をめぐる思弁へと溶解していった（たとえばボップは、sで終わるすべての動詞に「存在する」を表す語根 es を見いだした）。それは一方で、音推移から漏れる不規則性を承認する態度だったが、同時に、変化が不思議なものであればあるほど、客観的であるかのような語り方であったともいえる。それに対して一九世紀後半以降、学知の精緻化により、かつて不規則性と見えたもののいくつかが説明可能になっていく。言語科学の自律の展開は、すべての音韻変化を説明するという目標設定を出現させ、青年文法学派の出現におよんで、それをある種の機械的法則として把握する態度へとずれこんでいった。(2)

この過程には、すべての人間が現に言葉を使用しているところで、いかにして言葉の専門家たることを主張できるのかをめぐる苦闘が読みとれる。それは、初期の社会学とどこか平行している。一九世紀中葉以降に制度化された社会学もまた、すべての人間が社会の住人であるなら、いかにして社会に対する特権的な知としての身分を主張できるのかという同型の困難を抱えることになった。だが、ジレンマの解き方は言語学と社会学とではかなり異なっている。結局、それは「言語」と「社会」という関説対象の性質——と想定されたもの——の差異によるのだろう。「社会」は具体的対象に帰着することができず、それゆえ、社会学の方法論は、当事者そして／あるいは観察者による解釈の水準を何らかのかたちで繰り込まざるをえなかった。それに対して「言語」は、少なくとも個々の言葉においては「社会」よりはるかに具体的で実在的であり、音声なり単語なりというかたちで、その要素や単位が特定可能である。だから、「科学」へのドライブがより鮮明なかたちでかかる。裏返せば、超長期の音韻変化の（機械的）法則性を強調すればするほど、言語主体によって担われ、彼らの生とともに生起消滅する言葉の現場性は、言語学の視座から外れてしまう。

4　言葉《シュプラッヘ》＝言語の意味空間

これにはいろいろな含意があるが、同時代的な文脈でいえば、言語美学との関連は無視できない。ゲーテから始まりF・シュレーゲルやノヴァーリスへと流れ込むロマン派の詩学《ポエジー》＝文学は、言語とその背後にある精神との関係を構想した。個々の言葉は、特定の言語体系のなかですでに与えられている、ときに不格好な外皮のようなものだが、にもかかわらず精神は言葉の特異な組み合わせによって自己を表現できる。[3] ここでは、言葉＝形式《フォルム》と精神＝内容《インハルト》との分離可能性が想定されている。とりわけ、彼らの議論の多くが、韻律およびその翻訳可能性をめぐって展開したことが注目される。古代ギリシャから現代のドイツ語世界にいたるまで、各々の独自性をもって定型化されている韻律は、言葉が所与の言語体系の内部で「こう言うしかない」という恣意性＝必然性に拘束されていることを象徴すると同時に、それこそが歌＝声の律動の源泉なのだった。「古代詩人を翻訳し、彼らの韻律を再現することはひとつの芸術となる」(F・シュレーゲル)。

しかし同時に、形式に還元されつくすことはないが、にもかかわらず必ず何らかの形式において表現される精神性の地平が要請される。「私はリズムも脚韻も重んじている、それがなければ詩は詩でなくなってしまうからだ。しかし厳密な意味において深く根抵的な効力を有すもの、本当の意味で陶冶し発展を促すもの、それは散文に翻訳されてなお詩人から消え去ることなく残るものである。なぜならそのとき残っているのは完全な形の内容そのものだからである」(ゲーテ)[4]。いかなる詩の「真実」も、あらゆる形式に移し替え《ユーバーゼッツェン》＝翻訳することができるが、逆説的にもそれは、精神性がまさに根源的には尽くされることのない翻訳不可能なもの、いかなる形式をも欠いた「完全な形の内容」であることへの信頼によって支えられているのである。

断片＝未完成において作品性を感受しつつ、書かれた言葉であると同時に声＝歌でもあるような言語的存在を追究するとき、[5] 詩学は形式／内容の二分法を自らに畳み込むことで多重化する。カントは形式／内容を、先験的な認識カテゴリー／雑多な経験的認識対象へと配分して整理することで、両者の関係をいわば単層化したが、言葉の具体性とともに考えざるをえない詩学の人々は、形式と内容の連関の理不尽な恣意性と、にもかかわらず両者が本質的に分かちがたくあることとを、同時に発見してしまう。その結果、一方で、形式と内容とが相互に還元不能な、つまり相互に過剰《リダンダント》な存在となり、他方でまた、あるべき内容を真に実現させる何らかの形式、そこにおいて美しい韻律と深い思想とが一致するような言葉の理想的な組み合わせの果てしなき探索という文学的問いがもたらされる。このようにして詩学的思考においては、内容が超形式化するか、もしくは形式が超内容化する。(6)

こうした構図のうえで、詩学は音韻法則に似た定型性の問題にも踏み込んでいる。じっさい、前節で触れたジョーンズ卿の講演をドイツに紹介したのはF・シュレーゲルだし、比較文法という用語も彼による。それ自体では恣意的な言葉＝音が、ある意味で不自由な韻律の規則に拘束されることで「それ以外ではありえない」言葉＝意味と一致する瞬間を追い求めつづけるのが詩学であったとすれば、初期の言語学もまた、母音文字の入れ替え（アプラウト）が意味表示と連動している可能性に、潜在的にこだわっていた。不規則性をはらむ音韻変化は歴史的堕落の過程だが、始源の祖語では意味と音とが一致するはずと考えたシュライヒャーは、ある意味で詩学を超歴史化している。詩学と言語学はもともとかなり同根的な運動として始まったといえる。

とはいえ、歴史言語学は詩学の多重化の意味世界から後退し、機械的形式主義への傾斜を強める。あるいは、そのようにして「文学」から言語「科学」が離脱していく。さまざまな状況下での語の多様な使用や意味の多義性にもかかわらず、音韻の歴史法則が語の最終的な形式であると定義することで、言語の「科学」が成立した。少なくとも「科学」から見れば、書き文字かつ歌という詩学の構えは、コミュニケーションされる言葉の具体性を行き過ぎているように映る。(7) それは、音韻法則の支配に耐えられない主体たちの、抵抗の一形式にすぎないのではないか。

しかしそれは、一九世紀の言語学自身が最終的に回帰してしまう何かでもあった。音韻／文字の神秘的変化に満足するのは単なる不徹底であり、変化の原因を説明できなければ十分でないと青年文法学派が考えたとき、確証可能な「原因」は、話し手の活動のなかに求めるしかなくなる。青年文法学派は、音という純粋形式を言語学の対象とすると同時に、(8) 音変化に加えて「類推（Analogie）」という要因を導入した、あるいは、せざるをえなかった。音韻が人間の身体的基盤に基づく言語の生理的過程であるとすれば、それは、話し手の心のなかで生起する自由な観念連合という心理的過程である。それによって、音や意義において類似性をもつ一群の既存の語彙から、拡張的に新しい語彙が（誤って）創造される。歴史上の無数の言語使用者たちによって担われた、これらの類推のごく一部が生き残って次代に継承され、それがさらに新たな類推をもたらす。類推は、言語主体が既存の語彙の組み合わせから新しい語を生み出すという、ロマン派の詩学が照準を合わせたそれとも類同的な、恣意的かつ創造的な表現行為の堆積なのである。

一九世紀の言語学的思考は、形式／内容をめぐるダイナミズムを、より大きな軌跡を描いて上演しているところがある。機械的形式性へとずれこんでいく法則への賛嘆と不満、その同時成立のなかで、表現する言語主体の形象が（再）召喚される。その向こうで、さまざまな言葉＝形式の体系的全体と、その背後にあって己を表現する精神の総体とが最終的に一致する、「民族」そして／あるいは「国家」という未在の地点が、くりかえし渇望されるのである。ゲーテやフンボルトからロマン派を経由してカール・フォスラーに至るまで共通しているこの身振りは、明らかに、未在の国家を代補するかたちで言語的共同性が理念化されたというドイツの特異な条件に強く拘束されている。そしてまたそれは、言語／言葉（Sprache）とそれを話すこと（Gespräche）とを同一語の屈折として把握する意味世界の／における、内的展開でもあったのだろう。

5　ソシュール：二〇世紀への切断

とはいえ、科学としては、歴史言語学には大きな弱点があった。法則性と類推とを同時に認めたとき、規則の「説明」がどれほどの客観性を有するのかがあやしくなる。類推は原理上どこにでも生じうるし、さらに、外来語との接触がそこに加わる。[9] 局所的な類推作用が超長期的な歴史のなかで堆積しているならば、変化の系統を厳密に追尾することはほとんど絶望的である。結局のところ類推が、音の規則変化法則から説明のつかない例外を放り込む便利な残余カテゴリーになってしまうことを避けられない。

こうした一九世紀の問題の地平を切断することで、現代言語学を成立させたのがソシュールである。二〇世紀以降の言語学や言語思想には、他にも多くの流れがあるが、言語学の外部で言及されることが一番多いのはやはりこの人だろう。ソシュール自身は気鋭の歴史言語学者としてデヴューした人であり、一九世紀をきっぱりと「切断」したというよりも、そこから越境してきたと言った方が正確かもしれない。[10] それだけに、彼が象徴している現代性の位相が見えてくる。

周知のように彼は、言語活動《ランガージュ》(language)と言語《ラング》(langue)とを区別している。『ラルース言語学用語事典』の定義を借りれば、ランガージュとは「発生記号体系(すなわち言語)による、人類固有の伝達能力」である。赤ん坊は言葉を話せないが、動物にはない言語を操る能力が彼/女のうちにもともと内在している。伝統的な用語系でいえば、理性と重なる考え方だ。一方、ラングは「言語活動とは別物である。それ〔ラング〕はこれ〔ランガージュ〕の一定部分にすぎない。ただし本質的ではあるが。それは言語活動の社会的所産であり、同時にこの能力の行使を個人に許すべく社会団体の採用した必要な制約の総体である」(Saussure[1919→1949=1972:21])。ランガージュはラングの背後にあって、その作動を支えている。議論の道筋をより正確になぞれば、彼はまずランガージュの領域を名指したうえで、ラングという体系を措定している。この順序は重要である。

さて、言語現象は、ラングとパロールとに分けられる。「言語《ラング》は……言語活動《ランガージュ》から言《パロール》を差し引いたもの……それは話し手をしてひとを理解し、おのれをひとに理解させることをゆるす言語慣習の総体である」(110)。ラングは個人の言語使用を拘束しており、個人の意思によって創設されたり、たやすく変更できるものではない。局在的な言語使用がラングを変更していくとしても、それはあまりに超長期的な変化であるがゆえに人間の観察できる範囲を超えている。青年文法学派から受け継がれた論点だが、そのあつかいは大きく異なる。ラングとパロールは、(a)一方が「社会的所産」であり他方が個人の「能力の行使」であるという対比に加えて、(b)規範的な言語コードとその使用であるとされる。超長期的変化を追尾できなくても、ラングとパロールとのあいだの二項対立関係を体系的に把持することで、安定した言語学的記述が確保できればそれでよい。

かかる発想の延長線上に、彼の記号概念が像を結ぶ。それは、特定の聴覚映像([arbr])が特定の心的概念(arbre=樹木)と結びつけられたものとして定義される。聴覚映像=シニフィアン(記号表現/能記)はそれ自体では内容のない音の連鎖であり、心的概念＝シニフィエ（記号内容／所記）と結合する何らかの本質をその内部にもっているわけではない。つまり、シニフィアンとシニフィエの結びつきは恣意的であるが、紙の表面を切ればそのまま裏面が切れているように、一気にそして同型的に分節される。そしてまた、任意の言語記号（単語）は単独的に自己定立するのではない。紙の上を走る切り込みが、紙片の数と形態とを決めるのと同様、言語体系内の記号は記号間の関係のなかで、差異として切り出される。

ソシュールは言語記号の恣意性を指摘した人だとよくいわれるが、それだけなら古代ギリシャからある。また、記号の恣意性に基づいて言語理論を構築しようという試みは、少なくとも一七世紀末のロックや一八世紀中葉のコンディヤックから始まっていた。彼が行ったのは、むしろ、恣意性をめぐる問題設定それ自体の変更だった。それは、いくつかの認識論的切断の束として成立した。

①言語記号の内部にシニフィアンとシニフィエの結びつきを保証するものがないとしたら、両者の結合は、まさに「構造」すなわちラングの体系によって、つまりその体系のなかで関係主義的に分節されることによって可能となる。個々の記号の内的無根拠性は、ラングの体系性の主張とお互いを支え合っている。

②シニフィエが記号間の総体的関係のなかでつねにすでに分節されている以上、言語記号に先行する「心的概念」は存在しない。それは記号のシステムのなかで産出される。ロマン主義的詩学はもとより、青年文法学派の心理主義の前提だった創造的表現主体が消去されている。

③もっともはなばなしい効果を現代思想にもたらしたのは、言語記号の自律性の強調である。記号とその指示対象とはいかなる意味においても直接の繋がりはないし、そこへと差し戻すことができない。彼以降、この論点は同位対立的な二つの方向に展開されていった。一方で、記号がまさに記号としては実在すること（シニフィアンの物質性）の指摘とともに、言葉が指し向けられている事物が「ある」という「指示対象的錯覚」（バルト）を構成する記号の作用が考察の対象となる。他方で、同じことを事物の側からいえば、まさに「事物の側」が成立しないことが主張される。われわれは外界の事物の秩序を独立したかたちで取り出すことはできず、事物それ自体が言語的分

節の効果である、というわけだ。[11]

とはいえ、記号（表象）と指示対象とが存在論的にまったく別の位相にあるという指摘にしても、ソシュールが初めてではない。記号が確証可能な外界の事物へと還元できないことは、ロックの言語哲学においても必然的な論理的帰結だった。さらにいえば、記号と事物とが似ていないという判断が成り立つためには、両者の比較可能性がいずれにせよ前提されているはずだという意味において、記号理論は事物を言語的秩序のうちに消去しさることはできない。このジレンマも、ロック以来何ら変わっていない。[12]では、ソシュールが現実の記号的構成の理論の契機となったのはなぜか。やはり、記号が差異として体系化されているという想定が理由だろう。それにより、記号の総体的体系性と事物の総体的非体系性とが、安定したかたちで対置されるようになったのである。

6　ランガージュ／ラング／パロールの意味論《ゼマンティーク》

こうして概観してみると、ソシュール言語論には、二〇世紀以降の思想を魅惑する要素が数多くつまっていたことがよくわかる。ランガージュ／ラング／パロールの厳密な分節と、記号の恣意性とラングの体系性とをお互いの根拠にする理論構成によって、彼は歴史言語学の問いそのものを複数の地点で封印した。周到で巧妙な議論だ。しかし同時に、そこには、現代的な「言語論」のある種の浅さがもっとも端的なかたちで現れている。

言語学の内部では、ラングとパロールの関係がもっぱら問題とされてきた。一見したところ、独立し完結した言語体系としてのラングという概念は、フランス語や日本語といったいわゆる国語の体系と等しいように見える。同時に、前節の定義(a)、(b)に従うなら、ラングの体系は個々人のなかの受動的な精神作用として／において作動しており、話者がそれを外に向かって表現した実現態がパロールになる。

しかしこれは、かなり不自然な考え方だろう。社会の全成員がまったく同一の言語コードを有していることになるからだ。それでは言語変化をそもそも説明できないか、言語学の対象外になる。別の角度からいえば、言語学者が扱う特定の文や具体的言語資料はすべてパロールであり、ラング自体にはアクセスできない。じっさい、「ラングは社会制度だ」と述べるとき（ここには明らかに、デュルケーム主義の影が射している）、それは社会の全成員の脳内に刷り込まれた辞書もしくは言語使用の法典だと彼は語っている。

もしすべての個人のうちに蓄積された語詞映像の総和を、そっくり取り込むことができたならば、われわれは言語《ラング》を組みたてる社会的連結にふれるであろう。それは、言《パロール》の運用によって、同一社会にぞくする話手たちのうちに貯蔵された財宝であり、各人の脳のうちに、より精密にいえば、一団の個人の脳のうちに、陰在的に存する文法体系である。なぜなら、言語はどの個人にあっても完璧ではなく、大衆にあってはじめて完全に存在するからである。(Saussure[1919 → 1949=1972:26])

ラングとは、言語=文法にもとづくすべての言語使用の総体であると同時に、各人の、いやそれどころか一つの社会集団の「脳」内に埋め込まれたコードなのである。しかしそんなものを、一体誰が見たことがあるというのだろうか？　たぶんこの問題は、ランガージュ概念のもちこみと関連している。この概念が何を指しているのか、考えてみればよくわからない。ランガージュは、「全体として見れば、多様であり混質的である。いくつもの領域にまたがり、同時に物理的、生理的、かつ心的であり、なおまた個人的領域にも社会的領域にも属する。それは人間的事象のどの部類にも収めることができない。その単位を引き出すすべを知らぬからである」(Saussure[1949=1972:21])。これは定義の放棄に等しい。現代言語学がラングとパロールの関係に実質的な関心を集中させてきたのもそのためだが、だとすれば、なぜ彼がランガージュという概念を導入しなければならなかったのか、かえって謎になる。

直接的にはこれは、一九世紀の残滓だろう。どこまで術語性を帯びていたか微妙だが、青年文法学派も言語活動(Sprechtätigkeit)という用語を用いていたようだ。ヘルマン・パウルの『言語史原理』（一八八〇）によれば、言語学の真の対象は「相互に影響を及ぼす個人全部についてみられる言語活動の全表示である。一個人がこれまで口にし、耳にし、またそれと結合する表象とともに想像したもの、いわばそれらの表象の象徴であった音韻複合、更に各個人の精神において生じた言語要素のあらゆる種々雑多の関係は言語史に属する」(Paul[1880→1920=1993:73-74])。ソシュールの規定が、これとかなり似ていることはすぐに見てとれる。ただし、パウルのいう「言語活動」は、文字通り言語使用にともなって主体の内部と外部で生じるすべての出来事だった。それは、表象がヘルバルト主義的に定義されていることからも明らかだ。「表象といえば、これに付随する感情と努力をも含めている」(78)。それらの活動の総和を数えることが、彼らにとっては言語学のはるかな完成目標だった。いかにも、言葉《シュプラッヘ》=言語が具体的に堆積するという世界観なのだ(→4節)。だが、本当にそんな総計が可能かと問われれば、誰でもひるまざるをえまい。というか、それは不可能だと諦めた最初の現代人がソシュールなのである。

これに関連して非常に興味深いのは、『一般言語学講義』とほぼ同時期の、『意味の意味』(一九二三)におけるオグデン=リチャーズの批判である。

> ソシュールはまず、「周到にして同時に具体的な言語学の対象は何であるか」と問う。言語学にさような対象があるか否かは、かれの問うところではない。かれはある語から、それが表すある対象を推断しようとする原始的本能に盲従して、決然その対象の発見に着手する。しかし、とかれは続けていう、言語活動(le language)はいかにも具体的には違いないが、事件の集合としては周到ではない。言語の音声は発声器官の運動を含み、同時に思想の用具としては観念を含む。かれはさらに付加して、観念には個人的面と社会的面とがあり、かつ各瞬間において言語は確立した組織と進化とを含むと。「かくて、いずれの方面からこの問題に近づくにしても、言語学の周到な対象はどこにも見当らない」。ド・ソシュールはここで、かれが何を求めているのか、また、彼が求めるものがなければならない理由ありや、否やを自問するだけの余裕をもたない。そして、すべての科学の初期に良くある方法を採って、都合のよい対象、すなわち言語活動と対立する言語(la langue)なるもの

をでっち上げる。(Ogden & Richards[1923=1967:50-51])

ソシュールがランガージュという曖昧な何かを措定することで、そこから反転して、ラングという存在しない実体を捏造したとオグデン＝リチャーズは言う。「言語活動」の総計など数えられないと明敏に悟ったソシュールが、しかし、なぜかこの用語を残しておいたことの効果として、一方でラングという完全なる対象が作り上げられ、他方でランガージュが普遍的な言語使用能力へとずれこんだのだろうか。ここにはかなり厄介な問題がからむ。文献学的研究によれば、手稿には「ランガージュは、人類を他の動物から弁別するしるしであり、人類学的な、あるいは社会学的といってもよい性格をもつ能力」といった記述があるそうだが、定義を放棄した『講義』のあの記述も残っているという事実も消せない。[13] むしろ、彼が「言語活動」にランガージュという訳語を与えた時点で、ある分節の運動が自動的に始まったのかもしれない。つまり彼は、language と langue とを区分するフランス語にもともと内在していたニュアンスの差異を呼び出し、どこまで自覚的かは曖昧なまま、微妙にそれに頼った。だから、ランガージュが、一方でひどく混淆的で混乱した全体として描かれ、他方で言語使用能力と等値されることもある。[14]

たぶんそんなかたちで、言語使用能力という発想が構造言語学全体の構図に伏在している。完結し、相互に独立した国語《ラング》の体系という前提は、それらのあいだで翻訳や相互理解が可能である何らかの基盤を要請しているだろうし、言語記号からきたるべき記号の一般理論への飛躍を可能にしたのが、差異のコード体系の形成／読解をめぐる普遍的能力の想定でなくて何だろうか。ソシュールのテクストを離れて、それは言語の発達心理学や失語症研究などの領域とむすびつき、言語活動の障害の規則性の探究が始められた。万人の「脳内に陰在する文法体系」という発言をなぞるかのように。ラングの「先にある」記号言語の使用／作成可能性が語られる一方で、ラングの欠損をランガージュ／（ありうべき）正常態の上で読解する、もしくは欠損からそれらが読解できるとする。ランガージュとは、ラングの過剰と過少を見いださせる装置なのである。

けれども、この思考には、たしかに歴史言語学とちがう箇所にではあれ、やはり穴が空いているのではないか。

ランガージュの水準は、一方ですべての現象の背後に潜在する可能態であり、他方でまた、言語集団のあらゆる地点であまりにも多様なかたちで産出されつづける不定形な出来事の総体であるという、それぞれまったく正反対の極において、それ自体としては決して同定できず、取り出すこともできない。この「両極端の一致」が疑問視されないだけでなく、それが同時に、完全な規範の凍った体系としてのラング／その使用としてのパロールの総和――あるいは、規範的な使用と伝達／しばしば規範の失敗や非在として現象する、「現実の」使用と伝達の総和――と同型となるというのだ。いたるところにエクリチュールの痕跡の跳梁を見いだそうとするデリダにしても、非理性を理性の欠如態として語ることを疑わなかった古典近代を執拗に分解した『狂気の歴史』におけるフーコーにしても、潜在態にして現象態の総体である理性＝言語活動を自然に措定することの不自然さに反抗していると同時に――たぶんどこかで呪縛されている。

「言語活動のすべては数えられない」ことそのものが問題なのではない。それは一九世紀言語学でもかわらない。決定的だったのはたぶん、数えられなさを予め担保することで、「すべての記号」間の「全関係」を方法論的に先取りする様式の成立である。ランガージュの解釈が「活動の総体」から言語使用能力へとずれ、それが不思議と感じられてこなかったのも、「どうせ数えられない」からなのだろう。特定の構造的体系性に依拠するふりをしたうえで、その形而上学的全体性を解体してみせるデリダにしても、「どうせ数えられない」という不可能性の地平をやはり先取りしている――たちの悪い安全化の仕組みを考えついたものだ。

不可視の全体を方法論的に措定しておいて、いわば実質的には不問にするという構図のうえで、言語「科学」と「人文」的知とが接触する。[15] その接合面は、歴史言語学とロマン主義詩学のあいだに見られたものよりも、さらに微妙な連続と切断を構成している。ソシュール以降の人文学は、「すべて」の記号を観察しようなどとはしない。優れた分析においては、特定の言語／記号鎖列の特殊な関係の読解が、記号の意味や意義の体系的確定性の想定を揺るがせる記述戦略して利用される。しかし、まさにそのことも含めて、言語学的観察の外在性そして／あるいは、この観察が「すべて」といいながら「すべて」は見ないことが、暗黙のうちにあてにされている。おそらく、「言語学／記号論」や「ソシュール」にかぎらず、類似した運動があちこちで生じている。そのようにして、言語に外在する観察と言語内在的観察とが循環する、あるいは言語内在的観察が浸食されながら持続している。それは、「何でもあり」へと堕落しうる危険と背中合わせである。内在というあり方が厳密な同定を求められないということでもあるだけに、都合良く「外部」をもちだして同定する危なさ自体が見えにくい。

それを避けるためには、外在的観察から意識的に手を切るか、それとも外在的観察との接触を避けられないという条件下で、たぶん循環それ自体を再び内部化しなければならない。だが、どのようにしてか。一方で、フーコーやデリダらのランガージュへの反抗が近似的に表現しており、他方で、ロマン主義詩学における断片性の美学の複層化とメタ化の手続きの一連の集合でもあるだろう可能性の地平は、私たちにはまだ完全には見通せない。

7　複数の意味世界、そして「言葉」

もう一つ考える必要があるのは、ランガージュを立てない思考形式の現在形である。オグデン＝リチャーズがソシュールに違和感を覚えたのも、彼らが英語圏の人だったことと関係している。英語はランガージュ／ラングに相当する明瞭な区分を、単語のレベルではもっていない。英語の language は個別具体的な言語を指し示すだけであり、言語使用能力を一語で指し示す単語は存在しない。(16) それも一つの見え方だろう。人類共通の言語使用能力という想定自体の妥当性と、具体的言語現象を思考するうえで、そうした水準を呼び出さなくてはならないかどうかは、本来は別問題なのだ。

典型的には、発話（speech）という把持の形式がここから帰結する。これは、フランス的記述に対して、意識的に「泥くさい」対抗の様式である側面がある。発話は彼／彼女の意図（それはときに行為の前段階であり、ときに行為の代理である）へと遡行することができるが、その意図を本人が正しく理解し、もしくは遂行しつつあるかはわからないので、その都度チェックする必要がある。特定の発話行為はかなり狭い圏域で個体的に完結する。その範囲を超えたラングやランガージュなるものを勝手に想定してはならないという意味でも、やはり記述しつづけるしかない。

もちろん、英語の意味世界もまた、独特の癖をもった、言語に対する一つの観察形式以上でも以下でもない。とはいえ、そこに本当に内在するとしたら、ランガージュのある世界とどれだけちがう意味世界が見えてくるのかを(現在の英語圏の議論が、どこか内在しきれなくなっている可能性をも含めて)考えるのは、意義のあることだろう。さらにいえば、日本語で「言語」という主題を立てるとき何が想定されているのかも、考える必要があるはずだ。こうした意味世界の奥行きをこれ以上記述するゆとりはない。しかし現在、これがランガージュを想定する意味世界のオルターナティブたりえているというよりも、もっと厄介なことが生じているらしいことには注意すべきだ。ソシュール以降、むしろランガージュ/ラングの二重秩序にスピーチの鋭い実体性を取り込むことで、人文学も社会学もそこに囚われている、一種のメタ構造が出来上がったのではないか。そのなかで、ランガージュとラングとパロールをパズルの齣のように組み替える思考が繰り返される。たとえばランガージュに替わって国家を言語使用の創出者の位置に据えるかのようにして、ラング=「国語」という「問題」が発見される。あるいは、パロールを主体的な発話行為へと書き換え、ラングめいた公的発話の領域と対峙させる。社会学的記述平面が密輸入されていることを感じさせられるのは、そんなときなのだ。「国語」の問題化は言語体系を語るようでいて、言語独立的にも扱える、国民国家という社会の最外延の制度の権力作用を確認する思考様式へと容易にずれこむ。主体の個体性を前提とした発話的世界像は、言説《ディスコース》=談話あるいはコミュニケーションの穏当な事実性やその近接的手応えの確認と、なだらかに連続してしまう(→2節)。意図の実在性をつよく想定しながら、他者との連関のなかで内的そして外的に意図が挫折するその不満を追尾しつづけようとするとき、それなりの開かれをもつ可能性はあるのだが。[17]

記号理論の方向に振れてもさして変わらない。「私たちの一人一人みながじかに経験してきた現実《リアリティ》のほんの小片が、私たちにとってどれほど重要なものであろうと、[現実世界の]全体像《ピクチュア》なるものは、私たちがもっている象徴[=言語]システムの構築物にすぎない。この事実を、それが含意しているすべてのことを理解するまで考えつめることは、事物の端から身を乗り出して無窮の奈落を覗き込むのに似ている」(Burke[1966:5])。事物的実体など存在しないと主張する人は、記号の体系的秩序を確認することで、ケネス・バークのいう「無窮の奈落」を見ようとはしないのだろう。「にもかかわらず、多くの人が『無窮の奈落』を見ないですむ社会的仕組みがあって」とすぐに切り返して安心したがる社会学の辛抱のなさも、たぶん同じことをしている。偶有性(contingency)から正常態を再構成する/できるというこの思考様式は、社会学におけるランガージュの機能等価物なのだ——それとも、ランガージュこそが言語理論における全体社会の等価物であると述べた方が正確だろうか。

言語を重要な主題として設定すること自体が、思考を滑走させる平滑な平面を構成する。しかしそれでも、私たちは言葉の向こうに「言語」を考えてしまう。すべての言葉に触れることなど誰にもできない。その意味では言語一般は経験の地平には出現できないが、自分に触れてくる有限の言葉の外に大量の言葉があること、それらのうちのいくつかがふと舞い降りてきて、私たちの生活世界を少し開いたり、変化させたり、場合によっては壊したりすることさえあること、これらのこともまた、否定できないからだ。言語をめぐる方法的思考も思考の方法的拒否もともに囚われざるをえない、ある種の途方もなさがここにある。それは、「社会」を考えさせられる途方もなさと相当に類同的である。

けれども、だからといって、「言語」を「社会」によって代置したり覆い隠したりすること、あるいはその逆を行っても何にもならない。理論は超秩序を二つ玉にしてもぐりこませる。そしてそれこそが、言葉(それが何にせよ)を殺すのである。言語をあつかうならば、「あたかも言語しかないかのような」思考＝記述に徹底するしかない。そのとき見えてくるものは、もはや「言語」ということすらできない個別具体的なモノ＝言葉、それ自体が非言葉的な事物に貼りつき、別の言葉を生み出していく不気味な鎖列ではないのか。それは歴史言語学のいうSpracheとはちがうだろうし、意図の個体的圏域に拘引されつづける発話からもずれる。それが正確に何かと問われても、それこそ言葉にならない。社会学にせよ何にせよ、何らかの理論へとまとめられるのかどうかもよく分からない。だが、かりに「言語」の「理論」があるとすれば、自らの不可能性を遂行的に指し示すようなものとしてでしかありえないだろう。たぶんそれは、指し示しそれ自体を操作化し、形式化していく脱構築すら、その前では不十分になるような何かである。むしろそこから反理論的に漏れ出すようにして、具体的な言葉に理不尽に拘束をかけ、拘束されながら、その具体性の局域が独個的ではありえない瞬間を具体的に摑まえてみること。言語の途方もなさをめぐる、そのような未在の「理論」を想像してみることは、「社会」という途方もないものを考えつづける社会学にとっても、無益なことではあるまい。

注

（1）通常の言語学史においては、定義上、言語科学としての自律以前は単なる方法論的未熟として視野から外れる。その点、一九世紀以前に記述の大部分を割いたRobins[1990=1992]のような論考は、おそらくかなり例外的だろう。

（2）Ducrot & Todorov[1972=1975]、風間［1978］、Pedersen[1962:240-310]。

（3）一八世紀末のヘルダーにおいては、内省それ自体が言語の起源に置かれていた。「この内省の最初の標識は魂の言葉（Sprache）であった。そして、これとともに、人間の言語が発明されたのである」（Herder[1772=1972:42]）。彼は内省の非言語的言語性という二律背反を、言語の「起源」をもちこむことで解決した、もしくは、解決しないというかたちで解決した。これが展開すると、それ自体は非言語的な精神が言語において表現されるというロマン派詩学の構図になる。厳密には、ここでも非言語と言語の接合という問題が発生しているが、それが一段先にずらされる。

（4）Belman[1984=2008]より引用。ロマン派詩学における韻律論＝翻訳論では、他にはMenninghaus[1987=1992:ch.1]、ポスト・ソシュール的読解としてはDerrida[1972=1983]が興味深い。

（5）フンボルトの一節を参照せよ。「動物の一種属としての人間は、歌う生物なのであり、歌うときでも、思考を音に結びつけるのを忘れない」（Humboldt[1836 → 1907=1984:96]）。

（6）より正確には、カントは形式／内容を操作的に定義したのであり、彼の単層的把握自体に反発する人々も、形式／内容を操作的に思考する態度自体は継承している。その意味では、ロマン主義的詩学もまたカント主義の地平上にある。こうした受容と反発は、新カント派の周辺にいたカッシーラーやジンメルらの現代哲学にまで流れ込む。

（7）厳密には、人々のルースな「コミュニケーション」を機械的に再現する装置が自明化した現代の視点からは、そう見えるというべきだ。キットラー流に表現すれば、再現装置が文字しかない意味空間では、書字／歌の折り畳みという問題系は抽象的などではなかったし、むしろ言葉のこの単一性こそが、形式／内容の多重化の背後条件だった。

（8）音韻に焦点を当てることで始まった現代言語学の地平については、吉田 [2005]。

（9）「ケルト仮説（Keltenhypothese）」がその一例である。Heller-Roazen[2005:77-87]。

（10）この論点の検討は割愛するが、ソシュールが未在の喉音を「再建」することで歴史言語学に何をもたらしたかについては、吉田 [2005] が的確に指摘している。

（11）この論点を扱った議論は多いが、テクスト理論との関連で批評的に考察したものとして、Jameson[1972]。言語学内在的には Benveniste[1966=1983:esp.55-62]。

（12）遠藤 [2000] を参照されたい。また言語思想史的な議論としては Aarsleff[1982]。

（13）興味深いことに、丸山 [1981] はこの点を検討していない。一九世紀の「言語活動」への言及もない。普遍的言語能力という設定が、それだけ透明化されていたのだろう。

（14）晩年のソシュールがアナグラム研究に没頭したのは、なんとなくうなずける。アナグラムは、混乱した文字列の連続的産出であると同時に、読解可能な秩序をかくしもつ。デリダを援用して「原初的差異としてのエクリチュール」と解釈する人もいるが、筆者には、一九世紀的「言語活動」と二〇世紀的なそれとの断面の露呈であるように見える。

（15）たとえば、脱構築こそエクリチュールの「科学」であるというデリダの発言は、単に挑発的な譬喩ではない。彼は、声か文字かが決まらないことを、声か文字かが決まるはずという前提のうえで問題にしているように見える。もちろんデリダは、グリム以降の歴史言語学に文字の影が取り憑きつづけていたことを知っているだろうが、どこか平然と言葉＝声でも言葉＝意味でもあった形式／内容の多重参入の世界に比べれば、脱構築は過度に「科学」的なのである。そして、彼にとってこの「科学」性は、西欧形而上学批判という超文脈の確保と同値でもあるのだろう。

（16）舌と言語とを同時に指し示すフランス語の langue はラテン語の lingua 由来であり、language はそこから派生した。似た働きをもつ英語は tongue だろう。これもまた lingua と同根のゴート語 tugga を経由している。ところが、英語は一三世紀ごろフランス語から language を輸入した。その結果、英語においては tongue と language との語源的な繋がりは断ち切られ、同時に、tongue を潜在能力として抽象名詞化する指向も生まれなかった。

（17）たとえば Butler[1997＝2004]。

Aarslef, Hans, 1982, *From Locke to Saussure: Essays on the Study of Language and Intellectual History*, Univ. of Minnesota Pr.
Bally, Charles, 1935, *Le langage et la vie*, 2e edition, Max Niehams. = 1974、小林英夫訳『言語活動と生活』、岩波書店。
Benveniste, Émile, 1966, *Problèmes de linguistique générale*, Gallimard. = 1983、岸本通夫監訳『一般言語学の諸問題』、みすず書房。
Berman, Antoine, 1984, *L'épreuve de l'etranger: Culture et traduction dans l'Allemagne Romantique*, Gallimard. = 2008、藤田省一訳『他者という試練：ロマン主義ドイツの文化と翻訳』、みすず書房。
Burke, Kenneth, 1966, *Language as Symbolic Action: Essays on Life, Literature, and Method*, Univ. of California Pr.
Butler, Judith, 1997, *The Excitable Speech: A Politics of the Performative*, Routledge.= 2004、竹村和子訳『触発する言葉：言語・権力・行為体』、岩波書店。
Derrida, Jacques, 1972, *La dissémination*, Seuil. = 1983, Johnson, Barbara (trans.), Dissemination, Univ. of Chicago Pr.
Ducrot, O. & Todorov, T., *Dictionaire encyclopédique des sciences du language*, Editions du Seuil, 1972. = 1975、滝田文彦他訳『言語理論小辞典』、朝日出版社。
遠藤知巳、2000、「『言説』の経験論的起源」（上）（下）、『思想』912-913号。
　　　　　2006、「言説分析とその困難（改訂版）」、佐藤俊樹・友枝敏雄編『言説分析の可能性』、東信堂。
Harris, Roy & Taylor, Talbot, 1989, *Landmarks in Linguistic Thought: The Western Tradition from Socrates to Saussure*, Routledge. = 1997、斉藤伸治・滝沢直宏訳『言語論のランドマーク』、大修館書店。
Heller-Roazen, Daniel, 2005, *Echolalias: On the Forgetting of Language*, Zone Books.
風間喜代三、1978、『言語学の誕生』、岩波新書。
Herder, J. G., 1772, *Abhandlung über den Ursprung der Sprache*. = 1972、木村直司訳『言語起源論』、大修館書店。
Humboldt, W. von, 1836 → 1907, *Einleitung zum Kawiwerk*, Albert Leitzmann. = 1984、亀山健吉訳『言語と精神：カヴィ語研究序説』、法政大学出版局。
Jameson, Frederic, 1972, *The Prison-House of Language: A Critical Account of Structurism and Russian Formalism*, Princeton Univ. Pr.
丸山圭三郎、1981、『ソシュールの思想』、岩波書店。
Menninghaus, Winfried, 1987, *Unendliche Verdopplung: Die frühromantische Grundlegung der Kunsttheorie im Begriff absoluter Selbstreflexion*, Suhrkamp. = 1992、伊藤秀一訳『無限の二重化：ロマン主義・ベンヤミン・デリダにおける絶対的自

己反省理論』、法政大学出版局。
Ogden, C. K. & Richards, I. A., 1923, *The Meaning of Meaning*, Kegan Paul. = 1967、石橋幸太郎訳『意味の意味』、新泉社。
Paul, Hermann, 1880 → 1920, *Prinzipien der Sprachgeschite.* = 1993、福本喜之助訳『言語史原理』、講談社学術文庫。
Pedersen, Holger, 1962, *The Discovery of Language: Linguistic Science in the Nineteenth Century*, Indiana Univ. Pr.
Robins, R. H., 1990, *A Short History of Linguistics*, 3rd Edition, Longman Group UK Limited. = 1992、中村完・後藤斉訳『言語学史　第三版』、研究社出版。
佐藤俊樹、2006、「閾のありか：言説分析と実証性」、佐藤俊樹・友枝敏雄編『言説分析の可能性』、東信堂。
Saussure, Ferdinand de, 1919 → 1949, *Cour de linguistique générale*, Payot. = 1972、小林英夫訳『一般言語学講義』、岩波書店。
Starobinski, Jean, 1971, *Les Mots sous les mots: les anagrammes de Ferdinand de Saussure*, Gallimard. = 2006、金澤忠信訳『ソシュールのアナグラム：語の下に潜む語』、水声社。
内田隆三、1980、「構造主義以降の社会学的課題」、『思想』676号。
吉田和彦、2005、『比較言語学の視点』、大修館書店。

あとがき

本書の出発点は今から一年半ほど前に遡る。それまでわたしは、本書の編集者・武秀樹氏との対話から現代社会にかんする考察を一冊の本にまとめようと考えていた。だが、それらをひとつにまとめることに、わたしは何かためらいのようなものも感じていた。武氏との対話はそんな思いを相対化したのだが、依然として、測量士が「城」に対して抱いた不思議な距離感を想像しながら時が過ぎていったように思う。しかし、学校を去る一年前になろうとする頃、わたしは社会学者の遠藤知巳氏のお力添えをうる機会を得た。わたしは本書を構想するに際して、遠藤氏と武氏から貴重な助言をいただくとともに、まったく自由な発想の場を与えていただくという幸運に恵まれたのである。本書がなるにあたって、まず、お二人に心より感謝の言葉を申し上げたい。

二〇一四年の五月頃、わたしは、社会科学や人文学や科学技術における多分野の研究者に、彼らが抱えるアクチュアルな問題を通して現代社会やそれを生きる人々の現代性について率直な議論を展開してもらえればと思うようになった。あるいは、現代社会や現代性という問題意識を事前に立てる必要もなく、それぞれの考察がいま直面し抱えている課題や矛盾や問題点を示してほしいと思った。これらの課題や矛盾や問題点の重なりがこの時代の深い断面を露わにする可能性があると考えたからである。アクチュアルで直截な議論も、迂路のように見える考察も、感覚と技術が正しければ、現代社会や現代性という発想それ自体にまつわる幻想のかたちを明らかにし、人々の居場所についての観念を根本から相対化し流動化する起点になりはしないかという判断である。

現代社会や現代性を問うにしても、問いの対象が予め確かなかたちで存在しているとは限らず、また逆に、その問いの対象は問うこと自体がつくりあげるほど簡単な事象でもない。予想外の要素が問題の場に拡散している可能性があり、それらの動きを見定めることが必要である。囲碁でいえば、すぐに「地」を取りに行くよりも、将来への「厚み」をつくることが重要だと考えられた。おそらく今は、社会と人間の現在にかかわる事象について、またそれらの事象を語る人々の言葉について議論を深めていくべき局面にあるとの判断である。

二つの判断を重ねながら、わたしは、社会学と深く関係する多分野の研究者・専門家の参加を得ることにより、歴史の現在にかかわる知の様相を浮かび上がらせたいと思うようになった。この試みのポイントは、編者の要素が小さな剰余としてできるかぎり掻き消え、多分野の研究者や専門家がいま現在の価値関心から重要な何事かを自由に考察する場をひらくことにある。もちろん、一冊の本である以上、出発点となるわたし自身の問い――現代社会と現代性のありよう、そしてそれを生きている人間の現在にかかわる問い――を提示し、そのうえで、いかなる反応があろうとも、執筆者の思考の独自なかたちをそのまま可視化したいと考えた。また、執筆依頼については、この人の議論を読んでみたいという単純な発想に徹したいと思った。

執筆者の仕事から、資本・科学・技術・都市・建築・住居・家族・医療・福祉・階層・習俗・国家・政治・思想・宗教・戦争・災害・他者・身体・言語・美学などの領域もしくはそれらの諸領域と複合的に関連する問題が主題化されると想定されたが、同時に、予想をはるかに超えた問題化の仕方もありうると思われた。結果からいうと、わたしの提示した問いはそれぞれに受け止められ、多岐に及ぶ事象の広がりのなかから、ある種の凝集力や方向性をもった言語の運動や渦が立ち現れてきた。この点、わたしは執筆者の確かな知力や同時代的な感受性のありように恵まれたといえよう。この道筋を行こうと心に決めたとき、最初に、真摯で爽やかな理解を示していただいた、そして勇気を与えていただいた金森修氏に感謝の想いは尽きない。

平成二七年夏

内田 隆三

塚原　史（つかはら　ふみ）
1949年生まれ。現在、早稲田大学法学部学術院教授。専攻は、表象文化論、ダダ・シュルレアリスム、フランス現代思想・文学。著書に、『ボードリヤールという生きかた』（NTT出版、2005年）、『20世紀思想を読み解く――人間はなぜ非人間的になれるのか』（ちくま学芸文庫、2011年）、『模索する美学――アヴァンギャルド社会思想史』（論創社、2014年）など。

山本 理奈（やまもと　りな）
1973年生まれ。現在、東京大学大学院情報学環・日本学術振興会特別研究員PD。立教大学社会学部・明治大学文学部兼任講師。専攻は、現代社会論、都市社会学、文化社会学、家族社会学。著書に、『マイホーム神話の生成と臨界――住宅社会学の試み』（岩波書店、2014年、都市住宅学会賞・著作賞）など。

佐藤 健二（さとう　けんじ）
1957年生まれ。現在、東京大学大学院人文社会系研究科教授。専攻は、歴史社会学、社会意識論、社会調査史、メディア文化。著書に、『読書空間の近代――方法としての柳田国男』（弘文堂、1987年）、『歴史社会学の作法――戦後社会科学批判』（岩波書店、2001年）、『社会調査史のリテラシー――方法を読む社会学的想像力』（新曜社、2011年）、『柳田国男の歴史社会学――続・読書空間の近代』（せりか書房、2015年）など。

佐藤 俊樹（さとう　としき）
1963年生まれ。現在、東京大学大学院総合文化研究科国際社会科学専攻教授。専攻は、比較社会学、日本社会論。著書に、『近代・組織・資本主義――日本と西欧における近代の地平』（ミネルヴァ書房、1993年）、『不平等社会日本――さよなら総中流』（中公新書、2000年）、『桜が創った「日本」――ソメイヨシノ　起源への旅』（岩波新書、2005年）、『社会学の方法――その歴史と構造』（ミネルヴァ書房、2011年）など。

高橋 順一（たかはし　じゅんいち）
1950年生まれ。現在、早稲田大学教育・総合科学学術院教授。専攻は、思想史。著書に、『市民社会の弁証法』（弘文堂、1988年）、『響きと思考のあいだ――リヒャルト・ヴァーグナーと十九世紀近代』（青弓社、1996年）、『ヴァルター・ベンヤミン解読――希望なき時代の希望の根源』（社会評論社、2010年）、『吉本隆明と共同幻想』（社会評論社、2011年）、『吉本隆明と親鸞』（社会評論社、2011年）など。

橋本　努（はしもと　つとむ）
1967年生まれ。現在、北海道大学大学院経済学研究科教授。専攻は、経済思想、経済学史、経済社会学。著書に、『自由の論法――ポパー・ミーゼス・ハイエク』（創文社、1994年）、『社会科学の人間学――自由主義のプロジェクト』（勁草書房、1999年）、『帝国の条件――自由を育む秩序の原理』（弘文堂、2007年）、『ロスト近代――資本主義の新たな駆動因』（弘文堂、2012年）など。

野上　元（のがみ　げん）
1971年生まれ。現在、筑波大学人文社会系准教授。専攻は、歴史社会学。著書に、『戦争体験の社会学――「兵士」という文体』（弘文堂、2006年）、共編著に、『カルチュラル・ポリティクス1960/1970』（せりか書房、2005年）、『戦争社会学の構想――制度・体験・メディア』（勉誠出版、2013年）、『歴史と向きあう社会学――資料・表象・経験』（ミネルヴァ書房、2015年）など。

若林 幹夫（わかばやし　みきお）
1962年生まれ。現在、早稲田大学教育・総合科学学術院教授。専攻は、社会学、都市論、メディア論、時間-空間論。著書に『漱石のリアル――測量としての文学』（紀伊國屋書店、2002年）、『増補　地図の想像力』（河出文庫、2009年）、『〈時と場〉の変容――「サイバー都市」は存在するか？』（NTT出版、2010年）、『未来の社会学』（河出ブックス、2014年）など。

遠藤 知巳（えんどう　ともみ）
1965年生まれ。現在、日本女子大学人間社会学部教授。専攻は、近代社会論、言説分析、メディア論、社会理論。編著に、『フラット・カルチャー――現代日本の社会学』（せりか書房、2010年）、共著に、『ミハイル・バフチンの時空』（せりか書房、1997年）、『情報社会の文化〈2〉イメージのなかの社会』（東京大学出版会、1998年）、『言説分析の可能性』（東信堂、2006年）など。

執筆者紹介

森　政稔（もり　まさとし）
1959年生まれ。現在、東京大学大学院総合文化研究科教授。専攻は、政治思想・社会思想。著書に、『変貌する民主主義』（ちくま新書、2008年）、『〈政治的なもの〉の遍歴と帰結——新自由主義以後の「政治理論」のために』（青土社、2014年）、論文に「民主主義を論じる文法について」（『現代思想』、1995年）、「アナーキズム的モーメント」（『現代思想』、2002年）など。

中西　徹（なかにし　とおる）
1958年生まれ。現在、東京大学大学院総合文化研究科・教養学部教授。専攻は、開発経済論、慣習経済論、地域研究（フィリピン）。著書＆論文に、『スラムの経済学』（東京大学出版会、1991年）、『アジアの大都市：マニラ』（小玉徹、新津晃一と共編、日本評論社、2001年）、「深化するコミュニティ」（高橋哲哉・山影進編『人間の安全保障』、東京大学出版会、2008年）など。

若松 大祐（わかまつ　だいすけ）
1977年生まれ。現在、常葉大学外国語学部グローバルコミュニケーション学科専任講師。専攻は、現代台湾地域研究、中国近現代史研究。論文に、「美国研究在亜太地区——戦後日本的国際学術交流」（『思与言：人文与社会科学雑誌』［台湾］、2007年）、「蔣介石『中国のなかのソ連』（1957）の歴史観——台湾から米華相互防衛条約を基礎づける」（『現代台湾研究』第44号、2014年）など。

宇野 邦一（うの　くにいち）
1948年生まれ。立教大学名誉教授。専攻は、フランス文学・思想。著書に、『意味の果てへの旅——境界の批評』（青土社、1985年）、『反歴史論』（せりか書房、2003年／講談社学術文庫、2015年）、『破局と渦の考察』（岩波書店、2004年）、『アルトー　思考と身体』（白水社、2011年）、『ドゥルーズ　群れと結晶』（河出書房新社、2012年）、『吉本隆明　煉獄の作法』（みすず書房、2013年）など。

赤江 達也（あかえ　たつや）
1973年生まれ。現在、台湾国立高雄第一科技大学助理教授。専攻は、歴史社会学・宗教社会学。著書に、『「紙上の教会」と日本近代——無教会キリスト教の歴史社会学』（岩波書店、2013年）、北田暁大・野上元・水溜真由美編『カルチュラル・ポリティクス 1960/1970』（分担執筆＝「宗教／批判の系譜——吉本隆明・田川建三・柄谷行人」、せりか書房、2005年）など。

市野川 容孝（いちのかわ　やすたか）
1964年生まれ。現在、東京大学大学院総合文化研究科教授。専攻は、社会学。著書に、『身体／生命』（岩波書店、2000年）、『社会』（岩波書店、2006年）、『社会学』（岩波書店、2012年）、共著に『優生学と人間社会——生命科学の世紀はどこに向かうのか』（講談社、2000年）、『難民』（岩波書店、2007年）、編著に『生命倫理とは何か』（平凡社、2002年）など。

金森　修（かなもり　おさむ）
1954年生まれ。現在、東京大学大学院教育学研究科教授。専攻は、フランス哲学、科学思想史、生命倫理学。著書に、『サイエンス・ウォーズ』（東京大学出版会、2000年／新装版2014年）、『〈生政治〉の哲学』（ミネルヴァ書房、2010年）、『科学の危機』（集英社、2015年）、『知識の政治学——〈真理の生産〉はいかにして行われるか』（せりか書房、2015年）など。

綾部 広則（あやべ　ひろのり）
1968年生まれ。現在、早稲田大学理工学術院教授。専攻は、科学社会学、科学技術政策論、科学技術史。論文に、「研究者の労働市場とキャリアパス」（吉岡斉編集代表『新通史－日本の科学技術　第3巻』原書房、2011年）、「民間航空政策と空港整備」（吉岡斉編集代表『新通史－日本の科学技術　第1巻』原書房、2011年）など。

八束 はじめ（やつか　はじめ）
1948年生まれ。建築家、建築史家、建築批評家、芝浦工業大学名誉教授。著書に、『ロシア・アヴァンギャルド建築』（ＩＮＡＸ、1993年・2015年＝増補版）、『ミースという神話——ユニヴァーサル・スペースの起源』（彰国社、2001年）、『思想としての日本近代建築』（岩波書店、2005年）、『ル・コルビュジエ　生政治としてのユルバニズム』（青土社、2013年）など。

編著者紹介

内田隆三（うちだ　りゅうぞう）

1949年生まれ。東京大学名誉教授。専攻は、社会学。著書に『消費社会と権力』（岩波書店、1987年）、『社会記序』（弘文堂、1989年）、『ミシェル・フーコー——主体の系譜学』（講談社現代新書、1990年）、『柳田国男と事件の記録』（講談社選書メチエ、1995年）、『さまざまな貧と富』（岩波書店、1996年）、『テレビCMを読み解く』（講談社現代新書、1997年）、『生きられる社会』（新書館、1999年）、『探偵小説の社会学』（岩波書店、2001年）、『国土論』（筑摩書房、2002年）、『社会学を学ぶ』（ちくま新書、2005年）、『ベースボールの夢——アメリカ人は何をはじめたのか』（岩波新書、2007年）、『ロジャー・アクロイドはなぜ殺される？——言語と運命の社会学』（岩波書店、2013年）など。

現代社会と人間への問い——いかにして現在を流動化するのか？

2015年11月13日　第1刷発行

編著者　内田 隆三
発行者　船橋純一郎
発行所　株式会社　せりか書房
〒101-0064　東京都千代田区猿楽町1-3-11　大津ビル1F
電話 03-3291-4676　振替 00150-6-143601
http://www.serica.co.jp
印　刷　シナノ書籍印刷株式会社
装　幀　工藤強勝

ISBN978-4-7967-0347-5